鐘の本——ヨーロッパの音と祈りの民俗誌

パウル・ザルトーリ
PAUL SARTORI

DAS BUCH VON
DEUTSCHEN GLOCKEN

鐘の本

ヨーロッパの
音と祈りの民俗誌

吉田孝夫
［訳］

八坂書房

愛する妻に

Paul Sartori:
Das Buch von deutschen Glocken.
Berlin und Leipzig 1932

緒言

一九一七年五月のこと、ドイツの無数の鐘は、空の高みにあったわが家を去り、聖なる勤めを離れて、戦場へと出征することになった。民俗学に関わるいくつかの支部協会と、そして民俗学協会総連合も直々に、別れゆくこの鐘たちの名誉のため、今こそ腰を上げるべき時が来たと思うにいたった。そして全土に呼びかけをし、鐘にまつわる習俗、伝説、民間信仰、言語的慣用のすべてを蒐集、記録することを目指した。

この呼びかけは、ドイツのすべての州とその教会組織、一連の学術団体、そしてあまたの学校教師と聖職者たちから好意的な支援を受けた。まことに感謝するほかはない。作業の経過のなかで蒐集され、わたしの吟味を受けるべく届けられた素材は――これについては『民俗学協会論集』三〇／三二号（一九二〇／一九二二年、ベルリン刊）の一一三―一二六頁において、当面の報告がしてある――、当然ながら、ドイツのそれぞれの地方ごとに全く異なる分布の度合いを示した。いくつかの州ないし地方では実に豊かな収穫があり（とりわけメクレンブルク、ヘッセン、エルザス、続いてラインラント、ヴェストファーレン、ザクセンにおいて）、かと思えば報告が皆無、もしくはほとんど皆無の地域があった。とりわけ豊かな実りであったのは、J・ミュラー教授（在ボン）が進んで提供してくださった『ライン方言辞典』用の調査アンケート資料である。またK・プレンツァト教授（在エルビング）からは、東西双方のプロイセンに関わる貴重なデータが送られた。R・ヴォシドロ氏（在ヴァーレン）は、彼らしい気前の良さで、個人の蒐集資料からたくさんのものを寄せてくださった（『ドイツ民俗学協会総連合会報』二六号、四八頁を参照）。A・ペルクマン博士（在ウィーン）は、女史自身が執筆された『ドイツ俗信事典』の「鐘」の項目用の記録資料を、またP・ツィンク博士（在ライプチヒ）は、ザクセンにおける鐘銘文の蒐集内容を提供してくださった。この他に、わたしのもとに寄せられた小さめの資料群については、一括して謝意を述べることをお許しいただきたい。

調査アンケートの結果は、地域的にだけでなく、また事項内容においても、さまざまな様相を示した。民俗学が掲げる願い、その努力と希望は、この時点では未だ、すべての蒐集者や支援者たちには、十全たる明確さで自覚されていなかったのではないか、そう思わされることもしばしばであった。

蒐集したデータを精査し、その結果を一冊の「鐘の本」としてまとめること。それが当初からの目的であった。今こうして目の前にあるものは、もちろんまことにつつましい水準のものにすぎない。ドイツ民俗学協会総連合の求めに応じて、わたしは――いくばくかの不安も抱えながら――送付資料の吟味に携わり始めたのであったが、この時わたしの心を強く動かしたのは、とりわけ次の二つのことであった。一つは、進んで支援し蒐集してくれたすべての人たちに、その尽力に対して、当然返されるべき感謝の思いを伝えなければという義務感。そしてもう一つは、民俗学にとって昨今とりわけ重要度を増しているいくつかの研究領域が、将来において大きく発展していくために、何らかの指摘と示唆を残しておきたいという願いである。というのも本書のすべての頁は、ただひとえにこの民俗学のために書かれたのだから。歴史学、技術史、芸術学その他に関わる問題は、すべてその道にもっと通じた人びとの精査に委ねたいと思う。

鐘をめぐる民俗学の先行研究文献は、できるかぎりすべてを吟味した。出典の明示していない箇所は、すべてわたしに寄せられた報告と蒐集に基づくものである。

J・マイアー教授には、校正段階で有益な助言と積極的な支援を頂戴した。ここに記して衷心からの謝意を表したい。

パウル・ザルトーリ

○本書に掲載の図版はすべて、邦訳刊行にあたり新たに補ったものである。各図版の出典については、巻末の「図版出典一覧」を参照されたい。
○第Ⅰ・Ⅱ・Ⅲ・Ⅳ・Ⅵ・Ⅹ章の「小見出し」は原著にはなく、これも邦訳刊行にあたり私施したものである。
○註番号を付した註はすべて原註（原則として原著の註番号をそのまま踏襲した）。
○訳註は〔　〕内に、または＊印とともに示して区別した。

鐘の本

目次

序

長く留守にしていた故郷に、ある時ふたたび帰ってくると、多くのものが様変わりしている。何年か前に、それを眺めて深く愛着を感じていたはずのものが、今ではもう、黄金の思い出とはまるで違った姿をしている。そして何とも物足りなく、興ざめで、色あせて見える。しかしそんな時でも、たちまちのうちに力強く人の心を揺り動かすものが、二つだけある。しかもそれを毎日、ごく当たり前に耳にしていた昔よりも、もしかしたら今のほうがずっと力強く、強烈に心を揺さぶられるようなもの。それは、一つには地元の人たちの方言の語りであり、そしてもう一つは、故郷の町にそびえ立つ教会の鐘の音である。その調べを耳にすると、精神と心は知らず知らずのうちに、青春時代の喜びと悲しみ、労働と仕事あがりの時、さまざまな憧れと高揚、癒しの時の思い出へと導かれる。この暮らしのすべてを生じさせ、終わらせ、寄り添い、聖なるもの、美しいものに変容させてくれたのは、金属でできた鐘の語る声であった。

シラーが書いた偉大にして美しい詩文には、人間の生と鐘の関係が感動的に表現されている。ただし鐘の響きは、キリスト教の感情、観念、祝祭と緊密に結ばれ合っており、シラーがその点を描かなかった代わりに、ゴットフリート・ケラーの『緑のハインリヒ』（第二巻一二章）のなかで、こう表現されている。「聖霊降臨祭の朝、水晶のように澄んだ大気のなかを、山上に登ったときなど」、と主人公は語っている。「遠い谷間から聞こえてくる鐘の音は、わたしにとって何よりも美しい音楽となる。万が一、教会というものがこの世から姿を消すことがあるとしても、いかなる方法をとれば、この美しい音色を残しつづけていけるだろう。そんなことにもわたしはたびたび思いを凝らした。でもわたしの頭に思い浮かんでくるのは、どれもこれも愚かしく、小賢しいことばかり。結局、最後にはいつもこんな結論で、物思いを締めくくるしかなかった。つまり憧れをかきたてる鐘の音の魅力は、ただこの今、この現在のあわいにだけ存在しているのだと。そして鐘の音は、この今にあって、遥かにして青く、深い谷間からこちらへと響いてきては、あの彼方の土地に、信仰と結ばれた民だみ、古い記憶の数々を守りつづける民だみが、身を寄せ合って暮らしていることを、教えてくれるのだと。自由気ままな身であるわたしは、その民だみの記憶たちを、幼年時代の記憶のように尊く思った。そして今のわたしは、もはやそうした記憶から分け隔てられた身であり、鐘の音はまさにそのせいで、わたしの心を物憂くも深く揺さぶるのであった。何世紀もの時を超え、この古く妙なる国土に鳴りつづけてきた鐘の音は。ひとは何ものも小賢しく〈作る〉ことはできないということ、そしてこの世のすべてのものの無常、永遠なる変容からは、憧れをかきたてる詩的な魅力が醸し出されるということ、そんなことをわたしは感じていた」。

ライプチヒ大学教授のカール・ビュヒャーは、その追想録（第一巻、四二頁）のなかで、ヘッセン・ナッサウ地方のキルベルクですごした幼年時代、青春時代を描いている。「わたしたちはみな」

――これも著者の言葉で引いておきたい――、「町の教会の鐘の音を誇らしく思っていた。そして鐘の調べの意味するところを、だれもが理解していた。ミサを告げるために、籠ったような三和音で一斉に鳴りひびくとき、あるいは町の集会を告げるためだったり、時刻を教えたり、何かの知らせをするために、鐘の一つだけが叩かれ、響きわたるときも。またそれからずっと時が経って、日曜の午前中など、森のなかで、わたしは魔法のごとき鐘の音色を味わい、最後に鳴った一撞《つ》きがだんだんと消えてゆくまで、ずっと耳を澄ませているという、そんなこともしばしばあった。……一九一八年十月二十一日。この時ほど、戦争の恐ろしさを生々しく感じた日はなかったと思える。その日わたしたちは兄弟の遺体を墓地へ運んだ。その野辺送りの道で、教区に残されていたただ一つの教会の鐘、それも割れて壊れてしまった鐘が鳴らされ、棺のうえに、しくしくと泣くような音を降らせた。もう成人していた五人の甥っ子たちがわたしと一緒に歩いていたが、六番目の子は今、トルコの戦場にいるという話だった。いつの日か、もしこの甥っ子たちがそろってキルベルクへ戻ることがあれば、慣れ親しんだ鐘の音が失われたことを、どんなに寂しく思うことだろうか。戦争によって、そうした尊い感情がどれほどひどく破壊されたかは筆舌に尽くしがたい。戦争の銃撃を受けて壊された家並みの壁、あるいは戦争によって廃墟と化した村々よりも、むしろそうした感情のためにこそ、ひとはずっと長く悲しみつづけるのかもしれない」。

　下部エルザス地方から届けられた報告には、次のようなものがある。「開戦当初、作戦地帯では鐘を鳴らすことが禁じられていた。およそ四か月におよぶ沈黙の後、鐘がついに勝利の喜びの音色を奏でる許可をうけたとき、とある七十歳の老人が感極まって叫んだ、「極楽におる気分とは、まったくこのことじゃな」（原文フランス語）と。ニーダーホーネ（カッセル郡）のある女性は、夫とともに別の土地に移り住んでいたのだが、寡婦となったことを機に故郷へ戻ってきた。「居ても立ってもいられない気分だったよ」とその女性は言った。「あたしたちのきれいな鐘の音を、またどうしても聞きたくてさ」。

ドイツ全土において最も壮麗な組み鐘の音は、マールブルクのエリーザベト教会にあると言われる。またメクレンブルク地方で最も美しい響きは、一つにはプリルヴィッツ（その村にある鐘の一つは、没落して今はないレトラ村*にあったものと伝えられる）、それからクリュッツ、キルヒ・グランボーの鐘であるというのが大方の意見である。しかしだれにとっても、故郷の鐘こそが最愛の鐘にほかならない。

鐘の音がもつ深い感情的な価値は、電動式モーターの導入によって消滅し、窒息死させられてしまったと、そんな嘆きの声がすでに戦前から喧しく叫ばれていた。経済的に見て何がより合理的であり、より廉価に済むかということは、本書の論じるところではない。しかし次の点は、だれの目にも異論のないところであろう。つまり歓喜の「鐘舌打ち」（Beiern）や、またそれぞれの機会ごとに存在した、多種多様な鐘の鳴らし方を廃止してしまった後、そもそも鐘たちが歌い、物語っていた内容への途轍もない無関心と無理解が生じてきたということである。かつては土地のだれもが、鐘が撞かれ始めるや、何を知らせる音であるかを即座に察していた。不幸なのか、祝いごとなのか、赤ん坊が新たに生まれたのか、若い夫婦の婚礼が行われるのか、また埋葬されるのが男なのか、女なのか、子どもなのか。町のなかで火事があったのか、それとも町の外なの

上：ハンブルク港の「鐘の墓場」（第二次大戦中に兵器に改鋳すべく集められたもの）1945年頃
下：鐘の供出　フランクフルト（聖バルトロメウス教会の「グロリオーザ」鐘）1942年

鐘の帰還を祝う人びと　フランクフルト（聖バルトロメウス教会の「グロリオーザ」鐘）1947年

か。鐘が知らせているのは、聖金曜日なのか、悔い改めの日なのか、それともクリスマスや復活祭、聖霊降臨祭といった喜ばしい祝日なのか。今日の世では、鐘がひとの心の苦しみや高揚感に心底からはたらきかけることが不可能にされ、およそどこにも見られなくなった。たしかに今もなお、空の高みから鳴りわたって降りそそぐ鐘の音は、有無を言わさぬ力をもって作用し、ひとの心をつかむことができる。でもそれが、もはや人間の手によってではなく、機械の動力によって統御される現今では、鐘の調べに具わる魔法の力、ひとの精神と情緒、そしてひとの魂を揺り動かす魔法の力は、その多くが失われてしまったように思う。

妙音を響かせながら、深刻な警告を発したり、親しく招き入れたりする鐘の声。それがもう一度、すべての神の家に取り戻されることを願う。また古き組み鐘を失わずに済んだ、すべてのキリスト教徒の教区では、この貴重な宝物を感謝の念をもって守りぬいてほしい。そしてあたかもその内部に、ものごとを感受する心をもって響くかのような鐘のハーモニーを、教区に住むすべての人びとの道連れとしてもらいたい。揺りかごから墓場まで、その道のりが短いか、長いかにかかわりなく、喜びの日も、哀しみの日も、決して裏切ることなく心を通わせてくれる友人のような鐘を、人びとの生の道連れとして長く伝えてほしいと思う。

＊レトラとは、かつて栄華を誇ったという伝説上のスラブ系民族の町であり、神（ないし魔術師）の怒りを買った末に、割れた大地のなかに沈んで消滅したという。その窪地はやがて湖となり、水中に昔日の町の建物が見えることもある。ある年の洗礼者ヨハネの日（六月二十四日）、呪縛を解かれたレトラの鐘が、自ら湖岸に上がってきたが、その所有権をめぐって領主と地元民とのあいだに争いがおこる。鐘は近隣のプリルヴィッツに行くことを望み、こうしてその村に安住の地を得ることになったと言い伝えられている。

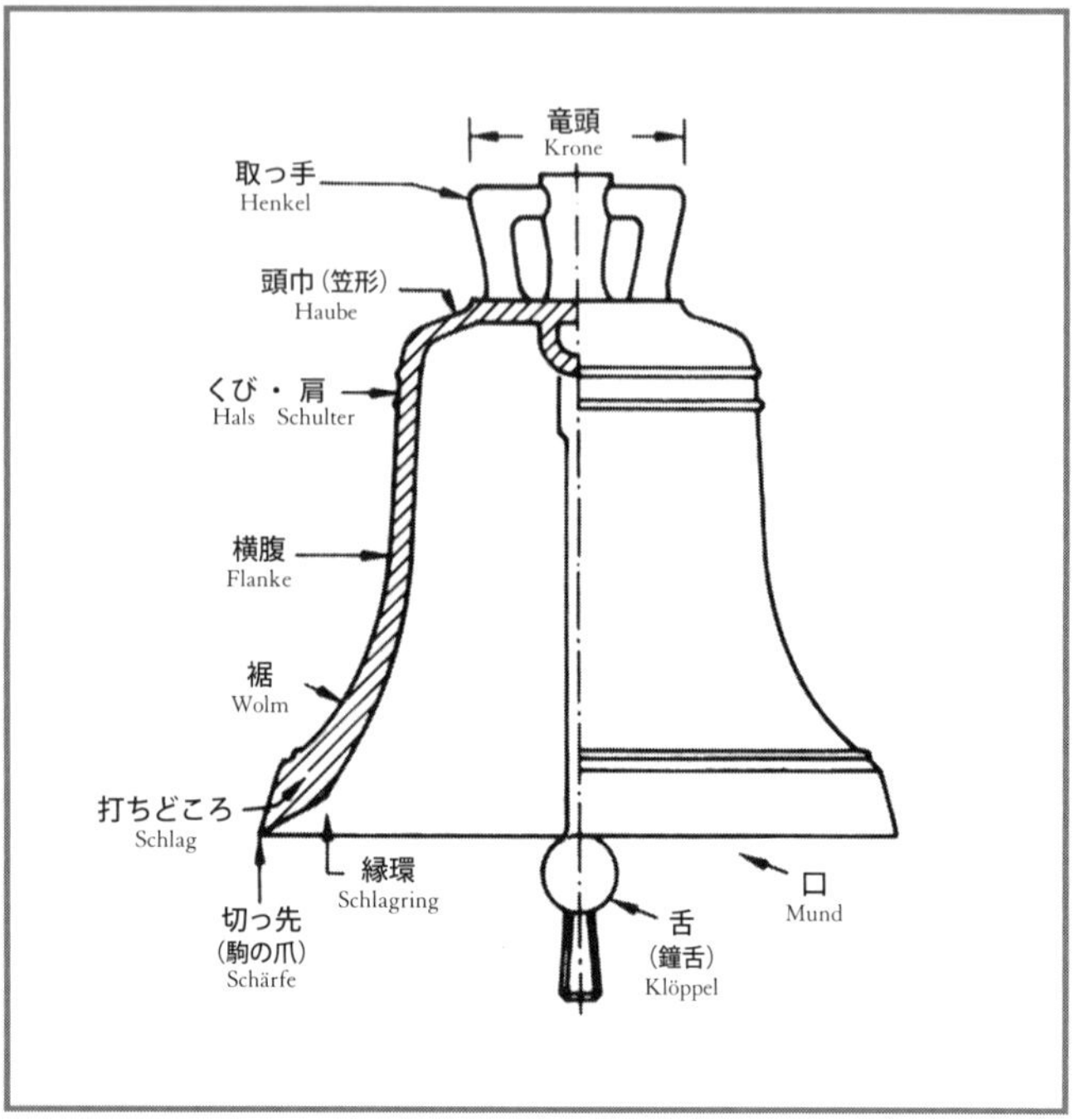
竜頭
Krone
取っ手
Henkel
頭巾（笠形）
Haube
くび・肩
Hals Schulter
横腹
Flanke
裾
Wolm
打ちどころ
Schlag
縁環
Schlagring
切っ先
（駒の爪）
Schärfe
舌
（鐘舌）
Klöppel
口
Mund

【鐘の各部名称】

第Ⅰ章 鐘の素材と鋳造をめぐって

中世初期には、二種類の鐘が存在した。鉄を用いた鍛造の鐘と、青銅を用いた鋳造の鐘である。後者のための材料は、昔も新しい時代も、銅と錫の合金であった。[1]

もともと鐘の鋳造は、修道院内の修道士たちが担っていた。ただしかなり早い時代、もしかすると八世紀か九世紀には、すでに遍歴の鋳造職人たちが登場していたと考えられる。十三世紀に、この職業は都市の同業組合（Innung）に移行した。[2] 鋳鐘師はたいてい町から町へと遍歴をする身であった。なぜなら各教区にとってそれが一番安全で、かつ一番安くついたからである。鐘を鋳る釜は、やがてその鐘が設置される町の近くに据えられた。[3] 今日でも、当地の鐘が鋳造されたと推測される場所を随所に確認することができる。しばしば選ばれたのは、教会の墓地や、あるいはそれに隣接する庭園であった。ヴェストファーレン地方のメンデンでは、最古の三つの鐘が「鐘池」（Glockenteich）のそばで鋳造されたというし、ビッペン（ベルゼンブリュック郡）の教会では、かつて三つの鐘がダールムへ通じる街道沿いの「鐘ノ窪」（Klockkuhlen）で製作された。[4] しかもそこは夜遅い時間になると、幽霊が出たという。こういうわけで、今もなお「鐘ノ穴」（Glockenloch）、「鐘池」、「鐘ヶ淵」（Glockenpfuhl）などといった名前をもつ多くの土地が、かつて鐘の鋳造の舞台であったことを想像させる。一四八四年、イランツの聖マルガレーテ教会の大鐘が釜小屋で完成されたが、その場所は今でも「釜どころ」（Gießli）と呼ばれている。[5]

鋳造前の儀式

鐘の鋳造は、教区のすべての民を引きつける行事だった。ランシュタット（ヘッセン地方、ビュディンゲン郡）の大鐘の鋳造にあたっては、一七二九年五月三十日、ゲーダーンとビュディンゲンの伯爵家、侯爵家から数多くの紳士貴顕の臨席をたまわり、またあまたの民だみも集まったと伝えられる。ハットシュタット（上部エルザス地方、ゲプヴァイラー郡）で最初の鐘を鋳た際には、鋳鐘師が足場を組んでいるフィンケル庭園に、住民たちが毎晩やってきて、仕事の進み具合を確かめていた。材料の鉱石が溶かされるとき、住民たちは身分と懐具合とに応じて、大量の銅貨や銀貨を投げこんだ。それから一同は親方の指図に従って跪くと、大きな声で主の祈りを朗唱し、それに続いて溶湯の栓が開かれたのである。土地の伝説には、この作業の間に起きた事件がしばしば語られている。一八一八年に、シュティル（下部エルザス地方、モルスハイム郡）の三つの鐘が作られたとき、信者たちは、鐘製作の無事と成就を願って村のなかを厳かに練り歩いた。ところがそこには、魔女だという噂をもつ老女の姿も見えた。鋳鐘師は、その老女が祝典行列から外れないかぎり、自分の仕事を始める気はないと言うので、その希望が叶えられたという(6)。また十八世紀末のブルハーフェで鐘が作られた際には、全住民が集まったうえで、親方の合図により、みなが頭にかぶっていた帽子や頭巾を脱いだにもかかわらず、溶けた鉱石がどうしても流れ出ていかなかった。あたりを見わたした鋳鐘師は、やがてこう言ったという。「眼が一つ多すぎるのだな！」そして黙ったまま炉に近づくと、燃えている木ぎれを二本取り出し、それを振りあげて力のかぎり釜を叩いた。すると後ろにある墓地のほうで、一人の男が仰向けのまま、溝のなかに倒れた。

上：鋳鐘師の仕事場　銅版画、ウィーン、1780年頃
前景の人物は鐘の仕上がり具合を点検している
下：鐘の鋳造設備の一例
右の釜ないし炉から土中の型枠へと、溶湯（黒く塗りつぶされた箇所）が流れこむ

こうして鉱石は無事に流れ出したが、もはやその男を見た者はいなかったという。[7] ヴェストファーレン地方はザウアーラントにあるベーデフェルトの村では、戦争のために供出されることになった町の鐘について次のような話が伝わっている。鋳鐘師のカロルス・ドゥ・ラ・ペが、鐘を鋳るために栓を開こうとしたが、どうしてもうまくいかない。鐘の材料を集めた際に、どうやらブラベックの鉱夫がラムスベックの坑道から盗み出した金属が、この鋳鐘師のもとに渡ってきたらしい。するとそこへ齢九十の老女が現われて、こう言った。「正しい富でなければ、どこへ行っても災いの種となる。溶湯をスコップ三杯ほど、炉から掬って取り出し、鉱山長にお返しするがいい」。この指図が果たされると、鋳鐘師の娘が炉の栓を開いた。世に名高い音色をもった鐘は、こうして誕生したという。

寄進——貨幣などの投入

教区に新しい鐘が作られるときには、分担金が割り当てられたものであり、富める者も貧しい者も、みなが大いなる献身と無私の心で寄付を持ち寄ったという美しい物語が伝わっている。ブルハーフェの鋳鐘師は、敬虔な寄進者たちの差し出すあまたの銀貨に加えて、とある貧しい女がもってきた、彼女の最後の銀製スプーンを釜に投じた。[8] ヴェストファーレンのメンデンにある一七六七年製の鐘は、教区のあちこちから銅や錫が、さらには金や銀までもが集められたが、鋳鐘師が不埒な男であったことから、貴金属を着服してしまったという。[9] 身にまとった前掛けに、女たちが銀を包んで鋳掛場に運んだ、という伝説もあちこちの町にある。[10] フォルマーシュタインの市民のあいだでは、普通の女ではなく聖母マリアその人が、その身に付けた高価な装飾品を「鋳掛け鍋」に投じてくださり、その恵みによって完成したという鐘が誇りになっている。[11]

貨幣がそのまま溶湯として使われたという言い伝えには、多くの場合、鐘の寄進という事実が背後にあるのかもしれない。ヴィーデマー（ザーレ郡）で最も大きな鐘は、一八〇〇年に地主の男ロストが全額を負担して新たに作らせたものである。言い伝えによれば、このロストは鋳造の日にハレの町へ出かけ、三百ターラーもの銀貨を溶鋼のなかへ投げ入れたという。[12] シュヴァニンゲンの教区教会で鐘が作られた際には、当地の多くの貴人たちが、大升一杯のブラバント・ターラー銀貨を炉に投じた。[13] ゴルメ（ザーレ郡）の世に名高く美しい組み鐘は、そのうちの古い三つの鐘が一七三七年に当地の教会墓地で作られたものであり、鋳造の際に見知らぬ騎士が現われ、袋一杯のターラー銀貨を溶湯に投げ入れた、そしていずこにか姿を消したという伝説をもつ。ボーツェンの教区主教会にある最も大きな鐘は、すばらしく美しい響きをたてる。これはそもそも騎士のフーゴ・フォン・キューバッハが、それまで金銀の宝物を隠していた金属製の丸箱を、奥方がそれとは知らずに、すべて溶湯に差し出してしまったことで生まれた響きであるという。[14] 同様の過ちはアッテンドルンの鐘にも見られ、鉛製のガチョウ（鉛人形）を投げ入れた際に、その中に隠してあった銀も一緒に、鐘の材料となったのだった。[15] インスブルック近郊ヘッティンゲンの大鐘は、もともと異教の神殿にあった銀製の神像を材料としている。[16] そうした神殿の基礎部分を材料として銀貨や銀製容器を作った場合もあり、さらにそれを素材として、ヴェルナースエック城（ラインラント地方、マイエン郡）の敬虔な一人の寡婦が、当地の礼拝堂のために小さな銀の鐘を

鋳鐘師の仕事場　銅版画、ライプチヒ、1869年

作らせた。オーバー・グローガウで木曜の夕べに鳴らされる鐘は、ミュールバッハ河畔にあった大桶から見つかった貨幣で作ったものという。[17] ちなみにわたしたちの現代でも、ビーレフェルト近郊ベーテルのサレプタ礼拝堂には、多くの子どもたちが集めた十万枚以上の古い銅貨と銀貨を使って作られた二つの鐘がある。[18] マインツ・カステルにある一八七九年鋳造のグスタフ・アドルフ教会の鐘は、あちこちの町や村で集めた、古くて使えなくなった貨幣を材料としている。プランクシュタット（バーデン）にある福音教会の二つの鐘は、一九〇四年、親方ハムの手によってフランケンタールで鋳造されたものであるが、そのとき十二人の教区民が現場まで旅してゆき、それぞれ一マルク貨幣を炉に投じた。

俗信では、銀を加えた鐘は妙音をたてるということになっているが、それとは反対にヴェストファーレンのフレーデンの鐘は、へこみ、曲がりくねった食器を用いて作ったことから、くぐもった音しかたてなくなったようである。[19] 真鍮製や銅製の器具は、敬虔な信者たちによってたびたび寄付されたと想像される。だが民間の伝説は、かなりありふれた金属であったところを、もっと貴重な金属に変えて物語ろうとする傾向がある。

黄金を混ぜることも

鐘のなかには、それどころか黄金さえも混じり込んだようである。伝説によれば、すでに紹介したアッテンドルンの鐘がその一例である。[20] クリンケンでは、ネメスフェルトの若い娘リースヒェンが、「前掛けにたっぷりの黄金」を溶湯のなかにくべた。[21] アルンスヴァルデの鐘を作ることが決まり、教区民の全員がいくらかの金属を持ち寄ることになったとき、ある老婆は鉄くずを一塊もってきたのであったが、それが実は黄金であるとはつゆ知らず、鋳造のときになって、ようやく判明した。他の金属から分離して溶け出た黄金が、鐘の底のほうに固まって輪のようになったという。[22] メクレンブルクの伝説も、これとよく似ている。小柄な老婆が寄付したのは一個の鉄球であったのだが、それはかつて息子から、大事にしまっておくようにと頼んで送られてきたものだった。そこには黄金が含まれていたので、今では鐘の外側全体がその色に覆われている。[23] タウテンブルク（ザクセン・ヴァイマール）の古い山城が一七八〇年に取り壊されたとき、黄金の三つの鐘が深い井戸の底に沈められた、という伝説がある。静かな夏の夜には、よくその音が聞こえてくるという。[24] マルキルヒ（上部エルザス、ラッポルツヴァイラー郡）の一帯では、かつて鉱夫の鐘だったものを、一九一七年に軍が押収したツィルハルトの鐘が、大量の銀を含んでいたと信じている人びとに出会う。それは鐘を鳴らしたときに、即座にわかったらしい。一度、フランス革命期に供出されることになったのだが、荷馬車はいくら引けども動かせなかった。ちなみに元来はさらにもう二つの鐘があって、その場所は太古の昔から空いたままになっている。そしてこの二つのほうが、もっと価値の高い鐘であったらしい。まず最初に、黄金の鐘が持ち出され——一九一七年の供出に際して、人びとはこう語っていた——、純銀の鐘がそれに続いた。今や最後の鐘も持ち出される定めとなったわけだが、おそらくこのまま奪われてゆくほかないのだろう。なぜなら、もはや昔のように、高き神の力が助けたもうことはないのだから、と。

銀鐘の伝説

実際のところ、黄金の成分が鐘に含まれていることに気づいた者など、およそいなかったと思われる。しかし銀鐘の伝説のほうは、全く根拠のないものとは言えない[25]。各地に残る、大量の銀の寄進によって造られた鐘の物語群は、貴金属にほかならない鐘の溶湯を横領してゆく詐欺師の鐘職人の話と同じく、かなりの真実に基づいている[26]。いずれにしても、銀の鐘は民衆の想像力のなかで大きな役割をはたしている。特別に澄んだ、妙なる響きを鐘がたてれば、それだけでもう、これはまさしく銀鐘であると、もしくは高濃度の銀を含むのだと信じられ[27]、数々の伝説に取りまかれることになった。一四八〇年の作というシェーネンベルク（下部エルザス、モルスハイム郡）の鐘など、まさにその一例である。今は教会がたつ場所に、かつて柏の大木があった。そして毎年、聖霊降臨祭の日になると、一羽の白鳩が現われて、その枝にとまった。周囲の住民たちはその木を伐りたおし、そこに聖霊のための礼拝堂を築いた。そこには真鍮製と銀製の二つの鐘が据えられて、毎年、聖霊降臨祭の日には、近隣から多くの人びとが集まり、祈りを捧げては、銀の鐘の響きに耳を傾けた。そして祝宴と踊りを楽しんだという話だが、シェーネンベルクが聖霊降臨祭に行う村祭りは、まさにこれを起源としているのである。このような銀鐘を作るため、莫大な宝物が提供されたことを伝える逸話もある。ヴォルファーボルン（上部ヘッセン、ゲルンハウゼン郡）の「銀の小鐘」のために、ある鋳鐘師が、小さな鐘には多すぎて余るほどの、大量かつまっさらのグルデン銀貨を差し出したという。ホルシュタインのノイミュンスターにある古教会の大鐘（一七一四年頃）を鋳る際には、二十ポンドの銀が使われたとか。ハンブルク市民はこの鐘を求めて買い取ることにし、鐘の空洞をいっぱいに満たすだけのターラー銀貨を支払うと申し出た。しかしノイミュンスターの人びとは、ついに首を縦にふらなかったという。戦争のさなかに、銀鐘が地中に埋められるか、もしくは水中に沈められるという型の伝説も多い。[28]ヴェルナースエック城(マイエン郡)の鐘は、敵の手中に入らぬようにと城の井戸に投げこまれた。しかし敵軍は城を破壊し、井戸も埋めてしまう。こうして今でもクリスマスの夜には、地の底から鐘の鳴る音が聞こえてくるのである。先のシェーネンベルクの銀の鐘は、ヒュッテンを下ったところにある草原に埋められ、もはやそれがどこなのか、だれも知らない。ユングヴァイラー(下部エルザス、ツァーベルン郡)、すなわち今日のケッセルガルテンにはかつて修道院があり、その塔に小さな銀鐘が吊り下がっていた。激しい戦争があったとき、心配した住民たちがそれを外して、修道院に面した穴ぐらに埋め、それから後もずっと、静かな夜には、鐘の愛らしい音が聞こえたものだという。[29]ヒンメルプフォルテでは、羊飼いが銀の鐘を掘り出すという出来事があった。[30]

こうした伝承はまことに数多く、また理解しやすい内容をもっているのだが、しかしこうした物語たちはみな、疑いの目をもって見なければならない。実際のところ、銀の含有は鐘の響きの向上にとって何の意味ももたず、それどころか逆効果でさえあるとも言われているからである。[31]

魔力を封入する

鐘の溶湯に銀を入れることとは、場合によっては俗信に由来するのかもしれない。実際にそうした例は散見される。[32]そもそも貨幣が、しばしば鐘と関連づけられるものであってみれば、ここで

上：聖テオドルスと悪魔
ヴォルフェンシーセン（スイス）
ヨーダー礼拝堂壁画
（巻末の「略史」、434 頁以下参照）
下：「テオドルス」鐘
ゴータ近郊のアシャラ、11 世紀
鐘の博物館（アポルダ）蔵

はとりわけ、工事の無事安全を願って捧げられる人身御供の場合と同種の観念・意図を見い出すことができるのではないか。[33] バーダーによれば、そうした貨幣やメダルは、その表面に刻まれた名前や肖像の当人に対する一種の敬意の表現と見なせるのである。[34] ただし、常にそうとばかりはかぎらない。一七三〇年に鋳直された、レーファースハーゲン（メクレンブルク・シュヴェリーン）の鐘には、一六一五年の貨幣、一七一七年の宗教改革記念貨幣、一七二四年のデンマーク貨幣、さらには「神の恵みのもとに、スウェーデン王カロルス十二世」と刻まれた貨幣が確認される。マインツのシュテファンスベルク山上にある教会は、一五四四年製のグローリア大鐘を所有しているが、これなどは幾枚ものメダルに加えて、古代ローマの貨幣、例えばヴェスパシアヌス帝のコインも取りつけてある。[35] おそらくこれは——単なる装飾的なものでないとすれば——、何らかの魔術的な効果を求めたものと推測される。鐘の表面に巡礼章（Pilgerzeichen）を貼り付けることもあるが、[36] これも同様の目的（鐘の保護と安全、あるいは鐘の力の向上）に寄与するのではないか。鐘の価値と力を高めるさらに別の方法として、他所にあるきわめて名高い鐘から、その特性を移し入れようと試みることもあった。例えばジッテン近郊のヴァレリア（ヴァリス州）に、たいへんな崇敬をあつめる鐘があり、新しい鐘を作ろうとしている各地の人びとが、材料に混ぜ込みたいと、鐘の欠片を求めて壮麗な使節団を送ってきたという。[37] ホンブレヒティコンの教区民たちが語るところでは、自分たちの鐘を鋳る時に、悪魔が聖テオドルスの命によってローマからヴァリスの山中まで運ぶ定めとなったあの鐘〔巻末の「略史」参照〕から、一部を取り入れたという。[38] ちなみにこのテオドルスの鐘からは、何百という欠片が新しい鐘の金属に溶かしこまれたことになっている。[39]

いくつかの聖遺物についても同様である。[40] オーバーンキルヒェン（カッセル郡、シャウムブルク伯爵領）に伝わる次の話は、難工事における人身御供譚と見なせる物語によく似ている。一八三九年、その町で未曾有の大鐘を鋳造することになったとき（これは改鋳であったと推測される）、ビュッケブルクの親方C・アルテンブルクがこの任務を担うことになった。様子を見物しようと、教区からたくさんの人びとがやってきて、そのうちのかなりの人たちが、熱せられた溶湯に銀貨を投げこんだという。ところがどうしたわけか、溶湯がどうにも泡立たない。心配でならない親方のところへ、やがて一匹のむく犬が駆け寄ってきた。頭に血がのぼっている親方は、犬を蹴り上げる。すると犬は、煮えたぎる鉱石の湯のなかに落ちた。そしてまさにこの瞬間から溶湯が泡立ち始め、鋳造を始めることができたという。ベルナウにある市民の鐘の場合、老婆が一匹の蛇を釜に投げこんだ。そしてこの後、鐘の効力によって、周辺一帯から蛇が一掃された。しかし鐘にひびが入ってからは、再び蛇たちが出没するようになったという。[41] 今日でも時おり見られることだが、粘土製の鋳型に卵を混ぜることがある。しかしこれを行う目的は、鋳型の土のごわつきを無くし、鐘の表面と装飾を美しく、なめらかに仕上げるためである。一六二七年におけるリートラーの鐘の鋳造では、四百ないし五百個の卵を職人が必要とした。ただしこの種の事例では、むしろ古くなったビールや馬糞を勧める者もある。[42]

銘文とその魔力

魔術の文句、聖書の章句、アルファベットの全文字、もしくはその一部、[43] A（アルファ）とΩ（オ

マールブルクの「エリーザベト」鐘
聖エリーザベト教会に遺る13–15世紀の古鐘のひとつ
高さ1.92メートル、重量約4トン
銘にはGRANDO NOCENS ABSIT UBICVMO SONVS MEUS ASSIT
（わが声の届くところ、災いなす雹はすべて遠ざけられるべし）とあるメガ）の文字、ヘブライ語の名前、四人の福音史家の名前――時に、逆さまに書かれることもある――、こうしたものが、鐘の表面には実にしばしば見つかる。[44] これは鏡文字にされることも多い。[45] 銘文が、意図的に判読不明にしてある鐘もある（いわゆる暗号文字鐘）。[46] いくつかのメクレンブルク地方の鐘（レトラ、ミルデニッツ、デンシェンブルク）は、その銘文が読めないと言われる。これはペッチョーの鐘もそうであり、ユダヤ人が解読しようとすれば、ハンマーが落下して頭に激突し、その男は倒れて死ぬことになるという。[47] ペストに対抗する、いわゆる聖ザカリアの十字呪文も、鐘の表面に鋳刻されることがある。[48] ダンツィヒの親方ヘルマン・ベニンク（十六世紀）が作った鐘のなかには、古来の医薬であり、また復活の象徴でもあるサルビアの葉が一枚、裾を広げた形の鐘の表面に、装飾として用いられたものがある。[49] またその他に、花輪に編んだサルビアの葉の図像が、鐘の周囲にぐるりと鋳刻されることもある。これはつまり型作りの作業中と鋳込みの瞬間とに、魔女たちの悪しき作用と横暴を遠ざけるためのものであった。[50] ダルムシュタット市庁舎の二つの鐘（どちらも一五九九年製）には、手のひらと腕が一つずつ描いてあり、その上に柏の葉の装飾が付いている。この図像も、もしかすると魔術的な意味をもつのかもしれない。[51] これと類似した方法によって、嵐除けの鐘（Wetterglocke）の効力と作用を高めることが行われるが、これについては後に論じることにしよう。

木製・磁器製・陶製の鐘

鐘の製造に使われることがあるこの他の素材については、率直に述べて、特にふれておくべき点はあとわずかである。マイセンでは磁器製の鐘がいくつか存在した。木製の鐘は、かつて鐘の受難の時代に、各地の鐘が沈黙を強いられた際の代用品として使われた記録があるが、[52] その他では聖人伝で言及されるだけである。[53] 陶製の鐘は、笑い話であれば登場する。[54]

釘を打ち込む

何らかの理由によって〈釘が打ちつけられる〉、という伝説を身にまとう鐘もいくつかある。たいていそれは、独特の鈍い音をたてる鐘の場合である。例えばヴュルツブルクの大司教区は、マイン河畔ノイシュタット大修道院に対する報復として、それが所有する最古の鐘の底に、一本の鉄くぎを打ちつけたという。[55] ラーナの大鐘は、ある王さまが鉄くぎを打ち込んで以来、鈍い響きをたてる。[56] ムーア（ルンガウ地方）の鐘には魔女が、[57] そしてフィルスの鐘には「隠れ頭巾の一団」が釘を打ち込んだ。[58] シュトラスブルク市が、ハウエンエーバーシュタインの村鐘を買い取ろうとしたとき、村びとたちは釘を一本打ち込んでおいた。そのせいで、鐘の愛すべき響きはたいそう損なわれたという。[59] シェラングの鐘には何本もの釘が打ち込まれたが、それによって、鐘が敵の手中に渡らないようにと考えたのだった。[60] ナープガウ地方ベルンシュタインの鐘も、同様の理由から釘が一本打ち込まれた。[61] この他、鐘の周囲に糸を巻きつけることで、そこに亀裂が入ったとか、[62] あるいは鈍い音をたてるようにと鐘舌にタオルを巻きつけた、[63] とかいう伝説もある。しかしこうした言い伝えの背景には、鐘の象徴的な所有と保持という観念がおそらくあるのだろう。

不揃いやきずにまつわる伝説

鐘の不揃いやきずについて伝説は語り、その理由づけをすることもある。(64) フィッシュハウゼン（東プロイセン、ザムラント地方）には、次のような物語がある。副牧師G・フィッシャー（一七四四―一七九七年）の生前、教会の宝物箱が泥棒に盗まれて、まだ夜も明けきらぬ頃に地中に埋められた。その様子を、コッペルブーデ生まれの牛乳配達夫が通りがかりに目撃する。家への帰り道、その配達夫は箱を掘り出し、それを売り払ったカネで、フィッシュハウゼンに家を一軒購入した。しかし男は良心の呵責に苛まれつづける。そこで貧しい人びとに多くの喜捨をし、ついには財産の大部分を手放して、一つの鐘の改鋳に使ってもらうことにした。鐘の縁には男の名前が刻まれた。ところがである。いよいよ鐘が鳴らされたとき、その名前の入った鐘は砕け散ってしまうのだった。この金属は売りに出され、こうしてフィッシュハウゼンには、今も二つしか鐘が揃っていないという。ベルシュ（下部エルザス、モルスハイム郡）の伝説には、この町の大鐘を略奪しようとするスウェーデン軍の姿が見える。しかし鐘を積んだ荷車は、ぴくりとも動かなかった。しかたなく元の場所に戻そうとすると、うっかり角をぶつけて欠けてしまい、その跡が今も残っているという。西プロイセンのノイマルクでは、カトリック教区教会の鐘楼に落雷があり、その一番小さな鐘の内側が損傷を受けたという。円縁の一部が欠けて、向い側に焼き付いてしまったのである。リュスト（メクレンブルク・シュヴェリーン）の小鐘には、片方の取っ手がない。これは鐘を盗もうとした何者かによって、鑢《やすり》で削ぎおとされてしまったものだという。しかしこの鐘はそもそも軽いので、盗っ人は単純に担いで持ち去ったほうがよかったのだが。

モスクワの「鐘の皇帝」（ツァーリ・コロコル）、1733–35年鋳造
1840年の絵画
鋳造直後の火災がもとで壊れたこの大鐘は、割れ鐘のままクレムリン広場に展示されている

さて鐘にひび割れができて鋳直しが必要になると、そのような場合にも伝説は生まれやすい。そしてそれぞれに独特の因縁話をともないがちである。オスターヴェッディンゲン（ザクセン州）の大鐘は、一八二八年（もしくは一八三二年）、音を出している最中に大きな亀裂ができた。泥酔のままで葬儀の仕事にあたっていた使用人の男Mが、全開で鐘が振れているときに、自分の「頭っこ」をぶつけてしまったというのである。エルデボルン（マンスフェルト湖水地方）では、選帝侯のための弔鐘を鳴らしたときに、中の大きさの鐘が落下して、梁にぶらさがってしまった。そして小の鐘は、同じ弔鐘のあいだに振り子が強く当たって砕け散った。さらに大の鐘は、一七六三年三月二十日、七年戦争の終結を祝う和平の鐘の折りに壊れてしまったという。こうして大中小の三つの鐘は、すべて改鋳されなくてはならなくなったのである。鐘が砕けて駄目になるのには、もちろんいくつかの理由が考えられようが、(65)しかしこのエルデボルンの例が語るように、その時に起きていた何か重要な出来事が、破損の機縁になっていることが多いものである。イッセルホルスト（ビーレフェルト）の大鐘には、「一八七〇年九月二日、開戦の鐘鳴らしの折り、この古き鐘は砕けたり、云々」という銘文が見える。(66)フレンズンゲン（ヘッセン、アルスフェルト郡）の鐘が割れたのは、一八七一年の和平の鐘に際してのことだった。クリスマスの鐘つきで砕けるものも数例ある。ただこうした鐘の損傷は、身分の高い人間の逝去と関連づけて語られる場合が最も多い。例えばハーナウ侯の葬儀（しかも侯の紋章と名前が刻まれていたまさにその場所において）、ヘッセン最後の選帝侯妃（カッセル郡、ヘーベルにて）、メクレンブルクの二人の大公、フリードリヒ・フランツ二世（コッペンティンにて）とアドルフ・フリードリヒ（一九一三年、レーベルにて）、また公爵妃ルイーゼ（一八〇八年、マルヒンにて）、プロイセン王フリードリヒ・ヴィルヘルム一世（一七四〇年、ヴェストファーレンのヘルデにて）[67]、皇帝ヴィルヘルム一世（アンハルト地方ビーンドルフ近郊、リンデ河畔のレープニッツにて、またダンツィヒの聖ペトリ・パウリ教会にある「神のラッパ」（Tuba Dei）と名づけられた鐘も）、そして皇帝フリードリヒ三世（ザーレ河畔ケナーン近郊のトレープニッツ、ならびにヘッセン地方アルツァイ郡フラマースハイムにて）などの葬儀において、鐘が割れたという。王侯の葬儀で鐘を鳴らす場合には、いつになく精魂をこめ、ひときわ強く叩くようなこともあったかもしれない[68]。だが鐘の破損をめぐる歴史的記述の正確さは、時としてかなり疑わしいものである。一七四五年二月十四日から三月十四日まで、皇帝カール七世の逝去のために鐘が鳴らされたとき、リューベック大聖堂のパルス鐘が壊れたという。だが同年の七月二十九日にも、この鐘はなお鳴らされていたと思しき形跡がある[69]。アイスレーベンの聖アンドレアス教会がもつ大鐘には、その銘文で、すでに一七一五年には破損していたと記していることから、一七八〇年、最後のマンスフェルト伯の死を悼む儀式においてこの鐘が割れたという伝説は、根拠をもたなくなる。ポーゼンには、うら若い娘[70]、もしくは羊飼い[71]の死を悼んで、悲痛のあまりに鐘が割れたという内容の伝説がいくつも見える。ヒルデスハイムのJ・J・ラートラー父子兄弟社によって初めて一八九七年に鋳直しされた鐘が、エーダークヴァルト（シュターデ、ケーディンゲン郡）にあるが、これはかつてその鐘を鋳造した親方が、復讐を果たす際の道連れになったと言われる。すなわちこの鐘はすでに一度、一六六五年頃にひび割れていた。ところが一八九六年十二月十日、それが二度目の破損を受けたところで、次のようなことが巷のあちこちで語られた。あの親方がまだ矍鑠としていた頃、鐘架の製作をめぐって教会上層部と意見の対立が起こり、憤懣やるかたない親方がこう言い放っていた、というのである。エーデンクヴァルトの教会は、いずれわしのことを思い出す時が来るだろうと。果たしてこの鍛治親方ハーターマンの葬儀に際し、鐘はあらためて割れる定めとなったのだ、という話である。

生意気な徒弟

鐘の鋳造にまつわる伝説のなかで、若輩の職人が鐘を自分一人で作ってしまい、そのためにプライドを傷つけられた親方から、怒りのあまり殴り殺されるという、〈生意気な徒弟〉の物語がある。これは最もよく知られ、また最も広く流布したタイプの話であろう。ブレスラウのマグダレーナの鐘をはじめとして、他のあちこちでも、とりわけ北ドイツと中部ドイツの各所で語られている。[72]この鐘たちの多くは、悲しい顛末を今もなお嘆いて、同情を惜しまずこう歌っている。

かわいそうに、かわいそうにな、
あの徒弟が死んじまったのはな。

これも同じである（リューゲン島ベルゲン）。

気の毒なこった、気の毒なこった、

あの若造が死んじまったのは。
豚をつぶすこの小屋の下に、
やつは葬られているさ。
気の毒なこった、気の毒なこった、
あの若造が死んじまったのは。(73)

またこれも同様の例である（ラウエンブルク地方ブライテンフェルデ）。

ギン、ゴン、ゴォン、
ブライテンフェルデと、
ベーロの町のあいだで、
弟子の若いもんが、
親方に殴り殺されちまった、
ギン、ゴン、ゴォン。(74)

こうした記録は他所にも伝わる。伝説それ自体はもはや消滅してしまったレデフィン（メクレンブルク・シュヴェリーン）でも、二つの鐘が鳴り合ってこう語るという。

かわいそうにの、かわいそうにの、
あの徒弟が死んじでしもうたのはのぅ。
「こんなふうに聞こえてくるんじゃ」、長年にわたって、そこで鐘つきの仕事をしてきた男がそう言っていた。

第II章

鐘の奉献

奉献の儀式——鐘の〈洗礼〉

鐘の奉献とその名づけは、キリスト教世界において、九六八年、教皇ヨハネス十三世のもとで初めて実際に行われたらしい。教皇は、ラテラノ宮殿内、聖ヨハネス教会（サン・ジョヴァンニ・イン・ラテラノ大聖堂）のために鋳造された鐘を、「聖なる典礼のもと神に捧げ、ヨハネスと名づけた」（原文ラテン語）という。[1] ところが早くも七八九年には、カール大帝が、「雹を防がんとして、鐘に洗礼を施したり、棹に呪符を掛けたりしてはならぬ」（原文ラテン語）と述べて禁令を発した。これはおそらく、暴風雨を退散させる能力を所有するために鐘が洗礼を受けていた、その習俗だけを狙い撃ちにしたものと考えられる。[2]

教会で使用する前に、司教か、もしくはこのための特別な権能を与えられた司祭が、鐘を荘厳な儀式によって聖別し、奉献すること（洗浄、塗油、名づけ、そして香を焚くことを伴う）は、今日に至るまでカトリック教会に一般的に見られる。[3] もちろん教会は、生命をもたぬ物体に文字どおりの洗礼を施すことは拒否しており、事実、「我は汝に洗礼を与えん」（Ego te baptizo）という洗礼儀式の文句を、そこでは決して用いないと主張する。司祭は鐘に塗油を施す際に、むしろこんなふうに語るのである。「父と息子と聖霊の名のもとに、主よ、この徴が聖なるものとされ、あなたに捧げられんことを」。[4] しかし教皇ベネディクトゥス十四世（在位一七四〇—一七五八年）などは、こう宣言している。「留意されたし。祝福のもとにあるこの洗礼という名を、まさか教会自ら選

鐘の奉献
聖別された香油を施し、十字をきる
14世紀の写本、パドヴァ聖堂参事会図書館び用いたことはなく、ただ平静なる心をもって許し与えたのみであることを」[5]。また一般信徒は、この奉献の儀式のために無頓着にもkerstenという言葉を、つまり「キリスト教徒にする、洗礼を与える」という意味の動詞を用いている。よって一五三三年、レックリングハウゼンの帳簿の記載にも、「さらにオイアの鐘の洗礼を行った。六シリングと三ペニヒの支出」とある[6]。

たいていの古い典礼書に、鐘の名づけに関する記述はない[7]。一つの教会に一つの鐘しかなかった時代には、そもそも名づけを必要とする特別な理由はなかった。八世紀になり、複数の鐘を一つの組み鐘にまとめることが普通になってようやく、名づけをしようという考えがはたらきだす[8]。とはいえ一般の民衆は、鐘の奉献と、鐘の文字どおりの洗礼とを、こまかく区別して考えることはほとんどなかった。彼らの目に映る鐘は、教会の聖具類のなかの単なる一点であるどころか、もっと大いなるものだった。それは生きいきとして、自ら動き、ことばを語り、まさに魂をもつ存在である。したがって新しい鐘の奉献として行う習俗は、彼らが自分の子どもにさせる洗礼でなじみ親しんだものと深く似かよってくる。

まず前夜には、祝砲が祝いの日の到来を告げる。祝砲は当日の午前中まで続くこともある。上部バイエルン地方では、式服に身をつつんだ市長と教区の評議員たちが勢ぞろいして、鐘を町に迎え、そして教会へと導いていく[9]。奉献の儀式は、一本の木か、もしくは木枠に鐘をぶら下げたうえで、教会前の広場で行う。あるいはそうした組み台が、教会堂内に設置されることもある。老いも若きもみなが集まり、花輪や草花、純白や多彩な色のリボンを鐘の竜頭《りゅうず》にとりつけて飾る。エルザス各地の町では、絹織の純白のマントが掛けられることもある[10]。また洗礼立会人や、鐘の代母となる女性たちが、クロシェット編みのレース、もしくはフィレ・レースで鐘を飾る。これらの織物は後に、教会の式服を作る材料になるなど、もろもろの儀式に使われることになる。

代父・代母――鐘の名づけ親

古い時代から、鐘の奉献には複数名の立会人が顔をそろえることが求められ、この人びともまた無邪気に、鐘の〈代父・代母〉と呼びならわされた(11)。立会人は、式典への招待を受けるか、もしくは自ら参加したいと名乗り出る。彼らの氏名は教区教会の台帳に記載された。鐘の寄進者やその家族、もしくはその教区の名士たちがこの役目を担うことが好まれた。しかしそれは、田舎村のふつうの一婦人であったり、プフェッタとゲッテル（エルザス地方）、パテムとゲルシェ（ライン河畔ニーダーカッセル）という名の一夫婦だったりすることもある。とはいえ、できるだけ多くの代父・代母を見つけようとする意図がしばしば作用したことは事実であり、この役目に立候補する者はみな歓迎された。ディリンゲン（ザールルイ郡）の新しい教区教会に、一九一三年二月二十三日、五つの鐘が奉献されたとき、その鐘の一基ずつに八名から十名の代父、そして同数の代母が得られ、その結果、この名づけ親たちからの祝儀の総額は六〇〇〇マルクにも上ったという。イッタースドルフ（ザールルイ郡）では、村に住む十四歳から四十歳までのすべての男女が何がしかの代父・代母となった。「鐘を引く一本の綱を握り、しばしば百人もの代父、代母らが歩いていく」とは、すでにルターが慨嘆していたところである。幼児洗礼の場合としばしば同じく、きちんとした額のお金を集めることがそこでは意図されており、それによって鐘の鋳造費をまかなった（「鐘は贖われたり」というラインラントの言いまわしもある）。しかしまた——少なくともエルザス地方では——代父・代母が町の子どもたちにたっぷりとお菓子をプレゼントする習慣もあった。それも実際の洗礼時より、ずっとたくさんにである。ビーダータール（上部エルザス）の代父・代母たちは、華やかに飾りつけた馬車に乗り、村を練り歩きながら大量の砂糖飴をばらまいた。別の町では、この贈りものが教会の塔から撒かれたり、あるいは集会所の窓から飴玉の雨が降ることもあった。少額の貨幣が入った小袋さえ見られたという[12]。大人のためには、ワインがふるまわれたり、集会所で小さな食堂を開いたり、あるいは司祭の居宅で祝宴が開かれたりしたが、このすべての支出を負担したのは代父・代母であった。お人よしの司祭は、その際、屋敷の窓の下で物欲しげに待っている子どもたちに、たっぷりの干しリンゴが入った袋をぶちまけたという（下部エルザス、エルノルスハイム）。十八世紀のライン・ヘッセン地方では、古い習慣に従って、塔に据え付ける前にまず、鐘の内部にワインを注ぎ、そこからグラス一杯分の酒がみなにふるまわれた[13]。ちなみに鐘の搬入と奉献を盛大に祝うのは、新教の地区でも同じである。色鮮やかなリボンと樅の木の枝で鐘を飾りつけ、純白の衣装を着た娘たちが一緒に練り歩き、教会の堂内で特別な式典が行われる。マクデブルク近郊のイルクスレーベンでは、一八九四年、四頭の黒馬が引く馬車で大鐘を迎え入れたという記録があり、その馬はみな、町の第一番地に住む地主の持ち物だったという。マンスフェルト湖水地方のデーダーシュテット教区は、一八七五年、演奏会と舞踏会、そして子どもたちへのご馳走で、鐘の奉献を大きく祝った。

奉献の儀式では、鐘の綱を代父が握る。グラウビュンデンでは、まず鐘の名づけを行なったあ

ローマ、サン・ピエトロ聖堂大鐘の奉献
教皇ピウス6世が儀式を司る
ジュゼッペ・ヴァラディエール画、1786年
シュラット（スイス）、鉄の図書館蔵

と、聖別を執り行う司祭が鐘舌をつかみ、鐘に打ちつける。それに続いて代父と代母が同じように鐘を鳴らすのだが、この一連の儀式を終えたのちに人びとは、「鐘に声が入った」と口にするのだった。[14] また別の地域（エルザスやラインラント）においては、同じく洗礼の代父・代母が鐘を鳴らすのだが、さらにすべての寄進者たちもまた、鐘舌を揺らすか、あるいはあらかじめ用意してあるハンマーを用いるかして、新しい鐘を鳴らすことができる。つまりこの式典に臨席している全員ということである。新しい鐘を寿ぐ気もちは、時に甚だしい高揚感のなかで表現されるものであり、鐘が鐘楼に据えられてから一週間のあいだ、だれもが自由に鐘架に立ち入り、好きなだけ鐘を鳴らしてよいという土地もある（下部エルザス、ノルトハイム）。

代父・代母の名前は、鐘の表面に刻まれることが多い。グラウビュンデンでは、鐘の名づけ親たちが無事に帰宅するまで鐘を鳴らしつづける風習があった。鐘とその名づけ親は深い関係をもちつづけた。エンガーの鐘は、花嫁の馬車に乗って通りかかった代父が、冗談交じりに鐘を誘って呼びかけると、高い宙から降りてくるという。[15] 代父が亡くなると、鐘はその死を告げ知らせるために喪の鐘を響かせる。すると他の鐘たちもみな一斉に唱和し始めるという。[16] もしくは一日に三度ずつの鐘が、なんと一週間続けられることもある（下部エルザス、ミヒェルブルン）。ポベテンの鐘にいたっては、名前をもらった女性アンナ・ズザンナが亡くなり、その弔鐘を鳴らすことになったとき、鐘楼から飛び出して水車小屋の池に沈んだという。[17]

俗信に従うかぎり、悪霊を退散させる能力をもつのは洗礼を受けた鐘だけである。そして洗礼を受けずに鳴らされる鐘は、悪しき力の前に屈していく。鐘が空へ飛び出し、地中もしくは水中に沈む、あるいは妖魔に持ち去られるという伝説は無数に存在する。レーヴェンの鐘は洗礼を受けておらず、そのため堂内に居場所をもらうことができないまま、入り口の外の小さな屋根の下に懸けておかれた。悪魔がその場所に据えたのである。(18)

引き上げの儀式

奉献の儀式の後すぐ、あるいは少し時間が経ってから、高い鐘楼に鐘を引き上げる段になる。この時はまた、村びとたちが総出で見物に来たり、場合によってはその手助けをしたりする。グラウビュンデンのいくつかの村では、その行事から何年もの歳月がすぎた今でも語り草になっている話がある。鐘を吊り上げる綱が、草原の向こうに届くほどのたいへんな長さになり、やがて巨大な物体が、瞬く間に宙へ昇っていったという。そしてその綱は、きっと絹の束で作られたにちがいなく、だからこそ、あれほどの重さのものを、大勢の人間が力まかせに引っ張っても、ずたずたに切れたりはしなかったのだ、というような話である。(19) ヘルスフェルトの市教会にある一三七一年製の復活祭鐘は、この地域一帯で最も巨大かつ最も美しい鐘の一つである。この鐘には、生粋の絹だけを素材にして太綱を特別にあつらえ、それを使って上まで巻き上げたという伝説がある。(20) 鐘の引き上げ作業は、現代ではおよそどこでも滑車を用いて行う。だが太古の物語のなかでは、こうした作業に際してヘラクレスのごとき男たちが登場し、さまざまにその力を発揮するという、奇想天外な出来事を描き出すものである。例えばポーランド人アンドレアス・チョレクは、四十人の男でもびくともしなかった鐘を、クラカウのマリア教会の塔の上に、たった一人で持ち上げたと言われている。[21] この話に比べればさして強烈でもないが、それでも十分に驚嘆に値するのは、ヴェストファーレン地方クヴェルンハイムの粉挽き職人エルンストマイアーの逸話である。一八五二年のこと、彼は重量三〇〇キロもの新しい鐘を鐘楼に持ち上げたらしい。シュティル（下部エルザス、モルスハイム郡）では、一八七四年鋳造の鐘に、このために作られたのとは違う鐘舌が届けられたことがあり、据え付け当初にひどい音をたてていた。それでマテルヌス（その鐘の名）のために、自分は重さ二〇〇キロの、本当の「鐘舌どん」を、塔の上まで運んでやったのだと、当地のある男が、「今日でもなお」（一九一七年のこと）誇らしげにそう語っている。

新しい鐘の最初の鐘つきのあいだ、何かを心に思い、願うならば、それは必ず叶えられる、というのはウィーンの俗信である。[22]

第Ⅲ章

鐘の名前

鐘の名のりとその由来

九六八年のこと、教皇ヨハネス十三世が鐘の奉献の儀式を執り行った。ローマのラテラノ宮殿内にある、聖ヨハネス教会堂（サン・ジョヴァンニ・イン・ラテラノ大聖堂）に据えられるこの鐘に、教皇は自身の名前を与えた。鐘の奉献の際、特別に名前を与えることが習慣となったのは、それ以来のことだと言われている(1)。

古い鐘は、自分の名を銘文のなかでそのまま述べている。「われはマリアという名なり」（Maria vocor）――「我が名は聖ペテロ」――「マルティヌスというのがわたしの名である」――「アントニウスとわしは呼ばれる」。シャフハウゼン教区（下部エルザス、シュトラスブルク郡）にかつて三つの鐘があったが、そのうちの二つが戦争で徴発された。一番大きな鐘にはこう記されていた。「われらは三つ子なり。同じ日に生まれ、同じ日にこの堂宇に納められた。ただ声はそれぞれに異なる。わたしはゼバスティアンという名であり、バスを歌う。わが弟たち、ヨーゼフとアントニウスとともに、ここでわたしは、三位一体の神を誉めたたえんと鳴りひびく」。二番目の鐘はこう語っていた。「わたしはヨーゼフという名であり、バリトンを歌う。わが兄弟の声の鳴りわたる時あれば、わたしも常に声を合わせる。おお、この教区のキリスト者たちよ、われら三兄弟のごとく、心を一つにして暮らすべし」。町に残った三番目の弟は、きっと今日もなおテノールの歌をうたっていることだろう。

鐘の名前は、もちろん代父によって付けられたものとはいえ、そもそもはマリアを筆頭とする聖人たちの領域から採られるのが普通であった。まず名前のもとになるのは、その教会の守護聖人であることが一般的である。そして鐘が鳴りわたるときには、ヨハネスであれ、マルティンであれ、ゲオルク、あるいはペテロとパウロ、その他のだれであれ、聖人たちが自ら声を発し、教区の人びとの悩みと喜びを共に分かち合ってくださるのだと、みながそんな気もちになった。聖マルガレータは異教徒の両親から生まれた人物であったので、この女性にちなんで名づけられたメトラー（ヴェストファーレン地方、ハム郡）の鐘は、こう述べている。「聖マルガレータ、そうわたしは名づけられた。異教徒のもとに生を享け、云々」。鐘の寄進者の姓を名前として受けとった鐘もある。アルツァイには「ケスラー」という鐘、「ランドフンディ」という鐘がある。フラマースハイム（アルツァイ郡）には「アメリカ人」という鐘もあって、これは一九〇三年に、「在アメリカ・フラマースハイム教会建設支援会」という団体が寄進をしていた。またミュンヘン聖母教会の鐘楼にある「ヴィンクラー夫人」という鐘も、寄進者にちなんで名づけられたものである。(2)ウィーンのマリア・ヒルフ教会にある大鐘（一七二一年鋳造）は、民衆から「靴屋ミヒル」の名で呼ばれている。靴職人の親方ミヒャエル・ザイラーがこれを教会に贈ったからである。この親方が同じ教会に寄進した二つ目の鐘は「ザイラー夫人」という名をもつ。(3)

役割・機能による命名

こうした名づけの仕方をとらない場合、世の民は、鐘を用いる特定の目的に基づいた、広く即物的な名前でよしとするものである。つまりこれは、本来的には名前でなく役職名とでも言うべきものになる。「主の祈り」鐘、「祈禱」鐘、「葬式」鐘、「学校」鐘、「行進」鐘、あるいは「食事」鐘などである。エルバッハ（ヘッセン地方）の「子ども」鐘は、子どもの洗礼で鳴らされる。ただしマーロー（メクレンブルク地方）の最も小型の鐘である「子ども」鐘の場合、そうした名前がついた理由は、夭逝した子どもたちを悼む鐘を鳴らす際に、この鐘が最初に打ち鳴らされたからであった。ルール河畔のシュヴェルテにある屋根上の小塔の小鐘は、「パン屋」鐘と呼ばれた。この鐘は今日もなお、パン職人の葬儀で鳴らされている。「哀れな罪びと」鐘（Armesünderglocke）という名前には随所で出会う。きっとそのなかには、かつて刑の執行に際して鳴らされた鐘もあっただろう。しかしそうではなくて、罪の告解を勧める意図からこの名がついたものもある。ヴァーレン（メクレンブルク地方）の「哀れな罪びと」鐘は、一八九四年まで、告解を伴う週末ミサの始まりを知らせるという、その目的だけのために金曜午前に鳴らされた。また通常は鐘舌で打つ（beiern）だけの、パルヒムの聖ゲオルク教会の「哀れな罪びと」鐘も、聖木曜日だけは、ミサの開始前に、鐘を揺らして鳴らされる（läuten）。

教会の奉献の儀式を受けたかどうかに関わりなく、多くの鐘は市民生活の種々の目的に奉仕しており、またそれに基づいた名前を与えられている。(4) ヘッセンのいくつかの町には「男衆」鐘がある。これは元来、教区の集会を告げ知らせるためのものだったが、後には税金と教区費の支払いの告知にも用いられるようになった。フィスリス（上部エルザス、アルトキルヒ郡）では、学期の始まりを告げる「学校」鐘が鳴りひびいたほか、同じ鐘がまた租税の取立てのために、差配人（Iziger

とも呼ばれる徴収役人）が教区の集会所に到着した時にも鳴らされた。この役目の場合、鐘は「徴収役人」鐘という名になった。同様の機能をもつものとして種々の「百姓」鐘というものがあるが、これについては後述する。

時間や大きさから

その鐘が決まって鳴らされる時間や時刻に即して、名前がついているものもある。「十時」鐘、「十一時」鐘、「十二時」鐘、「四時」鐘、「九時」鐘などである。ラウバッハ（ヘッセン、ショッテン郡）には「十一時鳴り」鐘（一四五五年製）、ラウターバッハ（ヘッセン）には「十一時屋」と呼ばれる鐘がある。ヴァルブルク（ブライスガウ地方、フライブルク郡）で昼の十一時に鳴らされる鐘は「十一時」鐘、もしくは「女おどし」という名をもっているが、それはその時間に昼食の用意ができていなければならないからだった。ヘッセン地方で最も古い鐘の一つが、アルスフェルトにある一三三三年製の「正午」鐘である。そんな名前であるにもかかわらず、この鐘は昼の十一時に加えて、晩の九時にも鳴らされる。しかも大天使聖ミカエルの日（九月二十九日）から聖ヴァルプルギスの日（五月一日）までの冬の季節には、朝の五時と午後二時、そして夏の季節には朝の四時と午後三時に鳴るのである。ヴュルツブルクには、正午十二時に鳴る「ライアーの飯どき」鐘*がある。[5]「八時」鐘はよく冬の季節に鳴らされた。飲み屋の閉店時間を知らせるこうした鐘の名前については、それにふさわしい所で後述する。

鐘は、単にその大きさで区別されることが多い。小鐘、大鐘、そして（必要であれば）中鐘とい

フランクフルト、聖バルトロメウス聖堂の組み鐘
1900年頃の絵葉書
（239頁の図版も参照）

うように。ラインラント地方では、「小さいの」と「大きいの」、「太」鐘、「重」鐘などと呼ぶ。マクデブルク大聖堂には「最大鐘《マクシマ》」、ブラウンシュヴァイク大聖堂には「大ブラジウス」と「小ブラジウス」がある。[6] あるいは組み鐘の場合、鳴る順番がそのまま名前になり、「一番」鐘、「二番」鐘、「三番」鐘と呼ばれることもある。フライジングでは「一番さん」、「二番さん」などという。ダンツィヒの聖ペトリ・パウリ改革派教会では、それぞれの鐘を動かす役目の男たちの人数で名前がついた。すなわち「八人」鐘、「六人」鐘といった具合である。

その音色から

鐘を、その音色や響きによって名づけることは理解しやすい。ブレーメンにある聖アンスガリ教会の鐘は、きわめて低い響きをもつことから「唸り」鐘と呼ばれる。[7] メルゼブルク大聖堂の「誉《グロ》れ高き女《リオーザ》」鐘を、民だみは「ぶんぶん」鐘と呼んでいる。[8] エアフルトのセヴェリ教会にある「ヴインツェンツィア」鐘は、民衆たちから「叫び屋」鐘と言われたが、それに対してケルンの皇帝鐘は、「(大いなる)黙り屋」鐘という名を受けた。[9] アルト・ガールツにある「黒いボル」という鐘の名は、おそらく低地ドイツ語の「ベレ」(英 bell: 鳴る)から来ているのだろう。[10] むかしアンクラ

＊南ドイツのカトリック都市ヴュルツブルクの伝説によれば、ライアーの修道院にいた鐘つき役は、神への祈りを唱えるより食べることのほうをずっと好む男であった。正午のアヴェ・マリアの鐘を、きちんと結びまで鳴らすことがなく、祈りの最後の章句も唱えぬまま、いつも昼食に行ってしまった。ついに臨終のときが来てこの世を去ったが、生前の罪が贖われるまで、つまり彼がサボタージュしたすべての日数ぶんの祈りの章句が、彼の後任の鐘つき人によって完全に唱え尽くされるまで、この男の霊はむなしく現世を彷徨うさだめとなる。

ーム市庁舎には、「ナイチンゲール」という名をもつ鐘が懸かっていた。[11] ケルンの古き大聖堂にある一つの鐘は、粗野な音色のせいで「荒くれ」鐘と呼ばれる。[12] このように鐘の響きに由来するとしか考えざるをえない、珍妙な名前をもつ鐘はいくつも見られる。ザーレ河畔カルベの「どろ《ブ》どろさん《ランメ》」[13]、ウィーンのシュテファン大聖堂の鐘「ごろごろさん《ブンメリン》」、また「靴屋のハンマー」という鐘、フランクフルト大聖堂にある「仔馬さん」、バンベルク大聖堂の「馬っこ」などである。[14] ハルバーシュタットの市民は、教会の鐘たちをそれぞれ、「ドンナ」（つまり「女主人」）、「オザンナ」、「第一・第二寄進鐘」、「長首」、「焼きソーセージ」、「塩漬けキャベツ」、「羊っこ」、「シュティムピムプ」、「アダム」と名づけている。[15] 総重量一万一千ポンドを超える、ヘント市の鐘楼の有名な鐘は「ローラント」といい、異論もあるようだが、この名もおそらく鐘の響きに基づくと言われる。[16] バヘレンタール（ラインラント地方、シュライデン郡）の最も低い音を出す鐘は、「バス」鐘という。[17] バイエルン地方では、耳ざわりな、「がちゃがちゃ」する響きの鐘を「がちゃがちゃさん《シェッペリン》」、鐘舌が規則正しく動かない鐘を「つっかえさん《トロッケリン》」、味気ない音や、不協和音のする鐘を「ガアガアさん《ガンゲリン》」（ガチョウの鳴き声から）などと呼ぶ。短く弱い、そして乱れた響きの鐘は「めそめそさん《ヴィンメリン》」、殊のほか澄明で純粋な響きがあり、遥か遠くまで音がとどく鐘は「澄子さん《ヘル》」という名である。[18] クレーヴェのとある鐘には、こんな銘文が記されているという。「わたしの名は怒りんぼうで意地悪のグレーテ。わたしの鳴る音は、陰険な音」。[19] レプナー（ブラウンシュヴァイク、ヴォルフェンビュッテル郡）の大鐘（一六三三年製）は「アンナ」、小鐘（一七一〇年製）は「リスベト」という名である。銘文にその命名の理由は説明されていないが、これは鐘の響きにちなんで名づけられたと言われている（真否は不明）[20]。

町の鐘たちのなかで最も人気があるのは、よく屋根の小塔などに懸かっている、最も小型の鐘である。それは澄みきった快活な響きのためにほかならない。ラインラントでは、そういう鐘を端的に、また親しみをこめて「鈴さん」、「鈴っこ」、「聖歌隊の鈴っこ」（教会の聖歌隊席の上に懸かっているため）[21]、「チリンさん」（de Klemp）、「チリンこ」（it Klömperke）、「キンさん」（et Bimmche）、「キンこ」（Bimpeschen）、「キンコン鐘さん」（Bimbelglöckchen）などと呼ばれる。ダンツィヒで非常に活発に鳴らされる「キュンメル鐘」も、そうした名称の変形したものかもしれない。クリュッツ（メクレンブルク）の教会でいちばん小さな鐘は、その澄んだ音色を写して「ピンク」と呼ばれる。この鐘は「ピンク」される、つまり鐘つき男の一団を呼び集めるために、「カンカンと繰りかえし叩かれる」からである。ゴルトベルク（メクレンブルク）には「キンコン鐘」がある。ブランケンハーゲン（メクレンブルク）では、ミサの始まりを告げる「チリン鐘」が鳴る。パルヒムにも「チリン鐘」（聖マリア教会）、エアフェルデン（ヘッセン、グロース・ゲーラウ郡）も同様、またラインハイム（ヘッセン、ディーブルク郡）には「チャリン鐘」（一六五九年製）がある。

鳴き声・不快な音

奉献の儀礼を終えた鐘は、俗信によるかぎり、嵐を起こして悪さをたくらむ魔女や魔法使いたちに、不快で苦手な響きを聞かせることができる。このような観念はアルプスの山国の伝説に見え、その証として当地の人びとは、そうした鐘の響きを、可愛げのない種々の動物の啼き声に喩えたうえで、鐘自体もそれに因んで名づけてしまう。例えばブリクセン、ライエン、ティアースの鐘である「牡牛どん」、ザンクト・ファレンティンの牡牛、またマウルス教区の牡牛などは、みな「ムォウ」とうなる。「ザルヴェの犬っこ」は、わんわんと吠える。(22) さらには「イッターの猫」、「アントンの沼鴫」、ザンクト・ペーターの「山羊啼き」、「ヴァンゲンの山羊啼き」、あるいは「ラヴェーナの船着き場」、「イェネージエンのおしゃべり屋」、「ラッツフォンスのムース用フライパン」(23)といった面々が、妖魔の気に障る音をたてる。レッュンスの嵐を起こす魔女たちは、「聖パウロの豚が歌い出すまえに、用意を済ませてしまうんだよ」と叫ぶ。(24) またブルルフ・ディセンティスの魔女たちは、次のような言葉をもって破壊活動への意気をあげる。「さあ急げ！　あの親豚（ディセンティスの聖テオドアの大鐘のこと）が、仔豚たちと一緒に歌い出すまえに」(25)。

オザンナ・ズザンナ

「オザンナ（ホザンナ）」という名前の鐘が数多く存在し、独自のグループを形成している。現存しているものの大半はおそらく十五世紀の鋳造と考えられ、その多くに、「わたしの名はオザンナ（ホザンナ）である」と記されている。巷の呼び名では、それがやがて「ズザンナ」もしくは「アンナ・ズザンナ」にも変わった。「ズザンナ」という名前が実際に刻まれた鐘もいくつかある。しかしこの変化は、教会にとって必ずしも容認できるものではなかったようであり、はたしてラインシュテテット（ザクセン・アルテンブルク、一四七六年製）の鐘には、「わたしを嘲る《ズブザンナ》べからず、わが名はオザンナであるのだから」（原文ラテン語）(26)と記されている。ルーダウの教会で、アンナ・

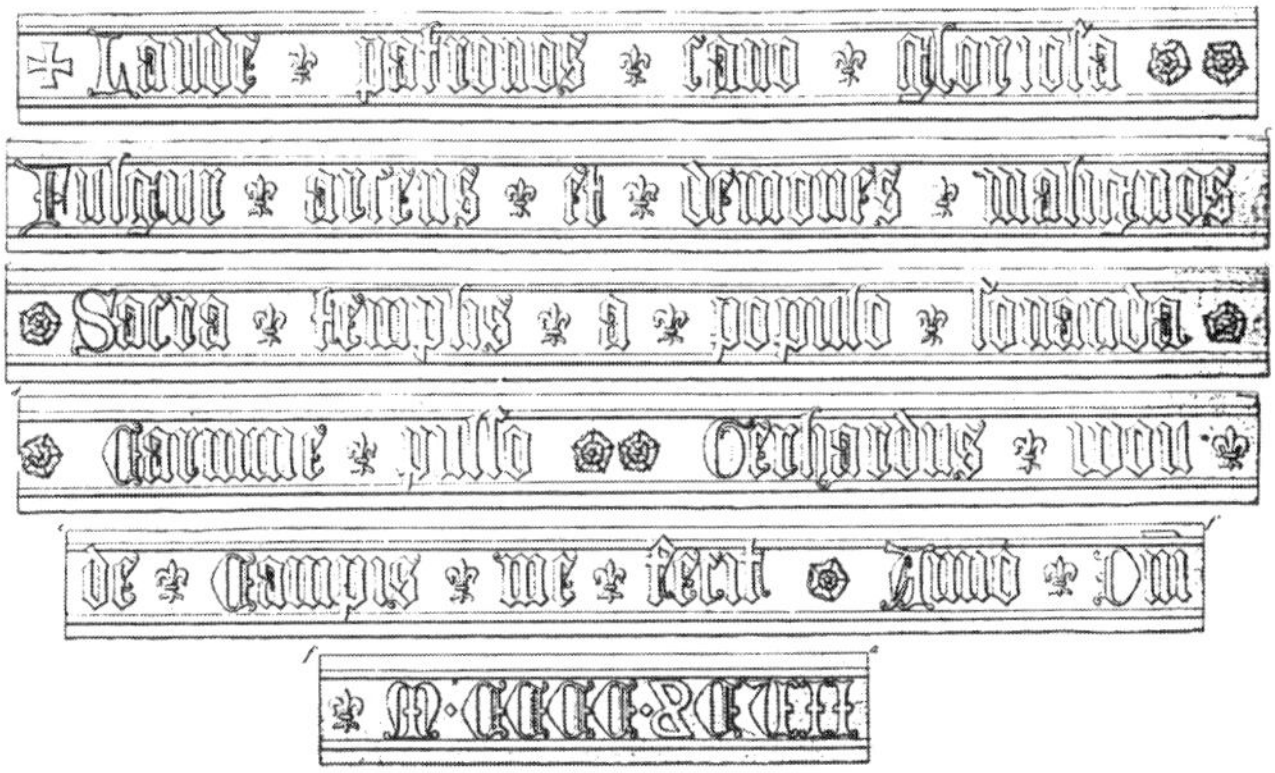

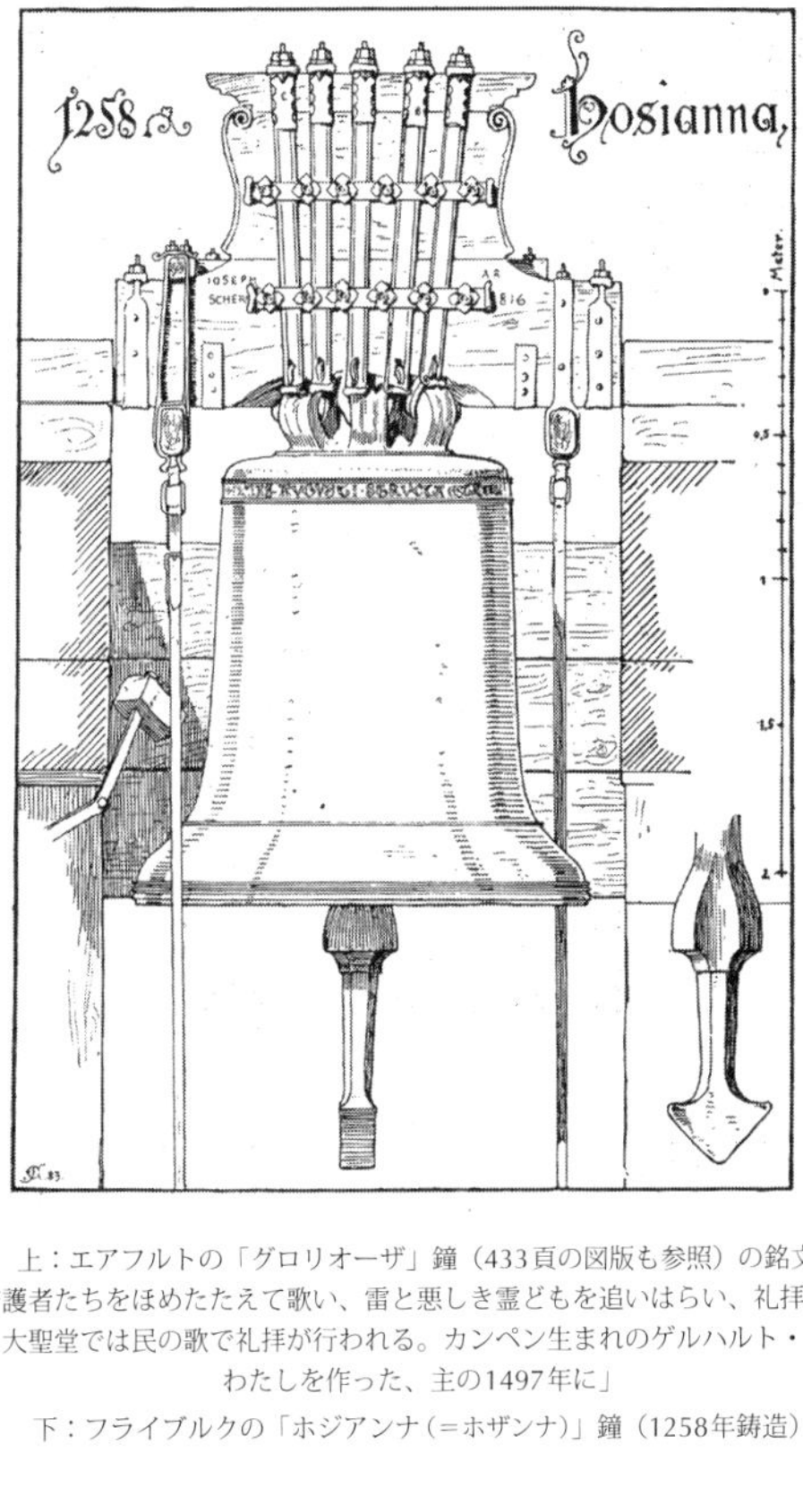

上：エアフルトの「グロリオーザ」鐘（433頁の図版も参照）の銘文
「わたしは守護者たちをほめたたえて歌い、雷と悪しき霊どもを追いはらい、礼拝のために鳴る。
すると大聖堂では民の歌で礼拝が行われる。カンペン生まれのゲルハルト・ヴァウが
わたしを作った、主の1497年に」
下：フライブルクの「ホジアンナ（＝ホザンナ）」鐘（1258年鋳造）

ズザンナという名の新しい鐘が洗礼を受けたが、その鐘が鳴り始めるや、鐘は自らこんなふうに歌った。

アンナ・ズザンナ、そんな名前をもらうくらいなら、
水車小屋の池で溺れ死んだほうがましよ！(27)

実際には別の名前があるにもかかわらず、人びとからはズザンネと呼ばれている、という鐘も少なくない(28)。

故事や据えられた場所などから

その古さ、もしくは製造年代が不明であることによって有名になった鐘は、しばしばキリスト教化以前の時代に遡るものとされ、名前もそれに因んで付けられた。アルパッハの聖オスヴァルト教会にある太古の鐘は、地域では有名な嵐除けの鐘であるが、名前を「異教の女」という(29)。メーレンシュヴァンデンの教会にある大鐘も、これは異教徒たちが鋳造したものだと言われており、名前は「ばあさん」という(30)。リンダービューゲン（ヘッセン、ビューディンゲン郡）の「古鐘《ふるがね》さん」は、宗教改革以前の時代に由来する。そもそも「古鐘」と呼ばれる鐘は、あちこちに存在するものではある。

鐘の据えられた場所に因んで名づけられることは、まずもって稀なようである。フリートベル

ク（ヘッセン）の城教会に一五八九年製の組み鐘があるが、その一つには、「わが名はフリーベル《（ママ）》クなり」という碑銘が見える。「マーリングのご婦人」というのは、メラン近郊マーリングにある、魔女たちが殊のほか恐れた嵐除けの鐘であった。[31] レーベル（メクレンブルク）の聖ニコライ教会にある鐘は、十四世紀の末、もしくは十五世紀始めの鋳造品だが、その名はダムベックの鐘という。かつてダムベックの町に置かれた鐘で、しかも今なお「ダム、ベック！　ダム、ベック！」という音をたてて鳴るからである。[32]

　歴史的な事実に関わって鐘が名づけられ、それを暗示する場合もたしかにある。「トルコ鐘」という名の鐘はあちこちに見つかる。シュヴィカーツハウゼン（ヘッセン、ビュディンゲン郡）で最大の鐘は、「女衆の鐘」と呼ばれる。一六一八年のこと、新しく教会を建てたリスベルクの住民たちが、この村の鐘楼から鐘を持ち去ろうとしたとき、村の女たちが、みごと敵手を撃退したというのである。男たちはと言えば、干し草の刈入れのため、朝早くから畑に出ていたのだった。今日でもなお鐘楼の壁には、リスベルクの一団が鐘を運び出そうとした時の傷跡が残っている。

　この他にも、多くの町に、多くの不思議な名前をもった鐘が存在する。オーバー・モックシュタット（ヘッセン）の鐘楼に懸かるのは「坊主鐘」、ボイツェンブルク（メクレンブルク）のそれは一七一〇年製の「哀れ鐘」といい、銘文にはこう記される。

　わが名は、哀れ鐘。わが齢は、ご覧のとおり。
　わが頭のそばに、生まれた日時は書いてないが。

マインツのザンクト・クヴィンティンにある教区教会の一三六六年製の鐘（一九〇八年改鋳）は、その碑銘によれば「のっぽ鐘」という名である。ブリュール（メクレンブルク）の一三八二年製の鐘は「鉛上げ」という名をもつ。この鐘が分厚い裳裾をもち、鉛のように重くて持ち上げられない、つまり意のままに鳴らすことが難しい、という点に由来があるらしい。プロゼケン近郊ホーエンキルヒェン（メクレンブルク、ヴィスマール近郊）にある「目安鐘」は、この鐘に合わせて大鐘を調整することになっているためにこの名がついた。ラインベルク市庁舎にある一七二七年製の突き鐘は、「バターのアグネス」と巷で呼ばれる。おそらく昔、バターの市が開くときに鳴らされたためだと思われる。[33] ブレーメン市民は、聖母教会の参事会鐘、もしくは裁きの鐘を、「熱燗ビール鐘」と名づけているが、その理由は、鐘の鳴る音が、「ヴァム（熱燗の）、ベエア（ビール）、ヴァム、ベエア」と聞こえるからだという。[34] この鐘もまた戦争で破壊され、やがていずこかへ供出された。

名前の由来がまだそもそも忘れ去られていない場合、その名をもつ鐘の近くに長く居住してきた少数の人たちだけが、かろうじて意味を記憶している、そんな鐘の名前もまだ世間でよく耳にする。ロンドルフの鐘、あるいはルンダ河畔トライスの鐘も、「アッペル」（die Appel）という名であるが、[35] ロンドルフのほうは銘文がなく、鋳造年代もわからない。ある伝説によれば、この鐘はかつてアッペンボルン（Appenborn）近くの礼拝堂にあり（アッペルという名はそこから来たか）、戦時中に土中に埋められたが、やがてこれを一匹の豚が掘り出したという。トライスの鐘は一四五〇年頃の作と推定され、こちらは猪によって地中から取り出されたらしい。クリュッツ（メクレンブルク）で三番目に大きな鐘は「なまけもん」という名である。かつてこの鐘を鳴らしていた男が、たいへんに怠惰な人物であったからである。[36] タイヒャ教区（ザーレ郡）の中鐘は、古来より「階段鐘」といった。シュマルカルデン市教会のいちばん大きな鐘は「大イースター」という。[37] オーバーグロムバッハ近郊マリーエンブルク城の「ブロイネ鐘」は、かつてこの一帯で猛威を振るった気管支の病《ブロイネ》で死者が出たときに鳴らされたらしい。[38] 最後にリューベックの例であるが、罪人を追放する鐘を「桜の木の鐘」と呼んだ。[39]

都市	鐘の名	推定重量（トン）	鋳造年
モスクワ	鐘の皇帝（ツァーリ・コロコル）	198	1733-35
ケルン（大聖堂）	皇帝鐘	27.8	▲1874
パリ（サクレクール）	マルグリット（サヴォア女）	27.1	1891
ケルン（大聖堂）	太っちょピッター（ペーター鐘）	24.0	1923
ウィーン（大聖堂）	プンメリン	19.8/20.1	▲1771/1951
ロンドン（聖ポール）	グレート・ポール	17.0	1881
ルーアン（大聖堂）	ジャンヌ・ダルク	16.0/9.6	▲1914/1959
ローマ（聖ピエトロ）	カンパノーネ	15.7	1775
ミラノ（大聖堂）	サンタンブロージョ	14.5	1582
ロンドン（国会議事堂）	ビッグ・ベン	13.8	1858
ベルリン（カイザー・ヴィルヘルム記念教会）	王妃ルイーゼ	13.3	1895
パリ（ノートルダム）	エマニュエル	12.8	1685
マクデブルク（大聖堂）	マキシマ	12.8	1702
フランクフルト（大聖堂）	グロリオーザ	12.3	1877
エアフルト（大聖堂）	グロリオーザ	11.4	1497
プラハ（大聖堂）	ジクムント（ジギスムント）	10.9	1549
ヨーク（大聖堂）	グレート・ピーター	10.9	1927
ウィーン（大聖堂）	小プンメリン	10.4	1558
ハンブルク（聖ペトリ）	マクシマ（最大鐘）	10.2	1878
ランス（大聖堂）	シャルロッテ	10.1	1575
フライブルク（大聖堂）	ホジアンナ（ホザンナ）	10.0	1258
ベルリン	オリンピアの鐘	9.6	1936
ベルリン	自由の鐘	9.6	1951
京都（方広寺）	（「国家安康」の鐘）	82.7	1614
京都（知恩院）	（大鐘）	70	1636
奈良（東大寺）	（大鐘、「奈良太郎」）	26.3	752

ヨーロッパの著名な大鐘とその「愛称」（約 10 t 以上のもの）

＊ W. Ellerhorst: Handbuch der Glockenkunde.1957, S.176 以下の表をもとに作成

＊＊鋳造年の前の▲印は現存しないことを示す

第Ⅳ章

聖なる鐘、人に寄り添う鐘

聖なる鐘

K・フォン・シュレーツァーはその『ローマ便り』（一八六四―一八六九）の六五頁でこう語る。「聖体の祝日にローマで行われる練り歩きでは、各修道会の行列に続いて、ローマのいわゆる五つのローマの総大司教教会（サン・ピエトロ、ラテラノ、サンタ・マリア・マッジョーレ、サン・パオロ、サン・ロレンツォの各教会）と、そしてあと二つの由緒ある教会に置かれている鐘たちが、それぞれ行進に参加して運ばれてゆく。これは中世の最初期から続く慣習である。これらの教会の鐘は、コルプス・ドミニ（聖体）の行進に決して欠けてはならないものだった。現在の行列では、小さめの模造品が代理役として用いられる。その鐘たちは休みなく揺らし鳴らされる」。ここでは小さな鐘たちが大きな鐘の代役を務めているわけだが、それに対して大きな鐘は、それが置かれた神の家の代表者と見なされ、まさにその教会の名のもとに神への讃歌を響かせる。(1)

奉献の典礼を受け、神と聖人の誉れのため、あるいは時に、神と聖人そのものの代理として語り、戒めを発する鐘は、高い崇敬にふさわしいものと見なされる。その響きのみならず、鐘という物体そのものも、敬意を受けるのである。聖人の聖遺物と見なされる鐘も数多い。(2) 東プロイセンでは今日もなお、教会の鐘が鳴るとき、年とった男たちが縁なし帽をとり、女たちは膝をついてお辞儀をするのが通例である。同様のことはヴァイベック（ヴェーザー河畔リンテルン郡）にも見える。ヴェーザー河畔ヴィントハイムでは、鐘が鳴り始めるや、教会に行く途中だった男たちが

ミサの途中、聖変化を前に鐘が鳴らされる
『ベリー公のいとも美しき聖母時禱書』
15世紀初、パリ、国立図書館蔵

すぐさま帽子をとる習わしであるし、また年寄りたちは、朝・昼・晩と祈りの鐘が鳴るとき、やはり帽子をとる。[3] バルガ（東プロイセン）では、もし礼拝のあいだ教会の堂内におらず、祈りの鐘のあいだ帽子をとらないままでいると、その者の髪の毛はすべて抜けてしまうと言われる。その町の城跡には花崗岩の塊があり、その上部の表面に、人間の五本の指の跡が見える。ある時、教会のたもとにあるこの場所で、二人の若い職人がトランプ遊びをしていた。一方が切り札としてダイヤのエースを出したとき、ちょうど祈りの鐘が鳴る。すると二人の目の前に悪魔が現われ、エースのカードを持った若者の手のひらを、こぶしで殴ったのであった。それはちょうど岩の上に置かれていたという。こうして今もなお、五本の指がはっきりとその面に残っている――。鐘が鳴っている最中に生まれた人間は、もろもろの霊を見る力があり、また呪われた人を救済することができる。[4] 子どもたちへの躾として、関節の捻じ曲げやしかめ面をしないようにと言い聞かせるために、鐘が鳴った瞬間におまえたちがしていた体や顔の形は、一生そのまま変えようと思っても変えられないよ、ということが今日も言われる。[5] 上部ナープガウのベルンシュタインでは、悪童たちが町の鐘をひどく汚したことがあった。すると「悪しき者」（悪魔）が鐘の上に出現し、そこが清掃されて、あらためて奉献をうけるまで、ずっと居座っていたという。[6] 鐘楼の鐘の破裂は、司祭が嘘をついたことを告発するしるしであり、[7] また鐘がひとりでに鳴り出したなら、それは司祭が何かの罪を犯したことの証しである。[8] 鐘の舌を止める作業は、必ず素手でしなければならない。ある時、鐘つき男が手袋のまましようとしたところ、鐘は宙へ上り、どこかへ飛んで行ってしまった。[9]

鐘への不正・中傷

鐘そのものや、あるいはその正当な所有者に向けてなされた不正、中傷に対し、いかに鐘は感じやすいものであるかを、数多くの伝説が物語っている。ただしオルデンブルクに、以下のような伝説があるのもたしかである。つまり大昔、この地域ではまだ鐘というものが珍しかったころに、別の村から鐘を盗んでくるという習俗が残っていた。そして首尾よく村境を越えることができれば、そのままこの鐘を、だれの邪魔もうけずに自分たちの所有物とすることができたというのである。[10] しかしたいていの鐘は、そのように従順かつ無関心にふるまいはしない。人間のさまざまな他の感情と並んで、鐘はまた故郷への篤く確かな愛情をも、おもてに出すのである。[11] したがって盗賊や敵軍の兵士たちに持ち去られるくらいなら、鐘は水中や地中に沈むほうを選ぶ。[12] またそうした危機の場面で、鐘は血を流したり、[13] 割れたり、[14] 石に変化したり、[15] あるいはひとりでに警鐘を鳴らしたりする、[16] といった物語があちこちに見える。アイトルフ（ジーク郡）にある聖パトリツィウス（パトリック）の鐘は、ナポレオン一世によって強奪され、持ち去られたという伝説をもつが、この鐘が最後の音を響かせたとき、まわりにいた人びとには、鐘がこう言っているように聞こえた。

わたしはもはや、音色を奏でることはありませぬ、
わがパトリツィウスの国にふたたび戻される、その日まで。

後に鐘は、はたしてこのアイトルフに戻ることができ、そして今日もそこで鳴りつづけている。フォラ（バイエルン、中部フランケン県、官庁所在地ヘルスブルック）にあるプロテスタント教区教会の鐘楼には、十四世紀にニュルンベルクの鋳鐘師ハンスが作ったという「マリアの鐘」がある。この鐘は多くの人から「望郷《ハイムヴェー》の鐘」と呼ばれる。かつて大昔にこの鐘が盗まれ、二時間ほど離れた村キルヒェンジッテンバッハの教会に運ばれたという。この定めを嘆き悲しんだ鐘は、見も知らぬ鐘楼のなかでまったく音をたてようとしなかった。新しい所有者はこのことに驚き、鐘をまたフォラに戻すことにした。そして道すがら「ひびきの泉」にさしかかったところで、そこからはるか遠くに、ペグニッツ川の谷間深くに立つフォラの教会の塔が見えてくる。するとそのとき初めて、鐘は突然に声を取り戻し、喜びのあまり、キンコンと鳴り始めた。鐘は古なじみの教会の塔を、これほどにも愛していたのだ、という物語である。

また鐘を盗んだ人間は、またたく間に処罰をうける。雷に打たれて死んだり、昏倒して亡くなったり、塔から落ちて体が砕けたり、あるいは乗りこんだ船団が嵐に蹴散らされる。[17]

移動を拒む鐘

鐘は誘拐者に従うことを拒む、少なくとも村境を越えていくことを断固として拒否する、という伝説が一般的に見られる。[18] デネレフの鐘をフランス軍が持ち去ろうとしたとき、ある場所に来て鐘はぶつぶつと唸り始めた。「あたしはこのまま、ここにいるよ、あたしはここから動かないよ」。そこで鐘は元の場所に置いていくことになった。[19] ドゥーデルドルフ（ビットブルク郡）の鐘には、こ

大金で買いとられてゆく、貧しい村の鐘
(「ヴンネンシュタインの鐘」の伝説を描いた銅版画)

ハイルブロン市に大金で買いとられた鐘は、村の外では一切音を立てず、
嵐を追いはらうこともしなかったため、ふたたび故郷に戻ることになる。
帰路はわずか牡牛2頭の力でやすやすと運ぶことができたという。

んな物語がある。一八七〇年にフランス軍がこれを強奪しようとした。さっさと馬車に載せ、六頭の馬をつなぐ。ところが車はぴくりとも動かず、やがて鐘はこんなことをしゃべり始めたらしい。「わが名はドナトゥス、悪しき嵐を追いはらう、わたしはドゥーデルドルフから動かない」。ベルシュ（下部エルザス、モルスハイム郡）にスウェーデン軍が進駐したとき、町の大鐘が奪われようとしていた。鐘を載せた馬車は、ところがロスハイムの街道まで来て、まるで目に見えない手に押さえつけられたかのように、全く動かなくなってしまう。そこでスウェーデン軍は鐘をそこに置いて立ち去り、ベルシュの市民はわずかな苦労をしただけで、また鐘を取り戻すことができたという。鐘楼に上げる作業の途中で、この鐘の角をうっかりぶつけて一部が欠け落ちてしまい、その跡が今日も残っている。ツィルハルト（上部エルザス、ラッポルツヴァイラー郡）の鐘については、こんな話がある。フランス革命の時代に鐘は塔から降ろされ、馬車に載せてどこかへ持ち去られようとしていた。ところが馬たちはどうしてもこれを引いて行こうとせず、結局、鐘はまた元の高い場所に戻された。[20]

強奪や暴力とまではいかなくとも、そもそも鐘は、それ自らの意志に反して移動させることができない。[21]クライン・ツェヒャーの礼拝堂にある小鐘が、これからグロース・ツェヒャーの大屋敷に移され、納屋に据えつけて、今後はこの鐘の音で食事の合図を出すようにすることが取り決められた。ところが六頭の馬をもってしても、まったくその場から動かすことができない。そこで行き先を変え、ゼードルフの教会に送ることに話が決まると、二頭の牡牛は、苦もなく運んでいくことができたという。[22]かつて豚の群れが、二基の鐘を地中から掘り出したことがあり、ラウバッハの住民たちは、馬を使ってそれを持ち去ろうとした。ところがうまくいかないので、ちょうどそこにいた牛飼いの男に、嘲るようにこう言った。もしおまえが動かせるんなら、自分のところの教会の鐘にするがいい。牛飼いはみすぼらしい二頭の牛を車に繋いだ。すると牛たちは、ゴンタースキルヒェンまで鐘を運んでいったという。[23] また別の伝説では、貧しい者にも富める者にもひとしく鳴らされる場合だけ、鐘はひとの意志に従うのだ、という姿が描かれる。[24] はたしてロッソー（メクレンブルク・シュヴェリーン）に残る伝説には、地元の二基の鐘のうち、一四〇〇年以前の鋳造になる大きいほうの鐘が登場し、貧しい者と富める者との双方のために音を響かせる。ブランデンブルクにある、ロッソーの隣村レーゲリンに住む農夫たちは、ある時ロッソーとレーゲリンの両村の境にある沼で、一つの鐘を発見した。レーゲリンの人びとは、「この鐘は、裕福な人間のためにだけ使うことにする」と言い、馬と馬車を来させて自分の町へ運ぼうとした。ところが馬たちにどんなに引かせても、沼から鐘を引き上げることができない。するとロッソー村の一人の婦人が、一頭の牝牛だけが引く車に乗って、そこに通りかかった。女は言った。「あたしはこの鐘をロッソーの村に運ぶよ。そしてロッソーでは、金持ちと貧乏人と、どちらにも区別なく、鐘は鳴らされるのさ」。すると鐘はやすやすと荷車に載せられ、ロッソーへと運ばれていった。

鐘の売買や貸借をめぐって

鐘を強奪することは難しいが、それを売り払うこともまた困難である。町の門前でびくとも動かなくなるか、[25]何の音も立てなくなるか、[26]あるいは元の鐘楼に何度も戻ってしまう。[27]ヴァルトキルヒ（ブライスガウ地方フライブルク郡）の聖マルガレーテ教会に今日も残る、その教会の最も大きな鐘について、このような話が伝わる。それはたいそう大きな鐘で、すばらしい響きをもっていた。そこでフライブルク市は、ヴァルトキルヒの住民たちから、その鐘を買い取ることにした。ところが住民たちは何頭もの馬を車に繋いだにもかかわらず、ヴァルトキルヒとブッフホルツの境にあるエンゲルヴァルトの森の麓まで来たところで、一向に鐘は前に進まなくなってしまった。すると突然、鐘がしゃべり始めた。「わが名はマルガレーテ。ひどい嵐のことなら何でも承知。ひどい嵐はみな追いはらう。だがわたしは、ヴァルトキルヒの鐘楼に住むのでなくてはならない」（この言葉は今日でも鐘の表面に刻まれているのが見えるという）。そこでヴァルトキルヒの人びとは、フライブルクとの取引を撤回すること、そして鐘を売ろうなどとは金輪際しないことを誓った。すると鐘は、元の家にやすやすと運ばれていったという。クリュッツの鐘は、十七世紀に、リューベック市が買い取ることになった。リューベック側は、馬車で鐘を運び入れることにする。ところがバーレン近郊のヴィーゼンヴェークから、もはや先へ進むことができなくなった。馬車はそこで泥濘にはまってしまったのであった。こうして馬たちは荷馬車から解かれ、リューベックの一同はそのまま帰っていった。さてレーデヴィシュの人びとがこの一件を知り、荷運び用の牡牛を六頭連れてきて、みごと鐘を元のクリュッツまで運んでいった。そして鐘はふたたび塔に懸けられたのである。この話は、つまり今日もなおレーデヴィシュの村びとだけが、この鐘の鳴らし手を出せるという事実の起源を物語っている。売り払ってならないのは、「発見」された鐘も同じことである。[28] 強奪されれば、その盗人が報いをうけるのと同じように、売り買いがなされれば、その購入者が痛い目に遭う。ルードルフ村のヘネケ・マリンは、教会の鐘を売って馬一頭を手に入れたが、まもなくしてこの馬ともども死んでしまった。[29]

とはいえ、いったん貸し出された教会の鐘が、元の場所への帰宅を拒むというような場合も存在する。カルヴィッツとリストーという二つの教会村があったが、前者には鐘がなく、ある時、もう一方から借りることになった。ところがこの鐘は、定められた日に返却されなかった。するとその後では、鐘はもはや元の村に戻ろうとはしなかった。村境で馬車が沈み、先に進まなくなったのである。しかし引き返すことは、あっさりとできたという。[30]

とりわけ響きが美しく立派な鐘の持ち主が、これ以上にない対価を出されても、なかなかその貴重な宝物を譲ろうとはしない、という伝説にもふれておこう。この場合、買い手は代価として、一本の道をまるごとターラー銀貨で舗装させるとか、[31] あるいは鐘に見合う黄金を贈ったり、鐘の内部に入るかぎりの金貨もしくは銀貨を支払ったりする。[32] グローセン・リンデン最大の鐘を手に入れるために、ヴェッツラー市は鐘の縁いっぱいまで詰めこんだ貨幣を贈ろうとした。一方、エシュの教区では、干し梨で鐘をいっぱいにするという条件のもとに、ビルメンスドルフの鐘楼にある一番小さな鐘を手に入れた。ビルメンスドルフでは、もう何年も果樹の不作で実をつけていなかったからである。[33]

メクレンブルクの伝説には、感銘深い特徴がある。鐘楼のたもとに眠る死者たちでさえも、そこに懸かる鐘を手放すことに抗うのである。[34]

鐘の励ましや助言

鐘の響きは、時に、常軌を逸した距離を超えて届くものであり、これは特別な恩寵と見なされた。ノルウェー王マグヌスの軍勢は、ドイツ・シュレスヴィヒ近郊の原野リュルシュアウで、「オーラヴ王の戦のラッパ」、つまり都ニザロス（トロンヘイム）のグローズの鐘の音*を聞いた(35)。猪が掘り出したというベルンガウの鐘は、その力強い響きが、遠くニュルンベルクの人の耳にも聞こえた(36)。土曜の午後二時には仕事じまいをするという、古く敬虔な習慣がまだシンドルバッハに残っていたころ、この時刻にはいつも、遠く二時間はかかる距離の教区教会から鐘の音が聞こえてきた。ところがある日、一人の農夫が、この時刻を過ぎてもみなに仕事を続けさせようと考え、それを実行した。それ以来、たとえ空は穏やかで、まったくの順風であっても、鐘の音は一切聞こえなくなったという(37)。ブランデンベルクの教区教会は、七時間の距離を隔てたところで働く人びとにも、鐘でクリスマス礼拝の知らせを送った(38)。サヴォア地方では、聖ループの庵の鐘によって行方不明の子どもたちが発見された(39)。またベレアン（ブルターニュ）では、船乗りの夫から何の便りも来なくなった妻の頼みで、ノートル・ダム教会の鐘を鳴らした(40)。

恋愛沙汰にも鐘は助言や手助けを与える。婚約は決まったものの、その男性と結婚したものかどうか迷いつづけていた娘が、司祭に相談した。司祭は答えて曰く、日曜の朝、「主の天使」の祈りの鐘が鳴るときに、気をつけて聞いていなさい。婿に「とれ《ニム》、とれ《ニム》」か、または「とるな《ニム・ニヒト》」の、どちらかを鐘が言ってくれるから(41)。何歳で結婚できるかを知りたい若い娘たちは、礼拝堂の塔の鐘の上に石を投げる（ジュラ地方クロ・ドュ・ドゥ、ベモン近郊のラ・ボス礼拝堂）。そしてその石が、二度目に鐘の上に乗ったなら、二年後に結婚できる、などと言われる。[42] リギ・クレースタリの鐘の音は、将来の結婚生活がどうなるかを予言してくれる。[43]

ひとりでに鳴る鐘

鐘は、繊細にして共感する心をもち、自らの意志を具えている。これはとりわけ鐘がさまざまな機会に、何ら人間の差し金なしに音を鳴らすことからわかる。[44] 多くの伝説において、聖人や、あるいは特別に敬虔で清廉潔白だった人間の死去や葬儀に際して、鐘はひとりでに音をたてる。[45] 聖ルトガーが埋葬されているヴェルデンの教会では、だれも手を触れていないにもかかわらず、しばしば鐘の響きが聞こえてくる。[46] 聖ロメディウスが熊にまたがり、トリエストの町に近づいたとき、[47] あるいは聖母子像がエゼデの修道院にもたらされたとき、[48] 当地の鐘はひとりでに鳴ったという。騎士ハーゲンがトルコの捕囚からクリュッセラートに帰還したときも、[49] 長く夫が家におらず、ついに妻が再婚を決意したその瞬間に、その夫が返ってきたときも、[50] 同様である。また鐘は、それを寄進した女性を讃えるため、[51] あるいは鐘を発見したり、それを水中の捕囚状態から救い出したりした女性の死に際して、[52] また無実な男の処刑や、[53] 死者たちへのミサに際して、[54] ひとりでに鳴り始める。リュトリで「三人のテル」** が永遠の誓いを交わすとき、ブルンネンの湖畔にある聖

＊ドイツの異教徒ヴェンド人との戦役において、大軍を前にして不安に陥ったマグヌス王（在位一〇三五―四七）を、父王オーラヴの鐘の音が激励したという。

＊＊グリム『ドイツ伝説集』二九七番にも見えるスイスの解放者たちのこと。ブルンネンは湖畔の村リュトリの対岸に位置する。

カタリーナ礼拝堂の小鐘がひとりでに鳴りだした。[55] 嵐除けの鐘も、またひとりでに鳴ることが多い。[56] 敵の襲来を伝えて警告したり、[57] 敵を追いはらったりするため、[58] またフランス革命の時代には警鐘の役割を担って、[59] 鐘は自ら声をあげた。世界大戦のさまざまな恐怖は、各地の神秘的な鐘の音によって予告されたという。[60] 司祭モンターヌスは、ベーデフェルト近郊クロイツベルクの丘に礼拝堂を建てることにしたが、それは素性不明のある鐘の音が、その場所を指示してくれたからであった。[61] ベデケンの修道院にある聖堂内陣の廃墟が取り壊されることになったとき、聖マイノルフの祭壇で、突然、奇瑞の小鐘が激しく鳴り始めたので、解体工事は中止された。[62] 鐘を鳴らすことが、日課や寄進のために定められているのに、それを怠ったとき、鐘はひとりでに鳴って義務を果たす。[63] しかし鐘の名誉を受けている人が過失を犯したりすると、鐘はもはや自発的に鳴ることをやめてしまう。[64] ラウテンバッハ村（上部エルザス、ゲプヴァイラー郡）で語り草になっていることだが、屋根の小塔にあった「聖変化の小鐘」は、フランス革命の大騒乱の時期に、薪束の山に隠されたらしい。そして後に、平和と秩序が戻ったとき、材木のなかから、ひとりでに鳴りだしたという。

第Ⅴ章

魔除けの鐘

さまざまな騒音をたてることで魔物たちを追いはらう、もしくはそれを無害化することができるという観念は、民間の伝説や習俗のなかに実に頻繁に見られる。これはすでによく知られたことであり、特段の証明も必要ないだろう。[1] 大声を出すこと、銃や大砲で爆音をたてること、鞭でたたくこと、金属や太鼓をたたくことなどが、最も一般的なやり方である。しかしまた角笛を吹いたり、[2] 陶器の器をかちゃかちゃと鳴らしたり、[3] さらには鈴や鐘を鳴らしたりもする。さらにキリスト教世界で見られるような、教会に奉献された鐘だけでなく、非キリスト教世界では、類似するさまざまな音響器具が用いられる。[4] この章の主題においては、キリスト教徒と異教徒のあいだに何らの本質的な違いも存在しない。

　鐘は悪魔を、[5] 巨人や小びとを、[6] 魔法使いや魔女、[7] 害虫や野獣たちを[8] 退散させる。教会の悪魔祓いの儀式では、霊に憑りつかれた人が激しい興奮状態に陥ったとき、奉献の儀を経た小さな鐘を鳴らして、その物音に妖魔の退散を行わせようとした。[9] ヤッケラート（ラインラント、グレーヴンブローホ郡）の長老たちは、「天使の挨拶」（正午と夕べの鐘つき）がなされるようになってから、化け物や幽霊たちの狼藉がぱたりと止んだと物語っている。[10] また人間世界から連れ去られた女性が魔法の呪縛下にあるとき、鐘がこれをうち破る。[11] かつてアルンスドルフで、教区の村びとたちが家路についたとき、どこからか奇妙な歌声が聞こえてきた。そこで司祭は、不気味な歌が聞こえな

鐘を鳴らし、邪悪な存在を退散させて、死者の魂を守護する天使
ステンドグラス、19世紀末頃
シュパイアー、抵抗記念教会

聖アントニウスと豚
蔵書票、1485年、パリ

いようにと、村境までずっと鐘を鳴らしつづけ、「鐘にお伴をさせた」という。[12] 盗賊や悪人たちも、鐘の響きには脅かされる。[13] 鐘の響きは、およそキリスト教徒とは見なせない者たちに嫌悪感を与えるからである。[14] 一年のなかの特定の季節には、街道や畑地を騒々しく物音をたてて練り歩く行事が行われ、その際にはほぼ総じて、耳が痛いほどに鈴が鳴らされるものだが、作物の実りを邪魔する妖魔たちを、こうして追放しようとするのである。[15] b・R・フーナ師（古代ユダヤの学者）は、男女の交接の際に鈴を鳴らしたというが、[16] ドイツの習俗でも、新婚初夜に同様の警備体制をとることがある。[17] だとすれば、わたしたちがよく衣服に付けてあるのを目にする鈴の類も、その衣服を身につけている人が悪い作用をうけないようにという、同じ意図から生じたものと考えてよいだろう。[18] 東方の女性たちは足もとに鈴をつける。[19] またアフリカの奴隷海岸では、母親が子どものくるぶしに小さな鐘を掛けてやり、悪霊から守ろうとする。[20] 中国では幼い子どもたちが御守りとして鐘を与えられており、[21] またセゲド（ハンガリー）の村落の女たちは、陶器の小さな鐘を幼児たちの首に結んでやったが、これはその子どもたちが行方知れずにならないようにと願ってのことと思われる。[22] 牧草地の動物[23]や馬[24]の首に巻きつけられた鐘や鈴も、元はと言えば、悪霊からの守護を求めてのことだろう。[25] 聖アントニウス修道会の豚は、小さな鐘をぶらさげていたものであるが、そのなかには奉献の儀式を経た鐘もあったと想像される。これは基本的には個々の豚を識別するためのものであるが、危険からの守護の役割も担っていた。[26] ただし動物の鐘は、あえて音を出さずにいて、妖魔の注意を自分に向けないようにすることもあった。ペロポネソス半島の人びとは、羊の群れを危険な場所から遠ざけることで守ろうとした。しかも妖魔が何も気づかないように、一切の物音を絶つことによってである。それゆえ、とりわけ羊の首に掛かる小鐘などは切って外した。[27] エストニアの家畜の鐘は、例えば聖ゲオルクの祝日より前に、牝牛の首に掛けられると、それは猛獣たちを誘い寄せることになる。[28] ロホヤ（フィンランド）の教会にある控えの間に、一幅の中世の絵画が掛かっているが、そこには鐘が鳴りひびかないようにと、牝牛の両の角をつかんで離さぬ悪しき霊が描かれている。そしてその傍らに、牝牛から乳しぼりをしている女性と、しぼりたての牛乳をなめる大猫の姿が見える。[29] また西プロイセンでは、教会の鐘油を塗りこんだ特製のカウベルを用いており、脱落する家畜が出ないよう、安全を守ろうとする意図がさらに強く現れている。[30]

　鐘を撞《つ》く、まさにその時にこそ悪霊たちが自由奔放に動きまわる、という観念に出会うことも実際にはある。例えば聖ヨハネの日の前夜、魔女たちは魔法の薬草を集めることができ、[31]「毒草刈りの男」、あるいは悪魔が、麦畑を馬で走りまわって、麦を焼き尽くそうとする。それゆえこの前夜には、鐘はごく短く鳴らされるだけだった。[32] 夕べの鐘のあいだに入浴していた者は、水男（Wassermann）に連れ去られる。[33] ヴィルジッツ郡では、教区教会の鐘の音が聞こえているあいだは教会墓地のまわりに吸血鬼が現われるので、とても危ないと信じられた。[34]

　ちなみに鐘の響きを好む妖魔の類（小さな妖精《エルフ》、「幸いの女たち」など）というものは皆無ではないが、非常に稀である。[35] ハイスターバッハのカエサリウスが伝える堕天使のように（『奇蹟についての対話』五、三六）、妖魔が鐘を寄進する例は少ない。

第Ⅵ章

豊饒と健康をもたらす鐘

神と人間、命ある生き物に対するすべての敵対者を、鐘の音は追いはらう。そしてまた鐘の音は、食物や必需品の調達のため、畑地や家畜の世話をするため、身体と心の健康を守りかつ高めるために、人間たちに助力を与える。しかも教会の鐘は、崇高な奉献の儀式を受けた物体であり、まるで生きているかのように、聖なる効力を発揮する。それゆえ鐘の金属体は、そして鐘を形作るすべての部分は、幸福と繁栄をさまざまな方面に届ける魔法の力をもつと考えられている。

種蒔きなどを見守る

ミンデルハイム近郊ドルシュハウゼンの大鐘は、冬の始まりに鳴らされることによって、農作物を守る特別な力を発揮する。(1) 畑を鋤き返す春の時期が来ると、シュレスヴィヒでは、鐘の音を聞きながら最初の仕事に出てゆく。(2) イェレンベック（ビーレフェルト郡）では、種蒔きの季節になると、四週間のあいだ毎日午前十一時に、小さな鐘が三分間揺らし鳴らされる。このほかにも、菜園や畑の種蒔きや植えつけ時に守るべき決まりごとが各地に見られ、すべて収穫に敵対する悪の力を、鐘の音によって種や若い苗から遠ざけるためのものである。なかにはたしかに、別の理由が表向きには言われていることもあり、これらの風習はとりわけ、感応《アナロジー》の魔術として解釈することもできよう。しかし常に背景にあるのは、まさに妖魔追放の願い、それだけである。種蒔きを始める季節に農夫たちが唱える、野火や雑草、鳥や害虫などに対抗する呪文の類は、まさにこの関わりで行われている[3]。アラセイトウの種は、村のすべての鐘を鳴らすなかで蒔くことが好まれる。「欠けることのない」鐘の音こそ、見事な花々を成就させるのだから[4]。エンドウは、土曜日に祈りの鐘が撞《つ》かれるなかで蒔くなら、雀に喰われてしまうことはない[5]。マールブルクでは、ソラマメの苗は、四月三十日の「聖ヴァルプルギスの鐘」がエリーザベト教会で鳴らされる最中に植えなくてはならない。そうすれば豊作になる[6]。同じことが、ブラースハイム（ヴェストファーレン、リュベケ郡）だと五月十一日に、それも正午のころに行われる。というのも「塔がいちばんよう鳴るときにゃ、豆もいちばんよう実る」と考えられているからである。ラインラントでも、ソラマメは正午に植え付けるものである。そして鐘の音が多ければ多いほど、豆はたくさん実る。豆たちに鐘の音が聞こえるように、上からかぶせる土は多すぎないように気をつけるという[7]。今日もなお、メクレンブルクの農夫たちに深く根づいている習慣として、昇天祭の鐘を聞きながらカボチャとキュウリの種を蒔くというものがある。そうするとカボチャやキュウリは、鐘のように大きな実になり、また鐘を鳴らす時間が長ければ長いほど、よい収穫になるという。そうした野菜の種は、ひと言もしゃべらずに大鉢の土に埋め、そして庭へ運びこむこともある。そうすると野菜は、鉢と同じ大きさにまで育つという。しかし鐘の歌が済んでしまえば、それと同時に恵みの時も終わる[8]。聖木曜日のフィペローでは、まず鐘を道具で叩いた後、大鐘だけが揺さぶられる。その音のなかでカボチャの種を蒔くなら、鐘のように大きな実ができる。ローザンヌ土着の民は、マリアお告げの日（三月二十五日）に、カボチャの種を携えて教会に来る。大聖堂の大鐘が正午に鳴るとき、この種に豊かな実りの力が与えられると信じるからである。[9]またこの日、揺れて鳴りひびく鐘めがけてカボチャの種を投げ、みごとその中に命中させることができたなら、その人が植えた種は鐘の大きさと同じ、大きなカボチャになる。[10]ヴェテラウでは、聖木曜日の鐘が鳴るあいだに、キャベツの種を蒔く。[11]シュターヴェンハーゲン近郊の農村では、大晦日から新年にかけての夜に、教会墓地の鐘を最初に鳴らした者が、この一年で最も大きな大麦を収穫すると信じられている。[12]「大晦日の晩に三度、鐘を撞きゃあ、最上の亜麻ができるでな」。[13]ヒルデスハイムの若い娘たちは、昇天祭の日、町が所有するすべての鐘を揺らし鳴らすことで、その年の亜麻の出来がよくなるようにと願う。動く鐘によって最も高く持ち上げられた娘は、一番長い亜麻を手にすることができるという。[14]グロース・ヴィニヒシュテットの娘たちは、同じことを復活祭の翌日に試みる。そして長い時間をかけて鐘を鳴らすほどに、亜麻は大きく育つという。[15]

若い苗の生長を願って行われる野畑の練り歩きにおいても、邪悪なものを祓い除ける鐘を鳴らすことが一般的である。ブランデンブルク地方（モッツェン近郊）では、復活祭主日の午後、村の娘たちが二人一組になり、長い列をなして、苗の植わった畑のまわりを歩き、復活祭の歌をうたう。そしてそのあいだ男の子たちは、教会の鐘を鳴らすのである。[16]昇天祭の日のヴァインガルテンで行われる有名な「聖血の馬乗り」では、祝福の儀式のあいだずっと、「聖血」の鐘が鳴らされる。[17]ヤウアニヒで復活祭の夜に行われる「苗歩き」では、就学年齢になった地元の男の子たちがみな、一つずつ「ベル」（手鐘）を持ち、それを鳴らす。[18]これはもちろん教会で聖別された鐘では毛頭ないが、その行為に与えられた意味は同じものである。「ペルヒタ走り」やそれに類する

キリスト昇天祭の日の習俗
小屋に花環を飾り（上）、豊作祈願の耕地めぐりを行う（下）
19 世紀末頃の銅版画

行進の行事において、鈴や鐘を用いて騒音をたてる習俗も、これらと同じ種類に属する。「麦の目覚まし」、あるいは「草の鐘」などと呼ばれることが多く、これを実際に行う人たちは、眠っている植物の目を覚まさせるためだ、と言っているけれども、元来の主たる目的は、やはり同じく魔除けであったと考えられる。[19]

五月の鐘鳴らし

五月一日、もしくはその前日の晩に村じゅうの鐘を鳴らす、という地域も少なくない。その役目を担うのはしばしば少年たちの一団である。[20] この鐘によって霜害と魔女を遠ざけることを意図している。ヴァルプルギスの日の前夜、すなわち日没後に、ロルヒの鐘楼の大鐘がその低音を響かせる。するともはや魔女は、ライン川を越えてこちらに来ることができないのである。[21] およそ一九〇五年頃まで、ティーフェンバッハ（ハイデルベルク郡）では、五月の始まりを告げる行事として五月一日から十日まで、一日に三度、村じゅうの鐘を鳴らした。これが五月のあいだずっと続く土地もある。[22] また「神の母を讃える鐘」として、後に名称を変えさせられた例も数多い。[23] トリアー司教区はこの五月の鐘鳴らしを一七八四年に禁止したが、それにもかかわらず近年まで存続していた。[24] ラッセルク教区（ラインラント、マイエン郡）の所有であるビショフシュタイン恩寵礼拝堂では、その鐘が五月になると毎日、朝と正午と夕方に鳴らされたことから、「五月鐘さん」と呼ばれた。マールブルクのエリーザベト教会は、四月三十日の正午に、その時報である鐘に続いて、「ヴァルパーン」（ヴァルプルギスの鐘鳴らし）を始める。これは一二三六年五月一日に、聖エリーザベトの遺骸が教皇グレゴリウス九世によって墓所から聖堂に移されたことを記念するものであるという。五月の最初の三日間は、この町の最も大きな鐘を鳴らして荘重に祝った。[25] ただしこの「五月の鐘鳴らし」の習俗は、新教の信仰をもつ人びとにとって、しばしば良心の悩みとなる。一六七〇年、ベルク地方の管区教会会議における議事録には、こう記されている。「五月の鐘の件に関して、以下の注意喚起がなされた。すなわちいくつかの教区は今なお、その鐘を鳴らすことに執着する、憂うべき状態にあると。教会会議は、これに該当する町を今後すべて調査する。キリスト教徒たる者、五月の鐘を引く命令に、よもや唯々諾々と従うことあらば、必ずやみなその良心を損なうことになる。そう心得られたい」。[26] プファルツにおける一七〇五年の宗教布告にも、第六条に「五月の鐘引き」のことが触れてあり、アヴェ・マリアの鐘とともに、カトリックの習俗として言及されている。改革派である学校教師たちは、「嵐の接近」に鳴らされる鐘と合わせて、実に長いあいだ、これらの習わしを良心の重圧として感じつづけていたのだが、その布告は彼らをようやくそこから解放することになった。[27] 新教の地域でも、あえて別の根拠をもたせることによって、この五月の鐘鳴らしの習俗を今なお存続させているところが、各地にある。シュペンゲ（ヴェストファーレン、ヘアフォルト郡）では、五月一日から聖霊降臨祭の日まで、朝の六時から三十分間、一番小さな鐘を鳴らしつづける。同じく「五月の鐘鳴らし」の名で呼ばれるこの行事は、無実にして盗みの罪を着せられ、「絞首台の森」で処刑されたという、騎士領ヴェアブルクのとある女中娘のために、古来よりその贖いとして鳴らされている、ということになっている。この娘は銀の匙を盗んだと、人びとからその罪を問われたのだが、やがてそれはカササギの巣の中から見つかったのだった。[28] メンゲリングハウゼン（ヴァルデック）では、五月十二日から大天使ミカエルの日（九月二十九日）まで、毎日午後三時に数分間、鐘を鳴らす。この理由は、一五〇〇年の謝肉祭の日、ラーベ・フォン・カンシュタイン一家の襲来*のときに、ひとり自宅で留守番をしていた女性が、畑にいる人びとにこの件を知らせたという故事に基づくと言われる。ドルトムントでは、復活祭から聖ヤコブの日（七月二十五日）まで鐘を叩く。「痩せんぼの季節」という言い方が民間にあり、つまり食糧が底を尽き始める季節ということであって、次の収穫期までこの時期を生き延びるために、みなが注意深く倹約に暮らすべきであることを、鐘舌打ち（beiern）によって真剣に告げ知らせたのである。夜の十二時に、五月の鐘（Mailäuten）を鳴らす場合は、「歓びの月」を愉しい気もちで迎え入れる習わしとして行われた。青少年たちはいざ腰を上げ、娘たちが住む家の窓に、華やかに飾った白樺の若枝（Maien）を置いた（下部エルザス、モルスハイム郡、ヴェストホーフェン、ダッハシュタイン）。ヴェストファーレンのメンデンでは、かつて亜麻布織の職人が、五月一日の到来を、町のすべての鐘を鳴らして祝ったものであった。そして学校に通う少年たちは、その鐘を聞きながら森へ入り、一本の「マイ・バウム」（五月の木）をみなで伐り出して、学校の前に据えつけた。[29]

豊かな実りを願って

シェーンヴァルデ（ホルシュタイン）近郊のキルヒニュヒェル教区に、年老いた顔役の農夫がおり、こんなことを物語っていた。先の世紀の始めごろ、この村で、かなり春も近くなってから降雪があり、家畜にやる牧草がすっかり足りなくなってしまった。そこで餌を確保するために、屋根に葺いてあるものを取り出すことになった。それから教会のミサの後に鐘を鳴らし、司祭だか、もしくはオルガン奏者だかの説教が行われた、という。ビュンデンの多くの村では、教区一帯の畑地の種蒔きの日から、最後の畑の収穫が終わる日まで、アヴェ・マリアの祈りに合わせて、村のすべての鐘を鳴らす[30]。同じ時期にアルゴイの東部では、毎日夕方の五時に鐘を鳴らす[31]。

作物の開花は、大切な区切りの時期である。その頃になってもまだ霜が降りるようなら、鐘が鳴らされた[32]。開花の後には、収穫という、期待に胸をふくらませて待ちこがれたすばらしい季節、しかし同時に、さまざまな危険に脅かされる季節がやってくる。作物の成熟がまだ区々である場合には、村長が鐘を鳴らして実りを促した[33]。しかしまた収穫時期の全体にわたって、毎日、一定の時刻に鐘を鳴らすところも各地にある[34]。かつてのヘルネ（ヴェストファーレン）では、午後四時に大鐘を二つ鳴らした。カーレンベルクでは午前十一時にパルス打ち（Pulsen）がなされ、その役割をした堂守の男は、農場長（Vollmeier）から木箱一杯分、もしくは副長（Halbmeier）からその半分の量の麦を贈られた。これは畑で刈入れ仕事をする人たちに、昼が来たことを知らせることへの返礼と言われている。しかしこの鐘つきもまた、「嵐除けの鐘鳴らし」の一種と考えてよい[35]。チューリヒ州のウンターラント（低地地方）では、収穫期のあいだ三週間ずっと、夕べの礼拝の際に

＊ヴァルデック伯が所有していたメンゲリングハウゼン城は、城下の町もろとも、ヴェストファーレンの盗賊騎士の一団ラーベ・フォン・カンシュタインの襲撃を受け、略奪された。その屈辱の日を記憶する習わしである。正確には一五〇二年のことか。

鐘を鳴らすことが、十九世紀の末まで夜警の義務であった。[36] デーダーシュテット（マンスフェルト湖水地方）ではかつて、菜の花の収穫期にも、毎朝二時に鐘が鳴らされた。

鐘の音は、果樹の実りと収穫量にとっても重大な意味をもつ。特定の祝祭日、すなわちクリスマスと新年[37]、「グローリアの鐘」が鳴る聖土曜日、復活祭[38]、もしくは「四旬節の鐘」[39]の際に、鐘の音のなかで、果樹を揺さぶったり、あるいは藁縄を巻きつけたりする。五月を告げる鐘の鳴るあいだ、それまで保存しておいた「復活祭の洗礼水」を、すべての樹に少しずつ注いでやるのも、豊かな収穫を願ってのことである。[40] ヴィンディシュ・エシェンバッハの周辺では、エッシェンバッハからの鐘が遥かに聞こえてくるかぎり、甘露梨の樹は立派に育つと考えられている。[41]

家禽を守る

家畜や鶏たちも鐘つきの魔法の作用を受ける。ニュステンバッハ（モースバッハ）では、鐘が鳴るあいだに、牝牛を種牛のところへ連れて行く家が今もある。[42]「福音の鐘」が鳴るときには、人間も家畜も、病を克服することができる。[43] クリスマス、新年、三聖王の祝日には、鐘が鳴りだすのを待って水を呑ませる。[44] 若い娘が仔牛の世話役になる（つまり母牛から離乳させる）ことは、娘が日曜の正装で着飾り、鐘が鳴っているなかで行う。そうすれば仔牛はよく太るからである（ヘッセン）。[45] 仔牛が母牛の乳を吸おうとしない時は、朝の鐘が鳴るあいだ、仔牛の口から教会の鍵を抜き取る動作を、三度行うことになっていた（上ナーエ地方）。[46] どうしても卵を産まないガチョウは、祝日の鐘が鳴るなかで教会の塔の階段を登り降りさせる。[47] 確実に孵化を成功させたければ、抱卵中の雌鶏を、水曜日の午後、十二時の鐘の音にさらしてやる。そうすればきちんと抱卵がなされるのである。[48] ヴュルテンベルクでは、雌鶏を首尾よく抱卵させるために、教会の鐘が鳴る時が、それも平日の、つまり主として女性たちが教会へ行く時間が好んで選ばれた。[49]

出産に寄り添い、疾病を遠ざける

動物たちの場合に引けをとらず、鐘の音は人間の成長をも助ける。出産間近の女性がいると、フランスとスペインでは、その女性の腰帯を教会の鐘に巻きつけ、その鐘を本人か、もしくは別の女性に三度叩かせた。[50] カロタスツェク(ルーマニア)の農夫は、妻が難産で苦しんでいる時に、教会の鐘を鳴らした。[51] ヘッセンの報告では、日曜に教会へ行く際には、まず産褥婦が最初に家を出る。これは午後の鐘や夕べの祈りの鐘の時にもそうである。[52] これに対してヴュルテンベルクのいくつかの地方では、産褥婦に邪悪なものが憑りつくことを避けるために、すべての鐘が鳴り止んだあとで初めて、産褥婦は教会へと出てゆく。[53] そうすれば空気が〈浄められて〉いるからである。

ヘッセンのいくつかの町の記録では、聖ペテロの日に、その日初めて朝四時(もしくは五時)の鐘が鳴らされるとき、子どもたちを地面の上で転げ回らせるか、もしくは丘から転がして落とす。その功徳によって、背中の痛みが起こらないように、もしくは病気にならないようにと願ってのことである。[54] 鐘は多くの疾患を治療したり、もしくはそれを遠ざける魔力をもつと考えられており、[55] そのことは多くの伝説や呪術の文句(「すべての鐘は鳴りひびいたり」ほか)において、鐘と結びつけて語られる。[56] シュヴェルム（ヴェストファーレン）にある一五二一年鋳造の鐘は、「われはペストを退ける」（Pestem fugo）と誇らしげに銘文にうたっていた。[57] シェーンヴァルデ（ホルシュタイン）近郊のキルヒニュヒェル教区では、一九一七年当時、ある老農夫が、自分の両親から聞いたこととして伝えていることがある。すなわちその町でペストが蔓延したとき、大鐘——そのころ教会にはこの鐘一つしかなかった——を鳴らしたというのである。一五一九年製のエスターヴェークの鐘には、「聖アンナよ、わたしたちのために〈アントニウスの火〉の絶えるよう、おとりなしをお願いいたします」という銘文が見える。[58] ウィーンの大聖堂には「プリムの鐘」と呼ばれる鐘が懸かっているが、それはかつて気管支の病（ボヘミア語で「プリム」）に対抗するために用いられたことに由来すると、そう信じている人が今も少なくない。[59] ルターの生前当時には、アイスレーベン近郊のヴィンメルブルク修道院になおも「キュリアコスの小鐘」が置かれ、病人もしくは悪霊に憑かれた人びとが、その鐘の調べを耳にすることで全快するという噂であった。[60] 一七一三年七月には、リンツで感染症が猛威を振るったことがあり、できるかぎりの対策が試みられた。全市による祈禱が行われ、町のすべての鐘が鳴らされたという。しかしこの同じリンツで、一八五五年にはコレラが流行し、八月末から九月初めにかけて毎日十五名から二十名の死者を出した。この時には、町の人びとの不安をいたずらに刺激しないようにと、死者の鐘を鳴らすことが中止された。[61] 鐘の音は、歯痛からも人を守ってくれる。[62] いぼの除去を、鐘が鳴るなかで行う、特に埋葬の鐘が鳴るなかで行うことがあるが、これなどはとりわけ今日でもなお根強く生き残っている風習の一つと言える。各種の機会に鳴らされる鐘の音を聞きながら、体の一部を切除したり入浴したりすることは、そもそも治癒効果が高いと考えられた。特に聖土曜日の朝、その最初の鐘のなかであれば、失敗はないとされる。[63]

しかし守護と祝福の力に満ちているのは、鐘の響きだけでなく、その物体そのものでもある。鐘の本体を構成する各部分、各部品から、魔法の力が放射される。というのも鐘の全体は教会の奉献の儀式を受けたのであり、民間信仰に基づけば、まさにその儀式によってこそ魔術的な力が付与されているのだから。一方の鐘の音は、これもまた、たしかに奉献の儀式を経て作用を強められはするものの、そもそもこの音響だけですでに邪悪を撃退し、良きことを生じさせる余地をつくる力がある。[64]

水への作用

鐘が水に向けて、注目すべき影響を与えることを、クラトルム（メクレンブルク）の牧師K氏が語っている。数年前のこと、ヴェッシンの堂守のもとに村から一人の男が訪ねてきて、教会の鍵を貸してほしいと言った。何に使うのかと訊いたところ、子どもが病気なので「鐘水」を取りにいくのだ、とその男は答えた。どういうことかとさらに尋ねると、鐘に注いでから容器に集めた水は、病気を治す力があるのです、と説明したという。脇腹痛のある時は、鐘の舌を水で洗い、その水で痛むところを洗うとよい。[65] ブコヴィナのカルパチア山脈に住む山の民フツール族の娘たちは、決められた時刻に教会の塔に昇り、芳香のする薬草を漬けておいた水で鐘を洗う。そしてその水で、今度は自分たちの体を洗うという。[66] アングロサクソン人たちは、ニンニクと聖別した水を混ぜた飲み物が狂気に効くと考えており、その効能を高めるために、教会の鐘にその飲料を入れてから飲んだ(67)。ヘルゴラントの人びとは、東風が吹くようにと願うとき、みなが教会に集まり、かつて東風が吹いたときに岸に打ち寄せられてきた鐘から、互いに酒を注いで乾杯をし合った。すると三日後に東風が吹いたという(68)。生まれたばかりの赤子が早くしゃべれるようにと願う人びとは、牝牛たちに運ばせた鐘を器にして、飲み水を与えた(69)。

鐘の民間療法

かつてスコットランドの聖フィラン礼拝堂にあり、いつも墓地の墓石の上に据えられていた、高さおよそ一フィートの鐘は、病人たちを治療する意図から、その頭の上に置かれた(70)。

子どもがおねしょをすると、フォークトラントでは、その子の名前を塔の鐘に書いてもらう(71)。またラグニト（東プロイセン）では、「死者の鐘」の時刻に、同じく鐘の上に名前を書かせる。この追悼の鐘が鳴らされた死者の遺骸がこれによって腐敗し、それと同時に、名前を書かれた人間は病から解放されるのである。子どもたちの言葉の能力がなかなか発達しない場合には、三つある教会のそれぞれの鐘に名前を書いていった(72)。デーガーロッホでは、しわがれ声や発声困難の治療のために、鐘に名前を書いた(73)。耳の痛みに対しては、青いチョークで、大きな鐘に自分の名前を書かねばならない(74)。バルテルメスアウラッハ（中部フランケン郡、シュヴァーバッハ町村連合区）では、接収されることになった鐘の引き取りに際して、その胴体の内側に無数の人名が書かれているのが発見された。これを書いた人びとはみな、老いても耳が遠くならないようにと願ったのである。

クライン・イェルッテン（東プロイセン、オルテルスブルク郡）でも、当地最大の鐘の内側に、チョークで書かれた数多くの人名の跡が見つかっている。

鐘楼が火事にみまわれると、人びとは鐘の残骸を必死に探し求めた。ひきつけの症状や、「呪い」の病に対する治療薬として、また産褥婦に害をなす魔術に対抗する薬として、それを体にあてがうためである。またその欠片を材料にして、百発百中の魔弾も作られた[75]。ヴルステン地方のミセルヴァルデン（ブレーマーハーフェン近郊）にある一四五九年鋳造の荘重な鐘は、端のほうに、無数の鑢《やすり》の削り跡があるが、これはかつて鐘の金属粉が、癲癇の薬として求められたためだった[76]。しかしメクレンブルクには、次のような言いまわしもある。「災いのときにゃ、鐘の音をもらってこい。寺の鐘から、鑢で削って取ってこい」[77]。つまり最も重要なのはやはり鐘の音であり、削り取った金属は、鐘の響きを代わりに体現するものにほかならないということが、ここで確かめられる。

鐘舌の力

マンド（フランス、ロゼール県）の教会前の地面には、鐘の舌が埋め込んである。子どもを授かりたい女性は、聖母の名を唱えながら、そこに体をこすりつける[78]。「悪い噂のたつ」子どもがいる時は、鐘の舌が結わえてある綱から少し切り取り、それを火にかけて粉末状にし、その子どもに三度、服用させる[79]。クリスマスの夜、午前零時きっかりに、たった一人で、何もしゃべらずに鐘楼に入り、すべての鐘の綱から少しずつ切り取って、すばやくそこを立ち去り、鐘の音が鳴り終わるまでにまた外に出ることができたなら、いろいろと良いことが起こる。そうした鐘の綱を携帯していると、自分を氷のように透明にして、ひとから姿を見られないようにすることができる。また害をなそうと追跡してくる敵はついに近づくことができず、逃げた泥棒は吸い寄せられてくる。[80]

鐘綱と鐘脂

特別な力を具えた物が、最後にあと二つある。鐘を動かす綱と、この動きを円滑にする脂である。リヒテンハーゲン（メクレンブルク・シュヴェリーン）からの報告では、鐘楼の入り口まで長く垂れ下がる鐘綱は、「迷信ごとの目的」のために何度も切り取られたすえに、早くもかなりの昔に、鎖に取り替えられてしまったという。鐘の綱は、それを硬貨に巻きつけると高熱に効く（東プロイセン）。切り取った綱の一部を持っていると、その鐘の音が聞こえる周囲一帯のすべての牝牛から、乳を自分のもとに引き寄せることができる（ボヘミア）。[81]城仕えの牧師F氏は、コトブス（ブランデンブルク）での出来事として、何年か前に自分は田舎の使用人の女から、鐘の紐を少しわけてほしいと頼まれたことがある、と伝えている。それを何に使うのかと尋ねたところ、耳の痛みの薬にするのです、と女は答えたという。しかもこの紐の欠片は、まず火で焼き、粉になった灰を耳に擦りこむのだと。同様にザクセンでは、激しい耳の痛みを治すために、教会の大鐘の綱を少しばかり盗み取り、これをゆっくりと燃やして、立ち昇る煙を耳の患部に入れる。[82]また鐘の綱の結び目を燃やすと、盗人を殺すことができる。[83]墓掘人は、さまよう哀れな死者の魂を捕縛するために、自分の腕と手に鐘の綱と紐を巻きつける。[84]ボーフス（スウェーデン）では、水の精を捕まえるのに鐘の綱を用いる。[85] 愛しあう者たちは、鐘の綱を一緒に触ることで結ばれることができる。[86] 子宝を望む女たちは、教会で鐘の紐を引っ張るのがよく、[87] リエス・ノートル・ダムでは、それを自分の歯で咥えてする。[88] 妊婦の妻が、何かの拍子にひどくショックを受けて気分が悪くなった時は、夫はこっそり教会の鐘の綱のもとへ行き、それを妻の尿で濡らす。[89] シレジアの俗信では、婚約の儀に際し、悪意かもしくははしゃぎすぎのせいで、鐘の綱が縺れるようなことがあれば、この若い夫婦たちにいずれ深刻な諍いが起こるだろうと言われる。[90] 歩くことも話すこともできない子どもを治すには、鐘の綱をこれでもかと言うくらい強く引っ張るのがよい。[91] マルニッツ（メクレンブルク・シュヴェリーン）では、厄病払いの火焚きをするのに、祈りの鐘の紐が用いられた（ヴォシドロの文献による）。それどころか祈りの鐘の紐が垂れさがっている地面の砂さえも、その紐によって不思議な力を得る。この砂を若いガチョウにふりかければ、魔女はこの家畜に一切、悪さができない。[92]

鐘の軸受けの油さしに用いる「鐘の膏薬」も有益であり、難聴の改善に用いられる。[93] くる病、[94] ふさがらない傷、[95] 腫れ物やいぼ（東プロイセン、バルガ）、関節痛（東プロイセン、オステローデ）にも効く。聾唖者たちを話せるようにし、[96] 痔疾、[97] 子どもの骨折、お産の床を脅かす魔女[98] などへの対抗策としても役に立つ。牛飼いは、角笛やカウベル、鳴子などの油さしに、この鐘脂を用いる。[99]

第Ⅶ章

教会に仕える鐘

1　日常の祈りの鐘

カトリック教会では、およそ十三世紀ごろから、一日に朝・昼・夕方と三度、鐘が鳴らされるようになった。それも複数の鐘を合わせず、常に鐘を一つだけ用いてである。これは「アンゲルス」の鐘*――いわゆる「主の天使」の鐘――、アヴェ・マリアの鐘、もしくは祈りの鐘と呼ばれるものである。(1) それぞれの締めくくりには、通常、大きなその鐘が数回、鐘舌で叩かれることになっている（これをラインラントでは、「クレンペン」(Klempen)、「クレッペン」(Kläppen)、「ベムセン」(Bämmssen)などと呼ぶ）。(2) また始まりにもしばしば、大鐘の片側のみを三度叩く「クレッペン」を行うことがあり、それに続いて小さな鐘を揺らして鳴らす。ヴェーフェリングホーフェン（ラインラント）では、まず三度鐘を打ってから、鐘を揺さぶって鳴らす部分が始まり、そして最後に、より重たい鐘を一つだけ用いて、これをあらためて三度叩いて終わる。ライン河畔のリンツの近郊、ダッテンベルクでは、まず三度の片側の鐘叩きがあり（大鐘を用いて、三・五・七回と叩く）、その後に中鐘を揺らし鳴らした。後世には順番が逆になり、まず中鐘を揺らし鳴らした後で、片側のみの鐘叩きが行われた。モーゼル河畔のメゼニヒ（ツェル郡）では、七・九・十一回の片側叩きをした後、中鐘を揺らして鳴らした。ベル(マイエン郡)も同様である。

ラインラントの民間では、祈りの鐘を「堂守鳴らし」(Kösterlüje)と呼ぶ。この祈りの鐘にまつわる生き生きとした言いまわしがあり、「堂守がぶらさがっとる」(ヴェストファーレン、テクレンブルク)とか、「綱にぶらさがっとる」、もしくは「塔の上で、やつがひと仕事してらあ」(ラインラント)などと言う。メクレンブルク地方ではもっと粗野な言い方になる。いわく「ほら見ろぃ、堂守がケツを動かしとる」、「あそこで堂守が、嫁さんのケツを、フライパンでぶったたいとる」などである。堂守その人に向かっても、冗談めかしてこんなことが言われる。「さあ行って、婆さんを一発殴ってやれぃ」、「祈りの鐘はどんな声でしゃべるんだいって若ぇもんが聞いてきたら、あの塔の上にいる婆さんに唸り声をあげさせてやれ」。刈取り人夫が収穫の仕事をせずにいると、こう聞かれたものだ。「こいつぁ、祈りの鐘がしゃべり出す前に、堂守に刈らせようっていうのかい」(ヴォシドロによる)。

鐘を揺らし鳴らす時間は、そのあいだに主の祈りと使徒信条を唱えることができるだけの長さにしてある。揺り鐘の後の三度の鐘打ちは、「天使の挨拶」の祈りをする合図となっている。と

*十三世紀中葉にイタリアのフランチェスコ修道会が、夕べの鐘を鳴らしつつ「主の天使」の祈りを唱える慣わしを始めたことに起源がある。祈りの冒頭のラテン語は「アンゲルス・ドミニ」(Angelus Domini ――「主の天使は」の意)という。この祈りは、大天使ガブリエルによるマリアへの受胎告知の出来事から説きおこし、これを唱えながら、神の母マリアに感謝を捧げ、神の受肉の貴さを思うことを目的とする。「主の天使」の祈りと鐘を結びつけるこの夕方の風習は、後代に朝と昼にも拡張され、朝にはイエスの復活が、昼にはキリストの受難とマリアの悲しみが想起されることになる。また朝と夕べの鐘は、それぞれ教会の開門と閉門の時報としても機能した。

Salue gema confessoru: Augustine lux doctoru.

教会の鐘
説教する聖アウグスティヌスのはるか上、画面の最上部に鐘が描かれており、
この教会は少なくとも 5 つの鐘をもつことが確認できる
アウグスティヌス『説教集』、バーゼル、1495年

はいえ自宅や畑にいて、祈りの鐘の音が聞こえてくると、まずはみなが「神の御心のままに」と口にすることになっていた。

新教の各地では、祈りを始める合図として一日に三度鐘を鳴らす習わしが、今日まで続いている。たいていは鐘舌で打つ（クレンペン）だけである。ラウターバッハ（ヘッセン）ではこれを「クレーマーン」（Klämern）と言い、そこで用いる鐘もそれゆえ「クレーマーン鐘」と呼ぶ。ウーゼドム島のカーゼブルクでは、朝と正午と夕べにそれぞれ五十回ずつ、祈りの鐘を鳴らす。ヘンネン（イーザーローン郡）とドルトムント近郊アプラーベックでは、各四十回である。現在のドルトムント・ブレヒテンでは、朝と夕方にそれぞれ鐘を五十三回叩くが、かつては二十七回（これは主の祈りの長さに合わせたものらしい）であった。ヴェルター（ヴェストファーレン、ハレ郡）では十五回、シュペンゲ（ヘアフォルト郡）では九回で、しかもその三回ずつのまとまりが、父・息子・聖霊のために叩かれる。ビーレフェルトでは、主の祈りの三部構成、すなわち始まり・「七つの願い」・結びに対応して、それぞれ十回ずつの長くゆったりとした鐘の音が響きわたる。[3] ゾースト近郊ボルゲルンでは、聖三位一体を表現する三回、それから「七つの願い」を表現する七回の鐘を叩く。ヴェーザー河畔ヴィントハイム（ヴェストファーレン）では祈りの鐘として十二回叩くが、これは十二使徒への追慕の表現だという。[4]

クライン・イェルッテン（東プロイセン、オルテルスブルク郡）では、今では朝と正午のみ鳴らす。夕べの鐘はおよそ三十年ほど前から行われなくなったらしい。ヴィトミンネン（東プロイセン）では朝だけであるが、これは一六五七年におけるタタール人侵攻を記憶するためと言われている。ルーダウ（東プロイセン）では決して正午に鳴らされることはなく、朝と夕方のみである。ツィンテン（東プロイセン）では午前九時と午後三時に、それぞれ九回の鐘を叩く。(5) それに対してドルフケマテン（中部フランケン郡）のルター派教会では、今も毎日五回にわたって祈りの鐘が鳴らされる。すなわち日の出の一時間前、午前十一時、正午、午後三時（夏季は午後四時）、そして夕方の日の入りの一時間後である。

産褥の女性は、祈りの鐘が鳴るあいだ、揺りかごをつつむカーテンの蔭で主の祈りを唱える。もしくはその場所かベッドの上でじっと座っている（エーガーラント）(6)。ハンス・フィントラーの『美徳の花』（一四一一年成立）には、七八八六行目以下に次のような個所がある。

新しい掘り出し物が見つかるものだし、
口のなかに、食べものが絶えることもない、
アヴェ・マリアの鐘が鳴る時は。(7)

プロテスタント地域でも、祈りの鐘には魔術的な作用があると信じられている。祈りの鐘が「撞《つ》かれて」いるかぎり、妖魔である「夜の狩人」は近づいてこない（ヴォシドロによる）。鐘が叩かれるあいだに嘘をついた者は、口がひん曲がってしまう。クラモンの宝物を取り出すことができるのは、祈りの鐘を撞く音が聞こえるあいだだけである。モグラは日に三度、地上に顔を出すけれども、それは祈りの鐘の時だけである。(8)

続いては、「主の天使《アンゲルス》」の鐘が鳴らされる個々の時間帯について考察してみたい。

a　朝の鐘

朝の鐘[9]は夏と冬とで時間が異なり、日の出の時刻か、もしくは農場で馬を馬車につなげる時刻に従う。しかしたいていは、五時とか六時とか、一定の時刻が決められている。「今日も鐘で始まるのぅ」とか、「朝鐘が鳴るわい」などとラインラントでは言う。アッペルドルンやユーデム（クレーヴェ郡）では、「元気よろしく朝の鐘が鳴るわい」（また同じく「元気よろしく夕べの鐘が鳴るわい」とも）言われる。この鐘の音が初めて、一日の仕事と活動の開始を告げる。

「朝の鐘がカンカン言いだしたらね」、母親は子どもたちを寝床から起こそうとして荒々しく叫ぶ。「朝の時間にはね、籠に黄金が入ってるよ！」――「でもお尻《ケツ》には鉛が入ってるんだよ！」、やんちゃ坊主たちは、母親にきっとそんな言葉を返したことだろう（メンヒェン・グラートバッハ）。しかし、多くの土地ではもっと和やかにことが進む。ショーデン（ザールブルク郡）では基本的に、朝が白み始めるとともに鐘が鳴らされるが、決まった時間というものはない。堂守の仕事は、毎年一月二十五日に交代する。それも定住者として村に生活する住人たちが、順番に堂守の当番を受けもつか、もしくは礼の品を支払ってだれかに委託する形になっている。鐘をいつ鳴らすかは、そのつどの堂守役の人が何時に寝床から起きるかによって決まる。

朝の鐘の音が届く範囲内では、悪魔は退散せざるをえない。一番鶏の声とともに、朝の鐘は夜のあらゆる悪霊と亡霊を追いはらう[10]。ブラッケル（ドルトムント）では、夕べの鐘に際して、「化け物が、堂守の鐘でおびき出されるわい」と、また朝の鐘については、「連中が、今度は堂守の鐘で隠れよるわい」と言う。

b 昼の鐘

昼の鐘は、いわゆる「トルコの鐘」（Türkenglocke）とさまざまな形で結びついている。一四五五年、教皇カリクストゥス三世は、さし迫ったトルコ軍の侵攻に対抗する昼の祈りの布告を出し、その鐘の音を聞いた者はみな、跪いて祈りを唱えるようにと命じた。[11] ヘッセンの農村部では、今もなお午前十時と午後五時に祈りの鐘を鳴らすことが慣例となっており、これは一六六三年の布告から始まったものである。そこでは祈りを唱えることで「神に向けた、短いため息」を送ることができ、迫りくるトルコ軍の危険をそれによって撃退することができるのだと述べている。[12] キルヒロイス（上部フランケン郡）では、正午零時の鐘として、中鐘が鳴らされる。その後に続いて、「トルコ打ち」と呼ばれる三回の単発の鐘叩きが三回繰りかえされる。これはキリスト教の三位一体の神を人びとに想起させるためのものである。

昼の鐘は、昼食休憩の前に仕事を切り上げる合図として好まれた。そういうわけで「昼の鐘が鳴りゃあ、腰を下ろして、にっこり笑う」（ケルン郡）というような言いまわしがある。またメクレンブルクでは、「メシを喰う鐘が鳴りよるのう」とか、「パン時の鎚が、鐘を叩くわい」などと言われ（ヴォシドロの文献による）、さらにスイスでは「メシ時のヤーコプ鐘が、ゆらゆら揺れとるわい」などと言う。[13]

多くの土地では、早くも午前十一時には昼の鐘が鳴る。これは農作業をする人びとにとって、畑で耕作する馬を解放して自由にする合図になったし、家の主婦たちにとっては、「ジャガイモを鍋に入れねばならない」ことを教えた。新教の教会だけが十一時に鐘を鳴らすという地域もあり、例えばドルネネン（エルケレンツ郡）やフンスリュック地方がそうである。[14] ルール河畔ヴェンガーンは、一五四三年、復活祭後第五日曜日（「願いの日曜日」）に宗教改革が導入された町であり、この日、全教区民が午前十一時ごろに聖餐を、初めてパンとぶどう酒との両形式で拝領したのだったが、今日もなお、この大切な出来事を記念して、毎日午前十一時に祈りの鐘の綱が引かれる。[15] 聖ペテロ礼拝堂（ケンペン郡）では通常、昼の十二時きっかりに「ひる鐘」を鳴らしており、例外的に十一時に鳴らすのが聖フベルトゥスの祝日と四旬節の「まん中の市」の日である。この鐘を受けて町の人びとの休日は始まるのだった。

正午にだけ鳴らすところは、かなり稀なようである。シッペンバイル（東プロイセン、新教）がその一例であり、大鐘を十二回叩く。オーバーレープリンゲン・アム・ゼー（マンスフェルト湖水地方）では、平日の午前十一時に小鐘が鳴らされた。

カッツヴィンケル（ラインラント）では、聖ヨハネの日の正午の鐘が鳴るあいだ、花束を屋根の上に投げあげて、嵐と落雷からの守護を願う。[16] アルトノイハウスの妖魔〈白の乙女〉* は、白昼の

---

*ドイツ語圏各地の民間伝承に広く見られる妖霊で、深夜に姿を現す白装束の女。死霊ないし祖霊に起源があるとされる。生前に犯した罪のために一定の場所に呪縛され、例えば古城の地下室や水底などで宝物の見張り番をする。そして自身の呪いを解いてくれる生者の到来を待っている。

夕べの鐘を聞きながら祈る二人
ミレーの名画「晩鐘」に想を借りたと思しい絵葉書
色刷りの石版、1905年頃

正午、十二時の鐘が鳴るあいだにだけ出現し、宝物の発掘へと人びとを誘う。[17]

c 夕べの鐘

「夕ぐれの鐘が鳴るのぅ」（Et lodd Ovensklock）というのは、ラインラント地方の言い方である。ケルンの一帯では「夕ぐれの鐘だ、子どもたちは寝床に入れ、さもなきゃ、ほうきの棒をもった奴が来るよ」などとも言う。夕べの鐘は、みなが待ち望んでいる一日の仕事の終わりを、やさしく告げてくれる。もし堂守が正しい時刻に鐘を鳴らすことを忘れ、人びとが長く働かなくてはならなくなると、「堂守さんよぅ、時間きっかりに鐘を鳴らさねえと、あんたの焼きジャガイモは取り上げだぜ」、つまり、クビを宣告されるのだった（ドルトムント、マルテン）。

新教の地域の家庭でも、夕べの鐘を聞きながら手を組み合わせて祈りの言葉を唱えることが、今なお慣習として各地に残っている。まだ野良にいる男たちは、帽子をとる。

新教の地域で、朝の鐘と正午の鐘がすでに廃止されてしまったところでも、夕べの鐘はなお保たれていることが多い。ヴェリングホーフェン（ドルトムント）では、夕方に、中鐘が四十九度にわたって叩かれる。グリュンダン（メーメル川低地）では夕べの鐘を土曜日のみ、それも日の入りの前に鳴らす。そして日曜の午前八時には朝の鐘が鳴らされ、一週間の終わりと始まりが告げられる。

夕べの鐘が鳴り終わったあとでは、もはやだれも家の外に出てはならない。[18]そこは悪霊たちがはびこり、猛威をふるう場所に変わっているからである。[19]しかしこの鐘が鳴っているあいだ、それも特定の祝日（聖ヨハネの日、聖アンドレアスの日、聖トマスの日、クリスマス・イヴ）においては、種々の魔術や予言の力が増大する。[20] バイエルンとチロルでは、聖ヨハネの日の夕ぐれに、長々と鐘を鳴らすことを慎むが、これは鐘の鳴るあいだに、魔女たちや、草刈りの妖魔ビルミスが勢力を強くしているからである。[21] 山上では、牧人が夕べの鐘の響きわたる音に合わせて、アルプスの幸いを願う呪文を大声で唱える。その際には大きなメガホンを用いて声量を高める。[22] マリーエンベルク要塞（ヴュルツブルク）では、かつて夕べのアヴェ・マリアの祈りに太鼓を鳴らしさえした。[23]

夕べの鐘は、何と言っても常に人びとの心を穏やかにする魔法の力をもっており、ひねもす重労働にその身を捧げた人の心に、静けさと安らぎを注ぎこむ。ただし日曜と祝日を前にする時は、実に楽しげに、また壮麗に響くのがこの夕べの鐘である。土曜日、もしくは大きな祝祭の前夜のために、特別な「仕事じまいの鐘」が多くの町で導入されていた。[24] キュルブルクヴァイラー（ビットブルク郡）では、土曜の正午に二つの鐘を同時に鳴らし、それを耳にした土地の人びとは、「〈平日小僧〉が死にやがった」などと言ったものであった。あるいは「〈平日野郎〉の弔い鐘だな」（トリアー郡、ツェンマー）、「〈平日小僧〉の墓埋めだぁ」（ライン河畔ミュルハイム郡、エンゼン）などとも。こうした表現の起源をたどると、司教座教会や修道院付属の教会で、聖務日課の祈りの順番が先頭になっている聖職者のことを hebdomadarius（週担当）と呼んでおり、その当番の役目が、土曜日の晩課と終課の祈りのあいだ、もしくはその終了後に消滅することから来ている、という説がある。「〈日曜小僧〉が鐘を鳴らしてらぁ」（ライン河畔ミュルハイム郡、エンゼン、またラインバッハ郡、シュトッツハイム）というような言い方もライン河畔地方にあり、またスイスでは「鐘の音が届くわい、日曜の一張羅のズボンの中まで」、あるいは「堂守どのが、日曜ズボンに房飾りをつける」

などと言う。[25] デルヴィヒ（エッセン）では、午後九時に夕べの鐘が鳴らされると、「新教のお坊さんが、お寝んねの時間だぜ」と少年たちが言った。[26]

純粋に治安上の手段として、夕べの鐘は、かまどに蓋をして火を消す合図ともなっていた（夕べの鐘はそれぞれ〈火覆い〉という意味で、羅：ignitegium、英：curfew、仏：couvrefeu、ビュンデンのドイツ語圏の教区では Löschalita と呼ばれた）。[27] リープニッツ（メクレンブルク・シュヴェリーン）で晩の八時半に鳴らされる鐘は、この町の家屋の屋根がまだ燃えやすい作りであった時代に始まる習わしであり、同じく火を消す合図となっていたと言われる。

通常の夕ぐれの鐘の後に、さらにあらためてもう一度、鐘を鳴らす町も少なくない。これにはさまざまな理由が考えられる。まず過去の時代に何者かが行った寄進や誓言に基づくことが多く、やがてそれが忘却されると、起源の物語として巷間の伝説が生み出されることになる。四月一日から十月一日まで、ハイリゲンシュタットでは、毎日夕方の六時に「サラダ鐘」（Salatglöcklein）が聞こえてくるが、この珍妙な名前の由来をめぐっては、それを説明する物語が特別に編み出されている。しかしこの鐘はおそらく、元来は「ザルート鐘」と言ったはずであり、「天使の挨拶」を意味する salutatio angelica から来ている。[28] こうした遅い時間の鐘は、多くの町で、死者のために鳴らされるものであり、死者に祈りを捧げるようにとの合図になっている。[29] ゼンデンホルスト（ヴェストファーレン、ベクム郡）では晩の七時に、煉獄にある死者の魂のために鐘を叩き、隣町のエニンガーでは同じ時刻に、行方不明の人たちを思って鳴らす。ボルケン（ヴェストファーレン）では、冬の晩八時と夏の晩九時に、市の夜警たちが大鐘を鳴らした。この慣習は、煉獄の死者たちのた

鐘を鳴らす天使
ファイト・シュトース「天使の挨拶」(部分)
1517-18年、ニュルンベルク、聖ローレンツ教会めに創設されたのだと言う者もあれば、行方不明になったある男の寄進に始まるものだとか、あるいは畑仕事に出ているボルケンの市民たちのために創設された習わしであって、この鐘の一時間後に市門が閉められていたのだ、と考える人もある。[30] ロストックでは火曜日の晩九時ごろに「見張り鐘」が鳴らされたものだが、これは「漂白屋の娘」(Bleichermädchen) もしくは「蒼ざめた娘」(das bleiche Mädchen) を埋葬する鐘なのだと言われた。貧しい漂白屋の娘にまつわる詳細な伝説*があり、その物語によれば、彼女が男に誘惑されて殺された後、娘の名誉のために、鐘がひとりでに鳴り始めたのだという。[31] メクレンブルク地方の記録においては、この漂白屋の娘が「迷いびとの鐘」と結びつく。例えばギュストローの町では、娘が霧のなかをさまよった挙げ句、町から聞こえてきた鐘の音のおかげで正しい道を見つけることができたという。リープニッツにも漂白屋の娘の伝説が流布しており、沼地にはまって身動きがとれなくなっていた娘が、鐘の音によって正しい方角を教えられ、命を救われる。またこの地域には、船の座礁したデンマークの王女が、同じく鐘の音によって救われたという物語もある。

＊土地の伝説によれば、かつて北ドイツのハンザ都市ロストックに、貧しくも美しい漂白屋の娘がいた。敬虔で心の清い娘であったが、金持ちの若者に騙され、結婚前に妊娠させられる。貧しい娘は正式の結婚を迫るが、すでに新しい相手を見つけていた若者は、娘を殺して水中に沈める。町の人びとは、娘が自分の身の汚れを恥じて自殺したと思いこみ、娘の亡き骸を、自殺した者の報いとして、一切の弔いの歌も演奏もなしに墓地の片隅に運んでゆく。それは火曜日の夕刻のことであったが、そのとき突然、聖母マリア教会に灯りがともり、あたかも貴人の葬儀のように、壮麗な鐘とオルガンの演奏がひとりでに鳴りひびいた。この奇蹟から、町の人びとは娘の無実を悟り、下手人の若者は真実を白状する。この日以来ロストックの町は、あの無実の娘のことを忘れまいと、毎週欠かすことなく、聖母マリア教会の鐘を火曜日の夕がたに鳴らす。ある時この風習を廃止することが決議されたが、教会の鐘はまたひとりでに鳴り始め、したがってロストック市民は、古いしきたりをその後も守っていくことにしたという。

2 迷いびとの鐘

夕べの鐘をめぐって、もはやその本来の起源や目的が何びとにもわからなくなっている場合、市井の民は総じて——ただ一つの正しい理由を求めながら、しかしある程度納得できる説明が見つかればそれで満足をして——、その鐘の習わしは、道に迷った一人の放浪者が寄進したことに始まるのだ、という説を好んで支持するものである(32)。

夜闇や霧のなかで道を見失った人びとが、意図的に鳴らされたのであれ偶然であれ、鐘の音のおかげで再び正しい道に戻ることができた、という事態は、きっと大昔には稀ではなかったであろうし、今日でも十分に起こりうることである。ヴェストキルヒェン（ヴェストファーレン、ヴァーレンドルフ郡）のヴェスターヴァルトの森は、百年前にはまだみなが恐れる未開の土地であり、夕方には、教会の鐘を鳴らして旅人たちに方角を教えていた(33)。ブリーロンでは今日でも、聖マルティンの日（十一月十一日）から五月一日まで、一五〇六年製の「雪の鐘」を九時に鳴らしており、これはもともと道に迷った人びとに方角を教える役目をもつものだった(34)。ヴィンターベルクの教区教会も冬に鐘を鳴らし、雪や霧のために遭難しかかった旅人たちが家路に戻るのを助けている(35)。さらにヴィルダースバッハ（下部エルザス、モルスハイム郡）の老いた男衆が語るところでは、かつてナポレオン一世の布告*によって定められた、朝と夕ぐれとに鳴らされる鐘は、そもそも薄暗い時間に危険に直面した旅人たちに、人家のある方角を指し示すことを目的としていたという。鐘をもたない地域では、例えばハリゲン諸島で、霧のなかを海の泥にはまって二進も三進もいかなくなった人のために、警笛を吹いて方角を教えた。[36]

かつてこのように鐘のおかげで命拾いした者たちが、その後、特定の日時に鐘を鳴らすよう、その習わしを町への寄進として贈ったという伝説群がある。鐘を鳴らす長さは例によってさまざまであるが、細部のわずかな違いがあるだけで、互いによく似たこの種の伝説がかなりの数で伝わっている。通常の時間帯は、夕方の六時から十時まで[37]となっているが、他にも午後三時[38]、午後三時半[39]、深夜二時[40]、晩の十時と早朝四時[41]といった例がある。いくつかの町では年間を通して鐘が鳴らされ、それに対して冬の数か月だけの土地もある。すなわち聖マルティンの日に始まって聖母マリアお清めの祝日まで[42]、もしくは二月二十二日(聖ペテロの使徒座の祝日)[43]、聖ゲルトルートの日[44]、灰の水曜日まで[45]である。あるいは十一月一日(万聖節)に始まって聖母マリアのお清めの祝日まで[46]、待降節第一日から聖母マリアのお清めの祝日まで[47]、もしくはクリスマスから聖母マリアのお清めの祝日まで[48]、十一月二十五日(聖カタリーナの日)からクリスマス前の一週間まで[49]、大天使聖ミカエルの日に始まって四旬節の中日まで[50]、あるいは復活祭まで[51]、といった具合である。カミンでは道に迷った二人の女性が、クリスマス・イヴの夜九時から十時まで鐘を鳴らしてもらうという形

＊＊歴史家アラン・コルバンによれば、ナポレオン一世は鐘の音の大いなる愛好者であり、ある町への入城時には現地のすべての鐘を鳴らすことを命じたり、あるいは自分の幼年期に聞いた鐘の音を、深い郷愁をもって思い返したりする人物であった。しかし占領地の鐘に対しては容赦を知らず、無数の教会の鐘を押収して武器に作りかえた。ライプチヒの戦い(一八一三年)直後の布告は、そうした鐘の徴発の命令として知られている。ドイツの民衆にとってナポレオンは、鐘の強奪者としての意味合いをもったと思われる。

の寄進をした[52]。またブライアルフでも、道に迷った地主貴族《ユンカー》フォン・モムバッハの寄進に従って、クリスマス・イヴの夜、日付けの変わる一時間前から鐘が鳴らされる[53]。

救出に対する遭難者の返礼として鐘鳴らしの習わしが寄進されたという伝説が数多く存在するのに比べると、同じきっかけをもちながら、別の形の寄進に至った例というのは非常に少ない。シュマルカルデンでは、後に「モスト（発酵途中の若い果実酒）のマルティン」と呼び習わされた旅人が、鐘の音の助けで道に迷わずに済み、その感謝のしるしに寄進をしたという話があり、その内容は、十一月十日に、市教会の「大いなる復活祭の鐘」を鳴らしながら、貴賤を問わずすべての人にモストをふるまうというものだった[54]。その他には、救出への感謝として、貧者のためにパンの施しを寄進した者もあれば[55]、石の十字架像[56]、所有地からの上がり[57]などが差し出された例もある。ラインラントの報告では、狩りに出て道に迷ってしまい、クルフト村（マイエン郡）の鐘の音を頼りに無事に戻った伯爵が、その村に遺産のすべてを与えることにした、という話がある。

人を道に迷わせる呪縛の力が、鐘によって断ち切られるという内容の伝説は、そもそも鐘に悪霊を追いはらう力があると信じられたことに由来する[58]。このことは同様に、道をわからなくする悪しき魔法を、鶏がその啼き声によって打ち破る、という物語がかなりの数、存在していることから証明される[59]。一番鶏の声は、朝の鐘の響きと同じく、夜の悪しき霊たちを追いはらう。禍々しき力の持ち主たちを退散させる鶏は、また時によって鐘と相並び、あるいは鐘の代理として登場することもある[60]。

ここで論じている鐘の本質をめぐっては、リュッツォー（メクレンブルク・シュヴェリーン）の報告に見える一つの特徴も重要であろう。すなわちそこでは、教会の業務として鐘を鳴らすことのない日に、夜の九時、五分間にわたって鐘が鳴らされるのである。もしかするとここには、鐘を鳴らすことになっていない日にも、その音による守護が欠けてはならないという観念が無意識に作用しているのかもしれない。ちなみにこのリュッツォーの鐘にも、これにまつわる道に迷った娘の伝説がある。

道に迷ったのが娘ではなく男であり、そのもとに魔法の鐘が鳴りわたってきて、その男性を無事に家に連れ帰る。こうした展開は、例えばヴェルトハイムの城館に無事に戻った、髭伯爵ヨハンの物語などに見えるものだが、かなり珍しいものに属する。(61) アンダーナッハ近郊の農耕地帯ハルテンタールには、かつてハルテンタールという伯爵が住んでいたという。ある時、狩りで道に迷い、神に助けを求めて叫んだ。すると鐘の音が聞こえてきて、その響きからアンダーナッハ近郊の聖トマス修道院にある鐘だとわかる。それを頼りに歩いてゆくと、選んだ道が合っていれば、鐘は短い音を発してやみ、間違った道に入ると、休むことなく鳴りつづけて、彼を正しい道に導いた。こうして伯爵は無事にわが家へたどり着き、聖トマス修道院は、後に伯爵から感謝のしるしとして高価な寄進を受けたという。これときわめてよく似た内容の話が、プライト（マイエン郡）からの記録にある。ザフィヒ城のフォン・デア・ライエンという伯爵にまつわるもので、七時間の距離を隔てた修道院付属の水車小屋から、彼のもとに響いてきたという鐘の音を聞き、そのおかげで道に迷わずに済んだ。そして感謝のしるしに、最初にその鐘の音が聞こえた場所に記念碑を建てたという。

不思議な鐘の音に誘われて人が道を見失う、という展開は、以上のような例と比べるとさらに少ない。[62]

3　木曜日の鐘、金曜日の鐘

今もなおあちこちで木曜の午後、特別に教会の鐘が鳴らされることがある。いわゆる「死の不安の鐘」、もしくは端的に「不安」と呼ばれる鐘で、ゲッセマネにおけるイエスの苦悩を追憶するものである。[63]いくつかの町では、さらに金曜日の午前十一時もしくは十二時にも、イエスへの有罪宣告を、もしくは十字架を立てるイエスを想うための鐘が鳴る。[64]グラートベック（新教）では、通常、毎日正午に小さな鐘を一つ揺らすだけであるが、金曜の午後には鐘楼のすべての鐘を一斉に鳴らす。ハインリクアウ（エルムラント、カトリック）では、金曜の午後三時に鐘が鳴る。ヴァイプシュタット（バーデン、ハイデルベルク郡）では毎日、朝と夕ぐれの薄明りの時間帯（アヴェ・マリアの鐘）、午前十一時（有罪宣告の鐘）、正午（十字架を立てる時刻の鐘）、そして午後三時（死の時刻の鐘）に鳴らされる。

4　日曜日の鐘

日曜の朝、教会の礼拝に参集するようにと、敬虔なる信者たちはどこの町でも、鐘の音によって特別な招きの合図を手にする。この招きこそ、鐘の本来的な、そして最古の目的であった。フライダンクが次のような見解を述べるのは、それよりもさらに後世になってからのことである。

愚かな者たちは鐘の音に気づかされ、
賢き者たちは自ら向かって歩く。[65]

初期キリスト教の時代には、礼拝の終了のたびに次の礼拝の日時と場所が口頭で告げられるか、もしくは「走り遣い」(cursores)の者に告知をさせていた。後にキリスト教徒たちが自由に宗教活動を行えるようになると、集会の合図としてラッパが用いられた。[66] シュトラスブルクの説教師ガイラー・フォン・カイザースベルクは、会衆に話をする際に、教会の鐘を「神のトランペット」と呼ぶことを好んだ。[67] そしてまた鐘は実際に、その名前を目に見える形で刻まれることになり、例えばダンツィヒの聖ペトリ・パウリ改革派教会には、「古くより神のラッパと呼ばれし我は、一六四二年、ふたたびここに姿を取り戻したり」(原文ラテン語)という銘文を刻んだ鐘がある(初代の「神のラッパ」は一五二一年の鋳造)。各地の修道院では、叩いて音を出す木の板も用いられ、その器具は「聖なる板」と「目覚めの槌」などと呼ばれた。[68]

そもそも鐘をもたない町では、まことに古風な感じもする別の方法でやりくりした。エムスラント湿地帯のリューテンブロックでは、前世紀の始めにおいてもなお、大きな牡牛の角笛を吹いて教会に信者たちを呼んでいた。[69] 大声を出して合図していたのは、プレッティガウ地方のフルナ

祈りの合図として鐘を鳴らす修道士
15世紀の写本、ニュルンベルク、市立図書館蔵

の寺男である。[70] 戦場における軍隊の礼拝は、太鼓を連打して合図するものだが、[71] ホーヘフェーン（オランダ）では、一般の教区であるのに、今日も戦場と同じことをしている。[72] フランスのプロテスタントたちは、ある時、銃の発射で礼拝の合図を出したことがあるが、おそらくこれは、鐘の音がそれまであまりにも高い誉れを受けてきたことに対する反抗のようなものだったのかもしれない。[73] サン・ギルダス（ブルターニュ）では教会の鐘の代わりに、叩くと響く石が用いられる。[74] ちなみにシュヴァイブルクの人びとは、鐘がなかったために、必要なときには豚の尻尾をつねって啼き声をあげさせたと言われる。[75]

　日曜の礼拝を知らせる合図として、一度だけ、もしくは二度、鐘を揺り鳴らすところもかなりあるが、一般的には三度である。最初の音は「前鐘」、最後の音は「招きの鐘」という。アイディングハウゼン（ウェストファーレン、ミンデン郡）では、三度目の音を「垂れ綱鐘」、二度目の音を「なか鐘」もしくは端的に「なか」と呼ぶ。ヴェーザー河畔フロート近郊のヴァールドルフでは、第二の鐘の音が鳴ると「ほれ、二番の鐘じゃ」と言い、第三の音が鳴ると「ほれ、鐘が教会にお呼びじゃ」と言う。場合によっては、結びとして鐘を三回叩くこともあり、これは祈りの合図となる（マンスフェルト湖水地方、ヴァンスレーベン・アム・ゼー）。ラインダーレン（メンヒェン・グラートバッハ郡）では、揺り鳴らされる最後の鐘の音が聞こえると、「出かける鐘じゃ」などと言う（その鐘が鳴るときには、すでに教会に向かっていなくてはならない）。リューナーン（ハム郡）では、それを「集まりの鐘鳴らし」と呼ぶ。

　最初の鐘を揺らし鳴らすとき、それは礼拝開始のかなり前の時刻――つまり一時間や二時間前

――から始まることが珍しくない。はるか遠くから教会に集まる人びとが、遅れず間に合うように出発するため、あるいは出発の前に、日曜の晴れ着を身につけるべく知らせるためである。シャーレ（ヴェストファーレン、テクレンブルク郡）では、夏の六時、八時、十時に、また冬の八時、九時、十時に鐘を鳴らす。人びとが今もなお意識しつづけている意味合いでは、それぞれ⑴日曜の挨拶、⑵礼拝への出発準備の勧め、⑶参集への誘いを行う鐘ということになっている。

三度にわたって鐘を揺り鳴らす場合、最初と二度目は小鐘一つで、そして三度目は鐘を二つ、もしくはすべての鐘を動員して鳴らす。ラインラントではこの一連の流れについて、「最初の鐘よ、二番の鐘よ、そして最後の鐘よ」（ザールルイ郡、イッタースドルフ）とか、「鐘が鳴るわぃ、一つの鐘が、さて二つの鐘が、さてぜんぶの鐘が鳴る」（シュライデン郡、ドライボルン）といった言いまわしがある。こうした言い方ではなく、「鐘が総勢で鳴っておる」という古風な表現を用いるのは、より年を重ねた世代の人びとである。パンポー（メクレンブルク・シュヴェリーン）では、礼拝への案内として朝の八時と九時に行う鐘鳴らしを「はじめの（つぎの）動かし」と呼ぶ。もちろんその他にも個別の例はさまざまにある。

しかしまた三度目の鐘鳴らしも、小さめの鐘で行われ（鐘舌で叩いたり、鈴のように振ったりして合図する）、これによって礼拝の開始まであと数分であるという最後の合図を出すことが多い。フースボレン（ジーク郡）では、礼拝開始三十分前の鐘鳴らしを「しるし」、十五分前の第二の鐘を「十五分」、そして開始五分前の三番目の鐘（聖堂内陣の鈴を用いる）を「鈴の時」と呼び、そうなったらもう人びとは大急ぎである。それゆえラインラントでは、「もう鐘の舌で叩かれよるで」という、つまり、もはやぐずぐずしている暇はないという意味の言いまわし（エルケレンツ）や、「やつのために鐘が舌で叩かれとるぞ」、つまり、ある人がそろそろ出発するべき時が来ているという言いまわしがある（オイペン）。ノイマルク（西プロイセン）のカトリック教区教会には三つの鐘があり、そこの最少のものがヨハンという名で洗礼を受けている。しかしこの鐘は一般には「合図かね」と呼ばれていて、それはこの鐘が揺り鳴らされると、神父が教会に現われて礼拝を始める合図になっているからだった。

新教の地域でも、この小さな合図役の鐘は今なお存続している。ルール河畔シュヴェルテでは、始めにすべての鐘が揺らし鳴らされ、それに続いて、屋根の小塔にある小さな「舌かね」（パン屋鐘）を鳴らす。ドルンベルク（ビーレフェルト）には三つの鐘があり、そのうちの一番小さなものが「呼び鐘」と呼ばれる。礼拝の始まりを告げる鐘の締めくくりに、この鐘が単独で鳴らされる（パルス打ち）ことで、司祭を教会に呼ぶ合図となるのである。かつてヴァレンブリュック（ヘアフォルト郡）では、鐘が鳴り終わってもまだ司祭が教会に到着していない場合、司祭を呼ぶために鐘の綱を引き、鐘舌を叩きつけて到着まで鳴らしつづけた。ズュルベック（シャウムブルク・リッペ）では、日曜の主礼拝の開始を告げる鐘が鳴り終ると、続いて小鐘が叩かれ、それを表現して「鐘舌を打つ」（beiern）とか「帯を引く」とか言われた。鐘舌は綱か、もしくは「帯」に繋いであったのである。トレーベル（ハノーファー、リュヒョー郡）では、そもそも礼拝の始まりを告げるために鐘を揺らし鳴らすことはなく、鐘舌が、教会の身廊に垂れさがっている綱と繋がっており、それを地上から引くことで、短い間合いを置いた三度ずつの鐘打ちをした。これは「垂れ綱鳴らし」

と呼ばれた。シュタインハーゲン（ヴェストファーレン、ハレ郡）では、まだ教会の中に入っていない人たちのために、かつて「合図鐘を叩く」のが典礼として通常のことになっていた。そして「さあ時間だよ、鐘つき男が鐘舌打って呼んでるよ」などと言ったのである。

新教の教会では、礼拝の終わりに聖職者が主の祈りを唱える。それに続いて祈りの鐘が叩かれるのだが、この役目を担うのは堅信礼を控えた少年少女たちであることが多い。これを「結びの鐘が鳴る」などと言い表わす（ツェル・エンキルヒ）。鳴らす回数は様々である。三回、四回、六回、もしくは九回から十二回などであるが、おそらく最も多いのは、神への願いの数としての七回である。バート・リップシュプリンゲでは、語りかけと第四・第五の願いにおいて大鐘が叩かれる。シュヴェルム（ヴェストファーレン）では「叩き鐘」と呼ばれる非常に小さな鐘が用いられるが、これは通常、揺らして鳴らす鐘としては用いない。

カトリックのミサでは、聖変化のあいだ、この礼拝に来ていない人びとのために鐘を揺らし鳴らすか、もしくは叩く。聖なる出来事に、心して思いを馳せるようにとの指示である。ラインラントでは、「半分のミサの鐘が鳴る（叩かれる、撞かれる）」、「半分のミサの鐘が打たれる（ゴォンが鳴る）」、「聖変化の鐘が鳴る」、「半分のミサのゴォンが鳴る」などと言う。これは家にいる主婦にとって、教会から帰宅する家族のために昼食を用意する合図ともなる。[76]

「半分のミサの鐘叩き」に、時計の時報が重なることがあると、まもなくだれかが死ぬと言われる（ジーク郡、フースボレン）。

5　祝日の鐘

キリスト教徒の大いなる祝祭日に、人間たちの心を朗らかにし、その魂を高揚させるための手段として、力強く響きわたる歓喜の鐘の音にまさるものはない。大きな効果をあげる種々の鳴らし方が考案され、多彩にして豊かな音響が奏でられる。鳴らし方はそれぞれの祝日によって異なり、人びとは大いなる愛着をもって、昔なじみの幸せな音色に深く聴き入るのである。マーロー（メクレンブルク・シュヴェリーン）の「喜びの鐘」は、祝日を告げる役割からその名が付いたものと思われる。重要な祝日の前夜に、例えばイドリア近郊ザンクト・アントンの鐘たちはひとりでに鳴り出す。それはだれにでも聞こえるものではないが、しかしもし聞こえてきたなら、心底からの幸福感がその人を包んでくれるという[77]。また各地に広く伝わる伝説として「沈鐘」の物語があり、この鐘は「婚礼」の前夜に、空高い鐘楼に懸かる仲間の鐘たちが頌歌を奏でるのに合わせて、自らも、地の底あるいは水の底から音を発するという。

土曜日や、もしくは重要な祝祭――特にクリスマス、復活祭、聖霊降臨祭、あるいは昇天祭、聖体の祝日、聖ペテロとパウロの日、万聖節と万霊節、守護聖人の日、初聖体拝領（白衣の主日）など――の前夜には、町のすべての鐘を鳴らして、その祝日の到来を案内するのが常である。そうした鐘は「聖なる前夜の鐘」（Helgovensluijen）（ラインラント、レース郡、ハルダーン）と呼ばれ、「めでたい祝いの鐘が鳴るのう」（ユーリヒ郡、ボスラー）と言って迎えられる[78]。

祝日を招来する役割の鐘は、早くも土曜日の正午における、「主の天使《アンゲルス》」の鐘の後、例えば午後二時や午後四時に行われることが多い。その際、鐘は一つずつ鳴らされるが、途中のどこかや、もしくは結びのところで、すべての鐘が一斉に鳴る。リップシュタット（ヴェストファーレン）では、クリスマス、復活祭、聖霊降臨祭、収穫感謝祭、そして宗教改革記念祭において、礼拝開始の一時間半前に、五回の小休止をおきながら鐘が揺らし鳴らされる。まず始めに二つの大鐘が鳴り、その後「聖ファイトの小休み」、もしくは「ロシアの鐘鳴り」と呼ばれる小休止が来る。それが済むと、今度は三番目の（小さな）鐘の綱が引かれ、それから大鐘が一度、続いて中鐘が二度叩かれるのである。レーア河畔ズンダーン（ヴェストファーレン）では、大きな祝祭日の前には、男たちが鐘を鳴らして特別な報酬をもらい、「今度はナポレオンに向けて鐘鳴らしだぜ」などと言ったものであった。ヘッセンの各地では、あいだに中断をおきつつ鐘を揺らし鳴らす（パルス打ち）のを祝日に行い、これを「にぎやか鳴らし」もしくは「歌い鳴らしの一曲」（エシュヴェーゲ郡）と呼ぶ。ズュールベック（シャウムブルク・リッペ）では、すべての鐘を動員した祝日の鐘鳴らしが、朝の六時半と九時半に行われる。これは三度の鐘鳴らしで開始が告げられる。すなわち三つの鐘が相前後して叩かれるのだが、大鐘は八度、他の二つは七度叩かれ、そして最後にまた大鐘が結びの音を奏でる。いわゆる「めでたい鐘」の日には、二つの大鐘の綱を引いて鳴らし、そのあいだに小鐘を鐘舌で打つ。(79)

祝日の喜びを表現するのに、かつて最も好まれ、そして今もなお各地で愛されているのが鐘舌打ち（beiern）の音である。ヘンネン（イーザーローン郡）などで言うように、これはまさしく本来の「喜びの鐘」だと言える。これまで本書では、「鐘舌で打つ」（beiern）と「鐘を叩く」（kleppen）の語をそれぞれ時に応じて使い分けてきたが、この点について今、少々述べておきたいことがある。

鐘舌を、鐘の縁の前面と後面に交互に当てる完全な鐘鳴らし（全開での揺らし、揺さぶり、全開での傾け）とは異なり、折りにふれて、鐘の片面だけに当てることがある。綱を引く際に、鐘の動きを小さくすることで、垂直に垂れ下がっている鐘舌に片面を当てるか、もしくは鐘舌のほうを動かすことで、垂直に静止している鐘の片面に当てるか、そのどちらかを行うのである。前者のほうを一般に「鐘叩き」といい、後者を「鐘舌打ち」と呼ぶが、しかし両者が混用されていることも事実である。「鐘舌打ち」は、槌を用いて鐘の表面を叩く場合にも言う。その際は手と足の両方を用いて打ち、きちんとした旋律を生み出すためには、しばしばかなりの熟練が求められる。(80)「鐘舌打ち」という表現は、その内実と名称においてオランダ語圏に由来する。(81) また低地地方のほか、とりわけドイツの北西部、北部でも用いられる。

ラインラント地方では、「鐘舌で打つ」（beiern）と「鐘を叩く」（kleppen）のほかに、鐘の片側だけを打って鳴らす動作について、さらにいくつもの表現が存在する。bampen / bommen / bomben / bompen / bömbeln / bomsen / bämsen / bimbeln / bimpen / bimelen / dengeln / klimmen / klimpen / gämben / klempen / tonken / trompen / timpen / pinken / zimbeln / zinken などである。あるいは「鐘の上を叩く／こんと叩く」といった言いまわしもある。オイペンでは踏み歩きしながら音を出すことから、この動作を trepetreije つまり「階段踏み」と呼ぶ。

ヴェストファーレンでは、「それについて話をしていた」という意味で、「ここでずうっと、そ

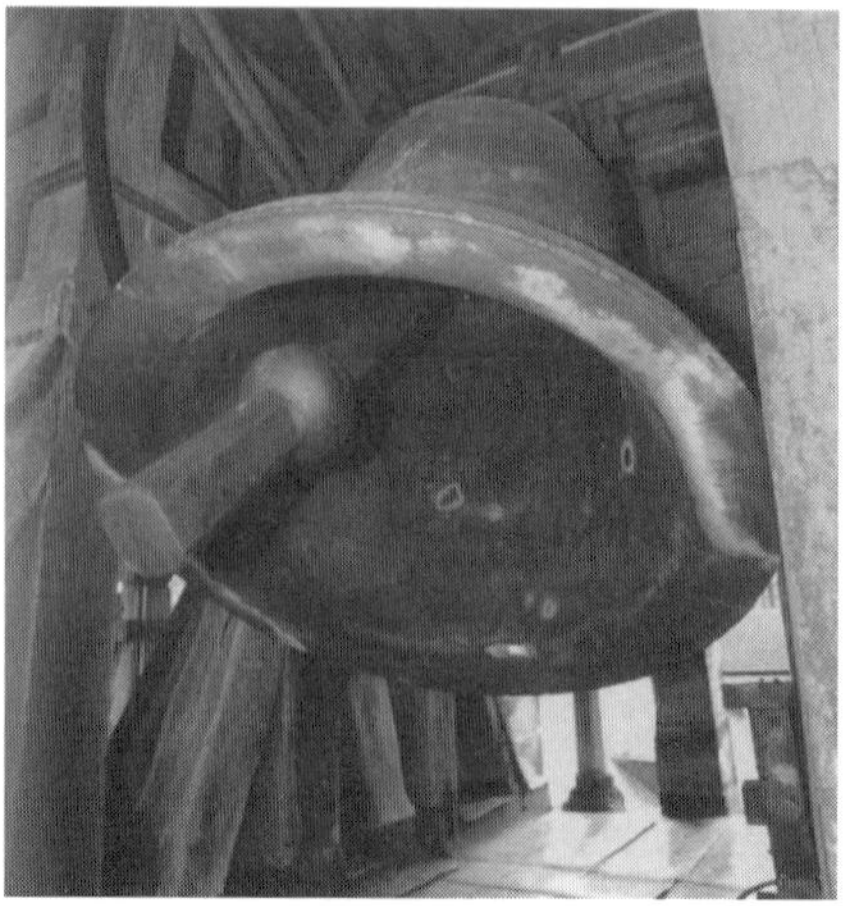

鐘本体を揺らすふつうの「鐘鳴らし」（右）と
鐘舌だけを動かす「鐘舌打ち」（下図右端）
上：バンベルク大聖堂の「ハインリヒ」鐘
14世紀初頭
下：カタリーナ・フォン・クレーヴェの
時禱書、1450年頃
（なお「鐘叩き」については、
427頁の図などを参照）

のことで鐘舌打ちをしていた」と言う。[82] またラインラントでは、いつまでも終わらない嘆き悲しみのことを「鐘舌打ちの涙」という（クレーフェルト郡、フィシェルン）。

多くの町や村が、大きな祝祭日やその前夜に必ず鐘舌打ちをする。さらにメクレンブルクのいくつかの村では、説教を伴うすべての礼拝のためにも鐘舌打ちをする。それゆえハインリクハウ（エルムラント）では、重要な祝日のことをそのまま「鐘舌打ちの日」と呼んでいる。鐘舌打ちがとりわけ好まれるのは、聖体祭と、そして幼児の最初の聖体拝領を行う白衣の主日とであり、後者の場合、当の儀式から切り離されて、その鐘の習俗だけが単独に残存したと思われる土地もいくつかある。この音を人びとはしばしば長時間にわたって楽しむ。ロムバッハ（モンシャウ郡）では、祝日前夜の午後四時から午後七時まで鐘舌打ちがなされ、さらにその後でも半時間ほど、すべての鐘を揺らし鳴らす。エンマーリヒではすべての祝日の前日に、午後二時、午後二時半、午後三時という流れで、すべての鐘を順に用いた鐘舌打ちをする。ドルトムント近郊アイヒリングホーフェンでは、祝日前夜の午後五時から午後七時まで、また祝日当日には朝の六時から八時までと、午後五時から七時まで鐘を打つ。鐘舌打ちのとりわけ詳細な描写を伝えるのは、パルヒム（メクレンブルク・シュヴェリーン）にある聖マリア教会の首席司祭H某氏である――。「土曜の午後と日曜早朝（礼拝の半時間前）に鐘舌打ちを行う。四つの鐘すべてを用いる。鐘つき役の男は大鐘の鐘舌から伸びる綱を自分の足に、そして二番目に大きな鐘の綱を肘に固定する。そして残り二つの鐘の綱をそれぞれ両手に握る。まず始めに、高音の小鐘を四回から五回打ち、続いて三番目に大きな鐘がそこに加わり、一打ちごとに前の小鐘と共鳴させる。そうするうちに、やがて二番目の大きさの鐘が、そしてより深い音を出す大鐘が、それぞれ二度ずつ打たれる。それからこの二つの鐘をさらにそれぞれ三度から五度打つ。そしてまたやがて二度に戻る。これに続くのが「締めの鐘舌打ち」であり、小さなものから大きなものまですべての鐘を個別に打ち鳴らす。これをもって第一の鐘鳴らしが完了する。この一単位を、すぐにまた二度繰りかえす。そしてこの一連の鐘舌打ちが、半時間のあいだにさらに二度繰りかえされる。拍子をとるための次のような覚え歌がある。

堰の道、堰の道、　De Dammer Weg, de Dammer Weg,
牡牛の原、牡牛の原、　De Bullet-Ort, de Bullet-Ort,
堰の道、堰の道、堰の道、　De Dammer Weg, de Dammer Weg, de Dammer Weg
牡牛の原、牡牛の原、牡牛の原。　De Bullet-Ort, de Bullet-Ort, de Bullet-Ort

などと語の反復が続き、これが五回まで進んで、それから二度に戻る。明るい響きをもつ音節である「堰《ダム》」のところで常に二番目の鐘が鳴らされ、重々しい響きの音節である「牡牛《ブル》」のところで深い大鐘が打たれる。日曜の朝には、この鐘舌打ちに続いてさらに礼拝への招きの鐘が鳴らされ、二番目の鐘が揺れる。祝祭日の場合だと、これに加えて早くも土曜日から招きの鐘が鳴らされることになっており、例えば待降節の初日とすべての祈りの日がそうである。しかしキリスト教の三大祝日と、そして収穫祭、宗教改革記念祭においては、鐘舌打ちに加えて「混ぜ鐘《マング》」と「女中さんの鐘」を鳴らす。「混ぜ鐘」の際には､足踏みの力で大鐘を動かす。同時に他の三つの鐘は、別の男が鐘舌に繋がる綱を持ち、すなわち一本を肘に固定しながら、残りの二本をそれぞれの手で握る。そしてこの男は大鐘の音の「あいだに《マング》」鐘をついて、打音を挿入するのである。三つの鐘を常に同じ順序で鳴らし、しかも大鐘の二回の音のあいだに、別の鐘の音がきちんと入るようにする。二つの響きは、決して同時に鳴ってはならない。こうした事情を伝えるものと思われる次のような覚え唄がある。

おいらの指よ、親指よ、おいらの肘よ、　Min Finger, min Dumen, min Ellenbagen,
おいらの指よ、親指よ、おいらの肘よ。　Min Finger, min Dumen, min Ellenbagen.

これに続いて「女中さんの鐘」が鳴る。この奇妙な名前の由来は、この鐘のために歌われる次の覚え唄からわかる。

女中さんよ、戸は閉めときな、　Magd, stick de Dör to!
後ろからも、前からも、　Von hinnen und von vör to!
とにかくしっかり閉めときな。　Stick s'ok god to!

こんなふうに歌いながら、鐘つき男は三番目の大きさの鐘を、その綱を引いて揺らす。そして別の男は、大鐘の舌の綱を足に巻きつけ、他の二つの鐘の紐を両手に持っている。彼はこの三本の紐を引くのだが、まず小さい二つの鐘（第二と第四の鐘）が交互に音をたて、それに続いて大鐘（第一の鐘）が、最初に二度、続いて三度、そして五度と数を増やして鳴ってゆき、そしてまた二度に戻る。揺らし鳴らされる鐘（第三の鐘）の二つの音のあいだに、常に別の鐘の異なる音が入るようにする。揺り動かされるこの鐘が二往復を終えたら、そこからは静止して一切の音をたてさせない。そして前に述べた覚え唄に従いながら正確に拍子をとり、Magd / Dör / hin / vör / stick / god の各音節のところで大鐘を引く。「女中さんの鐘」が済むと、やがて大鐘が単独で揺らし鳴らされる」――。

鐘舌打ちは、一年のかなり長い期間にわたって行われることもある。インデン（ユーリヒ郡）では聖土曜日から聖霊降臨祭までのすべての土曜日に見られる。ライン河畔リンツ近郊のダッテンベルクでは、復活祭から聖霊降臨祭まで、盛式ミサのための「二度鳴らし」と「合わせ鳴らし」（Zusammenläuten）のあいだに行う。そしてこの「合わせ鳴らし」は、鐘舌打ち担当の男によっておよそ一分から二分間続けられる。しかしその後は、揺らし鳴らされるのは大鐘だけであり、別の二つの鐘は「手につかんで」、大鐘の拍子に合わせつつ、鐘舌打ちをする。この鐘舌打ちは「まことに格式高い」ものと見なされている。プレンツラウ近郊のクリンコーでは、復活祭と聖霊降臨祭のあいだに、通常なら行う土曜夕方の祝日前夜の鐘をやめて、鐘舌打ちだけを行う。鐘つき男は三回の鐘演奏を行い、その報酬としてすべての大農から一ポンドのバターを、小規模の農民たちからは二十五ペニヒずつを受けとった。この礼の品から推測されるように、鐘舌打ちは農耕にとって有益なものであり、つまり若く繊細な苗が育とうとしている畑から、邪悪な力を遠ざけるものと考えられた。復活祭から三位一体の祝日までの時期、オホテンドゥング（ラインラント、マイエン郡）では、昼の一時から二時まで「デンゲルン」（dengeln）と呼ばれる鐘打ちを数人の若者たちが執り行う。ドルトムントでは復活祭から聖ヤコブの日（七月二十五日）まで、つまり麦の成熟する時季まで、すべての土曜日の夕べと、日曜の早朝と午後とに、鐘舌打ちを行う。「締めの鐘舌打ち」、もしくは「結びの鐘舌打ち」と呼ばれるものは、聖ヤコブの日直前の日曜日午後に行う。まずしばらくの時間をかけて、祈りの鐘を用いた後、続いて贖いの鐘、待降節の鐘、警鐘用の大鐘を使って打ち、最後にこの四つの鐘すべてを同時に鳴らすのである。この打音からは、「フリッツが塔におる」という言葉が聞こえてくると信じられた。

鐘舌打ちの技術は、器用さと修練を必要とする。ラインダーレン（メンヒェン・グラートバッハ郡）では四人から五人の聖歌隊の少年たちが小さな槌を用いて行った。一番大きな鐘で鐘舌打ちをする役の少年は、「鐘舌打ち名人」、「鐘名人」、「音頭とり名人」、「鐘舌打ち音頭役」、「鐘舌打ち音頭名人」、「第一鐘打ち」などと呼ばれる。エルザスでは、こうした聖歌隊の少年たちが「めでたし、海の星」（Ave Maris stella）の歌唱をし、さらに続いて世俗的な歌謡をうたった。特に好まれたのは「すてきな王さまダゴベール」（Le bon roi Dagobert）の歌であった。

ヴェストファーレンでは、オルペの町の人びとが美しい鐘舌打ちをするので有名である。ヴェルルに巡礼をした彼らは、その鐘楼に昇って自らの腕前を見せたという。すると大勢の人が寄り集まってきて、「オルペの連中が来たぞ、オルペの連中が！」と叫んだ。それほどにも彼らの鐘舌打ちはよく知られていたのである。エルケレンツの町には、数十年前、マティアス・ゲーラーという名の「鐘舌打ち男」がおり、たいそう美しい、そして彩り豊かな演奏を聞かせた。子どもたちはいつも、「ゲーレ・マッテス、ゲーレ・マッテス」と声を合わせて歌ったものだという。技に通じたこのような名人が死んでしまうと、それは鐘舌打ちの伝統そのものの断絶の原因ともなりえた。ボース（ラインラント、マイエン郡）では、ある年の聖体祭で鐘がひどい叩き方をされて割れてしまい、鐘舌打ちが途絶えたという。また鐘舌打ちの際にあまりの狼藉が行われたことで、この慣習が滅びた土地もある。しかし専門的な技能に基づいている鐘舌打ちにとって、とりわけ致命的だったのは電動式機械の導入であった。ともかくも、かつて鐘舌打ちが行われていた町ではどこでも、それを聞いていた住民たちを心から楽しませたものであるし、また彼らの大きな誇りともなっていたのである。もちろん、その鐘の音の出来栄えに厳しい注文がつくことも、時にないではなかったが――。

続いて、個々の大きな祝祭日に鳴らされる祝いの鐘について考察していこう。

a クリスマス

シュレスヴィヒ近郊トルクでは、クリスマス前夜の午後四時、復活祭前夜の午後五時、そして聖霊降臨祭前夜の午後六時に、それぞれ半時間のあいだ鐘舌打ちを行う。ヴェーザー河畔リンテルンの一帯では、クリスマス・イヴに行う鐘舌打ちを「ひとつ叩き」（Singulieren; Sängelieren もしくは Singeleiern とも言う）と呼ぶ。グローセンヴィーデンの鐘つき男は、数十年前のこと、これを自分の町に復活させようとしたことがある。ところがこの風習はカトリック的であるという理由で異論が出され、実現されずに終わった。ビッセス（ヘッセン、ビューディンゲン郡）では、福音教会の「幼児イエスの鐘」が、伝統的に聖夜の礼拝のためだけに鳴らされた。スイスのウーリ州では、およそすべての教会で、祈りの鐘の前に、約三十分間の「幼児イエスに捧げる鐘が揺らし鳴らされる」[83]。

深夜を過ぎると、つまり朝課を始める前の時間に、また鐘揺らしと鐘舌打ちが行われる。フィッシュラント半島のヴストローでは、クリスマス・イヴと大晦日に、夜一時から二時にかけて鐘舌打ちを行い、さらに大鐘を揺らし鳴らす。それを聞いた人びとは寝床から起き、コーヒーを飲み、丸パン《ゼンメル》を食べ、それからまた寝床で横になるのである[84]。エマリヒ（ラインラント、レース郡）では午前三時に大鐘（町の人びとはそれを「羊飼いの鐘」と呼び習わす）を半時間にわたって揺らし鳴らす。ヴィッパーフュルト郡（ラインラント）では、クリスマスのミサが始まる一時間前から鐘を揺らし鳴らすことが、百年前から決まっている。これは教区内の最も遠い家からでも、杖をついた人が教会に間に合うように、という意図である。同様にエムシャー河畔の教会村ヘンリヒェンブルクでも、次のようなことが言われていた。クリスマスの朝には、夜明けの鐘をとても長く揺らし鳴らす習わしであったと。すなわちペッピングハウゼンのドーリング平原に住む寺男ケッターが、木靴を履いて後ろ向きに歩いても、教会に到着することができる時間をかけて鳴らすのである[85]。ラインダーレン（メンヒェン・グラートバッハ郡）では、クリスマスの頃になると、「怠け者たちのミサの鐘」が話題にのぼる。司祭たちが別々に三回のミサを「相前後して行う」からである。

伝統のクリスマスの鐘を取りやめたりすれば、ただでは済まなかった。レクニッツでその風習を怠ったとき、聞き慣れた鐘の音が、やがて真夜中に響いてきた。事情を調べたところ、一頭の白い牡牛が鐘の綱を引いていたという[86]。

独身の青年たちがクリスマスの鐘の役目を引き受ける時は、しばしば常軌を逸した、途方もない腕力で行われた。そのために鐘が割れてしまうこともあったが、しかしこの青年たちの熱心さにはどこか心をうつところもあって、鐘の合間の時間を使い、彼らが鐘楼の高みから讃美歌をうたって聴かせたりすると、塔のまわりに住む人びとは、祝祭の喜びにいよいよ胸を高ぶらせた[87]。シャウムブルクの一帯では、聖夜の午後六時手前になると、木槌を手にした人びとがぞろぞろと鐘楼に集まった。十五分間のあいだ、すべての鐘を揺らし鳴らした後、さらに同じ時間をかけて鐘打ち（bimmeln）をした。大層な力持ちである若者の一人が鐘舌をつかみ、鐘の内側から、休むことなく叩く。そして他の若者たちは、木槌を使って外側を叩くのである。それからまた十五分間、すべての鐘を揺らして鳴らし、さらにもう一度、鐘打ちを繰りかえすのだった[88]。メクレンブルクのいくつかの村では、祝祭日の前夜、とりわけクリスマス・イヴの日などに、鐘つき男がたっぷり仕事をした後で、その村の若者たちが教会の鐘楼に登り、朝まで一晩中鐘を鳴らしつづけるという慣習があった。この作業のさなか、シュタルガルト近郊のブランケンゼーでは、一人の若者が、神と、神の御言葉を嘲る振舞いに及んだ。そこで人びとは彼をこの役目から外そうとするのだが、鐘の傍から、この男を引き離すことが、なぜかどうしてもできなかった。そしてこの若者は、いよいよ激しく鐘を叩きつづけ、ついには昏倒して死んでしまったという[89]。ジーベンビュルゲンに居住するザクセン人たちの地域では、クリスマスの夜に鐘を鳴らすことは、公けの役人たち（ギルドの七人の代表たち）だけの特権にして義務である[90]。

シュヴァーベンとチロルにおいて、降誕祭夜半のミサの始まりを告げる、午後十一時もしくは深夜零時の三度の鐘は、「おどろかしの鐘」(Schreckläuten) と呼ばれる。悪魔やすべての悪霊たちを追いはらう鐘という意味から、その名が付いた。[91] この鐘が鳴るあいだ、人びとは果実の豊作を願って、果樹を麦わらで包み、[92] そして家畜の牛馬や鳥たちには餌を与える。[93] この鐘のなかで、十字路に立ってツィターを弾き、そのあいだいかなる化け物に出会っても動揺しないなら、立派な名人になれる。[94] ガイスリンゲンでは、「おどろかしの鐘」が鳴るあいだに飲み水を汲んでくる。その時にはあちこちの泉が、聖なる特別な水と化しているからである。家族は、みながその水を飲まねばならない。[95]「おどろかしの鐘」の仕事を続けて三度担った者は、兵役を免除される。[96] 教会ではこの時、翌年に亡くなる定めにある人の姿が見える。[97]

クリスマスの鐘を鳴らす途中に、もし鐘が割れた場合には、やがて戦争と飢饉が来る。[98]

b 新年

新年の到来を鐘の音によって歓迎する習わしは、イングランド、スイスのドイツ語圏などとともに、ドイツでも広く行われている。[99] 通常、深夜零時にすべての鐘を揺らし鳴らすか、もしくは鐘舌打ちをする。まるごと一時間続けるところが多いが、十分間だけの町もある。ジーレン(ヘッセン・ナッサウ、クライン・トレンデルブルク)では夜の零時に、三つあるすべての鐘を使って三度の組み鐘を奏でる。そして同時に、鐘楼に集結した合唱隊が讃美歌をうたい、その歌が終わると、最後に大鐘を用いて通常の祈りの鐘を三度鳴らす。フローンハウゼン(マールブルク教区)では、鐘楼に集まった若者たちが、鐘の鳴るなかで民謡や讃美歌をうたう。ボルケン（ヴェストファーレン）では大晦日の正午に、新年の到来を告げる鐘を鳴らす。また大晦日の晩に行われる一年最後の礼拝の前に、鐘を鳴らす町もある。ジーク郡のいくつかの教区では元日の朝に一時間をとり、通常の「朝の鐘」の前に、鐘を一つ用いて鳴らす。

かつては新年の鐘が習わしであったが、今では廃れてしまったという町も少なくない。それに対して、とりわけヘッセン・カッセルの聖職者たちのなかには、彼らが初めてこの新年の鐘を導入したと述べる者たちがいる。

スイスで行われる新年の鐘は、別れと分離の習俗であるとはっきり断定できる。チューリヒ州のオーバーラント（高地地方）では、大晦日の午後十一時半に鐘が始まり――つまり古い年の終わりが告げられ、そして深夜零時の鐘の直前に止まる。そしてその後にまた、すぐに鐘が始まり、新しい年の始まりを告げるのである。[100] エンガディン下部地方では、正午零時の鐘を聞いて、早くも若者や大人の男たちが集まり、鐘を揺らし鳴らして歓声をあげたものであった。年の終わりを告げるこの鐘は、午後から晩へ、そして深夜へと休みなく続いた。そして深夜から元日の朝までは鐘を休めるのだが、朝の六時きっかりに、今度は鐘つき男がすべての鐘を用いて組み鐘を鳴らし、新しい年を知らせる。これは昼の十二時まで続くことになるが、ただし休息をとることもあり、また前日における古い年との別れの鐘に比べると、熱心さや歓喜の程度は穏やかになる。[101]

大晦日の夜や、とりわけ年の変わり目の瞬間に騒音をたてる風習は、広く一般に見られる現象である。[102] これを鑑みるにつけ、新年の鐘も、この時季に危険度を高める妖魔たちを追いはらう、まさに好適な手段だと見なされたのだと思わざるをえない。デュッセルドルフでは、深夜に鳴らす教会の鐘の響きを聞くと、ライン川に浮かぶ船乗りたちが、船鐘と汽笛の音を合わせる。アンナベルクでは、鐘が鳴るあいだ、家の明かりを消してはならない[103]。フォルスト近郊オイロ（ラウジッツ、ゾーラウ郡）出身のある司祭は、少なからぬ憤懣をおぼえつつこう伝えている。「悪習と見なすべき、いわゆる夜鐘の習わしは、今や当地では見られなくなっている。たとえば、あのおぞましき悪習である新年の鐘は、一人の聖職者が棍棒の力と裁判で根絶させた。あのような習わしは、もう二度と蘇らせたくないものである。貴顕諸氏は、それと結びついた種々の悪習とも、まったく無縁でいらっしゃるのだから」――。F・フォン・ボーデルシュヴィングがルール河畔デルヴィヒの司祭であったころ、大晦日の夜に鐘楼で大騒ぎをし、夜が明けるまで鐘を叩きつづけるのは、村の未成年の若者たちにとって大切な特権だと考えられていた。善良な司祭は、この狼藉者たちに対して何の抵抗もできずにいたが、ついにある時、腕に覚えのある数名の若者たちを連れて、塔の上に押し入った。そして若者たちを真摯な気もちで説き伏せ、今後、新年を迎える夜は必ず美しい歌で始めるようにと同意させた。そしてそれ以来、静かな村に、塔の上から歌が降りそそいだ[104]。

クリスマスの鐘と同じく、新年の鐘も不思議な自己主張をする。ハノーファーのとある村で鐘つき役を担っていた男は、あまりにがめつい性格であり、大晦日の夜に鐘を鳴らす手助けをしてくれた地元の人たちに、返礼の歓待をせずにいた。ついに手助けの人たちは来なくなり、この夜に鐘を鳴らすことができなくなった。ところが深夜零時になると、すべての鐘がひとりでに鳴り始めたという。[105]

「鐘がもっとすばらしい音で鳴るように、鐘つき男たちは、時期を見計らって、〈鐘脂〉を集めておくもんだ」（メクレンブルク）。それはつまり蒸留酒の「ヤネヴァー」（Janever）のことである。[106] メンデン（ヴェストファーレン）では、新年のための祝祭の鐘を鳴らす役目をもった四人の鐘つきたちが、元日の市中を家から家へと歩きまわり、市民から報酬の品を受けとった。東フリースラントでは、同じことがすでにクリスマス・イヴに行われた。[107]

そもそも元日という日時とともに、その日に鳴らされる鐘もまた、さまざまな俗信と結びついている。今なお、大晦日の晩の鐘が鳴るあいだ（クリスマス・イヴの鐘と同じく）、もしくは大晦日の午後三時に、豊作を祈って果樹のまわりに麦わらの綱を巻きつける土地がある。その種の報告が無数にあるのは、例えばヘッセンである。大晦日の夜、鐘が鳴るあいだに森の木を盗んで、首尾よくだれにも見つからなかったら、その人は一年を通してさらに盗みつづけることができる。なぜなら狩人が銃を撃っても、それに当たることはないからである（メクレンブルク・シュヴェリーン、タルノー近郊グロース・ウパール）。[108] またメクレンブルクでは、「大晦日の夜に三度の鐘舌打ちをしたら、最上の亜麻布が手に入る」とも言う。[109] 大晦日の夜に教会墓地の鐘を最初に鳴らした者は、来たるべき新年に、最も大きな大麦を育てあげることができる。[110] 大晦日の鐘が、澄んだ美しい音をたてないときには、あまり多くを期待できない新年になる。[111] また大晦日の鐘の揺れが重い、つまり綱を引いても重くて動かしにくい時は、不作その他のせいで重苦しい新年になる（東プロイセン、ヨハニスブルク郡、クミルスコ）。

c 枝の主日、聖木曜日、ローマへ旅する鐘

枝の主日*の午前四時、朝の最初の鐘が鳴らされるとき、オーデンヴァルトの森にあるヘキスト（エルバッハ郡）では、一頭の仔羊を連れて教会のまわりを歩く。この仔羊はキルシュベルクの丘の地下蔵を出発して、教会のまわりを一周し、それからノンネンプファートの道を通ってザントバッハに向かう。アルトマルク地方アレントゼーにほど近いケーニヒシュテット村では、かつてこの日の午後に、数時間にわたって鐘を揺らし鳴らした。鐘の音が届くかぎりの場所では、その年のあいだ、暴風雨の害を受けることはないと信じられたからである[112]。

聖木曜日**に正午の鐘が鳴るあいだ、寝床から麦わらを運び出すならば、その年はずっと蚤と無縁でいられる（ラインラント、グレーヴンブローホ郡、カペレン）[113]。鐘舌打ちの後に、大鐘だけを引いて鳴らすところもある（メクレンブルク・シュヴェリーン、ヴィペロー）。その鐘が鳴るあいだにカボチャの種まきをすると、大鐘のように大きなカボチャができるという。パルヒム（メクレンブルク・シュヴェリーン）の聖マリア教会は、聖木曜日に特別な組み鐘を鳴らす。午前九時に、まず一番小さな鐘（「鳴り鐘」と呼ばれる）だけをおよそ三十八回鳴らす。これをしばらくの休みをおいてもう一

---

*プロテスタントでは「棕櫚の主日」とも呼ぶ。イエス・キリストのエルサレム入城に際し、群衆が棕櫚（ナツメヤシ）の枝を手に持って歓迎したという福音書の故事に基づく。復活祭一週間前の日曜日にあてられ、イエスの復活までの過程を種々の儀式でなぞりつつ彩っていくための、いわゆる「聖週間」がここから始まる。

**最後の晩餐においてイエスが弟子たちの足を洗ったという福音書の記述に基づき、洗足の木曜日とも呼ばれる。ここから土曜日までの三日間は、西方教会において、「聖週間」のなかでも特に神聖視される。

ローマへ飛んでゆく鐘（右上）
復活祭のさまざまな習俗を描いた図
大衆向け絵入新聞の挿画、シュトゥットガルト、19世紀末頃度繰りかえし、そして九時二十五分に、今度は二番目に大きな鐘を揺らし鳴らす。同じ町の聖ゲオルク教会では、通常の日であれば鐘舌打ちだけに用いる鐘、つまり「哀れな罪びとの鐘」と呼ばれている鐘を、礼拝の始まる前に揺らし鳴らす。

復活祭前にあたるこの木曜日に、カトリック教会では、ミサのグローリアの鐘の後、すべての鐘が沈黙する。苦悩の末に命を落とし、墓に葬られた救世主への哀悼の意を表すためである。通常ならきわめて雄弁に語る鐘たちも、聖土曜日のグローリアの鐘の時まで、じっと黙りつづける。そして復活の日が近づくと、ようやくまた歓喜の声をあげるのである。(114)

しかしそれまでの時間を、鐘たちはどのようにしてすごすのだろうか。鐘は「死んでいる」、と言い表すこともある。(115) だがそれは、キリストの死のイメージにも寄り添いつつ、この時期に「死に絶えて」音が聞こえなくなることから、単に派生的に生まれただけの言い方なのかもしれない。いや、鐘は死んでいないのだ。そうではなく旅に出た――、つまり近くの森へと旅立ち、そこの高い木々のあいだに吊り下がっているのだとも言われる。(116) もしくは「ベーコン作りの部屋」へ、(117) トリアーへ、ケルンへ、シュパイアーへ、はたまた天国へと向かうのだとも。(118) ベルシュ（上部エルザス、モルスハイム郡）では、鐘たちがハットシュタットの町で復活祭の卵を手に入れてくる、などと語られる。ナウロートでは、鐘を盗んだ咎で、ユダ（ヤウヌス）が焚刑に処される。(119) だがこれらは、みな独立した個別の例にすぎず、むしろ、ほとんどすべての土地で一般に口にされるのは、鐘たちがローマへ（教皇のもとへ）旅に出たのだ、という形である。ロバ引きの男が、車に載せてそれを運んでゆく（クレーヴェ郡、ユーデム）。ポズナニの伝説が物語るところによれば、一人の巡礼が聖なる都に近づいたところで、ぞろぞろと旅して歩く鐘の群れに合流する。鐘たちは木の棒を杖にしていた。ちなみにこれは大きめの鐘たちであり、小さめの鐘は、みな翼をはためかせて空を飛んでいたという。[120]時に子どもたちは、この旅する鐘たちの姿を見たと、自信満々で言い張ることもある（メンヒェン・グラートバッハ郡、ラインダーレン）。あそこにまた一つ飛んでるよ、などと言われる（デュルケン）。それどころかブルターニュでは、とある鐘つき男が、鐘に馬乗りになり、旅に同行していったという。[121]

このローマへの旅が、いかなる目的と意義をもっているかについては、珍妙にして様々な回答がある。まずもって鐘は、新たに奉献の儀を受け、力を与えられるために行くのだと強調する向きが多い。またローマにおいて、鐘は新しい音色を与えられるのだとか、[122]あるいは修理される（マイエン郡、ベル）、罪の赦しを受ける（ヴェストファーレン、リートベルク）、新たに塗油を受ける（ヴェストファーレン、シュテーレ）、[123]災いの時に鳴る必要が生じないよう、新たに聖別を受ける（ビットブルク郡、キュルブルクヴァイラー）[124]など。また鐘たちは祝別された聖なる香油を求める（ヴェストファーレン、ボルケン）、十字架の道の参詣祈禱をする（マイエン郡、ヴィアシェム）、とりわけコロッセウムの十字架の道を訪ねる（クレーヴェ郡、ユーデム）（ザールルイ郡、エンスドルフ）、あるいは懺悔をする、[125]教皇と会食する、[126]などとも言われる。さらにラインラントでは、鐘たちはローマでヴェッケ〔細長く白いパン〕と牛乳を食べるのだ、あるいはお粥を、あるいは米粥を食べるのだと、しかもエマリヒの鐘にいたっては銀のスプーンで食べるのだ、などと子どもたちに語りきかせて、納得し感心させる情景が各地で見られる。「鐘（Klocke）はローマ（Rom）へ行き、生クリーム（Rohm）

をペロりん（schluche）する」と言って、一種の言葉遊びのなかで表現することもある。[127] 次のような戯れ唄の知られている土地がかなりある。

聖木曜日に、鐘の御一行はローマへ飛んでいきなさる、
そうして長靴下と靴とを、持ち帰ってきなさる。

だが鐘たちは自分のためだけに旅をするわけではなく、故郷の人びとのためにいろいろなお土産を持ち帰ってくれる。[128] 特に子どもは復活祭の卵をもらえるので、幼子たちはその季節になると外に出て、帽子や前掛けを広げて、空から落ちてくる卵をつかまえようとする。[129] 鐘たちが持ち帰るものとしては、さらに復活祭の白パン（Osterwecke）があり、[130] エルガースハイム（モルスハイム郡）ではベーコンと卵が、ズルツバート（モルスハイム郡）では名づけ親からの復活祭のプレゼント、また織物職人の町であるアーヘンでは新品の衣装がもらえる。アーヘンにあるマリアの鐘は、一枚の布きれを旅の荷物に喜んで入れていく。子どもたちがマリアの鐘に向かってそれを空高く放り投げるのだが、それはこの布きれが衣装の贈りものに変わることを願っているのである。もし布きれが空高く飛んで、どこかに見えなくなったら、復活祭の時に、鐘は新品の衣装を持ち帰ってくれるという[131]——。鐘が空を飛んで旅しているあいだに体の汚れを洗い流すなら、その人から、併せて罪も飛び去っていく（ウィーン）。[132] また旅から戻ってきた鐘が、前よりもすばらしい音を奏でると、子どもたちは木々を揺さぶる。それによって果物の豊作をもたらすことができると信じて

いるからである。[133] この揺さぶる瞬間には、硬貨でがちゃがちゃと音をたてることも忘れてはならない（ウィーン）。[134]

鐘が沈黙しているあいだは、代わりのものが用意されなくてはならない。この哀しみの季節にも、教会の重要な儀式を知らせる合図が滞ってはならないからである。そこで多くの町では、かたかたと音がする木組みの器具や、鳴らし板、報知用の板を教会の塔や墓地に置いた。これを振り回したり、槌で叩いたりして音をたてるのである。[135] しかし教会の内部であるとか、先述のような音響器具が手元にない場所、あるいは屋外の路上などでは、ミサの侍者たちが、がらがらや鳴子を手にあちこちを歩き回り、力のかぎり大きな物音をたてて、「主の天使《アンゲルス》」の祈りや礼拝の開始を告げ知らせる。[136] また時には、こうして外まわりをしながら立ちどまり、「朝の鐘だよ」、「お昼だよ」、「夕べの鐘だよ」とか、礼拝の前であれば「はじめの鐘だ」、「集まりの鐘だ」などと歌って、告知をしたりもする。[137] シュタットキュル（プリュム郡）の子どもたちは、正午になり「からからという鳴子の音が」聞こえてくると、「お昼だ、お昼だ、もうスープの支度はできたかい」、また夜には「勢ぞろいで、勢ぞろいで、朝課の時間です」と触れてまわった。イッタースドルフ（ザールルイ郡）では聖金曜日の午後に、このような声が響きわたる。「昼の鐘だ、祈りの日だ、豆の割れる音だ、まこと大事な復活祭は、あさってだ」。また夕べには、「祈りの鐘が聞こえたら、われらがために苦しみを受けられた神さまに、感謝をささげよ。鐘が鳴らずとも、がらがらと鳴子が鳴れば、卵の手持ちの心配をせよ」[138]。すると仕事に忠実な礼拝の侍者たちは、聖金曜日に、かごを抱えて家々をまわり、こんなふうに歌う。

鐘の代わりをつとめるさまざまな「鳴子」
ディゼンティス（スイス）

鳴子を鳴らした若造が、ここに来ておりまする、
この者もまた、復活祭を祝いたいのでございます。

この歌を受けて、多くの家が復活祭の卵や、あるいはお金の喜捨をする。[139]鐘の音がしないということは、魔物に対抗する有効な防衛手段がないことを意味する。そのためもあって、がらがら、かんかんという騒々しい音をたてる必要が出る。上部オーストリアでは、これによって魔女や魔法を追いはらうことができると信じられた。[140]メキシコでは、みなが鳴子を手にして通りを練り歩き、それによってユダの骨を粉々に砕こうと考える。[141]

そして復活祭の日には、すべての鐘が戻ってくる。イエスが復活される朝になって初めて鐘楼に戻ってくるべきだ、と主張する人びともあるが、[142]しかし通常はどこの町でも、聖土曜日の礼拝におけるグローリアの鐘で、なじみの音を早くも聞くことができる。鐘はその時、刷新した姿で神の祝福を受け、新しい力に満たされて戻ってくるのであり、それゆえこの復活祭のグローリアの鐘は、とりわけ力強い作用をもち、魔力に満ちたものであると信じられる。[143]

d 聖金曜日

聖金曜日*にはカトリック教会のすべての鐘が沈黙する。ギリシャ正教会にこの種の習わしはなく、たとえばアテネでは、一日中、哀悼の鐘がすべての教会から鳴りひびいている。[144]福音派の教

会でも、同じく厳粛な鐘の音が響いている。シュテッテン（マンスフェルト湖水地方）では、主礼拝の結びの讃美歌をオルガン伴奏なしで歌い、そして三つある鐘をすべて揺らし鳴らす(145)。ヴェストファーレンの多くの教会でも同様に行う。揺らし鳴らすのは多くの場合、重い大鐘だけである。レデフィン（メクレンブルク・シュヴェリーン）に住む年季のいった鐘つき男は、聖金曜日に大鐘が「こんこん」（Knuff）としゃべる、つまりそれを揺らし鳴らす前に、うめくような音をたてるものだ、と語っていた。福音派の教会でも、いくつかの鐘が完全に黙りこむところはある。グラートベック（ヴェストファーレン）では聖金曜日から復活祭の朝まで、ヘアフォルトではまるまる一週間である。ブレッカーフェルト（ヴェストファーレン）では、聖金曜日に大鐘を鳴らして礼拝への集合を求める。その他の町では、この日と聖土曜日、そして復活祭の日にすべての鐘が沈黙する。何年も前には、礼拝を告げる鐘が、聖金曜日と死者慰霊日にだけ揺らし鳴らされ、その他の日曜日と祝祭日には鐘舌打ちがなされていた。これに対してヴァレンブリュック（ヘアフォルト郡）では、塔の下から大鐘の舌を打ちつけて鳴らし、これを「綱の鐘鳴らし」と呼ぶ。エフィングセン（イーザーローン郡）の聖金曜日（ならびに昇天祭の日も）は、前日の夕方に一時間にわたって鐘を揺らし鳴らして、祝祭日の到来を告げる。つまりその他の重要な祝祭日のように、朝早くに鳴らす形で

＊イエスの十字架刑と受難を記念する聖週間の金曜日。翌日の聖土曜日とともに、イエスの死と沈黙に思いを向ける日であり、教会の装飾類は撤去される。そして日曜日には、一連のクライマックスとして「復活祭」が祝われ、文字どおりイエスの復活を想起して、教会は大きな歓喜に包まれる。復活祭は、春分後の最初の満月の後の最初の日曜日とされ、移動祝日である。

はないのである。パルヒム（メクレンブルク・シュヴェリーン）は大鐘だけを鳴らして知らせ、しかも午後には埋葬の際と同じ鐘を鳴らす。つまり大鐘が大きく揺らされ、その途中で、第二と第三の鐘が相前後して叩かれ、そして最後に、大鐘がひとりで揺らし鳴らされるのである。ハイデクルーク（メーメル地方）でも、朝方と礼拝の始まりには、最も重い鐘が単独で揺らされる。イエスの受難物語が朗読される際には、「イエスは再び大声で叫び、息を引き取られた」という章句の後に、およそ二分間、読むことを止める。この二分間のあいだに、最も重たい鐘がゆっくりと、重苦しい音をたててゆき、そのなかで教区の人びとは（リトアニアでは跪きながら）静かな祈りにうち沈む。ヴィトミンネン（東プロイセン）では聖金曜日の午後三時――救世主の死の時刻――に、すべての鐘が揺らし鳴らされる。リューゲン島のベルゲンも同様である。[146]

e 復活祭

かつてのヴェルティンゲローデ行政区（ゴスラー郡）では、復活祭の前夜に行う「夕立」の鐘を、きわめて長い時間をかけて鳴らすことになっていた。そうすれば亜麻がたいそう長く伸びると信じられたからである。[147] グロース・ヴィニヒシュテットでは、復活祭翌日の月曜日に、うら若い娘たちが鐘を揺らし鳴らした。娘たちが長い時間をかけて鳴らせば鳴らすほど、それだけ大きく亜麻は育つと言われた。[148]

グローセン・ブゼック（ヘッセン、ギーセン郡）からの報告によれば、復活祭の朝に鐘の音とともに起床し、そしてひと言も口にすることなく、水を汲みに行く。始めの二回の水は流して捨て、三度目の水を汲んだ際に「神の御名のもとに」と声に出してから持ち帰る。そしてこの時にはもう話してもかまわない。この水は眼病によく効き、また病気の家畜にも飲ませる。死者の寝床の下にこの水を置いておくと、死体は腐敗することがない。

ハッテンドルフ（カッセル郡、シャウムブルク伯領）では、復活祭の朝の日の出の時刻に鐘が揺らされる。これをバルガ（東プロイセン）の民衆の言いまわしでは、復活祭の仔羊を呼び出す鐘と表現する。太陽が昇るとき、この仔羊は太陽のなかで飛び跳ねるのである。復活祭のいわゆる「まだら」(bunt) 鐘は、リヒ近郊のミュンスター（ヘッセン）で行われる習わしだった。いくつもの鐘が揺らし鳴らされるなか、一つの鐘を舌で叩く(149)。

アルンスベルク（ヴェストファーレン）の復活祭当日には、日の出から夜まで休みなくすべての鐘が揺らされる。複数の市民が自発的にその役目を担い、終わった後で、町の家々をまわって「鐘脂」を所望した(150)。

シュプレーヴァルトの森におけるヴェンド人地域では、復活祭の深夜から日の出まで、独身の男たちが三拍子の鐘を鳴らし、そして空砲を撃つ(151)。ボイアーン（ヘッセン）の習わしでは、復活祭第一日、つまり聖金曜日の朝、一人の若者が教会の入り口に座り、「ゴォン、ゴォン」と叫ぶ。すると近くの屋敷からだんだんと遠くのほうへ、すべての屋敷で「ゴォン、ゴォン」と叫ぶ声が鳴りわたった。これは「ウサギのための鐘鳴らし」などと呼ばれた。しかし元来の形では、あれこれと乱暴狼藉をはたらきつつ、自分たちで鐘を鳴らした若衆たちが、その際に「ゴォン、ゴォン、ゴォン、この家は、息災だぞぉん」などと叫んでいたのである(152)。トリムス（ラインラント、マイエン郡）では、古来の風習に従って、復活祭翌日の月曜正午、学校を卒業したばかりの若者に鐘叩き（dengeln）をさせた。

復活祭当日の夕べ、ヴェストファーレンの多くの町では、復活祭の火焚きの鐘という特別な行事が行われる。ヘレフェルト（アルンスベルク郡）ではこれが夜の十一時、もしくは十一時半まで、三時間にわたって鳴りつづけた。この仕事を手助けする若者たちは、「フランツ・アントンを鳴らそうぜ」と声をかけあったものであり、こうして若者たちが思いのままに揺さぶり鳴らす鐘の音からは、その人名が聞こえてくるのであった。復活祭の火焚きの前に鳴らすこの鐘を、ゾースト近郊エスティングハウゼンの人びとは「エマオへ行く」と呼び習わした。初めは一つの鐘を、とても小さな音で叩き、やがてだんだんと音を強めて和音を鳴らし、最後は完全な組み鐘の大音響で結ぶ(153)。

ケルベッケ（ゾースト郡）の教区教会は、かつては毎年の習わしとして、復活祭の主礼拝（盛式ミサ）開始前に、死者の鐘鳴らし（Totenpause）が演奏された。この由来を説明する話として、次のようなことが語られている。十八世紀の初めにこの教会が建立されるとき、ヴァーメル近郊の花卉農場で働く下僕が、リューテンの砂岩と材木を、自分の荷車を使って休みなく工事現場に運んできた。その作業がほぼ終わりかけたとき、下僕の男はさらに、重たい柏の木を一本、教会前の広場に運ぶことになった。ところが傾斜のきつい所に来て、馬車は突然に後ろ向きに倒れ、下僕と馬はともに命を失う。町の人びとは、この事故を受けてこんな取り決めをした。あの鐘を毎年、復活祭の第一日に鳴らすことで、教会を訪うみながこの不幸な事故で死んだ男を思い起こし、魂の

復活祭の鐘鳴らし
セビーリャ大聖堂（スペイン）、1908年頃
スペイン南部では、今日でもこれに似た姿が見られるという

平安のため祈りを捧げることにしようと。[154]

かつて古い時代のロシアでは、復活祭当日に、この上なく奔放な祝い方をした。その日はだれでも、それが子どもであろうと関わりなく、みなが鐘楼に昇って、好きなだけ鐘舌打ちをしてよかった。あまりの音の騒々しさに、下の通りを行く人たちは、自分のしゃべる言葉も聞こえないほどであった。[155]

われわれドイツの伝説には、かなり意味深い話がある。リッチェンヴァルデ（ポーランドのリチブウ）のカトリック教会にある鐘は、復活祭中の「復活礼拝」に際して、自ら小さな声で歌を口ずさむという。[156] 水底に沈んだ鐘が復活祭の朝に鳴り始める、という型の物語については後に述べたい。

f 昇天祭

マルニッツとマイアーストルフ（メクレンブルク・シュヴェリーン）では、キリストの昇天祭*の日に「まだら」（bunt）鐘が鳴る。つまり大きな鐘が揺らされるなかに、小さな鐘を叩く音をからめるのである。かつてこの鳴らし方は、他の祝祭日にも行われていたらしい。バイエンブルク（ラインラント）では、昇天祭の前夜に鐘舌打ちをする。小学生の男児たちが、この役目のためにハンマーを持たされるのだが、みなが希望して殺到する誇らしい仕事になっている。その際に男児たちは、「ハイネルレはね、ハイネルレはね、おカネがないんだよ」（『陽気なお百姓さん』）という歌詞に、自分でメロディーを付けて歌おうとする。ヒルデスハイムの少女たちのあいだに見られる、次の習俗も有名である。昇天祭の午後に鐘楼へ昇り、すべての鐘を揺らし、亜麻の生長と豊作を願うのである。大きく振れる鐘の力で、いちばん高く飛び上がった少女は、いちばん長い亜麻を手に入れることができる。[157] またメクレンブルクには、大鐘を用いて昇天祭の到来を告げる際に、カボチャとキュウリの植え付けをすべし、そうすれば鐘の大きさと同じ実が得られるであろう、という俗信が広く伝わっている。

9 聖体祭（御聖体の祝日）

聖体祭**は、まさに鐘舌打ちのための日である。かつてプライト（マイエン郡）では、短い中断をおきつつ朝から午後まで、休みなく小さな鐘で鐘舌打ちを続け、そこに大鐘を揺らす音を組み合わせた。少なくとも聖体の行列においては、鐘舌打ちをする土地が多い。またそれを前日から行うところもある。メランでは、聖体祭前日の昼食後に乙女たちが教会に集まり、花輪を編む。そして午後一時になると、乙女たちは鐘楼へ昇り、裁判官夫人と市長夫人の指揮のもと、前日の祝いの鐘を揺らし鳴らす。[158]

＊復活祭後四十日目の大祭。福音書と使徒言行録に見えるイエスの昇天の記述に基づく。
＊＊キリストの聖なる肉と血の貴さを思い、聖餐の儀式の重要性を確認する日である。三位一体の主日の後の日曜日があてられ、五月下旬から六月下旬の初夏の季節になることが多い。

h 教会開基祭《キルメス》

教会開基祭の前日にも、鐘舌打ちはする。ケンペンとトリムス（ラインラント）では、夏の教会開基祭の前日、昼の十二時から一時まで行う。オーバーハルプシュタインタール（グラウビュンデン）では、教会開基祭の午後に、鐘が教区の若者たちに委ねられ、彼らは心ゆくまで延々と、鉄のハンマーや木槌で鐘を打ちつづける。[159] しかしブーハ（ザクセン・アルテンブルク）の人びとが、かつて教会開基祭の始まりを鐘で知らせようとしたとき、肝心の鐘が見つからないという事態が起きた。実は隣村の者たちがその鐘を持ち出し、家ごとに順番にまわして、ケーキ用の罌粟の実をその中で搗いていたのだった。

6 ― 嵐除けの鐘

暴風雨の勃発時に、あるいはそれが持続しているあいだ鐘を揺らし鳴らすという習俗は、最近年に至るまで続いていた――。そしてチロルを一例とするいくつかの地方では、今日もなお続いている。[160] その意図は、暴風雨の勢力を無害化することにあるのだが、いかなる根拠をもってこの成果が現われるのかについては、相異なる見解と情報が錯綜している。定説的に言われるところでは、鐘は人間たちに警告を発し、熱心に神への祈禱をさせる、もしくは、その鐘が奉献された聖人の加護をこいねがわせる、その祈りの効果によるのだという。これよりも科学的な装いをもった説明によれば、鐘を鳴らす際に生ずる空気の振動によって、嵐の雨雲が解体される、[161] あるいは、揺れ動く鐘が雷を誘いこみ、鐘楼の避雷針から安全に電気を地面へと通すことによって、建物に害の及ばぬようにする、などとも言われる。嵐への対抗手段としても、その最も古い起源の意味は、嵐の雲間に潜み、悪しき狼藉をはたらいて興じる妖魔たちを、鐘の音によって驚愕させ、遠くへと追いはらうことにあり、この点はまず疑問の余地のないところである。それゆえ、驚愕させるに有効な音を出すにあたっては、必ずしも教会に奉献された鐘でなくともよく、[162] 別の道具であってもよい。とりわけ管楽器（ほら貝や角笛[163]）や銃砲の類[164]が用いられる。ちなみにローマカトリック教会典礼書（Pontificale Romanum）の儀礼条文には、鐘の奉献その他に関して、次のように書かれている。「全能にして永久なる神よ……、その天の鈴鐘を福音によって満たしたまえ、その長く響きわたる音を前にして、敵の投ずる熱い槍、雷電の衝撃が恐れをなして逃げてゆくように……」（原文ラテン語）[165]。実際に、数多くの鐘の銘文には、「われは稲妻を挫く」（Fulgura frango）、「われは雷鳴に打ち勝つ」（Tonitrum rumpo）[166]、「悪しき嵐を、わたしはすべて追いはらう」、「激しい雷雨にわたしは立ち向かう」などといった言葉が見える。ヴァルトキルヒとエッピンゲン（バーデン）の鐘に記された次の韻文もよく知られている。

マルガレータというのがわが名前、
おそろしい嵐のことで知らぬことはない、
おそろしい嵐は、みな追いはらうことができる、
そしてわたしは、このヴァルトキルヒの塔に住みつづける。

わが名はアンナ・ズザンナ、
このエッピンゲンの塔に懸かり、
揺れて、叩かれて音を響かせ、
大空の雷雨をことごとく追いはらう。

こうした銘文は、場合によっては魔法の呪文として機能しており、それどころか鐘の魔術的力は、そもそもこの銘文の内にこそあるのだと見なされたりもする。例えばメラン近郊の教区村マーリングの例がそうであり、魔女が恐れる、あるいは悪魔さえも恐れる当地の嵐除けの大鐘は、「マーリングのご婦人」という名で呼ばれた。ある時、この鐘が割れて改鋳が必要になったのだが、鋳鐘師は古来の銘文を入れるのを失念してしまった。

アンナ・マリアというのがわが名前、
あらゆる嵐を追い出し、
あらゆる嵐を追いはらう、
そしてこのマーリングに住みつづける。

この銘文が欠けている鐘からは、もはやその特別な能力も、鐘への堅固な信頼も失われてしまったという[167]。ところで鐘に聖遺物が取り付けられると、雷雨に対抗する力は一層高まると信じられた。ビーベラッハでは、「聖テオドルスの聖遺物」を入れた大鐘が、嵐に対して特別な力を及ぼすと考えられた[168]。

激しい雷雨は悪魔と魔女が引き起こすものであり、災いをもたらす雹の黒雲を荒れ狂わせ、周囲一帯を滅ぼし尽くそうとする——、これはかつてより今日に至るまで、多くの地域に深く根ざしている俗信である。アルプスの山岳伝説には、嵐の雲間から魔女たちが互いに、いざ仕事にかかれと檄をとばしあう、という描写が随所に見られる。魔女はしかしこの後、聖なる鐘の防御、魔女の企てを邪魔する音響を呪詛しつつ、こう答えるほかなくなる（魔女たちはまたつねに独自の言語をもっている）。わが魔術は尽きたり、聖マグヌスの犬が、もしくは聖アントーニ（アントニウス）が、もしくはシュタイニバッハの犬ころが吠えまわるせいで[169]、あるいは親豚が仔豚たちと歌をうたうがゆえに[170]、などと。イン川渓谷の下部地方では、特別な作用をもつ嵐除けの鐘に対して、かつて魔女が次のような怒りの大声をあげたらしい。

シュヴァーツの箒がよくはけて、
ブリクセンの牡牛がいななき、
ザルヴェの山の犬ころが吠えたなら、
あたしらにはもう、悪さはできない[171]。

命を落とした魔女、あるいは重傷を負った魔女が雲間から落ちてゆくのを見た、という記録もある。[172] ときには魔女が、鐘の舌をつかんで止めようと苦心することもある。[173] オーバー・ピンツガウのヴァルト村にある太古の魔女除け鐘は、魔女たちにたいそう嫌われ、怒りをかった挙げ句に、鐘の下端から、歯でごっそり咬みちぎられてしまったと言われており、その跡を今日でも見ることができる。[174]

ちなみに鐘の音は、暴風雨に対してだけでなく、大風や霧、[175] 鉄砲水、[176] 落石[177]など、悪魔や魔女がしでかすその他の狼藉からも人間を守り、また火災を押しとどめてくれる。[178] かつては、接近する彗星を鐘の力で遠ざけようと試みられたこともあった。[179]

多くの家庭では、手に持つことができる聖別した小鐘を用いており、「ロマーナー」(Romaner)、「ロレートの鈴」、「ドナトゥスの鈴」などと呼ばれる。[180] こうした鈴鐘を魔除けに用いることは、かつてのフランク王国において、キリスト教教会の鐘が設置されるずっと以前から、ふつうに行われていた。ランの聖サラベルガ(六五五年没)は、雷雨への恐怖に苦しむ娘のために一頭の牝鹿を通じて鈴を手に入れたと言われている。[181] 教会の鐘を用いて嵐除けの鐘鳴らしを行うことが禁じられると、こうした手に持つ小鐘を代用品とすることが多くなった。家の主婦か、もしくは家長がそれを手で振って鳴らしながら、家の各部屋をまわっていく。これはまた罪と穢れのない子どもに持たせることも好まれた。[182]

通常の考え方では、鐘を揺らし鳴らすことによって雷雨は「千切られ」、どこかへと追放されていく、ということになっている。もちろんこれは、当の町にとってのみ都合のよい話であり、例えばブライスガウ地方の町ヴァルトキルヒの周囲に住む人びとは、ヴァルトキルヒの大鐘をめぐって苦情を申し立て、首尾よく認められたという。この鐘は、ヴァルトキルヒからつねに雷雨や雹《ひょう》を遠ざけるので、その結果、より一層激しい嵐を周囲の村々に巻き起こす結果をもたらしていた、というのである。かくして、例えばヴォルシュヴァイラー（上部エルザス、アルトキルヒ郡）に差し迫る雷雨のため、鐘が揺らし鳴らされたとき、西側にある村々の住民たちは、そのことをしばしば罵ったものであった。雹を降らせる雲が頭上に湧き起こる一方、東側の人びとは、救いの鐘の力に感謝をささげていたのだから。サルガンスの嵐除けの鐘であるマリアの鐘は、カトリックであるサルガンスの土地から雹の暴風雨を追い出し、改革派であるヴァルタウに差し向ける、という評判であった。ヴァレンシュタットにかつてあった大鐘は、選帝侯たちの頭上にある雷雨を、改革派の町トッゲンブルクへと魔力をもって移動させると信じられた[183]。チロルではそれゆえ、鐘の力で助けを得たいと思ったなら、あらゆる村で一斉に鐘を鳴らすべし、ということに話が決まっている[184]。ロイテの周辺地域に住む人びとは、こう言っている。もしハーネンカムやゲルンシュピッツェの山々を越えて、西から雷雲が近づいてくると、ヴェングレ教区は何より先に、この嵐に対抗する鐘を鳴らさなくてはならない。嵐の前進をそれによってくい止め、そして上記の山々の上に「落とす」のである。それに対して、ヴェングレの人びとより先に、ブライテンヴァングの住人たちが慌てて鐘を鳴らしてしまうと、嵐はどんどん接近し、その後になってようやく鐘の力が進行をとめるので、ヴェングレやアッシャウその他の牧草地の上に、すべての雨水を降らせる結果になってしまうと[185]。イン川渓谷の下部地方などいくつかの地域では、夕方のアヴェ・マリアの鐘を鳴らした後では、もはや嵐除けの鐘を鳴らさないことになっている。しかし嵐の危険があるかぎりは、およそどこの町でも、やはり鳴らすのがふつうである。[186]

ある種の鐘にいたっては、嵐に対抗して自ら揺れて鳴り始めた、という記録もある。[187] かつてツォポテン（ロイス・グライツ侯国）の教会が焼け落ちたとき、嵐除けの鐘と呼ばれた大鐘が教会前の広場に懸けられていた。やがて猛烈な暴風雨が近づくと、その鐘はひとりでに鳴りだし、そして暴風雨はありがたくも遠ざかっていった、という伝説がある。一般的に、嵐除けの鐘を鳴らすのは、役僧、鐘つき男、もしくはミサの侍者たちの仕事であり、そのために「嵐の麦束」、「鐘の麦束」、「雷の麦わら」などと呼ばれる特別な報酬が与えられた。[188] 嵐除けの鐘が廃止された土地でも、役僧はひきつづき貢物を受けとっていることが多い。農民たちはおよそ嫌がるふうでもなく、決まったお礼として麦のわら束を、高い天井裏にある納屋から取り出して贈った。わら束は、まずしっかり振り回した後、麦穂の付いたまま階下に投げおろし、最後にもう一度それを玄関の梁に打ちつけた。ヘンリッヒェンブルク（ヴェストファーレン、レックリングハウゼン郡）では、あばら屋の住人メラーの家が、雷雨の鐘を鳴らす役目を負っていた。[189] クレッツ（ラインラント、マイエン郡）では、いつどのようにして村が所有することになったのか、およそ素性の知れない「雷雨の鐘」（一七四四年製）があり、ある市民の家の屋根に置かれていた。これを朝昼晩の三度、そして雷雨のときに揺らし鳴らすのが義務になっており、男は教区から、この仕事を果たすためとして自宅の建設用地を与えられたという。新しい教会の鐘が置かれた一八六八年から、その雷雨除けの小鐘はずっと鳴らされていなかったにもかかわらず、鐘が供出される時代が来ると、村びとたちはそれを引き渡すことをなかなか認めなかった。[190] 鐘を鳴らす仕事を、市民たちが順番に受け持つ土地もあった。例えばミンヴァースハイム（ホッホフェルデン州）がそうであり、当番の男の部屋には、「かみなり板」を掛けておくようになっていた。そして雷雨が過ぎると、その板を隣りの人に渡していくのである。[191] ローゼンヴァイラー（下部エルザス、モルスハイム郡）では、木製の大きな鍵を同じようにして使用した。雷雨が来るときに、それを保管していた者が鐘を鳴らすのである。そして通過後、鍵は次の当番の家に移る。アンダーナッハでは、雷雨が接近すると数名が教会へと急ぎ、嵐が過ぎるまで鐘を鳴らした。この役目のために、彼らは町の参事会からワインをふるまわれた。この嵐除けの鐘は、今後一切、女性が行ってはならないという取り決めが後になされたが、さらにその後にも諍いが続いたので、鐘を鳴らしてよいのは田畑の番人たちだけとする、という布告が参事会から出され、この担当者たちには、ひきつづきワインが提供された。やがて鐘を鳴らした回数を、一年でまとめて計算するようになり、田畑の番人たちも、報酬を受けとるのは年末ということになった。最終的に、支払金額は一定の額に定められた。[192] ボーデン湖畔のユーバーリンゲンでは、「嵐に向けて鐘を鳴らす」あいだ、昼であれ夜であれ、一切の踊りが禁じられた。[193]

コルネツェル（ハンガリー）の俗信によれば、雷雨除けの鐘は、それを鋳造する日の天気が雲一つない快晴であるときにのみ、効力を発揮するという。[194] また鐘を鳴らす際には「清らな心で」いなければならないとも言われる。[195]

嵐除けの鐘を鳴らしても効果が現われない、という事態もたびたび見られたことから、[196] きちんと正しいタイミングで鳴らさなければ役に立たないのだ、という用心の説明がなされるようにもなった。フルムスの嵐除けの鐘に刻まれた銘文にはこうある。

ズザンネというのが、わたしの名、
嵐が来たら、わたしはわかる、
時を逃さず、揺らしてくれれば、
わたしは嵐と、真っ向勝負。[197]

ウンブリア地方（イタリア）では、雹の雷雨が近づくと、まだ村では一粒も雹が落ちていないときに、すばやく鐘の綱をとって鳴らすことが役僧の役目になっている。そのタイミングを逃してはならないのであり、役僧は損害の責任をとらされる。[198]ギスヴィルの町の周辺一帯では、雷が三度にわたって轟くと、寺男が聖アントーニの鐘を鳴らすことになっている。もしそれより後になってから鳴らしても、もはや大きな「力」は生まれない。[199]それに対して、エンゲンバッハの教会侍者たちは、あまり早く鐘を鳴らさぬよう気をつけなくてはならない。さもないと鐘の音が嵐を引き寄せてしまうからだという。[200]アイサク川の谷では、鐘を三度の間合いをおいて打ち鳴らし、これを「嵐打ち」と呼んでいる。三度それぞれの休みのあいだに、魔女たちは窒息して死ぬ。しかもその休止を長くするほど、確実に魔女を仕留めることができるという。さらに有効なのは、鐘を「立たせる」、つまり鐘をほとんど上下逆さにまで振り切ることである。魔女は鐘が立っているあいだ、ずっと息を「抑えて」いなければならず、この状態があまりに長く続くと、魔女は破裂し、倒れて死ぬ。[201] しかし鐘つき役の男は、人びとの不安をなかなか鎮めることができなかったようであり、フラウエンビブルクの教会侍者補助役であったクナップという男が、言い訳を求められている。すなわち一九〇二年七月二十七日の激しい雹の嵐を、彼は防ぐことができなかったではないか、ということで非難を受けたのだが、このクナップは、「イーザル新聞」紙上で以下のとおり弁明を試みている――。「去る日曜日のこと、わたくしどもの暮らすこの地域で途方もない雹の嵐が起こりましたが、その際にわたくしは雷雨除けの鐘を鳴らすことを怠り、自分の義務を果たさなかったとして、各方面より、ことあるごとに厳しいご批判を投げつけられております。しかしわたくしは、次のことを事実として申し上げぬわけにはいきませんし、またそう明言する資格は十分にあると考えます。すなわちこの雷雨除けの鐘は、すでに一年以上も前から、市の権威ある方がたによって禁じられ、もはや鳴らされなくなっていたのであります。ですからあの災いの日に、雷雨のために鐘を鳴らすことは、もはやわたくしの義務などではありえませんでした。またあの時、わたくしの自宅から雷雨の気配に気づくことは不可能であり、よもや、教区の市民のみなさまのご希望にしたがって即座に鐘のもとに駆けつけるなど、到底できぬ相談であったと判断されるのです。しかも雷雨は、まさに一瞬にして襲ってきたのでありました。そもそも顧みますに、心底から雨をこいねがう干ばつの年には、わたくしは嵐除けの鐘を鳴らしたことでたびたび罵られました。そしてこのたびは、雹が降りそそいだということで、鐘を怠ったと罵られている――。すべての方がたにご満足いただくのは、まことに過酷な、難しい仕事であります。それゆえにわたくしは、教区の皆さまからのこうした不当な非難、中傷の数々を、断固として拒まぬわけにはまいりません。そしてこのわたくしを、使命感に欠けるいい加減な人物だと呼ぶような仕儀を、どうしても見過ごすわけにはまいりません。わたくしは常日ごろより自分の義務に忠実であり、つねに良心のもとに義務を果たしてきました。そしてそれは将来も変わることがないということ、このことをはっきりと申し上げたく思います。わが名誉を護るため、以上、一筆書かせていただきます」[202]。

　揺らし鳴らされる鐘は、そのすべてが同等の力をもっているわけでない。多くの鐘は、何らかの聖人に奉献されたり、もしくは奉献の儀式で特別に神聖なことが行われたりすることで、ひときわ高い力に与る[203]。最も強力な鐘と見なされたのは、ラインラントではヨハネの鐘[204]、そしてドナトゥスの鐘[205]である。聖ベンノは、その儀式によって特に強力な鐘を生み出すことができたのだった[206]。マイセン近郊の教区村チャイラで、聖ベンノはある区域をくぎり、その内側にいるかぎりは、彼自らが聖別した鐘の力によって、ひとは稲妻の攻撃から安全に護られると言った[207]。スイスの各地では、聖テオドルスが定評ある嵐除けの聖人である[208]。また鐘を鳴らしたり祝福を与えたりして格別な成果を上げる一種の協力者や助任司祭たちも、「嵐に強い」という名誉の称号を受けとることがある[209]。鐘の作用は、その具体的な響きにも影響されるものであり、例えばリッケンバッハの音は「聞くに堪えないほど」かん高いために、雷雨を近隣へと押しやったという[210]。ジーベンビュルゲンでは、新教の鐘が、ルーマニア教会のそれよりも確実に嵐を追いはらうと一般に信じられ、だからこそあちこちのルーマニア人は、ザクセンの鐘を鳴らしてくれるようにと殺到した[211]。しかし（同じジーベンビュルゲンの）ハルベラーゲンでは、自分たちの土地が雹害から護られている

ローマで聖別され、特別な力を授けられる鐘
バーゼル、1788年

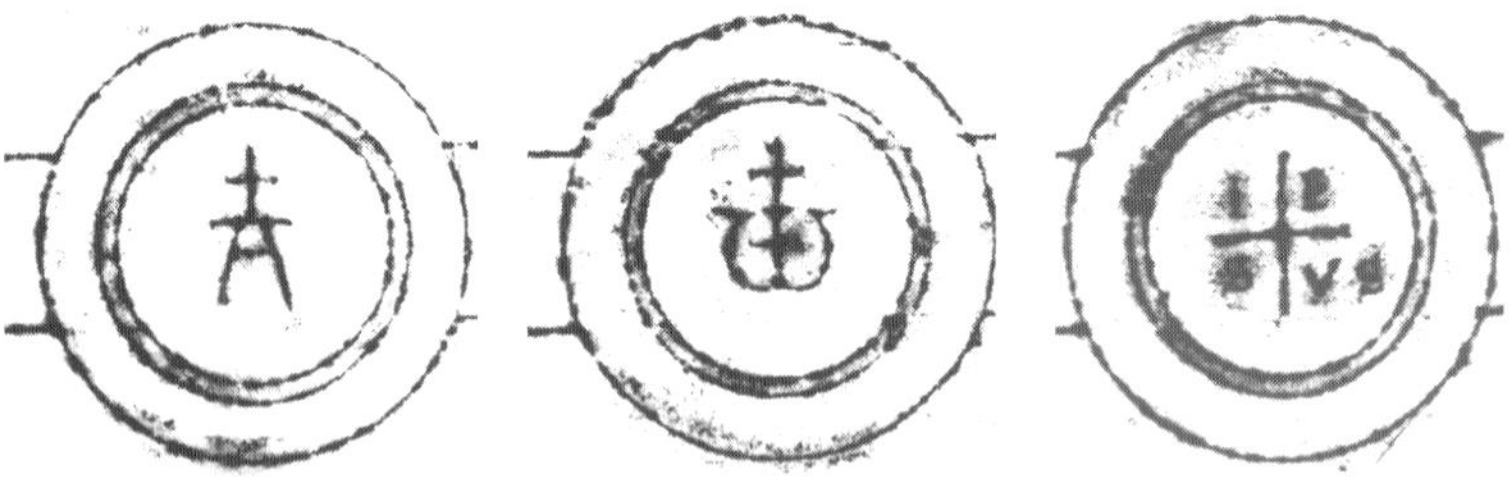

メルゼブルク大聖堂の「クリンザ」鐘（1180年頃）の
銘帯にみえる AGLA の組文字
下は、同じ鐘にある他の3つの組文字（A, ω ,IESVS）

のは、何をおいても、近隣のエリザベートシュタットにあるカトリック主教会のおかげだと考えられている。[212] これとは対照的な例だが、ロイテの修道院付属教会が雷雨に対抗する鐘をまったく鳴らしていないのは、その鐘の力が弱すぎるからだと説明される。[213]

嵐除けの鐘の力を、さらに護符のようなものを使って高めようとする人びともいた。イングランドの鐘には、トール神のハンマーの図が見えるという。[214] ダンツィヒのヨハネ教会にある使徒の鐘には、鋳鐘師の親方ヘルマン・ベニンクが、とぐろを巻いたトカゲ（サラマンダー）の図像を鐘縁の近くに描いており（一五八七年）、これは火に燃えないこととの象徴として、火災の被害を受けないようにという意図がこめられていた。[215] カバラに基づく火避けの呪文AGLA[216]は、ブレーメン最古の教会の鐘である、一三一九年鋳造の聖母教会の叩き鐘に刻まれている。この呪文はブレーメンの近くにあるハイリゲンローデの古鐘にも見える。いわゆる嵐除けの聖人たち、すなわちカスパール、メルヒオル、バルタザールという三聖王の名前は、ブレーメンの有名な鋳鐘師ゲルト・クリンゲによって、数々の自作品の上に刻みこまれた。例えば聖アンスガリ教会にある一四三九年製の大鐘、あるいはブレーメン近郊ブルクの教会にある一四四二年製の鐘である。[217] 一五〇〇年頃に鋳造された、アンハルトの七つの中世の鐘には文字盤があり、そこに記されたアンシアル字体のNのなか、もしくはOの文字のなか、もしくはその傍ら、あるいはFugatum（「追いはらわれたり」）という言葉のなかに、一つの人間の顔のようなものが見える。最後に挙げた箇所には、大きな目をして舌を突きだした女性の顔も確認できる。これは雷雲の魔物を追いはらうための「しかめ面」像である。[218]

嵐除けの鐘がもつ音響の魔力は、その素材にも転移する。バルガ（東プロイセン、新教）では、教会の鐘が吊り下がるところに雷は落ちない、と言われる。そういうわけで各地の人びとは、鐘のかけらを持ち帰って自宅に置いた。これはおそらく嵐除けの魔法と解することができよう。フリートベルク（ヘッセン）にあるユダヤ人風呂の入口敷居の下からも同種のものが発見されている。[219] またエーエシュテッテン（ヴュルテンベルク、バーリンゲン行政区）にあるロマネスク様式のシュテファン教会北面壁には、六センチ大のブロンズ製の鐘が埋め込まれていた。[220] コロンビアのカレットでは、鐘の力で雷雨が撃退されたのを見た人びとが、金属のかけらを鋳て小鐘をつくり、落雷の護符として身につけた。そしてこの護符はキトの都まで持ち運ばれたという。[221]

新教の地域でも、嵐を撃退する鐘の力への信仰はまだ完全には消滅していない。[222] ガーデブシュ近郊フィートリュッベ（メクレンブルク・シュヴェリーン）からの報告によれば、そこでは今日もなお、雷雨の際に鐘を打ち鳴らせば、教会（新教の聖十字架教会のひとつ）の前に来た嵐が雲散霧消してしまうと信じられている。とはいえ嵐の際に鐘を鳴らす仕事は、ルター派の人びとにとって良心の重荷とも感じられた。[223] そこでリュッベケ郡（ヴェストファーレン、ミンデン行政区）のいくつかの村では、新教に属する住民たちが独特の逃げ道を編み出すことになる。つまりここでは、雷雨が過ぎ去った後に初めて鐘が叩かれることで、いわば守護が証明されたことへの感謝の表現と解釈したのである。「聖歌隊長どのが鐘を鳴らした、雷雨は過ぎた」などと人びとは口にした。そして役僧は報酬として「雷の麦わら」（雷のライ麦）を受けとった。[224]

ちなみに嵐除けの鐘は、たいていの地域で早くに禁止された。その禁令がどこでも守られたわ

鐘の銘文に描き込まれた「しかめ面」たち
上：ヴスターヴィッツ（ブランデンブルク近郊)、14世紀前半
中・下：ヴスターフーゼン（グライフスヴァルト近郊)、14世紀前半

けではないけれども、[225] ともあれ禁止の発端には、しばしば何らかの不幸な事件がまず起きていた。例えばツォポテン（ロイス・グライツ侯国）の例がそうであり、一八九三年八月四日のこと、この町の教会に落雷があって石壁にも損傷が出た。この時にすぐ近くで鐘を鳴らしていたのが、聖歌隊長のデュンチュであった。デュンチュは体が麻痺し、それ以後ずっと神経の不調に悩まされることになった。こうしてこの町では、それ以来、嵐除けの鐘は廃止された。ただ今日もなお、この風習を続けている土地は少なくない。例えばチロルの各地では今も見られる。一八〇九年にバイエルン政府からの禁令が出た際には、怒った住民たちが暴動を起こすほどであった。[226]

第Ⅷ章

鐘と家族

1——誕生、洗礼、堅信礼

一人の人間が誕生し、この世界に新しい一員を迎えたことを、鐘の音によって祝うところは、それほど多くはない。グロースミューリンゲン(アンハルト)では、子どもの誕生に際して鐘を鳴らしたが、これはおそらく人生の始まりを魔物から守ることが目的であった。[1] イッタースドルフ(ザールルイ郡)では男児が生まれると大鐘を、女児が生まれると小鐘を鳴らした。

とはいえ多くの町では、洗礼の行列が教会に近づいてくると、鐘を揺らして——たとえその鐘は一つだけであれ——、「歓喜の祝いの響きをもって」歓迎することがふつうである。[2] この用途に使われる鐘は、それゆえ「洗礼の鐘」と呼ばれることが多い。エアバッハ(ヘッセン)には「子ども鐘」、ヘンネベルクには「子どもたちの小鐘」(Kenneleglockle)[3]、エーベンホーフェンには「産後の母」(Kindbettere)[4]と呼ばれる鐘がある。大多数の鐘には、「子どもたちをわたしのもとへ来させよ、だれもそれを妨げるな」といった銘文が刻まれている。大半はおそらく洗礼の鐘として用いられたものであろう。[5]

鐘を揺らし鳴らす方法の違いで、洗礼を受ける子どもの性別がわかることは多い。ヴォルシュヴァイラー（上部エルザス、アルトキルヒ郡）では男の子の洗礼に中鐘を、女の子の洗礼に小鐘を鳴らした。ディーフェンバッハ（下部エルザス、シュレットシュタット郡）では、男の子に大鐘を、女の子に小鐘を用い、代父と代母がその綱を引いた。ユーバーリンゲンでは、男の子が洗礼に連れて来られると二度、女の子の場合は一度、鐘を揺らし鳴らす。またシュタウフェン近郊のフェルトキルヒでは、男の子に大鐘を、女の子に小鐘を用いて、上述のように鳴らす。[6] 洗礼式そのものにおいても、同様に行われる。[7]

エルザス地方では、しばしば鐘の盛大な演奏（グロッケンシュピール）が響きわたり、みなに愛された。その経費は代父と代母が支払い、この名づけ親たちの気前がよいほど、それだけ長く鐘は演奏された。そして町の子どもたちが大はしゃぎで駆け寄ってくる。彼らの大好きな砂糖豆がもらえたからである。

婚姻によらぬ子どもの洗礼においては、鐘は鳴らされない。[8] もしくはバルテルメスアウラッハ（中部フランケン、シュヴァーバッハ町村連合区）のように、中断を置きつつほんの数回だけ鐘を叩くところもある。ヘルビッツハイム（下部エルザス、ツァーバーン郡）では、非嫡出子に対しては洗礼式を晩方に行うことから、洗礼を「夜の鐘鳴らし」で行う、と表現する。コート・デュ・ノール県（フランス）の古老たちが伝えるところでは、このような場合、そもそも鐘自らが、鳴ることを拒むのだという。[9]

ちなみに洗礼に向かう道のりで、鉄砲を打って祝うところもある。[10] 警察が大目に見てくれるなら、大砲さえも繰りだされる。[11] またそれらとは別の方法で轟音をたてる町もあり、こうした役目

小鐘を身につけた、ハプスブルク家のフェリペ王子
鐘は子ども用の魔除けの護符であったとも、
母親や世話係を呼ぶ道具、もしくは玩具であったともいう
フアン・パントーハ・デ・ラ・クルス画、1594年
ウィーン、美術史美術館蔵

を果たす人びと（そして元来は鐘を鳴らしていたと推測される人びと）にとって、悪しき力を防御するためにこれをしているのだ、という考え方は親しいものであったと思われる。

洗礼の鐘には無数の迷信がまとわりついている。しっかりと長い時間をかけて鐘を鳴らすと、子どもは賢くなる[12]。鐘鳴らしの技が巧みであればあるほど、子どもの声は力強くなる[13]。十三世紀前半にまとめられたシレジアの迷信一覧によれば、洗礼の終了後、鐘の綱を子どもの口に咥えさせたという[14]。中世の多くの両親たちは、音楽を奏でたり、鐘を鳴らしたりする音に包まれながら、子どもを洗礼式に連れていった。そうしなければ、子どもは耳が不自由になるとか、言葉が話せなくなると思われたのである[15]。低地ノルマンディーとポワトゥーでは、洗礼を受ける子どもの耳が不自由にならないようにと、名づけ親たちが一緒に鐘の綱を引く。ボースでは、子どもの歌声が美しくなるようにと、代父が長く鐘を引きつづける[16]。鐘の鳴るあいだ、代父と代母が抱擁しあう土地もあり、それはサントンジュでは子どもが粗野な人間にならないため、また別の町では、子どもが愚昧に、もしくはあまりの泣き虫にならないようにするためであった[17]。トレギエでは、最初の子どもを産んだ母親が、自宅で洗礼の鐘を聞くことができたなら、その子がこれから生きられるか、それとも早くに死ぬ定めにあるかを教えてもらえる。もし、ぼんやりとした協和音が聞こえたなら生きられるし、繰りかえし鐘を叩く音が聞こえたなら、亡くなることになる[18]。洗礼の鐘が叩かれると、人間はその年数だけ生きられるとも言われる[19]。しかしもしそこへ教会の時計の音が割りこむと、子どもは間もなくして死ぬ[20]。また鐘鳴らしの技量に至らないところがある場合や、洗礼の鐘が遅れて鳴るときもそうである[21]。ニュルンベルクでは、洗礼の最中に葬式の鐘が鳴ると、その子は死ぬ定めにあると信じられている。[22] また鐘の綱が切れると、子どもは多くの不幸に遭う〔東プロイセン、バルガ〕。若い女性たちは、洗礼の鐘のあいだは通りを横切ってはならない。[23] 子どもを連れた代母が、鐘の鳴り終えた後でようやく教会に入ることは、災いの前兆と見なされる。[24] 十七世紀のノイファング〔バイエルン、フランケン森林地帯〕では、洗礼が済むとただちに代父が次の鐘を揺らし、そのあいだに祭壇の上で、産婆が洗礼の子どもを三度回転させた。[25]

最初の聖体拝領を行う白衣の主日〔復活祭の翌週の日曜日〕には、ラインラントの各地で鐘舌打ちをする。その前日から鐘を鳴らすところもあり、その費用は聖体拝領をする家が負担する〔聖体の祝日と同じである〕。ヴェストファーレンの多くの町では、堅信礼を受ける少年少女たちが信仰告白を唱えるのに合わせて、鐘を鳴らし始めるのが習わしである。ハイデクルーク〔東プロイセン、メーメル地方〕では、重要な祝日と堅信式の行われる日に、三つのすべての鐘を朝の八時に揺らし鳴らす。同じくベンシュテット〔マンスフェルト湖水地方〕でも、堅信を受ける少年少女の最初の聖餐式で、そのようにする。オルテンベルク教区〔ヘッセン、ビュディンゲン郡〕には一六八六年製の鐘があり、年に一度だけ、若人たちの堅信式を行う日に使用される。かつてはこれを聖霊降臨祭にも鳴らしていたことから、「聖霊降臨祭の鐘」と呼ぶ。

クミルスコ〔東プロイセン、ヨハニスブルク郡〕では、子どもたちの聖別を教会で行うに際して、鐘がなかなか動こうとしないとき、鐘つき男の妻である老女が言う。祭壇のそばに、これにふさわしくない子どもが入りこんでおる、と。

2 結婚

婚礼のために若い夫婦が教会へと入っていくとき、彼らを迎える鐘が鳴る。それは鐘一つを用いることもあれば、すべての鐘が鳴ることもあり、また小さな鐘であったり、大鐘であったりさまざまである。特別に「花嫁の鐘」(Brautglocke)というものをもつ町は少なくない[26]。オステローデ(東プロイセン)では鐘の音から、「花嫁よ、さあ来たれ」という招きの声が聞こえると言われる。エルスターヴェルダ近郊のシュラーデンでは、日曜日(結婚式はこの曜日と決められている)に、通常の礼拝が終わったあと、夏であれば午前十時、冬では午前十一時に、花嫁を祝福して大鐘が揺らし鳴らされる。この役目は少年たちが担った。「連中が鐘を鳴らす合図に合わせて、花嫁は晴れの衣装を身にまとう」などと民間で言われる。そして婚礼の祝宴を行う家へと司祭が出発するとき、若者たちはすべての鐘を揺らした。こうして婚礼の行列が動き出す。グレーデンとグロース・ティーミヒでは、鐘楼の鐘を地上から鳴らすことになっており、鐘つき男たちは、鐘を引く綱を、教会の入り口を斜めに横切るように握っていた[27]。ミーラ(テューリンゲン)では、祭壇への通路を歩きだす前に、大鐘を三度にわたってパルス演奏する。「花嫁のしるし」と呼ばれる鐘であり、この音は、鐘つき男たちが事前に与えられた朝食の具合によって、大きくなったり小さくなったりする。婚礼そのものが行われる段になると、二つの鐘が鳴らされる[28]。ゾリングでは、新婚夫婦の入場の前に三度の鐘舌打ちを行う。この「ひと節」が長く演奏されればされるほど、夫婦の誉れは大きい。[29] レーベル（メクレンブルク・シュヴェリーン）でもまた、「花輪の花嫁」（新婚の乙女の意）の祝いに際して、午前十時から半時間にわたって鐘舌打ちをする（すなわち「花嫁のミサ」の鐘である）。そして教会内で婚礼の儀式を始める前にも同じ鐘を繰りかえし、さらに鈴鐘を五分間にわたって揺らす。[30] ときには鐘の音に祝砲の轟音が混じえられることもある。[31]

もはや処女ではない、つまり一度結婚を経験したことのある花嫁の婚礼では、鐘を鳴らすことを控える。[32] もしくは――チューリヒ州オーバーラント（高地地方）のように――小さな鐘一つだけを用いる。[33] ある花婿が、司祭と面会し、鐘をどうするかねと司祭から尋ねられたとき、機知をきかせてこんなふうに答えたという。自分ではもちろん大鐘がふさわしいと思う、だが念のため、小さい鐘のほうも何回か叩いておいていただけないでしょうか、と。[34] ゴルトバッハ（東プロイセン、ヴェーラウ郡）では、婚礼の鐘を鳴らすことは、もはや何年も前から行われなくなっている。なぜならこの風習はかつて「身分高い新婚御夫婦」だけに認められていたものであり、そうした区別はもはや時代に合わないと判断されたのである。

アルゴイ地方のエーベンホーフやアルトドルフ、またその他のいくつかの町においても、伝統的に結婚式当日の朝には、早朝の鐘の後で鐘つき男があらためて特別に新婚夫婦のための鐘を揺らしており、これは「おどろかしの鐘」と呼ばれている。花婿が特別に料金を支払ったうえで与えられる名誉であるが、ただし彼が童貞の若者である場合にかぎられる。[35] ヘンネベルクの町では婚礼の日に鐘を三度揺らし、そのうちの初めの二度は、日曜日と同じく大鐘を用いる。最初の鐘が鳴るあいだ、花婿は村をまわってみなを朝食に招待する。そして二度目の鐘のあいだに、教会に向かう準備を始める。三度目の最後の鐘が鳴りわたり、「一斉に打ち鳴らされる」と、隊列が整えられて出発する。[36] 教会に向かうまでの、この三度の鐘についてヴュルテンベルク地方の民間では、こんなふうに言う。すなわち第一の鐘は、「いよいよ苦しみが始まる」(「悲惨の只中へ」)というしるし、第二の鐘は「どのくらい続くのか」という問い、そして第三の鐘は「一生のあいだ」という応答の意味であると。[37] ポルツィンではかつて結婚式があると、いわゆる「花輪の鐘」が鳴らされた。これは正午零時から十五分間続き、そのあいだ花嫁は自分の家で、ミルテの花輪を頭にかけてもらうのだった。[38]

結婚式の鐘にも、さまざまな迷信が結びついている。鐘が鳴りだしたら、すぐに家を出発するほうがよいと言われる。ツァングでは、二つある鐘のうち、どちらが最初に引かれるかと、みなが耳を澄ませる。それによって花嫁と花婿のどちらが先に死ぬかがわかる。また同様に、鐘を一斉に鳴らすあいだに時計の打音が割りこむと、夫婦の片方が、もしくは(こちらのほうが一般的だが)花嫁のほうが先に死ぬことになる。鐘のあいだに犬が吠えるのも、同じことを意味する。[39] 婚礼のあいだに時報が打たれると、若い夫婦は、その時計が打った数の年数だけ一緒に暮らせるのだ、と多くの人びとは考えたものであった(東プロイセン、プロイシッシュ・ホラント)。婚礼の最中に、たまたま死者の鐘が鳴ると、若い夫婦の片方は長生きできない。[40] 西プロイセンでは鐘が打たれる《シュラーク》あいだ、婚礼に行ってはならない。さもないと妻のほうがたびたび殴打《シュラーク》される定めとなる。婚礼のあいだにだれかの悪意から、あるいは、はしゃぎすぎた結果として鐘の綱がもつれてしまうと、新婚の二人のあいだにひどい諍いが生ずる。[41] 鐘の綱が千切れたら、結婚はうまくいかない(東プ

生の虚栄を説く死神と、教会の鐘
右下は産婦祝別式の場面
『ボヘミアの農夫』、1475年頃の写本、イェーナ大学図書館蔵ロイセン、バルガ)。ガイスリンゲン行政区では結婚式の鐘を鳴らすあいだ、雄鶏たちをその場に放しておく[42]。

3 — 死

「われは生者たちを呼び、われは死者たちのために哭き、われは雷を挫く」(Vivos voco, mortuos plango, fulgura frango)〔シラー『鐘の歌』より〕——。多くの鐘が、多少の違いはあれ、こうした言葉を刻まれて、おのれの使命を表現している。これはドイツ語でも見られる。

生きている者たちにわたしは呼びかけ、
死んだ者たちにわたしは叫び、
雷を、わたしはさまたげる[43]。

つまり死者に向かって叫び声をあげることは、鐘の核心的な行為にして義務なのである。この印象深い銘文には、死者が出たことを大きく伝え知らせる役割と、天国という故郷に戻された者への哀悼の思いの双方がこめられている。誕生と洗礼、聖別と結婚に際しては、喜ばしい調子ではあれ、しかし実に短い共感の表現しかなされない。鐘が、その最後にして最高の奉仕をする、そしてあらゆる意味で最も感動的な、最も大きな敬意の念を表すのは物故者に対して——、人生の終着点に至り着き、現世から解放され、天国へと救済されようとしている人生の旅人に対してである。

a　葬送の鐘

ヴェストファーレンでは、だれかが自分の人生の最期を悟るとき、鐘つき男の耳に、その臨終の人がため息をついて、こう言うように聞こえることがあるという。「まもなくわたしは、あんたの世話になるわけだね」。上部オーストリアでは、「施しの鐘」もしくは「まかないの鐘」（または「食べさせる女《ひと》」）と呼ばれる鐘が、この後、早々に鳴らされることになる。[44] 時間のある者は、この音のしるしを聞いて教会へと急ぎ、聖体を手にした司祭とともに祈禱を唱えながら戻ってくる。[45] 牧師が自宅を出る時点で、ようやく鐘を鳴らし始める土地もある。ケンペン（ラインラント）では「ごく最近まで、司祭が市内を行くときには三度、市外の農村へと行くときには六度にわたって「ごんごんと鳴らした」（gebombt）。その音によって人びとは、「教会のお坊さま」が今や出発をして、瀕死の病人に「ケルケライト」を、つまり臨終者のための秘蹟を授けてくださることを知らされた。そして人びとは地面にひざまずき、司祭は通りの向こうから振りかえって、みなに祝福を与えた。ユーリヒ郡には、「病人の鐘が鳴るのう」という言い方がある。また臨終の聖体拝領へと急ぎ出発する場合には、瀕死の人のために祈りを捧げることを人びとに求めて、鐘を数回叩く土地もある。

人が今まさに息を引き取ろうとしている、その場合にも同様のことが行われる。[46] 南ドイツでは「末期の息の鐘」（Zügglöckle）[47]、あるいは「贖宥の鐘」、「別れのしるし」、「終わりの鐘鳴らし」などと呼ばれる鐘が、綱を引いて鳴らされる。ルクセンブルクではこれを、「死のおそれの小鐘」[48]と呼ぶ。エアノルスハイム（下部エルザス、モルスハイム郡）では、途切れとぎれに短く鳴らされるこの鐘の音を「よろよろ歩き」と呼んだ。こうした臨終用の鐘は、通常の組み鐘の演奏からは除外されることになっており、そもそも音の響きも合わないようになっている。鐘は孤立して懸かっていることが多く、その響きは嘆きの声のような、かん高い音である[49]。かつてこの音は、臨終の人にとって、またその親類縁者にとってあまりにも胸をしめつけるものであった。それゆえ今日では、死の確認の直後に初めて、もしくは特別な依頼を受けた場合にのみ、この臨終の鐘が鳴らされるようになっている[50]。ウクライナでは、死の苦しみを短くするために教会の鐘を鳴らす[51]。またポルト（ポルトガル）周辺では、同じ理由から教会の鐘を七回打ち鳴らす[52]。非キリスト教世界でも似たことが行われる。ボルネオ島のダヤク族は、臨終を迎えた人があると、最も大きな太鼓を持ってきて、その人が最後の息を引きとるまで叩きつづける。そして太鼓を叩き終えると、死者が出たことを村びとたちに知らせるため、大砲が発せられる[53]。

臨終の鐘を鳴らす理由としては、人びとに祈りの時であることを知らせるという役割と並んで、死者を悪魔や悪霊たちの攻撃から護るという意図もあるということが、一般によく言われるところである[54]。この目的のためには、小ぶりの手鐘も用いられ（聖ベネディクトの鈴、聖ロレットの小鐘、聖アントニウスの小鐘）、これを振って鳴らしながら、寝床のまわりを、あるいはテーブルや座席の下を歩いてまわる[55]。こうした小鐘は、先の戦争勃発以前までは、イタリアから調達していた（上

祭壇用の手鐘
高さ 22.5cm、ブロンズ製、1593年
アポルダ、鐘の博物館蔵

部ナープガウ）。裁縫の指ぬきよりも一まわり大きい程度の鐘で、よく通る上品な音をしている。これは子どもにひきつけの症状が見られたときや、暴風雨が迫っているときにも鳴らす(56)。あたかもこの鐘の音によって、生者たちの領域から死者の霊魂までも遠ざけようとしているかのように見える。ハンガリー北部のノイゾールでは、死期の迫った人がいるとき、その人の頭のそばで、かすかに小鐘を鳴らす。死にゆく人の魂は、この音に誘われて現われ、硬直する肉体のそばで、この現世にあともう少しだけの滞在をするのである。やがてその人が死んだことがはっきりすると、小鐘を鳴らしながら死者のもとを離れ、どんどんと遠ざかって、部屋の入り口から外に出る。そして家のまわりを一周することによって、ついに魂は、別れの道へと導かれるのである。続いて使いの人が出され、死んだ人があることを知らせるために村の鐘が鳴らされる(57)。死者の手に軽い鈴を握らせるというディーメルラントの例もあるが、これは死の訪れをきちんと確認するためだということらしい(58)。

　死亡の通知は、できるかぎり早くに教区全体でなされる。「しるし」（「終わりのしるし」）、あるいは「わかれ」と呼ばれる鐘が鳴る(59)。「今や最期のひと口の食べものが施された」（ビットブルク郡、フリーセム）とか、「まただれかが、鐘舌の（鐘綱の）世話になっておる」（エッセン郡、ヴェルデン）といった言いまわしがある。表現は多岐にわたっており、以下ラインラントの例を抜粋で並べておくので、そこからイメージをつかんでいただきたい。例えば「死者の鐘を鳴らす」、「遺体の鐘鳴らし」、「逝去の鐘を鳴らす」、「死の鐘」、「鐘を施す」、「鐘が鳴らされる」、もしくは「哀しみの鐘が鳴らされる」、「死の報を告げる鐘を鳴らす」、「死が鐘を鳴らして葬儀を告げる」、「死の鐘を引く」、「パウゼを、贖いの鐘を叩く」[60]、「しるしの鐘を鳴らす」、「上に鳴らす」、「上に向けて鳴らす」（「鐘の音で死者を上に渡す」＝鐘を鳴らして、地上から天国へと死者を送り届ける）などの表現がある。また次のような言い方もある。「悔やみの鐘が鳴る」、「某さんのために鐘が鳴っとる」、「最期のための鐘だ」、「終わりの鐘だ」、「我が家に戻る鐘を鳴らしてもらう」、「パルス打ちが鳴る」、「キンコンと叩かれる」、「パンパンと鳴る」などである。実に古い歴史をもつ表現として、「藁床に鐘を鳴らす」、「藁床のうえに鐘をつく」、「藁床のうえに鐘が鳴る」、「藁床の鐘」、「藁床が鳴っておる」などがある。この種の言い方は、地面に敷いた藁に基づくもので、寝床から降ろされた亡き骸が、その上に横たえられる習わしであったのである。[61] ライン・ヘッセン地方では、この「死者の藁床の鐘」が鳴る前に、その不幸があった家から決して外に出てはならない。[62] 東プロイセンでは、死去の後に鐘を鳴らすことを「時をなす」、「時を打つ」などと言う。ターラウでは、「ほら、時の鐘が鳴った」と言う。だがむしろ一般的なのは「わかれの鐘」という表現のほうであろう。ラウターンでは葬儀の等級分けをして、三度から十三度まで、鳴らす回数が異なる。フリートラントでは「わかれの時を打つ」と言う。これを担当するのは四人の女性たちである。ヴェストファーレンの表現として、死者が「鐘を受ける」、「鐘で送り出される」、「鐘で外に出てゆく」、「哀しみの鐘を受ける」、「鐘叩きを受ける」、「鐘叩きされる」などと言われる。この種の鐘は、総じて「亡き骸の鐘鳴らし」と呼ばれる。

たいていの場合、鐘の音から、その物故者がだれであるか、あるいはそれほど具体的でなくとも、年齢と性別がどうであるかを聞き分けることができる。一つには、鳴らされる鐘の数と大きさ、もしくは鐘を鳴らす際のさまざまな休止の入れ方、あるいは前奏となる鐘の演奏から判断される。

ジーベンビュルゲン（トランシルヴァニア）のザクセン人たちが住むいくつかの町では、そこに設置されている鐘のどれを使うかは、物故者の年齢と性別を、あるいはその市民的地位さえも考慮して決められる。したがってザクセン・レーゲンの町では、ある男性の死去に際して大鐘を用い、ある女性の場合は中鐘を、子どもの場合は小型の鐘を用いる。[63] ライン地方の多くの町では、成人男性は「大鐘を鳴らして」もらうか、またはすべての鐘が使われる。そして子どもの場合は、軽めの鐘を二つか、もしくは小鐘を一つだけ用いる。シュヴァンハイム（ヘッセン、ベンスハイム郡）では、既婚者の死に際して大鐘を、成人未婚者の死に際しては中鐘を、そして子どもの死には最も小さな鐘を鳴らす。メクレンブルクの村々では、総じて臨終の鐘にはすべての鐘が用いられるが、最初に鳴らす鐘としては、子ども（堅信を終えていない者）の場合は一番小さなもの、成人の場合は一番大きなものを用いる。ケン（トリアー郡）に伝わることわざからは、いくばくかの過酷さがにじみ出ている。「金持ちが死んだら、ぜんぶの鐘が鳴り、貧乏人が死んだら、鳴る鐘は一つだけさ」。

しばしば見受けられることだが、男性の場合は三度、女性の場合は二度、そして子どもの場合は一度だけ、それぞれ小休止をおきながら鳴らす（ラインラント）。ブリーデル（ツェル郡）では、死者が女性である場合に三度、男性である場合は四度ずつ、鐘鳴らしを中断する。シュトッツハイム（ラインバッハ郡）では、成人の死者に対して三つの鐘を用いて三度の小休止をとり、子どもの死者には二つの鐘を用いて二度の小休止をとる。ラウターン（ベンスハイム郡）で死者が出ると、市庁舎の鐘が一つ用いられ、三度の小休止をとって鳴らされる。

臨終の鐘に前奏となる部分を付ける風習は、今もなお広く残っており、それは本体部分と同じく鐘を揺らし鳴らす場合もあれば、鐘叩きを行うところもある。ペンツリン（メクレンブルク・シュヴェリーン）では、前奏の部分を「ブランデン」と呼ぶ。しくしくと泣くような響きで、三度の短いパルス音を奏でるのである。そしてその後に、鐘を限界まで揺らし鳴らす。ケンプフェンブルン（ゲルンハウゼン郡）では、その日亡くなった人の「最期の鐘」として中鐘を揺らすが、その際に三度、主の祈りを唱えることのできる長さの小休止をおく。そしてその後に、すべての鐘が一斉に鳴りわたる。ヒュルシャイト（ヴェストファーレン）では、死者の鐘つきの際にも、埋葬の際にも、小ぶりな死者の鐘を一つ用いて始める。これをおよそ十回打ち鳴らした後で、ほかの二つの鐘が加わる。ヒュルツヴァイラー（ザールルイ郡）では、子どもが亡くなったことを告知する場合、鐘を一つ用いて、短く三度、それから長く一度だけ、それを揺らし鳴らす。娘や婦人の死去の場合は、一つの鐘を用いて短く三度鳴らし、それからすべての鐘を用いて二度鳴らす。若者や男性の場合は、鐘をすべて残らず用いて、短い三度の鐘と長い三度の鐘を鳴らす。テューリンゲンの森林地方においては、「大いなる」（つまり公人の）亡き骸の場合、死後数時間にわたって「しるし」の鐘が、すべての鐘を用いて鳴らされる。前奏となる鐘鳴らしには、子どもの場合は小鐘、若者の場合は中鐘、既婚者と老人の場合は大鐘がそれぞれ一つ用いられた[64]。ライン河畔のザスバッハでは、男性が死んだ場合、一番大きな鐘をまず鳴らし、続いて二番目、三番目、四番目の大きさの鐘に移ったあと、今度は逆に小さい方から大きい方へと順に鳴らしてゆく。女性が亡くなった場合は、まず一番小さな鐘から始め、しばらくこれを単体で鳴らしたあと、すべての鐘を一斉に鳴らし、それから一つずつ鐘を減らしてゆく。[65]

最初に片側のみの鐘叩きを行い、それから続いて複数の鐘を一斉に揺らし鳴らすというところも多い。フンスリュックでは、成人男性の死後ただちに、「死者の藁床の鐘」を鳴らす願い出が届けられる。するとまずは、「コォン」と三度、打ちつけた後、すべての鐘が一斉に、その音に続いていく。[66] ニーダー・リュッツィンゲン（マイエン郡）の鐘叩きは、最初に大鐘一つで行い、それからすべての鐘で行い、その後で一斉に揺らし鳴らされる。シュタットキル（プリュム郡）では、男性の場合、まず三度にわたって鐘叩きがなされ、それから三度、すべての鐘を揺らし鳴らす。女性の場合はまず二度の鐘叩きがあり、そして二度の揺り鳴らしとなる。子どもの場合は、男児であれば三度、女児であれば二度の鐘叩きを行う。モーゼル河畔のメーリング（トリアー郡）では、成人男性の場合、太めの鐘を用いて十二度のパルス打ちを九回繰りかえし、それを三段階に分けていた。つまり十二度の打撃を三回行うごとに、短く、一斉の鐘鳴らしをはさむのである。成人女性の場合は、同じく太めの鐘を用いて、十二度の打撃を六回繰りかえし、それを二段階に分ける。つまり一斉の鐘鳴らしが二度入るわけである。子どもの場合は小鐘が叩かれ、十二度の打撃を三回繰りかえして、一斉の鐘鳴らしは行わない。ただし十二度の打撃ごとに、短い休止がはさまれる。ヴィルダースバッハ（下部エルザス、モルスハイム郡）では、大人のための臨終の鐘は単純な揺り鳴らしで始まり、突然に音が已む。続いて六度の個別の打撃が入り、それからまた一斉の揺り鳴らしが始まる。この一連の流れが三回繰りかえされる。子どもの場合は、三度の個別の打撃が、臨終の鐘のなかに三回挿入される。個別に一回ずつ打たれる、もの哀しい鐘の響きは、「土を掘りかえす」(bêcher) 音と名づけられている。ディーフェンバッハ(下部エルザス、シュレットシュタット郡)では、死者の鐘と葬送の儀式において、「ラクダ鐘」と呼び習わされている鐘が鳴りわたった。そこでは大鐘が自由奔放に揺らされる一方で、小鐘は縛られて揺れを抑えられ、片側だけを打ち鳴らしていた(これを当地では bimmeln と表現する)。

一回ずつ打つ個別の打撃は、結びの段になってからようやく鳴らす土地もままある。エルペン(ラインラント、ハインスベルク郡)では複数の大鐘を用いて——子どもであれば一つだけで——まず一斉の揺り鳴らしがあり、それから「うめき(gebompt)声」の打撃を加える。ウンターヴァルデン(スイス)の死者の鐘は、「カンコンと鳴る」(Klänken) 音で死去を表わす。最初に鐘は規則正しく揺れながら鳴るが、終わりに近づくにつれて揺れが抑えられ(すなわち「引っ張り」が行われ)、鐘舌は片側だけに当たるようになる。男性の死者であれば三度、女性の死者であれば二度、この「引っ張り」の音をたてる。[67] ドーバーン(東プロイセン、プロイシッシュ・ホラント)では、子どもの死去に際して、一番小さな鐘が最後に音を奏でる。大人の場合は、それよりも大型の鐘のどれか一つが用いられる。

以上の実例が示しているように、子どものための鐘は簡素なもので十分だとされる。一番小さな鐘を用いるところが多く、それゆえこれを「子ども鐘」と呼び習わす町が少なくない。[68] エルスターヴェルダ近郊のシュラーデン一帯では、前奏として洗礼の鐘が使われる。[69] 堅信礼を済ませていない子ども、あるいは未就学の子どもであれば、カトリック教会は通常、そもそも鐘の揺り鳴らしを行わない。新教の地域だと、洗礼がなされていれば、そうした子どもたちにも鐘が揺り鳴らされる。ベンシュテット（マンスフェルト湖水地方）では、生後六週間を過ぎた子どもであれば、中鐘を二度鳴らし、それからすべての鐘を揺らす。生後六週間に満たない場合は、「キンコン鐘」(Bimmel) と呼ばれる一番小さな鐘を二度鳴らし、それから一斉の鐘演奏となる。ベイラ・アルタ（ポルトガル）では、男性の場合は三度、女性の場合は二度鐘を揺さぶり、子どもの場合は祝祭の鐘を鳴らす。天使がひとり、天国へ昇っていったと考えるからである。[70] ジーベンビュルゲン（トランシルヴァニア）のザクセン人地域では、ごく小さな子どもたちを、祈りの鐘（いくらか長めに奏でる夕べの鐘）を鳴らして埋葬する。稀に、早朝の教会詣りの鐘を用いるところもある。[71]

一度ずつ鳴らす単体の鐘の音だけで、死去の知らせを行う町もある。アイニングハウゼン（ヴェストファーレン、リュベッケ郡）では、死後できるだけ速やかに、学校（これはかつて礼拝堂があった場所に建てられていた）の屋根に据えられた鐘を八十回、ゆっくりと叩いていく。ボルゲルン（ゾースト郡）では大鐘を二十四回たたき、ニーハイム（ヘクスター郡）では死去の報を受けてから直ちに、単独の三回の音を三回繰りかえす。ツュルツァッハでは、男性の死亡を告げる鐘は十一回であり、女性の場合は七回のみとなっている。[72]

臨終の鐘だけに限定して用いる鐘というものも存在する。例えばフォルヒハイム（ヴォルムス郡）の「オザンナ」鐘がそうであり、他の鐘と合わせて鳴らされることはない。グローセンドルフ（ヘッセン、ビュディンゲン郡）の教会小塔にある一三二八年鋳造の鐘、またリヒ（ギーセン郡）の司教座教会小塔にある臨終の小鐘も、死者を送るためのものである。後者についての記録は、その響きが教区民にとっていかに大きな感情的価値をもっていたかを克明に表わしている。キールスペ（ヴェストファーレン）の「死者の小鐘」（無銘）は、およそ一二六〇年ごろの製作と考えられ、アルテナ郡では最古の鐘として、とりわけ美しく高貴な外観をもっている。この他、たしかに死者の鐘と名づけられる鐘は各地に点在するが、実際には別の機会にも用いるところがある。マイン河畔フエヒェンハイム（ハーナウ郡）では、当地の最も古く、かつ最も大きな鐘を鳴らして教区のすべての物故者を弔う。今は供出されて存在しない、三番目の最も小さな鐘は、小さな子どもたちの葬儀において、主の祈りの鐘、また死者の鐘を鳴らす用途に使われていた。

コブレンツの市街部では、人が亡くなった日の夕方、アヴェ・マリアの鐘の前に弔いの鐘を鳴らす。フィシェルン（クレフェルト郡）では、それはアヴェ・マリアの鐘の後である。

ところで夜のあいだは――つまり一日の仕事終わり（日の入り後）から日の出前までの時間は――、死者のための鐘は鳴らさずにおいて、翌日の朝を待ち、ミサやアヴェ・マリアの鐘の後で鳴らすようにする。あるいは午前十一時から十一時半までであったり、または死去の報が届いて最初の昼に、まず正午の鐘を鳴らし、ようやくその続きに行うところもある。ミュリッツ湖畔レーベル（メクレンブルク・シュヴェリーン）では、鐘を引く男たちが、もし午前十一時より早く手配できるようであれば、死去の当日に鐘を鳴らす。それが不可能であれば翌日となる。モルトハイネン（東プロイセン、ゲルダウエン郡）では、夕暮れ時に死者が出ると、その告知を翌日の朝になってから行うのが通常である。というのも「時の音」（鐘を鳴らす行為はそう呼ばれた）は、もしそれが夕暮れ時に鳴らされた場合、死んだのは自殺者であったことを知らせるものだと、巷では言われているからである。

死去から葬儀まで、鐘の音は途絶えてはならない[73]。ラインラントとヴェストファーレンの多くの町では、埋葬日までのすべての正午に必ず鐘が鳴りひびく（それゆえ「棺の上から鐘の音をかぶせる」、「鐘の音を棺にそそぐ」といった言い方がある）。フレーレンベルク（ラインラント、ガイレンキルヒェン郡）では、埋葬の三日前から毎日夕方に、オイペンでは埋葬の三日前から毎日、朝、正午、夕方の三度、鐘を鳴らす。メールザック（東プロイセン、カトリック地域）では、「大いなる」（つまり公人の）葬儀の場合、死去の日から葬儀当日まで毎日、七時、十二時、十五時に鐘を鳴らす。その役目は教会のいわゆる長老委員たちが担う。プロイセンのオルデンドルフ（ヴェストファーレン、リュベケ郡）では、死去の日から埋葬日まで、正午より午後一時にかけて鐘を鳴らすため、所領地である大エンガースハウゼンと小エンガースハウゼンの人びとに、鐘つき男を雇う権利を認めている。ハリゲン諸島でも同様に毎日正午に、半時間にわたって鐘を鳴らす[74]。ナッツヴァイラー（下部エルザス、モルスハイム郡）では「死者鳴らし」と呼ばれる特別な鐘の音がたち、物故者が魂の平安を得て墓地に横たえられるまで、毎日三度ずつ鳴らされる。ヴュルテンベルクのいくつかの町では、富裕層に限ってのことだが、遺体が自宅に置かれているあいだ、教会の鐘楼から市役所の塔まで一定の時刻にラッパを吹いて行進させる[75]。

埋葬の前日、つまり前夜には、鐘の音はいよいよ強さを増す。レンダ（カッセル行政区）では埋葬の二十四時間前に、当地のすべての鐘を用いて、三度叩きによる「見送りの鐘を鳴らす」という。ネトラ（カッセル行政区）でも、翌日の葬儀と同時刻に、「鐘の音を供える」（小さいほうの鐘を三度叩くことを三回繰りかえし、それから大きい鐘と合わせて揺らし鳴らす）。ジーベンビュルゲン（トランシルヴァニア）のブララーでは、「主なる神の鐘」（カトリック時代に聖変化の告知をしていた鐘）が、葬儀の十二時間前に開始を告げる。[76] ボルゲルン（ゾースト郡）では埋葬の前日正午に「別れのひと休み」の鐘が鳴る。かつてこれは、報酬の金額次第では、午前や午後のまるごとをかけて鳴らされることもあった。すると村では、「だれそれどんは、うまいこと鐘の機嫌をとりおったのぅ」などと言うのであった。鐘つき男には、報酬の金銭だけでなく、葬儀後のごちそうも分け与えられた。その宴会には「鐘のご機嫌とり」として火酒が必ず用意されていた。シュプレーヴァルトのブルクでは、埋葬前日に「たましい送りの鐘」が鳴る。遺体は旅の「用意」のため、鐘の鳴る前に棺に横たえておかねばならない。魂は、鐘の音によって天国へと引き上げられ、昇ってゆくのであるから。[77]

　これに合わせ、墓掘りの準備として鐘を鳴らすところもある。いくつかの町では墓掘りを始めるやいなや、合図の音が鳴る。[78] ウンターライヒェンバッハ（ヘッセン・ナッサウ、ゲルンハウゼン郡）では当地のすべての鐘を用い、相前後して短く四回鳴らす。コーンウォール（イングランド）でも、かつて墓掘り人夫は、聖別された地面をスコップで掘りかえす前に、まず三度の鐘を鳴らさねばならなかった。[79] また墓穴を半分まで掘ったり、あるいは完全に掘り終えたところで鐘を鳴らす地方もある。[80] シャウムブルク・リッペ侯国の町では、穴掘りの男が皆目見つからず、ある時、教区の二人の男が穴を作った。そしてそれが完成すると、正午に「墓穴の鐘」が鳴った。

さて葬儀の当日である[81]が、キルヒバウナ（カッセル行政区）では、日の出前のまだきわめて早い時間に、それぞれの間に小休止をおいた三部構成の鐘を揺らし鳴らす。ノルツハウゼン（カッセル行政区）では、朝になるといわゆる「藁の鐘」、もしくは「棺の鐘」が始められる。小鐘を三度、短く揺らし鳴らした後で、二つの鐘を合わせて長めに鳴らすものである。カスドルフ（カッセル行政区）では、午前十時に、三度の小休止を入れた特別な打撃の鐘鳴らしを行う。同じくラーヴァースボイレン（モーゼル地方、ツェル郡）でも早朝に鐘を鳴らし、またヴェルデン（ルール地方）では朝の七時に、三回の激しい打ち鳴らしを含む「知らせの鐘」が鳴る。ルーダウ（東プロイセン、新教地域）では、葬儀当日の午前に、「墓にそそぐ鐘」が鳴らされる。これは三つある鐘をすべて用い、およそ二分間にわたって、短く三度打ち鳴らす。この打ち方の背景には、早朝に、墓を作る最初の鋤が地面に打ち込まれる行為を、最初の短い鐘叩きによって表現しようとする考えがある。続いて二番目の打ちつけは、墓穴が半分まで掘られたことを、そして三番目の音では、それが首尾よく完成したことを表わすのである。「墓にそそぐ鐘」はこのようにして午前中の各所に振り分けられ、通常、最後の鐘は正午に鳴ることになっている。ブリューネン（ラインラント、レース郡）では、埋葬の半時間前に、隣人たちが鐘叩きをする、つまり小ぶりな鐘を何度かにわたって打ち叩くという。それから十五分前になると、今度は八名の別の隣人たちがやってきて、鐘叩きをもう一度繰りかえし、そしてこの人びとが鐘楼から棺を担ぎ出して、物故者の家まで運ぶ。いよいよ埋葬の儀式となると、始めに叩いた隣人たちが三度目の鐘として、今度は二つの鐘を盛大に揺らし鳴らす。もし埋葬の終わりに主の祈りを唱える場合は、この鐘鳴らしをもう一度行う[82]。

いくつかの町では、聖職者を呼び出すために特別な鐘鳴らしをした。レーベル（メクレンブルク・シュヴェリーン）では、午後三時に「哀れな罪びとの鐘」を鳴らして牧師に葬儀の合図を出し、物故者の家に司祭が着くまでそれが鳴りつづける。アルテンシュタット（ヘッセン）では午前十時にすべての鐘が揺らされて、これを「墓に向かえ」という合図とし、また遺体を受けとるために、聖職者が自分の家を出て物故者の家に向かう道中には、小ぶりな鐘で鐘叩きをした。フェルカースハウゼン（カッセル郡）では、村の司祭と教師と生徒たちとが死者の家に向かうとき、鐘たちが「声を合わせる」、つまり三度の打撃を三回繰りかえして鳴らす。同じ音は、棺を墓穴に下ろす際にも用いられる。パルヒム近郊ドームズュール（メクレンブルク・シュヴェリーン）にある「ゼンメルの鐘」は、埋葬の半時間前に鳴らされて、近親者や友人たちを物故者の家に集める合図となった。学校の生徒たちも、その家で讃美歌をうたうためにやって来ることになっていて、その返礼に丸《ゼン》パン《メル》をもらう。

遺体が自宅から墓地まで運ばれるときには、この人生最後の旅の始めから終わりまで、途切れなく鐘の音が付き添っていなくてはならない。しかし道中がとても長いときには、墓地に近づいてから初めて鐘を鳴らすのが常である。チューリヒ州オーバーラント（高地地方）では、葬列が到着する十分前から鳴らされた。それゆえ寺男は使いの者を出し、ある決まった場所を、葬列の人びとがいつ通過したのかを彼に伝えさせるのであった。その連絡を受けて、寺男は鐘を鳴らし始めるわけである。[83] ディトマルシェンでは、葬列が村境に到着した時点、もしくは鐘楼に昇っている鐘つき男が、その行列を上から見つけた時点で鐘を鳴らし始める。[84] ヴェントハーゲン、ニー

ベルヒテスガーデンの墓地
名峰ヴァッツマンを背景に、フランチェスコ会の教会と鐘楼が立つ
F. オリヴィエ画、1818 年
ベルリン美術館蔵

ンシュテット、あるいはリークヴェーゲンを出発してズュールベック（シャウムブルク・リッペ侯国）へと向から葬列は、「死人の木」（ズュールベックの丘にある）に到達したところで一旦とまり、祈りの鐘が引かれるのを待つ。そしてその鐘が終わるや、ようやく本来の葬儀の鐘が鳴りだすことになるのである。アイニングハウゼン（ヴェストファーレン、リュベッケ郡）の葬儀においては、遺体は「鐘のそばを運ばれていかねばならない」（すなわち一八八八／一八八九年頃に取り壊された礼拝堂の跡地に建つ学校のそばを、という意味である。その学校の屋根に小さな鐘がある）(85)。たとえそのために大きな回り道をすることになっても、必ずである。それどころか、もし死者の家が墓地のすぐ近くであったとしても、まず回り道をしてこなければならない。遺体が家を出るときには使いの者がいて、これを連絡する。そしてすぐさま鐘が始まり、遺体が村の境界を越えるまで鳴りつづける。教会村ベルニングハウゼンの場合、ようやくこの時点で鐘が鳴り始める。

ゾースト平原地方の大農たちのあいだでは――少なくとも過去においては――、葬儀の日の鐘鳴らしが、休みを入れつつも一日中続けられた。ディンカーでは、きわめて裕福な大農の場合に二十四回、いわゆる「六頭立て馬車の持ち主」は十八回、「四頭立て」の場合は十二回、そしてその他の場合は八回の鐘鳴らしがなされた(86)。バート・ザッセンドルフ近郊ローネでは、昼の一時から晩の八時まで大鐘が鳴らされる。物故者が、いわゆる雇い主の身分かその家族であったのなら、朝の三時から晩の八時までとなっている。

ジーベンビュルゲン（トランシルヴァニア）のザクセン人地域でも、鐘はきわめて重要な役割を果たしている。およそすべての教区が、まず始めに小鐘を用いて、まる一時間をかけて鳴らす。

そしてしばらくの中休みの後、今度はすべての鐘を一斉に、五分から十五分にわたって揺らし鳴らす。それに続いて、個々の鐘が大きさの逆の順番に、つまり大鐘、中鐘、小鐘の順に鳴りやんでいくことで全体が終わる。最後の鐘が沈黙すると、またすぐさま大鐘が、もう一度短い打撃音を鳴らすのだが、これはいわゆる「十三の村」[*]において「司祭のパルス音」、またそうでなければ「シュラーのパルス音」と呼ばれる。なぜならこの鐘は、司祭と「シュラー」（学校教師とその助手）にとって、遺体の安置された家に向けて出発する合図となっていたからである。[87] 葬列が動き出すや、たいていの村では、ふたたび鐘を鳴らし始め、墓地に到着するまで続ける。この一斉の鐘鳴らしは、ハムルンデンでは「天に向けて鳴らす鐘」と呼ばれ、死者の霊が地上を去った後に、天国へ飛んでゆくという観念が結びついている。[88]

　葬儀の鐘鳴らしが始まる前にも、短く鐘を外側から叩く（Kleppen）のを習わしとするところは多い。[89] ローラ（ヘッセン、マールブルク司教区）では、主の祈りの鐘を用いて三回の合図を鳴らす。上部ナープガウでは、死者を棺台から降ろす前に、集合の号令として「おどろかしの鐘」が鳴らされる。[90] フェールでは、家を出てからしばらくの距離のあいだ、短くゆっくりとしたリズムで鐘が鳴りつづける。それを耳にした人びとは、「鐘を撞《つ》いて（suregt）おるの」と言う。[91] 土地によっては、大鐘の揺り鳴らしが止んでいるあいだに、小鐘の鐘叩きが挿入されることもある。例えばブレヒテン（ドルトムント）における、鐘楼の外にぶらさがった「キンコンの鐘」がそうである。ズュー

＊十八世紀のジーベンビュルゲンで、領主の支配に抵抗して団結した十三のドイツ系の村々のこと。

ルベック（シャウムブルク・リッペ侯国）であれば、葬儀の鐘として二つの鐘が用いられ、そこに第三の、より小ぶりな鐘が割って入る。テリングシュテット（ノルダー・ディトマルシェン）では、高位の人間のための非常に大きな葬儀においては、二つの大鐘のほか、さらに屋根の小塔に懸かる小ぶりな鈴鐘も鳴らされた。これはおよそ三十年前までふつうに行われていたが、この鈴鐘は、現在ではミサの開始と終了を告げる役割を担うだけになっている。

棺が地面に降ろされ、スコップで土をすくって墓穴を埋めるとき、あらためて鐘が鳴りひびく[92]。ボルゲルン（ゾースト郡）では、この時に鳴らす「墓おろしの鐘」において、二つの鐘が交互に揺らし鳴らされる。しかも片方の音が消えるまで、ゆっくりと時間をとって待つ。鐘つき男たちは、鐘の音と葬儀の進行とがぴったりと合うことに細心の注意をはらう。例えば墓穴に棺が入るちょうどその時点で、「墓おろしの鐘」は始まらなくてはならない。そして結びの祝福の後には、二つの鐘を用いた揺り鳴らしが直ちに続かなくてはならない。こうしたことをきちんと実行するために――墓地は教会からおよそ八〇〇メートル離れていたので――、視覚的な信号を用いて作業し、視界が遮られるような天候の場合は、自転車の使い走りを雇った。

さて、鐘を実際に扱うのはだれであったのか。もちろん現在では、それはたいていの場合、寺男、役僧の男性である（冗談交じりに、彼は「少尉殿《ロイテナント》」――「鐘を鳴らす《ロイテン》」の語にかけた言葉遊び――と呼ばれることもある）。そして学校の生徒やミサの助手、あるいはお金で特別に雇われた人たちが、彼を手助けをする。アイトルフ（ジーク郡）では、担ぎ人夫や、ろうそく持ちの男が手助けをする。ヴィッパーフュルトでは、遺族自ら鐘つき役の男たちを雇うことができる。ノイミュンスター（ホルシュタイン）では、かつて次のような特権が存在した。すなわち貴族の所領ボートカンプから出た死者の遺体については、この所領の住民が自分で小鐘を操って鳴らす場合にかぎり、鐘の使用料金は請求されないというものである。

とはいえ、葬儀にまつわる種々の仕事と合わせ、この死者のための鐘を鳴らすこともまた、かつては隣り近所の人びとが受けもつ習わしであった。そしてこの風習は、今でも完全に廃れてしまったわけではない。メーリング（モーゼル地方、トリアー郡）では、死亡当日の鐘つきは寺男の仕事であり、埋葬日の鐘は通常、未成人の若者たちの仕事であった。フェーン（メルス郡）では、葬儀前夜に寺男が鐘を鳴らし、葬儀そのものと「解放の祈り」（Libera）を唱えて土をかぶせる儀式においては、隣り近所が担当した。シャーレ（ヴェストファーレン、テクレンブルク郡）において「鐘つき」を執り行うのは、死者が村外の居住者であれば寺男であり、村内の人であれば隣り近所のだれかである。また他の地域では（例えばラインラントのベルクハイム郡）、死後すぐか翌朝、そして埋葬日前夜には隣人たちが鐘を鳴らし、それに対して埋葬の直前には寺男が鳴らす。隣人たちのなかでも、大人はしばしばみな遺体を担ぐ役割をすることになるので、そうすると葬儀に関わることになる全家庭から、年少の者たちが出て鐘を鳴らす作業に当たった。その熱心さはしばしば常軌を逸した様相を見せている。[93] 一七八〇年のこと、ボッパルトの尼僧院で病に伏していた、一人の院長が亡くなったという話が伝わってきたとき、近隣の若者たちは何かに憑りつかれたかのように、綱を引く輪っかのもとへ殺到し、力のかぎりに鐘を鳴らしたという。ところがその後、病気だったはずの院長は回復し、実際に亡くなったのは、それからさらに二週間経ってからのことであった。すると近隣の若者たちはこの時また、始めの時と同じようにたいそう意気ごんで鐘を鳴らした。もちろん彼らは、その仕事に対して与えられる報酬を目当てにしていたのだと思われる。(94)近隣の人びとには、いくらかの謝礼が支払われることが通例である。鐘つき男たちは、必ず饗応を受けることになっていた。ディンカー（ゾースト郡）では、食料品と火酒に加えて、お金、鐘に塗る脂、満杯につめた麦袋をいくつか、そしておそらくは「鐘のロープ」なども贈られた。最後に挙げたこの品は、物故者が「上役どの」、つまり教会役員の一人であった場合には、ほぼ常に贈られるものであった。鐘を鳴らす時間の長さは、鐘つき男に渡される贈り物の量や価値によってさまざまに変化した。(95)ハンブルク近郊のフィーアランデ地区では、埋葬の終了後さらに一時間にわたって鐘を鳴らす。それから鐘つき男たちは墓掘人の家に行き、そこで賑やかに食事と酒盛りをする。依頼人である妻は、白地に黒の銘文が入った袋にすべての品を詰めこみ、事前にそこへ運んでおくのである。(96)ミュリッツ湖畔レーベル（メクレンブルク・シュヴェリーン）では、「鐘の足踏み《クロッケンペ》団《ラー》」（七～八人の集団、「鐘の足こぎ団《クロッケントレーダー》」とも）のために、遺族が「スルック」（火酒の一種）を一本と、籠に満杯のフランツ・ゼンメル（小さな丸パンの一種）とを進呈することで、埋葬時の鐘の総鳴らしが格段に長く行われた。(97)アンハルト地方の村々では、各世帯の代表者が、当番制で鳴らすことになっていた。ある農夫はまる一年、貧しい家の住人は半年にわたって役目を担った。(98)かつてウルム行政区では、物故者の親友が埋葬時に鐘を鳴らすという風習があちこちで見られた。(99)ジーベンビュルゲン（トランシルヴァニア）のザクセン人地域では、遺体の安置された家に向けて出発する前の時間の鐘鳴らしは、学校の用務員の義務であった。それゆえこの男は、巷では端的に「鐘つき」

と呼ばれながら、自分の書類上のやり取りでは、学識を漂わせてラテン語の「鐘撞師」(campanator)の名を添えたものである。必要が生じれば、他の用務員たちも彼の手助けをしたが、元気な少年たちの群れに付きまとわれることのほうが多かった。鐘つきの仕事に加えてもらえることを、少年たちは特別な喜びと感じていたからである。鐘つきの学校用務員は、鐘を鳴らす最中にも、遺族の家から何らかの施し物を受けとったものであり、それはたいていの場合、ぶどう酒とパンとベーコンであった。ちなみにこの鐘の後に、さらに続けて行う別の鐘鳴らしには、近隣から別の男たちが三、四人雇われた。学校の用務員と子どもたちは、葬礼の行列に加わって一緒に歩かねばならなかったからである。こうして追加的に雇われた男たちは、いくつかの町では「涙のパン」(Tränenbrot)と呼ばれるものを受けとったが、食事と酒の定番的なものを与えるところもある。[100]

正式な埋葬の鐘は、いかなる町でも重んじられている。まずは何より、その土地の決め事をきちんと守るということが重視される。アルト・メテルン(メクレンブルク)では、「ラーマー」と呼ばれる、いわば拍子を取る役目の人が不在であるか、もしくはまだ技術が未熟である場合、それはすぐさま人びとの目に留まるところとなって非難を受けることになる。古い時代には、聖職者たちが、金銭的に恵まれた人びとの名誉心を利用することもあった。十八世紀のリッペ地方における、とある牧師の例であるが、当時、物故者一人あたりの通常の報酬が半ライヒスターラーであった。牧師はそこでこんな布令を出す。半ターラーしか払わぬ人には、鐘を二つしか使わないことにする、そしてその鐘鳴らしは「キンコン」(Bembam)と呼ぶことにする、しかし一グルデン、もしくはそれ以上の金額を払う人には、すべての鐘を使うことにさせてもらうと。[101] ラーデン（ヴェストファーレン、リュベケ郡）では一般の鐘鳴らしと貴族の鐘鳴らしとを区別する。後者の場合、午前十一時から正午までの鐘が、埋葬の三日前から連続して行われる。

特別な優先権は、断固として守られるのが常である。ある農夫の力強さを記念してということになっているが、フリック（アールガウ）の男性はみな、大鐘で埋葬の鐘を鳴らしてもらえる。(102) ヘーペン（ビーレフェルト郡）では、「怒りの七人」と呼ばれる人びとが特別な埋葬の鐘を希望することができる。(103) 教会の代表組織に属する人、修道院の身分高い女性会員、(104) 農場主、(105) 定住者である市民などは、総じて特別な鐘の名誉を受けとる。ヘアフォルトの「一六一三年教会新令」（散逸）では、断片資料のなかに次のような指示が見える。「高貴なる者には六プレッセの鐘を鳴らす。すなわち臨終に際して三、埋葬に際して三である」。葬儀において一般的なものである、十二分の休止をおいて三度の総鳴らしを行う形は、今日もなお「第一の、第二の、第三のプラース」と呼ばれる。(107) イッセルホルスト村（ビーレフェルト郡）では、鐘楼の周囲に住む人びとが埋葬の際に「前プロスト」を叩く権利を有している、という記録があるが、おそらくこれも先と同じことを表現したものであろう。ウーゼドム島のカーゼブルクでは、海の溺死者のため（また戦時中であれば、戦死者のためにも）、日曜の礼拝の最後に特別な鐘が鳴らされ、死者を讃える歌を省略なしで、教区の民がそろって歌う。しかし自殺者のためには、鐘は一切鳴らされない。(108) 一八六六年に、ブラウンシュヴァイクのとある村で、自殺者のためにこっそり二つの鐘が鳴らされたとき、当地の牧師は、この鐘がかくも汚された以上、よきキリスト教徒のために、もはや金輪際使用してはならないと宣告した。そして埋葬されてしまった男の死に方を、外部に隠していた家の主人には、新しい鐘を二つ自費で弁済するように命じた。ところがこの主人は指示の受け入れを拒否する。牧師はそこで、悪用された二つの鐘を浄め、その名誉回復をするために、鐘を「逆向きに鳴らす」ことを取り決めた。鐘の回転軸の中に取り付けられている、そしてそこから引き綱の垂れ下がっている鐘舌が、こうして逆さまにされ、二つの鐘は、以前と同じ長さの節を奏でて、逆鳴らしを行われた[109]。

しかしそもそも、死者の鐘を鳴らすことの意味と目的は何であろうか。わたしたちの生きるキリスト教の国ぐにでは、さまざまな返答がありうる。例えば教区の村に死亡の事実を伝え、住民たちに、死に瀕した人と天寿を全うした人のための祈りを捧げるようにと求める役割である。ただしそれは同時に、なおも生を享受している祈り手自身が、自らも幸いなる死の時を迎えられるようにと祈り願う営みでもあるのだが。死者の鐘はまた、よきキリスト教徒にふさわしく与えられる誉れでもある。しかしさらに、死の苦しみを短くするという効能もあり（ポルトガル、ウクライナ）、悪魔と妖霊たちから守ってくれる。今述べたこの点こそは、おそらく最も究極の、そして最も根源的な目的の一つであっただろう。この点で死者の鐘は、別の用途において悪と危険の防御に用いられている鐘鳴らしと、同じ種類のグループに入ることになる[110]。しかしそもそも危険は、当の死者からも発生しうるのであり、なおも生きている人間の立場からすれば、死者の鐘とは、物故者の魂を生者の領域から遠ざけ、天上へと導くために用いられるものだと言える[111]。「外へと鐘を鳴らす」（ausläuten）とか「上へと鐘を鳴らす」（überläuten）といった表現には、そうした心性がはっきりと見える[112]。フツル人（カルパチア山脈）が主として信じるところでは、死者の魂の幸いのために鐘が鳴らされて初めて、魂はあの世への道を歩み始めることができるという。だからこそ司祭には、必要な業務の手はずを整えられるように、できるだけすばやく死去の通知がなされる。もしこの鐘を鳴らす最中に綱がちぎれたり、あるいはそれどころか鐘が割れたりしたら、それは物故者がひどい罪びとであったことの証拠である、などと人びとは口にする。[113] 場合によっては、遺体そのもの、あるいは遺体に付着している死の魔力から人びとは身を守ろうと考える。ジーベンビュルゲン（トランシルヴァニア）では、死者を村の外部に葬るため、村境を越えて遺体を運んでゆくが、今日でもなお村びとたちは、死者を連れた葬列が進むあいだずっと、すべての鐘を（もしくは少なくとも一つの鐘を）必ず鳴らしつづけておく。その鐘がもし途絶えると、教区の村は雹の嵐に襲われるという俗信は、今日もなお根強く生き残っている。[114] メクレンブルクでは、魔女であった女性が死後に戻ってこないようにと、その埋葬の際に複数の鐘が鳴らされるあいだ、家の敷居をずっと叩きつづける。[115]

死者の性別・年齢・身分によって、鐘の鳴らし方にしばしば変化が付けてあるという事実は、特段の説明を必要としないだろう。ただそれでも、そうした慣習の根源には、やはり次のような観念があるのだと考えたくなる。つまり種々さまざまの人間には、種々それぞれに魔力が内在しているのであって、その危険な作用が死後に発生してくることから、それを防御する種々さまざまの手段が講じられなければならない、という観念である。少なくともテルシェリング島の記録に見える考え方は、そうしたものを暗示するように思われる。遺体の埋葬の際に鐘を鳴らす時間の長さは、この島においても、男性か、女性か、子どもかによって異なる。その元来の意図は、悪魔に恐怖を突きつけることにおかれていた。男性は、女性や子どもに比べて品行が悪く、それゆえ地獄の王にとっては、いよいよ食指を伸ばしたくなる相手である、と人びとは考える。だからこそ男性は、女性よりも長く鐘を鳴らされなければならず、同じ理由から女性は、子どもよりも長く鳴らされる[116]。もちろんこれは、単なる趣味の悪い冗談にすぎない可能性もあるのだが。

死者の鐘においてとりわけ特徴的なのは、一つには中間休止をおいて鳴らすこと、そしてもう一つは、多くの地域で行われているように、総鳴らしの前、その中間、そしてその終了後に行う片側のみの鐘叩きである。この響きのうちに、死者を悼むむせび泣きの声を聞きとる者もあるが、これはまた、主の祈りへと人びとを誘う合図なのだと解説する人もある。アルツェンその他の町では、三度の中間休止をおく死者の鐘は、三位一体の寓意であると考えられている[117]。ヴァルタースドルフでは、大鐘を始めに三回叩くことが、「シュラー」(学校教師とその助手のこと)に手渡される三つのパンを意味すると言われる[118]。もしかするとこの個別的な打撃音[119]は、かつてツァレッキーが推測したとおり、はるか昔に木の板を叩いていたことの記憶、ないし痕跡であるのかもしれない[120]。

遺体のために鳴らす鐘は、魔法の力をもつ。その鐘が鳴りつづけるあいだ、種々の身体の痛みや、なかんずく疣が取り除かれるという考えは、特に広く信じられている[121]。果樹の実りをよくするために、埋葬の鐘のあいだに木を揺らすのがよいとされる[122]。死者を墓地に運ぶ際に行う一斉鳴らしのあいだ、家に残っておいた家族のだれかが、蜜蜂の巣箱や作物の種を揺さぶるとよい。そうすれば蜜蜂は死に絶えることがなく、作物の種は必ず発芽するという(ヘッセン、エルバッハ郡、オーデンヴァルトのヘヒスト)。葬送の鐘が鳴りわたるあいだ、何も食べてはならない。さもなくば歯が黒く変色するか[123]、歯が痛みだすか[124]、もしくは何本かの歯が抜け落ちる[125]ことになる。良心の重荷をかかえたまま死ぬと、その人の葬送の鐘が鳴るとき、鐘が割れる。[126] 鐘の鳴るあいだに遺体の色が変わると、それは死者が地中へ入りたがっていることの証しである。[127]

また葬送の鐘の音のなかから、人間の言葉がわななき聞こえてくるという。それはおよそ短く、重々しい声であるらしい。ヴェストファーレンのハレでは、「おまえもやがては来るのだ」[128]、キルヒベルクでは、「おまえもそのうち来るがいい」[129]、という警告の声がする。ルンデンの鐘は「ドーデンベーン、ドーデンベーン」（「死者の亡き骸よ」の意）と叫ぶ。[130] 上部ナープガウの鐘は、子どもの埋葬をする際、小さいほうの鐘だけを鳴らすようだが、ここでは「ギングル・ガンクル――ギングル・ガンクル！ いたずら小僧が手に入ったぞ」（「天使になった」の意）と聞こえる。それに対して大人の葬儀では、一斉鳴らしの前に大鐘を打ち、厳かで落ち着いた響きをたてるのだが、それはあたかもハミングのように、「フム、フム、フム！ まことにいたましいことよ」[131]と聞こえる。ブッフホルツ（ザクセン）の埋葬の鐘は、「穴に入れ――土に埋めよ」、もしくはさらに荒っぽい言い方になるが、「穴にもってこい――中に放りこめ！ 土に埋めろ」と叫ぶ。老人の埋葬に際して東プロイセンの鐘は、「これでよい、これでよいのだ」と口ずさむ。[132]

ヴァルステッデ（ヴェストファーレン）の鐘は、「また一人亡くなった《ティス・ヴィル・エーネ・ダウト》、また一人亡くなった《ティス・ヴィル・エーネ・ダウト》」と嘆き悲しむ。アッシェンドルフでは重苦しくゆっくりと、「トート――トート」（「死んだ」という形容詞の反復）[133]、ヴァーダースロー（ヴェストファーレン、ベクム郡）ではいささか軽薄に、「あの男は（女は）だめになりおった」（Hei (sei) is kaputt goen）[134]と。エムスデッテン（ヴェストファーレン）では出来事の核心を執拗に強調しつつ、実にあからさまにこう語る。

梨の木のまわりで、
われらが某さんが亡くなった、
亡くなった、亡くなった、亡くなった、
あれが亡くなったのは、よきこと、
あれが亡くなったのは、よきこと、
あの人は亡くなった、亡くなった、亡くなった。[135]

パーダーボルン地方のヘングラーンでは、葬送の鐘がこう語る。「お悔み申し上げます、お悔やみ申し上げます！」デルンハーゲンでは、「父さん、母さん、あなたの子は亡くなったよ」と話す。[136]「さあ中に入るがいい、そなたはもはやわたしのもの」と言って誘うのは、ミュンヘンの墓地の鐘であり、[137]同様の例はアンスバッハにも見える。[138]ビーレフェルトのアルトシュテッター教会にある死者の鐘は、こう嘆き悲しむ。

老いも若きも、やがてはここへ来る！
老いも若きも、やがては死ぬのだよ。[139]

メッティンゲン（テクレンブルク郡）の鐘は、

ゴォン、ゴォン、さあ、来ぉい、
他の者たちも、ここにやってこい。

カーメン近郊ヘーレン（ヴェストファーレン）の鐘は、

男が死んだ、おさな子はしくしくと泣く。

ナッツヴァイラー（下部エルザス、モルスハイム郡）の人びとは、こうした「死者のために打つ」音から、「わしは去る、もはや戻ることはない」という言葉を聞いた。ローマー（ケルン郡）の鐘は、「さあ来たれ、天国へと入れ」と叫んだ。ジーベンビュルゲン（トランシルヴァニア）のザクセン人たちは、夭逝した人の葬儀で、「さあ来たれ、花よ、あちらへやっておけ」と聞く。(140) もし物故者が、臨終の床でひどく苦しみ、墓の安らぎを待ち望んでいたのであれば、「行くがよい……、眠りの床に入るがよい」と聞こえる。高齢にしてこの世を去った人が墓地に運ばれていく時は、「さあ来たれ……、さあ、やっとこの時が来ました」と聞く。(141) またマズーレン人の地方のほぼ全域で、死者の鐘はこう語って慰める。「ここにあるは異郷、あそこにあるは父の家」。

ヴェストファーレンの一部でよく知られた小唄には、ゲゼケの町で起きた、ビアブロート某という人物の死が物語られている。オルペの子どもたちはこう歌う。

ゴォン、ゴォンと、小鐘が鳴るよ、
ゲゼケの小柱にかかる、小鐘が鳴るよ、
小さな子どもが亡くなった、
その名はヨハン・ビアブロートくん、
ビアブロート家のヨハンくんが亡くなった。

ヴァメル（ゾースト郡、ケルベッケ地区）では、こうである。

キーン、コーン、小鐘が鳴るよ、
小柱にかかる鐘よ、なぜ鳴るの、
上の息子、小さな子が死んだ、
その名はヨハン・ビアブロートくん。

ザストロップではこう歌う。

ゴォン、ゴォン、ビアブロートくん、

ゲゼケの町で、小さな男の子が死んだ、
大きくなることなく、死んでいってしまった、
ゴォン、ゴォン、ビアブロートくん。

二

ゴォン、ゴォン、ビアブロートくん、
ゲゼケの町で、小さな子が死んだ、
まったく、だれと一緒に葬ろうか。
七匹の若い鴉と一緒に。
まったく、なにを使って、鐘を鳴らそうか。
七つの小さな鎖の輪で。
ゴォン、ゴォン、ビアブロートくん。[142]

ボルゲルン（ゾースト郡）では、別れの鐘の音を「シュパーブロートは死んだ」と聞きなすのだが、以上の二つの名前が、次の歌では揃って出てくる。ザッセンドルフの人びとは、ゲゼケ新町の鐘の響きを、こう聞いたのである。

ゴォン、ゴォン、ビアブロートくん、

ゲゼケで小さな子が死んだ、
それはシュパーブロートくんという、小さな子。

ペッケルスハイム（ヴァーブルク郡）では、死者の鐘が鳴るのに合わせてこう歌った。

ゴォン、ゴォン、鐘さんよ、
柱にかかる鐘さんよ、
小さなあの子が死んでしまった、
あのヨハンは、パン《ブロート》を残し《シュパー》てくれた[143]。

「シュパー・ブロート」というこの名前は、とりわけメクレンブルクの鐘の音の小唄によく登場する[144]。
フォルバッハの子どもたちは、死者の鐘に合わせてこう歌う。

ゴォン、ゴォン、葬式の車よ、
死んだ男が、棺桶に入って運ばれる、
墓穴に埋めるのは、だれがする、
鴉のなかで、いちばん黒いやつ[145]。

ザール地方の別の形ではこうなる。

ゴォン、ゴォンと、病んだ鐘、
長持のなかには、死んだ男。
墓穴に埋めるのは、だれがする、
カササギか、そうでなければ、鴉か。[146]

埋葬の鐘は、最後にまた社会的な身分差についても辛辣に語る。モンシャウの農村部では、とある貧しい呑み助の葬式で、「アルモーデウム！　アルモーデウム！」〔「どん底の貧しさ」の意〕と鳴りひびき、しかし金持ちの教区議員であれば「ドゥカーテ！　ドゥカーテ！　ドゥカーテ！」〔「ドゥカーテン金貨」の意〕と高らかに響きわたったという。[147] 裕福な人には「お札が五枚、お札が五枚」、貧しい人には「五ペニヒのコイン、五ペニヒのコイン」、「ギィン、ゴォン、お金持ちのおかたぁ、キィン、コン、コン、貧乏な酒呑みのやつぅ」、あるいは「ゴォン、ガァン、ゴォン、キン、コン、貧乏な酒呑みのやつぅ」などと鳴る。[148] レーバウでは、貴人の葬式で一斉鳴らしを行うときに、「ビロードと絹――ビロードと絹」という豪奢な言葉が聞こえてくる。それに対して貧民の葬式では、早めに鐘を済ませることになっており、わずかに小鐘だけが「物乞いのやつらよ――物乞いのやつらよ」と語って、嘲るような音を鳴らす。[149] フッテンハイム〔下部フランケン、キッツィンゲン行政区〕では、名望高く財産も豊かな農夫が、大鐘揺らしのなかで墓地に運ばれていく一方、その他の人はみな中鐘しか使ってもらえなかったという。そしてこの大鐘の音は「ビロードのズボン」と聞こえ、中鐘の音は「綿の上っ張り」と聞こえたということである。テリングシュテット（北ディトマルシェン）では、屋根の小塔に懸かる鈴鐘が、かつて一級市民の葬儀の際には別の二つの大鐘と共に鳴らされたものだが、この鈴鐘から聞こえる音は、「もっとカネと財産を――もっとカネと財産を」と鳴っている、というのが民の言い草であった。

ザクセン・マイニンゲンのヴェルカースハウゼンにある一七六八年製の鐘（現在では改鋳）には、次のような銘文が入っていた。

始めにハインリヒ・クリスツィアン・テュルクが、このために五〇グルデンの支援をし、続いてヨハネス・ヴァーグナーが、三〇グルデンをもって同じ道を歩んだ。

このおかげをもってわたしは、あなたがたに、ただちに死の時を思い起こさせることができる。

あなたがた人間たちよ、わたしは呼びかける、
「なんと早くに、なんと早くに、なんと早くに！」
というのもあなたがたは、この世に何の安らぎももたないのだから。
なんと早くに、なんと早くに、そしてなんと冷たく、
なんと早くにあなたがたは、死んでゆくことか。
だからこそわたしは、常に呼びかける、なんと早くに、なんと早くにと。

この詩句の内容に怒りを爆発させた研究者がいて、このような代物がわたしたちの古典文学の全盛期に作られたなどとは、到底想像することはできないと主張する。[150] この判断は、次の可能性を考え合わせれば、いくらか穏やかなものに変わるかもしれない。つまりあの銘文は、古来より人口に膾炙してきた民衆の語りの残響なのであり、そしてこの民衆の語りそれ自身も、死者の鐘という古い風習のまじめな警告文を、それなりに模倣しようとしたものだったのではないかと。

b 死を予告する鐘[151]

亡き骸のために鳴らす鐘は、民衆の耳に、そもそも通常とは全く異なる響きをもって聞こえてくる。それは「なんとも死体めいた[152]」音がして、鐘が「間をおいて打たれる（suregt）」（北フリジア、フェール島）[153]。ブランデンブルクの民謡に、騎士が登場するこんな歌詞がある。

そして緑の荒野に近づいたとき、
小鐘たちの鳴りわたるのが、早くも聞こえてきた。
小鐘たちは薔薇のように赤く鳴りひびき、
なぜかあの娘が、ドルトヒェンが死んだような気がした。[154]

墓の鐘を聞きつつ、死者の魂が味わっているあの世での運命に思いを馳せる人は少なくない。

もしその音が威厳に満ちて荘重に響くなら、何の心配も要らない。しかしもし泣いている人のむせび声のように、わななき震えるような音で聞こえるなら、亡くなった人のことを心配せずにはいられない[155]。また鐘つき男たちからすれば、通常ではない死に方をした人のために鳴らす鐘の音がふと聞こえてくると、それが何らかの事故によるものであったのか、犯罪のせいであったのかを、区別することができる[156]。

土でふさがれていない墓穴に向けて鐘が鳴らされると、まもなくだれか別の人が死ぬことになる[157]。しかし最も多いのは、だれかの死が差し迫っていることを、鐘は特別な響きをたてて知らせるという例である。その場合には「不幸がありそうな鐘の音だ」などと言われる[158]。あるいは「鐘がまた死をにおわせて鳴る」（東フリースラント）[159]、「鐘が吠えておる、まるで獣のようにだ」（ドルトムント・アッセルン）などとも言う。ショーデン（ザールブルク郡）の老人たちは今日でも、「まもなくだれかが死んじまうらしい、鐘があんなにも悲しく泣いておるから」と言う。アハウゼン（バーゼル、コンスタンツ郡）では大きい方の鐘（今は徴発されて現存しない）がむせび泣くような音をたてると、「鐘の音に、死の匂いがする」、つまりまもなくだれかが死ぬにちがいない、などと人びとが言った。テクレンブルクでは、少なからぬ人びとが日曜日の鐘を聞きながら、その週に死人が出るかどうかを知ろうとする。アールブルクの鐘は、何かを察知したように不安な音を奏で、すると町の人びとは、それが「はやくこちらへ来い」と叫んでいるように聞こえる。間近の死が迫るアールブルク市民のだれかに、鐘が呼びかけているのだと考えるのである[160]。ローネでは、もし鐘が「幸せに歩む」、つまりハーモニーがとれたある種のリズミカルな響きをたてていると、それは死の到来を告げ知らせるものと解釈される。[161] そういうわけで、かなり多くの町では、もし鐘が殊のほか高い音で鳴ったり、[162] もしくはこちらのほうが例は多いが、ゾースト近郊ボルゲルンに言う「黒々とした」音をたてる、つまり鈍重な響きをたてるときには、[163] その教区でまもなくだれかが死ぬことの前兆だと信じられた。ヴァイマール近郊エッタースブルクでは、「よく聞け、だれかが鐘にぶらさがっておる」、[164] イェルクスハイム近郊パプストルフ（ブラウンシュヴァイク、ヴォルフェンビュッテル郡）でも同様に「またもやだれか、死にかけの男が中にぶらさがっておる」と言う。もしその音が歌のよう、またハミングのようである、つまり長い余韻をもって響きつづけているときにも、それはだれかの死を予告するものとなる。[165] 朝の鐘がそのような音で「むせび泣く」とき、それは同日のうちに教区のだれかが亡くなるという知らせである。[166] リントホルスト（シャウムブルク・リッペ）では、「祈りの鐘の音が、奇妙に長々しく、低い音で鳴りつづけていたら、それに感づいた人がまもなくこの世を去る」と言われる。バルガ（東プロイセン）でも、祈りの鐘はだれかの死の前兆として登場する。シュリアバッハ（ヘッセン、ディーブルク郡）では一般に、もし市庁舎の鐘が悲しい音をたてたら、だれがが死ぬ定めにあると信じられている。

イェルクスハイム近郊パプストルフ（ヴォルフェンビュッテル郡）では、二つの鐘が一緒に鳴ったあとで、大鐘のほうが最初に静まったら、それは近日中に一人の大人が亡くなるという意味であり、もし小鐘のほうが先であったのなら、子どもがまず亡くなる、と考えられた。合わせ鳴らしの後で、片方の鐘だけがもう一度叩かれると、それは不幸か、もしくはだれかの死去をもたらす（ヘッセンとヴェストファーレン）。

死神が鐘を鳴らす
G. ドレ画、1850年頃

こうした考え方はすべて、とりわけ死者の鐘に適用されるものである。

フェール島では学校の鐘を埋葬にも用いるが、その鐘が時おり「死人めいた」音をたてると、村のだれかが間もなく死ぬ。[167] 風のない澄んだ空に、死者の鐘が、やわらかい音で長くずっと響きつづけていると、それをむせび泣きと口をすぼめた悲痛の声だと解する人もあれば、心地よい音として感じとる人もある。しかしどちらにせよ、「この音には死の気配がただよう」、そしてまもなく教区のだれかが亡くなる、と考えられている。[168] 葬儀の際に、大鐘が結びの音として叩かれると、それはやがて身分が高く高齢の人物が亡くなることを意味し、もし最後に鳴るのが中鐘であれば中年の人物、小鐘であれば子ども、もしくは肉体労働の雇われ人が死ぬ。しかもすべて、三日以内にである。[169] アンハルト地方においても、葬儀の鐘がいつまでも終わらず鳴りつづけたり、葬列が歩くときに鐘が悲しい響きをたてたりすると、それは新たに間もなくだれかが死亡することを意味する。葬儀の鐘において、最後に鳴るのが大鐘であると、次に死去するのは成人の男性である――。そして中鐘が最後であれば女性、小鐘であれば子どもである。[170] ジースバッハ（上ナーエ地方）では、葬列がある決まった場所に到達するまで、鐘を鳴らさずに待っていた。そしてどの鐘が最初に鳴るかを、みなが注意して聞いていた。もし大鐘であれば、次の死者は大人、そうでなければ子どもだというわけである。[171]

死者の鐘が高く澄んだ音であれば、この後にまた続いて、葬儀の鐘を鳴らさねばならぬ出来事が起こる。[172] 鐘が「泣きわめいたり」[173]、なにか歌っているような響きをもっていたりする場合[174]も同じである。そもそも鐘の巨大な音は、風に乗って村じゅうに響きわたるとき、さらなる死者を呼ぶ声だとして解される[175]。

鐘の音、とりわけ死者の鐘の音に割りこんで、教会の時を告げる鐘が聞こえてくると、特にそれはだれかの死が間近に迫っていることの徴だと考える人が多い[176]。鐘楼の時計が、ミサの聖変化のさなかに鳴ったり[177]、あるいは祈禱の鐘[178]、主の祈りの鐘[179]のあいだに鳴ったりすると、それも同じ災いの意味をもつ。また二つの村から同時に鐘が聞こえてきたり[180]、同じ村の二つの鐘楼から同時に鐘が鳴ったりするのも[181]、同じ意味合いである。ヘルバッハタールのワラキア人たちの信仰では、もしザクセン人の鐘がワラキア人の鐘とぶつかる、つまり重なって鳴ることがあると、それはだれかの死の知らせだという。ワラキア人は、ザクセン人よりもずっと朝早くに教会の鐘を鳴らすので、そうしたことはめったに起こらないのである[182]。もし時刻を知らせる鐘が婚礼の鐘に割って入ると、花嫁の家族のだれか一人が死ぬ[183]。また洗礼の最中や、洗礼の鐘が鳴るなかに教会の時報が割りこむと、洗礼を受ける子どもに不幸なことや、あるいは死が訪れる[184]。子どもの出産後、母親が初めて教会を訪れているあいだに死者の鐘が鳴ると、それは子どもが間もなく死ぬことを予言している（シレジア）[185]。ベッケドルフ（カッセル行政区、シャウムブルク伯爵領）では、遺体を墓穴に降ろすさなかに鐘楼の時計が鳴ると、まもなく弔いごとが続くと言われる[186]。アーヘン・マウスバッハでは、時計のない部屋にいて時報の鐘が聞こえると、それは死人が出ることの予示である[187]。

鐘がひとりでに鳴り始める、というのも死の前兆となる[188]。プローテン（ロイス・グライツ侯国）の記録によれば、人の手によらずに生じた鐘を、音が「出てくる」と呼んで区別する。それは何か超自然的な意志の力の顕われと理解される。たとえそれが死の告知であれ、あるいは——数々の功績によって世にひときわ高い尊敬を受ける聖職者の場合のように——一種の哀悼の念、もしくは天からの歓迎のしるしとしてであれ、である。アイスランドでは、教会の鐘がひとりでに鳴ると、司祭は「死神の手にわたる」ことになる[189]。ベデケン修道院の聖マイノルフ礼拝堂には、つい最近まで青銅製の鈴があった。この聖人の祭壇用の鈴として長く使われてきた品であるが、これは、修道女のだれかが死ぬときにはいつも、人の手が触れることなしに澄んだ大きな音を発したという[190]。リューベックの市参事会は、市庁舎へ出向く前にまずマリア教会に集合することを常とした。その際、聖堂内陣の鐘が鳴らされる決まりになっているが、もし参事会員のだれかが亡くなる時は、鐘を動かすのに、綱をこれ以上にない力で引っ張らねばならなかった。またその時に聞こえる音色は、およそ芳しいとは言えないものだった[191]。水中に沈んだ鐘の音が聞こえた人は——これは民間の伝説によく言われるとおりである——、まもなく人生の終わりを迎える[192]。ヴァンデ（フランス）の城では、「赤い男」が鳴らす鐘の音が、だれかの死を告げる[193]。また鐘が割れたり、結露していたり、鐘舌が外れて落ちたり、綱がちぎれたりなどした場合も、死の予兆となる[194]。子どもたちが鐘を鳴らして楽しんでいることも、同じしるしとなる（キルブルクヴァイラー）[195]。遊びの鐘とは、死の鐘なり——。子どもたちが鐘で遊んでいると、家に死が訪れる（ウィーン）[196]。アイスランドでは、片耳で、もしくは両方の耳でも、遥か遠くから鐘の音が聞こえてくるような気がしたなら、だれかの死去の知らせをやがて受けとることになる[197]。これは「鐘の声」と呼ばれ、同じ信仰はブルターニュにも生きている[198]。またラインラントのビットブルクにも見える[199]。

c 万霊節の鐘

万霊節（十一月二日）の行事には、鐘が不可欠である。死人の魂は前日（万聖節）の鐘で外に誘い出され、自分のかつての故郷を訪問する。そして万霊節の日にふたたび鐘を鳴らされると、墓穴のなかへ、もしくは別の、元々いた場所に戻らなければならない。[200] ローマー（ケルン行政区）では、万聖節の午後の礼拝からアヴェ・マリアの鐘（夕べの鐘）まで、それから万霊節の朝に、鐘叩きが行われる。イッタースドルフ（サールルイ郡）では夕方から就寝前までずっと鐘が鳴らされたが、それは祝福された鐘の音が死者たちを苦しみから解放すると信じられたからである。ユーバーヘルン（サールルイ郡）では、間隔を置きつつ夜の九時から十二時まで鳴らした。フェルスベルク（サールルイ郡）では前夜に一時間にわたって鐘が揺らされた。コールライン（下部エルザス、モルスハイム郡）では前夜と当日の朝に鐘舌打ちがなされた。

そもそも鐘鳴らしを終えようとしない町も多かった。かつてエヴェリンゲンでは夜通し鐘を鳴らし、その響きのもとに、救いを乞い願う死者たちの声を表現しようとした。[201] ベルギーの農村部では、万聖節の正午から翌日の正午まで一時間おきに鐘を揺らした。[202] ブレン（下部エルザス、モルスハイム郡）では、夜に時計の鐘が打たれるたび、「死者の鐘を鳴らす」ことが行われた。

鐘鳴らしはまた、死者たちを喜ばせる敬意のしるしとも見なされる。フリウリ地方（北イタリア）の村々では、万霊節の日、他界した人びとを思い起こしつつ、皆が教会で二度ずつ鐘の綱を引くことが習わしとなっている。[203] 十七世紀のロシア人たちの世界では、復活祭の一週間のあいだ、酔っぱらいや放浪者の類の人びとが教会の鐘を鳴らすのが常であった。それによって、亡くなった親類縁者や知人の霊魂を喜ばせることができると信じられたからである。[204]

鐘つき男たちは、万霊節の仕事で特別な報酬をもらう。ヴァイラー・ツム・トゥルム（ルクセンブルク）の教会墓地には聖水盤が置いてあり、信者たちは墓地を出る際に、鐘つきの若者たちのための施し物をそこに入れていく。それは「鐘のごちそう」（Glockenspeise）と呼ばれた。アルツェッテ河畔のエシュ（ルクセンブルク）では、この日の礼拝後、子どもたちが親類縁者や知り合いたちの家を訪ねて、林檎や木の実、乾した果物などの「鐘のごちそう」をおねだりする。[205] アトでは翌日の正午に、鐘つき男たちが家々をまわり、「今は亡き方がたの魂のために」施し物を集める。かつてこの町では二十四時間にわたって鐘を鳴らしていたが、今日では晩の八時から九時までのみとなっている。[206] ヴォルシュヴァイラー（上部エルザス、アルトキルヒ郡）では、万霊節前夜と当日の早朝に、すべての鐘の一斉鳴らしが約一時間にわたって行われ、その際、二度の短い中断を入れることで、各家庭が自宅で唱えることになっている三回のロザリオの祈りの合図を出していた。この鐘が鳴りわたるあいだ、聖歌隊の少年たちは家々をまわって歌をうたい、死者のための施し物を集めた。

スイスでは土曜日ごとに、夕べの鐘の後でさらに、すべての死者たちを追悼して鐘を鳴らしており、それに合わせた施しも行われる。[207] またアヴェ・マリアの鐘の後であらためて鐘を揺らし、死者たちのために祈りを捧げるよう、信者たちに合図を出す地域もある。[208]

第Ⅸ章

市民生活と鐘

1 災害や火事を知らせる警鐘

聖別の儀式をうけた物体として、鐘はそもそもキリスト教教会とその用務のために存在するのだが、しかし災害や火事を知らせる鐘（Sturm- und Feuerglocke）として使用することも、教会によって古くから容認されてきた。それゆえに鐘は、あらゆる危険、内外の敵対者、火災と水害などから身を守るようにと、人びとに呼びかける。アーヘンの聖ペーター教区教会にある一二五一年製の最も大きな鐘には、次の銘文が刻まれている。

わたしは荒くれ者の追いはぎや人殺したちに、容赦しない。
音を発することにて、よき共同体のため、わたしは仕える。(1)（原文ラテン語）

シュトラスブルク大聖堂にある一三七九年製の警鐘もしくは「凶事の鐘」（Mordglocke）には、こう記されている。

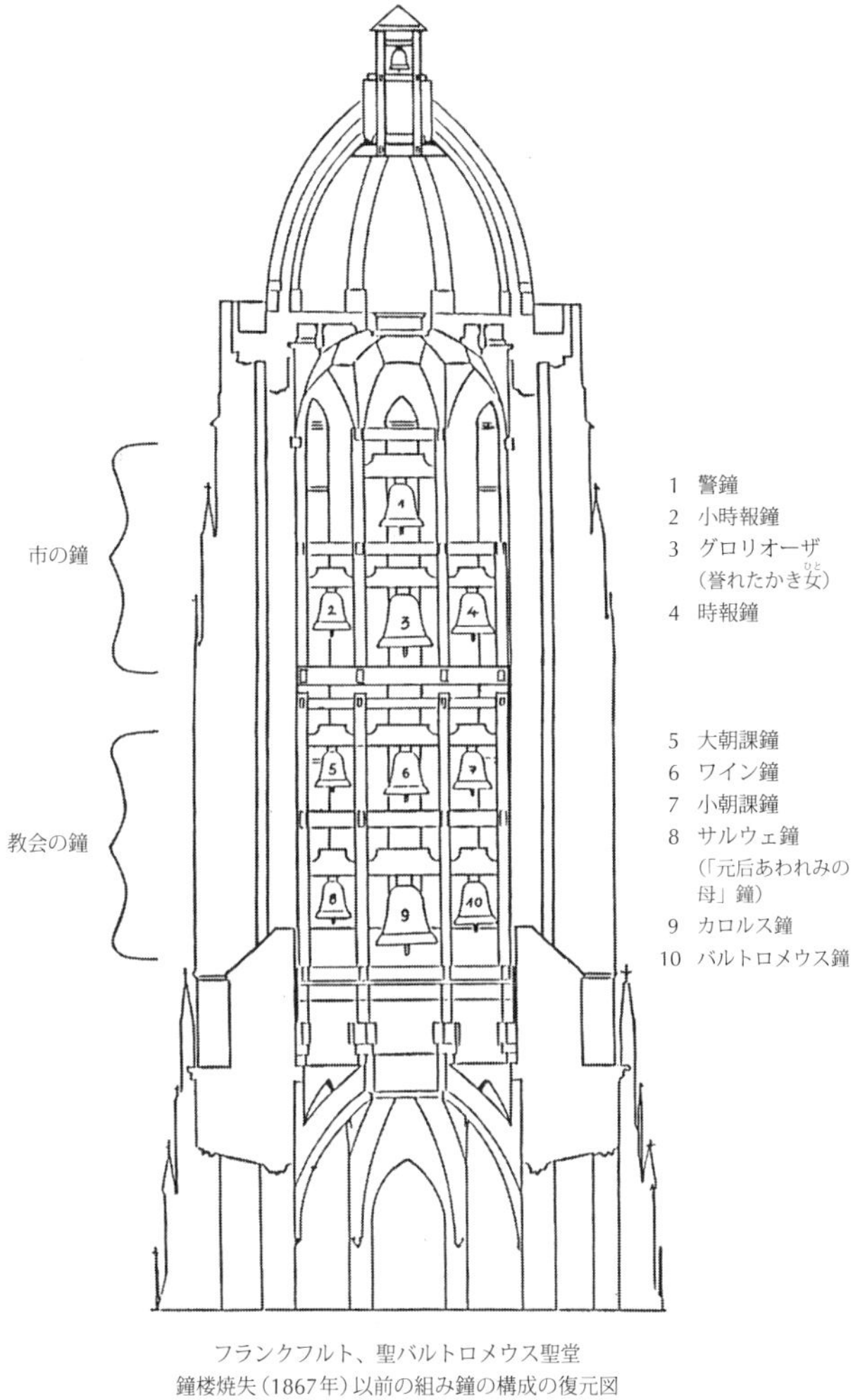

1	警鐘
2	小時報鐘
3	グロリオーザ （誉れたかき女）
4	時報鐘
5	大朝課鐘
6	ワイン鐘
7	小朝課鐘
8	サルウェ鐘 （「元后あわれみの 母」鐘）
9	カロルス鐘
10	バルトロメウス鐘

フランクフルト、聖バルトロメウス聖堂
鐘楼焼失（1867年）以前の組み鐘の構成の復元図
（18頁、60頁の図版も参照）
この例の場合、「市の鐘」と「教会の鐘」は区別されていたが、
同じ鐘楼内に収められていたことがわかる

おお、栄光の王、キリストよ、平和をもって来たれ。（この行のみ原文ラテン語）
わが響きはこの町の苦難を告げる。
愛する主よ、神よ、敵より守りたまえ。(2)

ニーダーライン地方では、春の洪水の季節が来て激流に襲われそうなとき、危機に陥った教区の鐘を鳴らして、近隣の村に助けを求める。しかし極度の危険が迫った時には、取り違えが起こらないように、ニーダーライン地方の教会礼拝に関わるすべての鐘の使用が中止されなければならない。パリ近郊のポントワーズにある警鐘には、六歩格《ヘクサメター》の韻律による次の銘文がある。「大水なり（unda）、大水、大水、大水、大水、大水、大水なり、市民たちよ、急いでこちらへ来たまえ」(3)（原文ラテン語）。この短く区切った性急な呼びかけによって、水に消滅するよう命じているのである。

このように慌てふためいた、不安に満ちた、泣きわめくような音調は、礼拝の鐘とはただちに区別がつくものであり、いわゆる「火事の鐘」（Feuergeläute）のまさに典型的な特徴となっている。この鐘を耳にすると「ガチョウ肌になる」（鳥肌がたつ）、とりわけ夜のあいだは「アヒルの声みてえな」音がする、などとよく言われる。(4)ラインラントでは「早鐘がする」（es stürmt）、「来たぜ、早鐘がする」といった言い方が普通にある。慌てふためいた人間がいかにもしそうな様子で鐘を鳴らし、とにかく鐘の綱の近くにいるだれかが、すぐにその任務をうけもつ。リーゼンキルヒ・リーゼンヴァルデ（ヴェストファーレン、ローゼンベルク郡）では、火事を最初に見つけた人がすぐさま鐘を鳴らす義務を負う。ハム近郊のベルゲ（ヴェストファーレン）では、教会の最も近くに住んでいる農夫の役目だった。短く途切れる、片面だけの鐘叩き（「火の鐘叩き」、「鐘の表叩き」などと言う）であったり、一つの鐘だけを鐘舌で打ったり、あるいはすべての鐘を一斉に、不規則に乱れ打ちしたり、さらには別々の鐘を入れ替わりに、ごく短く、支離滅裂に叩くところもある。火災の場所が近く、またその規模が大きいほど、鐘は大急ぎのピッチで鳴らさなくてはならない。ニッダー河畔のヘヒスト（ヘッセン）では、警鐘を「バウネン」（Baunen）と呼ばれる方法で行う。つまり鐘を引き寄せてからそのまま静止させることで、二、三度鳴った後は、もはや鐘舌が両面に当たらないようにする。悲しみのあまりわめき泣くような音が、それによって醸し出されるのである。ヴィッパーフュルトでは大鐘を使って五分間の鐘叩きをし、その後で通常の鳴らし方をする。鐘叩きはシュトッツハイム（ラインバッハ郡）でも行われ、始めはゆっくりと、それからだんだんテンポを速めて叩く。しかしすべての鐘を同時に、一斉に鳴らす町も多い。ローラ（ヘッセン、マールブルク司教区）では、三つある鐘の一つが「男衆の鐘」、もしくは「火事の鐘」という名である。この鐘は、火事の鐘を鳴らす際に、三つの鐘の一斉鳴らしの前に、先陣を切って綱を引かれることになっているからである。

特別な火事の鐘（Feuerglocke，「火災の鐘」Brandklok などとも）を設置している町は多い。それはとりわけ屋根の小塔内にある小さな鐘であるが、大鐘であることも少なくない。これは揺らして鳴らしたり、あるいは片面だけを叩いたりする。ホルン（リッペ）にある一八二〇年製の火事の鐘は、次のような銘文をもつ。

火はわたしを滅ぼした、
火はわたしを蘇らせた、
火に向かってわたしは叫ぶ、
火の鐘とわたしは呼ばれる。(5)

オスナブリュックのマリア教会にかつて存在した火災の鐘（一六一三年製）には、こう記されていた。

片方の縁に向かってわたしが動くとき〔「鐘舌が鐘の片側のみに打ちつけられるとき」の意〕、
それは暴動、火災、殺人が起きたということ、
しかし贈り物がもらえる日には〔「クリスマスになり、酒代が支払われるころになると」の意〕、
わたしが打つのは両面になる。(6)

ヘント（ベルギー）にある有名なローラントの鐘には、次のようにある。

わが名はローラント、
鐘叩きがなされたら、それは火事のしるし、
揺らし鳴らされたら、フランドルに嵐が来たしるし。(7)

ホーフ（バイエルン）の火事の鐘は、鋳鐘師が悪魔の力を借りて鋳あげたものであり、恐ろしい音響が出るのはそのせいだという。

底知れぬ夜の恐怖のなかで、この鐘が響くたび、
その鐘のうちにひそむ悪魔は、親方を笑いとばす(8)。

火災が起きたのは、自分たちの教区なのか、それとも隣りの村なのかということを、住民たちは音の具合から区別することができる。もし自分の村なら、すべての鐘が一斉に鳴らされ、隣りの村であれば、鐘は一つだけである。もしくは前者の場合には大鐘が叩かれ、後者の場合には小鐘が鳴らされるところもある。ドルトムント近郊アプラーベックでは、自分たちの町の火事には最大の鐘が揺らし鳴らされ、町の外にある教区であれば短い間を置きながら叩いて鳴らす。バート・ザッセンドルフ近郊のローネ（ヴェストファーレン）では、前者の場合には「叩き用」とも呼ばれる小鐘が鳴らされる。この鐘の場所がいちばん早く到着できるからである。よその町の火事である場合は、始めに大鐘を鳴らした後、叩き用の鐘を叩く。エルガースハイム（下部エルザス、モルスハイム郡）では、大鐘が突然に単独で鳴り、それから四つの鐘が一斉に鳴り出すと、みなが慌てふためいて家の窓を開けたものであった。それは村内の火事を意味したからである。もし村外であれば、鳴らされるのは「十二番の鐘」であった。ゼー湖畔ヴァンスレーベン（マンスフェル

ト湖水地方）では、村内の火事の場合、まず大鐘がむせび泣くような調子で短く叩かれ、それによって村民が床から起こされる。そして鎮火するまでは、すべての鐘が一斉に揺らされつづけた。隣村の火事であれば、中鐘が叩かれるのみであった。

火事の知らせは、眠る者たちを心底から驚かせ、たたき起こす。シュトッツハイム（ラインバッハ郡）の人びとは、ゆったりとした鐘の音に、「焼けとる！　焼けとる！」という言葉が聞こえる、そしてすばやく叩く音からは「助けて！　助けて！」と聞こえると言われる。フェスト・レクリングハウゼンでは、火事の鐘がこの一帯に向かって轟き、「火事だ！　火事だ！」と叫ぶという。[9]アッシェンドルフ（ヴェストファーレン）ではそれが「火が出た、火が出た、火が出た」となるが、マイエン（ラインラント）だけは、もっと冗長、かつもっと無節操な、次のような言い方である。

焼けとる、焼けとる、
火消しが走っとる、
フリッツのやつも階段を駆け上がっとる、
しかも油を、上でまき散らしとる。

チューリヒ州オーバーラント（高地地方）では、まず「角笛っこ」もしくは「火の笛」が吹かれ、その後で一斉に警鐘が鳴らされた。[10]クネーゼベック（イーゼンハーゲン郡）では、山火事や、草原、荒野の火事が起きると太鼓で合図が発せられたが、村内の大火事については角笛で知らせを出した。[11] ニーンハーゲン村のいくらか辺鄙な土地にあるコールポット（リッペ、ハイデン代官区）でも、大火事があると、遠くまで聞こえる太鼓を「火消し役」が叩いて知らせる。[12] 火事の通知方法としてはまた、ハンマーで板を叩いて行うという町も各地にある。[13] ファレンダー（コブレンツ農村地区郡）などのように、鐘をハンマーで叩く村がいくつかあるが、これは板を用いていた元来の方法の名残りをとどめるものかと思われる。デュルケン（ラインラント、ケンペン郡）に残る古文書では、火災の鐘がそのまま「火事のハンマー」と呼ばれている（「その折りは、火事の鎚をあやつるべし」）。

現在ではおそらくどこでも、火事の鐘を鳴らす目的は、町の住民に注意をうながし、寝床から起こし、警告し、仲間の助けに向かうよう呼びかけることにあるだろう。しかしかつての時代には、燃えさかる炎の内部に妖魔が活動しており、鐘の力によって、その魔力から守られたいと考える傾向も顕著にあった。[14] 十二世紀に造られたという、メルゼブルク大聖堂の鐘「クリンザ」（一七八頁の図版参照）には、「クリンザの鳴りひびくあいだ、暴風よ、敵と炎とから、遠く離れてあれ」（原文ラテン語）という銘文が見える。[15] エーヴァースベルク（ヴェストファーレン）の一七七一年製の鐘には、こうある。

この鐘によって、あらゆる、
おそろしき火事から守られますように、
アガタよ、エーヴァースベルクに住む、

あなたの子どもたちをみな、
あなたの誉れのうちに、
地獄の炎から守りたまえ。[16]

ローデネックの大鐘は、暴風雨を追いはらい、大火事を防ぐことで、近隣にも遠方にも並ぶもののない名声を誇っている。[17]

鐘はまた、間近に迫る火事の危険を、事前に察知して知らせることもできる。[18] 鐘がひときわ澄んだ音で鳴ったなら、近いうちに火事が起こるとクリュッツ（メクレンブルク）の人びとは言う。また別の町では、「時の鐘が鳴り、そこに他の鐘の音が割って入ったら、それは火事のしるしだ」と言われる。[19] 火事の鐘が打たれるあいだに時計塔も鳴り始めると、そう遠くない将来にまた火事が起こる。[20] もし鐘がひとりでに鳴り始めたら、その町を火事が襲う。[21] これに対して、荒廃して今はない村であるグランツェンドルフでは、かつて他所からここへ盗まれてきた鐘が、村の大火事の際に、鳴ることを拒否したという。[22] ビルンバウム郡では、火事の鐘を年配の女性に引かせてはならないと言う。そうすると火は収まることがない。[23]

2──都市自治体の鐘

中世における教会の鐘は、今日よりもずっと多く、種々の世俗的な用途に使われていた。都市自治体は、聖職者との競合を避けるため、市庁舎や商館、市門やその他の建物、もしくはそれらに隣接して特別に建てられた鐘楼の上に、自分たちの鐘を設置した（市民の鐘、農民の鐘、教区の鐘、集会の鐘）。こうした鐘楼を意味する言葉は、中世ラテン語でBerfredus / Belfredusと呼ばれ、そこから古フランス語に言うBelefroy / Belfroit / Beaufroyなどの表現も生まれた。フランスとベルギーにとりわけ多く残る名称である。(24)

しかし一方で教会の鐘は、今日もなお世俗の都市自治体《ゲマインデ》の用務にたびたび使われるか、もしくはつい近年まで使われていた。ライン地方には「町の用向き《ゲメーン》で鐘が鳴っとる」という言い方がある。(25)もしそれが相前後して二度鳴ると、各世帯から一名が市町村の役場に出向く。市町村長が、そこで何かの通達をするからである。三度鳴れば、みな急ぎ足で向かわなければならないが、それは例えば一九一四年の八月がそうだったように、特に重大な連絡があるからである。ノイヴィートでは、「ご近所の鐘」が鳴ると、いわゆる「ご近所の寄り場」、つまり一本の大木がたつ幹のたもとに急ぎ集まる。ラウターバッハ郡（ヘッセン）では、「ご近所の鐘」が鳴ると住民たちが、村の菩提樹のそばに集まる。ポルヒ近郊トリムス（ラインラント、マイエン郡）では、人びとが教会前の広場に集まる合図に、「町の鐘」として三回の短い鐘演奏をする。ボース（クロイツナッハ郡）では、必要が生じるたびに、町の鐘がいつも正午十二時に鳴らされる。その際は町の使い走り役が大鐘を三度叩き、それを受けて各家から一名が役場に集まって通達を受けとるのである。ボースの町には、「ボッセルト」と呼ばれる山中や平野部の畑地を、会員同士で共同所有している農業会社がある。この会社の通知も同じ方法でなされるが、ただし鳴らすのは二度だけである。それによって人びとは、「町の鐘が鳴っとる」ということと、「ボッセルトの鐘が鳴っとる」ということを区別する。フェルカースハウゼン（ヘッセン、エシュヴェーゲ郡）では、かつて町の代官の通達を「シュタインのお城」のそばで聞くときに、住民が鐘の音で呼び出された[26]。こうした市町村の鐘の類は、ヘッセンの各地で「男衆の鐘」という名でも呼ばれる。グローセン・リンデン（ギーセン郡）では「紳士衆の鐘」、ロンドルフ（ギーセン郡）では端的に「男衆」、ラウターバッハ（ヘッセン）では「町衆」と呼ぶ。農村地帯には、よく「百姓の鐘」がある。例えばライヒェルスハイム（ヘッセン、エアバッハ郡）にある一四四六年製の鐘がそうである。グーテンベルク（ザーレ地方）の三つの鐘のうち、三番目の鐘（一五〇七年製）の名は「百姓」という。ブラッケル（ドルトムント）の新教教会がもつ二つの鐘のうち、一七一二年製のものには「ブラッケルの百姓鐘」という銘文がある。バート・ザッセンドルフ（ヴェストファーレン）近郊ローネでは、何かの通達をする際に「百姓の鐘」と呼ばれる大鐘が揺らし鳴らされ、それも通達の内容が農民たちだけに関わることであれば一度のみ、住民全体に関わる場合は二度鳴らされた。シュレスヴィヒ・ホルシュタインの百姓鐘は、もはやドラーゲ、ゼート、ジューダーシュターペルといった村だけにしか残っていないようである[27]。

品物の競売、葡萄の収穫始め、収税吏の到着などの通知も、同じようになされた。ヴェーザー河畔リンテルンでは、この種の鐘がすでに往時の意味を失ったにもかかわらず、今も残っている。「忘れじの鐘」と呼ばれるもので、一月二十日から三十一日まで、朝の八時に毎日鳴る。かつての住民は、これによって租税の支払い時期が来たことを知ったのだが、今はまったく別の季節に

ボルドーの市門と大鐘
銅版画、19世紀末頃
この大鐘は市の世俗的支配権のシンボルとして、教会とは全く独立して用いられ、
例えば火災の勃発時や、ブドウの収穫時期に鳴らされた
銘文に、「武器をとれとわたしは告げ／わたしは日を知らせ／時刻を与え／
わたしは雷雨を追いはらい／わたしは祝祭に鳴り／火事に叫ぶ」とある

納めているわけである。今日、牧師は学校の授業で、この「忘れじの鐘」は待降節と古い一年の締めくくりを想起させるものだと、元来の意味を変えて教えている。

市町村の鐘が、教会当局との争いの末に撤去されたという事例は多い。

鐘が伝える重要な知らせの一つに、パン類の焼き上がりがある。フンスリュック山地のローレン村では、正午の鐘を聞いた婦人たちが、昼どきに、村の共同のパン焼き場前に集まってくる。彼女たちは翌日に、その建物でケーキやパンを焼く予定なのであり、この日は「パン焼きのくじ引き」をする。つまり婦人たちは各自、何らかの記号の付いた鉛製のくじを、別の婦人の、からげた前掛けのなかに投げ入れる。その後、この賭けに加わっていない一人が、くじを皆から取り集め、こうして記号に示された順番に、翌日、パン焼き窯を使うというものである。[28] しかしアンゲンロート（ヘッセン、アルスフェルト郡）には、自治体所有のパン焼き所内に、パン焼き所の鐘があり、毎晩、「パン焼き順のくじ引き」をする合図を出すことになっている。メルラウ・キルシュガルテン（アルスフェルト郡）では、学校の鐘が「パン焼き順のくじ引き」のためにも（そして租税の納入時にも）鳴らされる。ギーセン近郊レートゲンの鐘は、競売の知らせの鐘であり、かつパン焼きの鐘でもある。

中世の都市は、酒の販売を止めて酒場を閉じる法定の閉店時刻を、鐘の特殊な鳴らし方で通知するのを常としていた。これに用いる鐘は「ワインの鐘」、もしくは「酔いどれの鐘」[29]、また「ビール鐘」[30]、「夜警鐘」[31]、「町衆鐘」などと言った。グライフスヴァルトのマリア教会にある一五六九年製のビール鐘には、次のような銘文がある。

夜警鐘、とわしは呼ばれておる、
酒浸りの兄弟たちで、わしを知らぬ者はない、
酒場の主人よ、わしの鳴りひびく音が聞こえたら、
家に帰るよう、客たちを放り出せ。[32]

ドルトムントでは、午後八時に「追い出しの鐘」が鳴った。これで酒呑みたちは、酒場を文字どおり追い出されていかねばならなかったのである。[33] ゾーストでは、一五九五年九月一日に市参事会が以下の決定をした。「冬季の夜、午後八時と、夏季の午後九時に揺らし鳴らす、酔いどれの鐘の音が聞こえたなら、当市の市民であれ、家の使用人であれ、当市の部外者であれ、大学生や手工業の職人であれ、何びとも灯火なしに路上に出てはならない。ただし不慮の事故の責を自ら負う場合は別であるが。よってビール醸造業者も、酔いどれの鐘が鳴った後は、一切のビールを提供することを禁ずる。これに違反せる場合は酒場主と客人に罰則が与えられるが、当市に属さぬ者についてはこれを免除する」。[34]

ロストックの市参事会教会である聖マリア教会の「夜警の鐘」は、およそ午後九時に閉店時刻を告げた。それ以降は、まっとうな市民であるかぎり、みな家の中にとどまっていなければならず、市参事会としても、それを守らぬ人びとの身の安全を保証しなかった。この鐘は、やがて実際上の役割を完全になくしてしまうが、しかしその後も鳴らす習慣は途絶えなかった。「漂白屋

の娘」と名づけられていた鐘は、今から百年ほど前にもまだ、聖ヨハネの日のころ、四週間にわたって鳴らされつづけていた〔一一三頁参照〕。その季節が過ぎると、「漂白屋の娘が墓に帰っちまった」などと言われたものである。ラインラント（またシュトラスブルクとマインツも）[35]では、このような警告係となる鐘をしばしば「物乞いの鐘」（Lumpenglocke）と呼ぶ。マイエンには「物乞い鐘」、「物乞い野郎」という名の鐘があり、今日でも夜の十時に鳴る。メランでは聖ミカエルの日から復活祭まで、毎晩七時に鐘が鳴るが、この行為は「鐘を鳴らして、酒場から出す」、「鐘を鳴らして、ワインを終わりにする」などと表現された。このような鐘は「ワイン鐘」と呼ばれ、客たちはみな酒場をあとにして、帰宅しなければならなかった。[36] フランケン地方やシュヴァーベン地方では店じまいの鐘を「酒場のかけ声」、フランケンの町アイヒシュテットではこれを「酒場ばらい」という。[37]

散発的な例であるが、ダンツィヒのアルトゥス商館から鳴る鐘のように、毎晩、鐘の音によって客人たちがビアホールの腰かけに誘われたり、あるいは「ビールを一緒に呑みかわすため」に、農夫たちを鐘で集合させるところもある。[38]

教会の鐘は、また学校の鐘としても用いられる。ヘッセン・ナッサウのキルベルクでは、そのつど年長の少年二人が、始業の鐘を鳴らす役目を受けもった。この当番になった少年は、真冬の極寒の教会で、体が凍え、歯をがたがた震わせながら、正しい時刻を待ちつづけなければならなかったが、それでもこの重要な仕事を誇らしい気もちで担った。[39] この用途には通常、小鐘が用いられ、始業前に十分間、あるいは三十分間鳴らす。いくつかの町では、亡くなった子どもの弔いの鐘として、まず学校の鐘が鳴らされる。例えばポールレーベン（マンスフェルト湖水地方）やエーリングスハウゼン（ヘッセン、アルスフェルト郡）である。ヘッセンのいくつかの町では、今なお、きわめて古い鐘が学校の鐘として用いられている。リムバッハ（ラウターバッハ郡）の一四七八年製の鐘、シュリッツ（ラウターバッハ郡）の初期中世の鐘、バーベンハウゼン（ディーブルク郡）の一四五〇年ごろの鐘、そしてミヒェルシュタット（エアバッハ郡）の一四八六年の鐘などである。ヴェストファーレンのハレにある学校の鐘のかぼそく高い音色は、「ピンゲル」（pingeln）と表現された。遅刻しそうな生徒たちは、「もうピンゲルは鳴ったかい？」などと尋ねたものである。グレーベナウ（ヘッセン、アルスフェルト郡）には「グラインプ」（Gleimp）の小鐘があり、少年たちを学校へと「グラインプ」する、つまり「キンコン」と鳴って学校に入るよう合図を出した。この種の鐘は、「主の祈り《ファーター・ウンザー》」の鐘としても使われる。バーレンバッハ（下部エルザス、モルスハイム郡）は、とりわけ貴重な学校の小鐘で名高い町である。一七三七年の鋳造で、銀貨が材料に使われているとされ、それゆえ澄んだ響きがする。戦時中はワイン山に埋めて隠されたらしい。この鐘は嵐をよその町へと追いはらうので、近隣の住民たちから苦情が殺到し、他人の災いを意にも介さぬ、不当な行為だと非難された。この鐘が学校の鐘楼に置かれて以来、死神は校舎に一度たりとも侵入したことはない。

　クライン・イェルッテン（オルテルスブルク郡）において朝の六時に鳴らされる鐘は、子どもたちにとっては「dzie czoły do szkoły」（ポーランド語）、つまり「さあ、あなた、起きなさい。学校へ走りなさい」という意味である。ボース（クロイツナハ郡）では、始業の合図に鳴らす小鐘を、小唄のなかでこんなふうに表現する。

チリン、チリン、チリン、アウグステよ、
さあ学校へ、行かないと。
チリン、チリン、チリン、アウグステよ、
行きたくなくても、行かないと。

時を告げる鐘は、さらに大規模な農家屋敷に置かれた例もある。(40) フリードリヒスガーベ干拓地の農場では、居住用の建物に鐘が懸けられ、夏には下男や日雇い人夫たちを畑仕事から昼食に呼び戻すのに使われる。土地の民の証言によれば、この一帯の農場では、これと似た鐘を所有することも、使用することも禁じられているということである。(41) 教会の鐘が、よもや農場の鐘などに使われる定めを受けるようなことがあれば、それはもちろん、自らの誇りに傷がつく思いがするだろう。クライン・ツェヒャーの礼拝堂の鐘は、ある時、グロース・ツェヒャーの農場に移されることになったが、六頭の馬が引いてもびくとも動かなかった。しかしこれをゼードルフの教会へ運ぶことが決まったところ、二頭の牡牛でやすやすと引かれていった。(42) 農場の鐘は、日雇い人夫たちに向かっては、あまり喜ばしい知らせを持ってはこない。彼らは農場の鐘を「哀れな罪びとの鐘」と呼び、「たっぷり鳴ってもらわなけりゃ、ご主人どのはご心配だぜ」、などと鐘の話をしあった。そして鐘が鳴れば、「ほれ、家のワインがお誘いだぜ」と言っているると考えるのだった。[43] 所領地ポーラノヴィッツでは、農場の鐘はこう語って、仕事に人びとを向かわせる。

それ家畜小屋へ、けものの足たちのもとに集まれ、
しわくちゃのケツ野郎どもよ、こきつかい、あくせく汗を流しに。

ビショフシュタイン（東プロイセン）では、正午に鐘がこう語る。

胸くそわるい、ペストのひきがえる野郎、
皮の付いたじゃがいもを、
さあ、おまえは皮むきせにゃならねえ。

フェルペ（テクレンブルク郡）の農場の鐘における仕事開始の合図は、もう少し穏やかである。

老いも若きも、どちらも来たれ、
小さな子たちは、家にいたまえ。

3 法の鐘[44]

古来の伝説を読むとわかることだが、裁判に訴え出た人が、裁判官たちを呼び集めるために、公の場所に架けられた鐘を揺らすという風習は、かなり歴史の古いものであるようだ。[45] すでにカール大帝の時代には、チューリヒで一匹の蛇が、蛇のものである卵の上に鎮座した蛙に対して、自分の権利を主張するために、そのような裁判の鐘を揺らし動かしたらしい。[46] ヴェンド人の町ヴィネタでは、年老いて目も見えなくなった白馬が、約束されたはずの日々の恵みの餌がもらえないことに対して、告訴の鐘を鳴らし権利を勝ち取っている。[47]

古代ローマでは、テオドシウス帝の時代まで、姦通をした妻は独房に閉じこめられ、そこを訪れたすべての男に肌をゆるさなければならなかった。そしてその際に小鐘が鳴らされ、恥ずべき行為が公にされていた。[48] ハンザ同盟の諸都市では、破産した者に対して、あるいは犯罪を犯した者の追放の際に、恥辱の鐘を鳴らした。[49] ここにはもしかしたら、鐘や鈴を鳴らすことによって妖魔の力を祓い除けようという意図が関わっているのではあるまいか。いずれにしても、民衆の裁判が多く特別な騒音と結びついていたことはたしかである。カラス麦畑の大騒ぎをともなう民衆裁判（Haberfeldtreiben）しかり、結婚をめぐる争いや未亡人の再婚をめぐるシャリヴァリしかりである。ゾナラスの伝えるところでは、古代ローマ人たちは、罪びとを法廷に連れていくとき、その男の首に鈴を掛けており、罪びとと接触してはならないことになっている民衆たちのために、

上：罪びとの首に懸ける小鐘も「恥辱の鐘」と呼ばれた
下：鐘を戦場に持ち込むための車
ジローラモ・マッギ『鐘について』
アントウェルペン、1664年版

それと分かるしるしとした。スペインではこのような場合、鈴を身につけた男が罪びとの前を歩く。[50] われわれのドイツでは、死刑宣告を受けた者が刑場へ向かう際に、「哀れな罪びとの鐘」を鳴らす。[51]

教会の鐘が鳴ると、盗人はもはやその現場から動けなくなる。[52] サン・ケー（フランス）の鐘は、盗みの犯人がだれなのかを教えてくれるという名声を長く享受したし、ギャンゴン（フランス）では、ある盗人がロシュフォール大修道院から略奪しようとしたとき、鐘がひとりでに鳴りだした。[53] 盗みの被害に遭った人は、盗難の後に残っていた財産のなかから何かを選び出して、鐘の舌に結びつけておく。そうすると最初の鐘の音が、盗人に対して盗品を返すよう警告してくれる。その次の鐘の音では、もし返却していなければ、盗人は死ぬことになる。[54] またもし蜜蜂の巣箱が盗まれたなら、大鐘に蜜蠟を塗っておく。そうすると盗人は蜜蜂を返却しなければならなくなった。[55] 鐘にかけて誓いの言葉を述べれば、嘘のないものと見なされた。[56]

4――戦争の犠牲となった鐘

尋常ではない危機によって、鐘が本来の使用目的から遠ざけられ、回避不能な別の、目前の必要のための犠牲となる。そうした例も、やはり伝説のなかで語られている。ある時、三人の身分高いザーターラント市民が敵に捕えられ、所定の日時までに身代金を支払わなければ、処刑されることになった。そこでザーターラントの人びとは、故郷の仲間を救うため、鐘を携えて所轄管区のオランダへ行った。そして要求されている額の値をつけて鐘を売り払った。ところが買い手は、あとで事の次第を知り、取引を撤回したいと言って、鐘を返却してきた。そしてザーターラント人たちに、必要額の金を貸し与えてくれたという[57]。

大砲の発明以降のことになるが、鐘が貴重な素材でできているために、殺人の道具に変身させられるという話はずっと多い[58]。ブランデンブルク選帝侯フリードリヒ一世は、その最初の例にあたるようである。一四一四年、選帝侯はベルリンのマリア教会の鐘を用いて大砲を造らせた。この暴挙は、選帝侯が臨終の床に伏してなお、その良心を苛みつづける行いとなる。

三十年戦争において数多くの鐘を強奪し、別のものへの鋳直しを強制した悪人としては、とりわけスウェーデン人が筆頭格である[59]。一七九四年には、プファルツのあちこちでフランス人が鐘を奪い去った。ヴァイアーの三つの鐘が鐘楼から降ろされ、翌日にはランダウへ向けて移送されるというとき、八人の若者たちが徒党を組んで、この鐘を救い出す誓いを交わした。木版刷りの資料によれば、彼らは真夜中に鐘を村の外へ運びだし、開拓されたばかりのぶどう畑に埋めて、さらにその上からぶどうの苗木を植えたという。この木たちは、やがてすくすくと育つ。翌日、フランス軍の代理人たちが来たものの、町に鐘が見あたらない。そこで市長のペーター・エーバーレはランダウの牢屋に収監されることになったが、口を一切わらなかった。それから十年が経った一八〇四年のこと、鐘はようやくその隠れ家から取り出され、クリスマスの祝祭でふたたび音色を響かせた。鐘を救った合計九人の男たちの名誉を讃えて、村は篤志を募り、それを元手に彼らのための記念祭を一年に一度行うことにした。その時には町のすべての鐘が揺らし鳴らされる。[60]フランス革命の時代には、何千という鐘が鋳造所に集められ、大砲や貨幣に鋳直された。しかし鐘はそもそも必要とされた量よりも多すぎたので、ナポレオンは後に、かなりのものを教会へ返還することになった。[61]

世界大戦中の一九一七年、ドイツ帝国領内でいかに激しい鐘の殲滅が行なわれたかということは、わたしたちもなお、悲しみとともにありありと憶えている。[62]多くの町で――この犠牲をいかに積極的に受け入れたとはいえ――深い心痛と抑えきれない涙が見られた。姉妹同志である鐘たちが今や別れゆくにあたり、最後にもう一度、一斉の組み鐘の演奏が奏でられ、そのためにひときわ長い時間が費やされた。そしてその後に、外へ出てゆかなくてもよい鐘が、あるいは町を出てゆく定めの鐘が、ひとりで別れの挨拶の音色を響かせた。かなり多くの教会では、町を出てゆく鐘が祭壇上に、もしくは教会内陣内に懸けられ、そして司祭が別れの説教を行った。その場所か、もしくは鐘楼のたもとに鐘はしばらく置かれ、人びとが緑の葉や花で飾りつけをした。「また逢う日まで」と書かれた札なども添えられたが、あるいはこんな笑みを誘う言葉も見られた。

こうして外に出て、あたしは打ちまくるわよ、
鐘の仕事はもううんざり、
この村の男衆を、
あたしは放ったらかしにはしませんよ、
あたしはこの村を出てゆき、

大砲になるんだから。(63)

プフォルツハイム近郊エシェルブロン（バーデン）では、鐘との別れの式典において、鐘楼上の窓辺に司祭が角笛を持って立ち、すべての鐘が地面に降ろされると、「ドイツよ、世界に冠たるドイツよ」、「さらば、神のご加護があるように、そうであればよかったのに」などの曲を吹き鳴らした。時には鐘の引き渡しができずに終わることもあった。例えばマイエン（ラインラント）では、教会の鐘楼があまりに斜めに傾いていて、そもそも鐘を取り出すことができなかった。空高い塔の上から、暴力的に鐘を投げ落とすほかなかった町は少なくない。「一九一七年四月二十七日のこと」――キルヒハイム（下部エルザス、モルスハイム郡）の記録はこう語っている――「朝まだ早くに、フレンハイムから三人の左官屋が来て、鐘の取出し作業にかかった。これらの鐘は、長きにわたって揺らし鳴らされておらず、片側の鐘叩きをする音が時おり聞こえるだけだった。窓が開いた。不安げに問答を交わしつつ、その窓から職人たちが顔をのぞかせた。鐘楼の響き口から大鐘の姿が見えた。何百人ものひとの目が今そこに、古いなじみのその鐘に、集中した。そして、どん、と一突きされると、誉れ高きあの金属の塊は、憂鬱な歌をうたうような音をたてながら宙を一直線に、地面へと落ちていった。激しい衝撃とともに、嘆きわななくような響きが起こり、見物している人びとを心底から震えあがらせた。こうしてわたしたちの鐘は、瀕死の重傷を負って、地面に横たわったのである。」(64) たいていの場合はしかし、鐘との別れは静粛に、かつ非暴力的に行われたようである。ニーダーハスラッハ（下部エルザス、モルスハイム郡）では、供出の日（一九一七

ハンブルク、聖ミカエル教会の大鐘
1917年、第一次世界大戦への供出のために、鐘楼内で解体された姿
この教会の鐘は第二次世界大戦時にも、大半がハンブルク港の「鐘の墓場」へと運ばれた

年四月十七日）の前夜に、ほぼすべての住民が教会へ大急ぎで集まった。鐘をもう一度この目で見ておきたい、というのがみなの願いだったのである。一人ひとり、やさしく手のひらで鐘をさすり、倦むことなく鐘たちのほうを眺め、また何度も傍に戻ってきて別れの言葉を繰りかえした。とうとう移送される時が来て、家並みのすべての玄関と窓が開き、愛する鐘たちを悲しい気もちで見送った。帝国の反対側にあるグラボーヴェン（ゴルトアプ郡）でも、事情は同じだった。花輪で飾られた鐘たちは、教会の内陣に据えつけられ、別れのミサを受けた。いつもの教会の参拝者のほかに、堅信礼を控えた若者や小学校の生徒たちも集まり、オルガンの静かな演奏のなかで、みなが鐘の上に手を置いて別れを惜しんだ。記念の品として鐘の一部を残しておいた村は少なくない。ゼー湖畔ヴァンスレーベン（マンスフェルト湖水地方）では、鐘の一部をいくつか取り置き、鐘の縁起を説明する銘板とともに教会の壁に埋め込んだ。イェシュテット（カッセル郡、クライン・エシュヴェーゲ）では、鐘の装飾である天使の頭部二点のうち、一つを司祭が、もう一つを市長が手もとに残しておいた。ロースハイム（下部エルザス、モルスハイム郡）では鐘たちを載せた荷馬車が下教会の門前に、数日間にわたって留めたままにされ、教区中の人びとがそこへ、今一度鐘の姿を見ようと集まった。多くの人びとがハンマーや鑿を持ってきて、鐘の下のほうから金属を削り取った。記念の品として大切にしまっておくためである。しかしまたある教区では、鐘の没収に人びとが怒り心頭となり、説教と話し合いのなかで事情説明を受けてから、ようやく騒ぎが収まった。

キーンツハイム（上部エルザス、ゲプヴァイラー郡）では、鐘を載せた荷馬車が雨でぬかるんだ地面に沈みこみ、動けなくなった。鐘は教会に寄りかかっていた。「ここにいたいんだよ。行きたくないんだよ」という声があちこちで上がった。古来より存在するこの種の伝説は、こうしてまた再び命を吹きかえすことになった。ブラーダースドルフ近郊ペッチョー（メクレンブルク・シュヴェリーン）では、村の鐘の供出が決定したとき、あれを外に出すことなど出来っこないと、みなが思っていた。かつて一度、このペッチョーの鐘は、同様の人間の目論見に抵抗して、おのれの意志を貫徹したことがあったのである。すなわちトイテンドルフの沼地にあるトイフェル池には、かつて一つの村がまるごと沈んで消えたという言い伝えがあった。昔むかし、ある日曜日に、この池の水中からいくつかの鐘が水面に昇ってくる。そこでこの鐘は、パニッツ行きの荷馬車に乗せられることになったのだが、牡牛たちは、どうなだめすかしても鐘を引っ張っていかない。観念して牛たちの好きなように歩ませると、車はすぐさま動きだし、こうしてその鐘たちは、ペッチョーの村に据えつけられることになったというのである。(65)

ちなみにリッピンケン（ヴェストファーレン）の人びとは、こう信じている。教会の鐘を材料として造った大砲は、だれも負傷させることはできない、ましてだれひとり殺すことはできないと。

第X章

鐘は語る——響きの「聞きなし」

鐘の音の「聞きなし」

鐘には銘文が刻まれており、自らの来歴とその活動について、鐘本体を主語としつつ、ラテン語もしくは自国語で語られる。鐘たちは、銘文のなかで実に深刻かつ厳粛に、自らの使命について語るのを常とする。ところが民衆たちは、村の鐘ときわめて親しく友好的な関係をもっており、そのように荘重な表現や付き合い方では、およそ心を満たすことができない。それら銘文の荘重な言葉は、おまけにただ目に向かって、そして一般的には、ほんのわずかな人間たちの目に向かって語るにすぎないのである。民衆は目だけでなく、むしろ耳によっても鐘を味わい、自分たちのきわめて卑近で些細な出来事に対し、鐘が共感をもって接してくれることを、その響きから感じとろうとする。またたとえ鐘の音が気高く力強い荘重さをもっていても、そこから逆にある種の自由さや解放感を聞きとろうともする。そのために鐘の音は、実に個人的でおどけた、そしてユーモアに満ちた意味づけをされたり、また時には隣村の人間を楽しんでからかうがごとき、粗野で挑発的な解釈をされたり、はたまたまったくナンセンスな意味づけを受けたりすることも稀ではない。

同じテンポで鋭く刻まれてゆく、力動的なリズムを耳にすると、ひとは思わずして虜にされてしまう。やがてこうした音のなかに、人間の言葉のようなものを聞き取りたくなることは、自然な心情である。(1) これはとりわけ鐘の音の場合に、顕著に見られることだと言うほかはない。断固たる調子で、力強く、すぐ近くから聞こえてくる音であれ、風に乗って遥かな距離を越え、遠くから運ばれてきた音、それも一瞬大きくなったかと思うと、ふたたび微かに、途切れがちになる音であれ——、鐘の音はいつも、そこに耳を傾ける者に向かって、望むと望まぬとにかかわらず、何かをこちらに語りかけてくる。あらゆる民謡がそうであるように、鐘においても、言葉と響きは緊密に結ばれ合う。そしてひとたび言葉が形作られ始めると、想像力は軽やかにそれを助け、文章や詩句が、あるいはちょっとしたお話さえもが、あっという間にそこから生まれ出る。[2] 祝祭時などに喜ばしく鳴らされる鐘舌打ちは、とりわけそういう言語化の素材となりやすい。もちろんこの種の創作は、民謡と同じように変化しやすく、ひとの恣意にさらされているので、同じ音を基礎にしながら、しばしば新しい言葉が聞き取られ、古いものを追いやってゆく。また文学的な価値という点では、ここに求めるべきものはほとんどない。ただしJ・フィッシャルトが『ガルガンチュア戯史』(一五七五年)の四一章において、「とはいえ鐘の響きから文章をひねり出すのは、一つの技芸でありうる」[3]と言っているのは、あながち間違いではないのだけれども。

いくつかの鐘は、まったく自然そのままの素朴な音で記録されている。「バイエラーデボムボム、バイエラーデボムボム」(「コンコンのゴンゴン、コンコンのゴンゴン」といった程度の意味。以下同様)というのが、フレーレンベルク(ガイレンキルヒェン郡)の鐘の叫び声である。リュンマー(ブラウンシュヴァイク)の鐘は「ペムパーレムペム、ペムパーレムペム」[4]、ケムペン(ラインラント)の鐘は、鐘舌打ちの際に、「テンク、テンク、トラレラレラ、リューツェ、リューツェ、ヴァアレラレラ」と語る。小さめの鐘の場合は、あまり複雑なものにされない。アッシェンドルフ(ヴェストファーレン）では礼拝の開始前に「テムプ、テムプ」と鐘舌打ちがなされる。(5) フェスト・レックリングハウゼンにある屋根の小塔の鐘は「エッペルディペッペル」、もしくは「ビムメレ、バムメレ、ビムメレ、バムメレ」としゃべる。(6)「シャルブム──シャルブム」と大声を出すのはナープガウの「がらがら女」という鐘である。(7) ゾロトゥルンの跣足修道会教会の鐘は、「ヒュ・ブリング、ヒュ・ブリング」と言う。(8) カイトゥムの鐘の響きからは、その鐘楼を建てさせたという二人の独身の老女、「イング」と「ドゥング」という名前がそのままはっきり聞こえてくるという。(9)

音や言葉から、短く対義語や対句が作られることもある。「ながら足──みじか足」、「ひだり足──まひの足」、「まがり足、まひの足、ちゃんと見たけりゃ、こっち来い」、「白あたま──黒あたま」、「アマニあぶら──種あぶら」、「今日はあたしに──明日はあんたに」などである。(10)

ヘッセン地方で次のような銘文を見つけたら、それは確実に古いものである。「この女の声は、バムブム（「バムバム」、「ブムバム」のこともある）なり。これによりて、サタンを追い返すこと能うなり」（原文ラテン語）。この種の記録は、例えばフンゲンやライゲスターン（ともにギーセン郡、一四五二年製）、ブッツバッハ（フリートベルク郡、一四五三年製）、イッベンシュタット（フリートベルク郡、一四五八年製）、エヒツェル（フリートベルク郡、一四六〇年製）などにある。シュトレーレン（ラインラント、ゲルダーン郡）の小鐘は、ベムバムという名である。オックスフォードのクライスト・チャーチ・カレッジがもつ大鐘は、もともとオウズニー大修道院にあったものが一五四五年になって今の場所に移されたのだが、その銘文には、「トマスを誉めたたえつつ、わたしは誠実に、ビムボムと鳴りひびく」（原文ラテン語）とある。(11)

ブムバムとかビムバムという、とりわけ鐘舌打ちの際に聞こえる響きそのままの模写は、しかしその言葉の続きを考えるようにと人を誘うものであり、寺男であれ何者であれ、鐘を鳴らす役目にある人間がここで活躍することになる。[12] エルペン（ラインラント、ハインスベルク郡）は、軽い鐘で短く、また重たい鐘で長音を出す鐘舌打ちをする土地であり、その音はこう聞こえるという。

寺男さんよ、ビムバムと、かねうちをせよ。

カペレン（ラインラント、グレーヴェンブローホ郡）では、

ビムバムと、かねうちをせよ、
寺男さんは、自分のシャツ《ヘンプ》を、シャツ《ヘンプ》を、シャツ《ヘンプ》を、シャツ《ヘンプ》を、シャツ《ヘンプ》を、シャツ《ヘンプ》を着る。

もしくは、こうも聞こえる。

ビム、バムと、かねうちをせよ、
黒いにわとり、白いたまごを生みなさい。

ケムペン（ラインラント）では、

ボム、ボムと、かねうちをせよ、
鐘がたまごを生んでくれるよ。

エルケレンツでは、

ビム、バムと、かねうちをせよ、
かねが鳴って、たまごが出てくるよ。（復活祭の鐘舌打ちの日、寺男が卵を集めてまわるときの言葉）

人口に最も膾炙しているのは次の詩句である。おそらくであるが、復活祭の卵集めの成果が思わしくなかった寺男が、豚肉の類を手に入れたいものだと、いささか機嫌を損ねている様子を、まずは念頭においている歌である。

ボム、バムと、かねうちをせよ、
復活祭のお役のひとは、たまごはお好きでない、
では何がお好きなのです、
フライパンに入ったベーコンでさ、
ぜいたく者の、復活祭のおひとは。

（ラインバッハ郡、シュトッツハイムの例。礼拝前の第三の鐘鳴らしの際に）

最もよく見られる形の歌詞は以下のとおりである。

ブム、バムとかねうちをせよ、
寺男どのは、たまごはお好きでない、
では何がお好きなので、
フライパンに入ったベーコンでさ、
やれやれ、この舌の肥えたおひとは。

人の名を呼ぶ

ヴァールブルク（ヴェストファーレン）の鐘は、ひっきりなしに鐘つき男の名前を叫びつづける。「ラムシュポットのフェルディナントよ、ラムシュポットのフェルディナントよ」[13]……。レムベックけよ、（ヴェストファーレン）の鐘も同様である。「ここらでひとつ、ほい、ひとつ、キーン、コーンと叩けよ、フィンツェンツ」[14]。ボーフムの聖ペテロ・パウロ教会には、一九二〇年の大火の後、十五分ごとの時刻を二重打ちで伝える新しい時計塔ができた。寺男の名はメーアマンという。そこで例えば午後一時に、「メーアマン――メーアマン――メーアマン――メーアマン！」と、あたかも首席司祭が大声で呼んでいるように聞こえ、それに対して寺男もきわめて太い声で、「司祭どのぅ」と答えるという。[15] ローネ（ヴェストファーレン）の住民たちは、かつて寺男がとても長い時間をかけて鐘を揺らすのを好んだ。そうすれば、ミサに遅れている者たちも時間に間に合うことになるからである。

ビルケンシュトルップはな、あれは鐘つきがうめぇ、
あれはたいそう、ながぁく鐘をうつでな。

シュトッツハイム（ラインバッハ郡）で鐘舌打ちが特別にうまいと評判の男は、こんなほめ言葉を、鐘から送ってもらえる。

この国じゅうで、ロムペヴェンゲルのヤンほどに、
かねうちのうめぇやつは、ひとりもいねぇ。

クリュッツ（メクレンブルク・シュヴェリーン）では、数年前まで、名をハインリヒとディートリヒというブレンク兄弟が鐘つきの仕事を担い、またほかにも重要な役目を受けもっていた。ボトマー伯の領地では、この事情を住民たちに、鐘が次のように告げ知らせていた。

わがハインよ、わがハインよ、わがハインよ、わがハインよ、

わがディートよ、わがディートよ、わがディートよ、
鐘つき男よ、鐘つき男よ、
鞴《ふいご》の踏み手よ、鞴の踏み手よ、
穴掘りびとよ、穴掘りびとよ、
墓場の見張りよ、墓場の見張りよ
織り職人よ、織り職人よ。(16)

ヴァルステッデ(ヴェストファーレン)では、寺男が日曜礼拝の鐘舌打ちをしながら、自分の女房への満足をこんなふうに言い表わす。

わしのゾフィーよ、わしのゾフィーよ、
タ・デ・ブム・タラ、タ・デ・ブム・タラ。(17)

それに対してヘルヴェストでは、このように聞こえる。

寺男は、寺男のケムナオはな、
着飾った嫁さんの、陰口を言うとる。(18)

ヴァルネミュンデの寺男は、復活祭に自分がもらえることになっている施し物への感想を、このように表現する。

こんな短いソーセージ、こんな短いソーセージ、
こんなものは、わしは好かん、わしは好かん、
長いの、長いの、長いのを。[19]

しかしグロース・テッシン（メクレンブルク・シュヴェリーン）では、そうした言葉が鐘の旋律のなかに読みこまれていることを牧師が聞き知ってしまい、日曜礼拝の案内に鳴らす鐘舌打ちが、その牧師によって廃止されてしまった。

招集のかけ声

ラインダーレン（メンヒェン・グラートバッハ郡）の朝の鐘は、「朝の鐘だ、さあ上着をはおれ」、もしくは「朝の鐘だ、さあ祈りをはじめよ」と叫ぶという。

グルントシュタインハイム（ヴェストファーレン）の「主の天使《アンゲルス》」の鐘は、朝には「起床、起床！」、昼には「食事、食事！」、夕方には「帰宅、帰宅！」と語る。[20]

マイエンでは（またラインラントの他のいくつかの町でも）、夕べの鐘がこう語る。

ほれ夕べの鐘だ、だれもみな寝床に入らねえと、
さもなきゃおやじが、箒の柄もってやってくるぞ。

メーリング（トリアー郡、モーゼル流域）の子どもたちは、夕べの鐘にこんな小唄を付けている。

主の天使さま、
大人の人たちは、なんて大急ぎなの、
壺は、なんてがらがら音をたてるの、
おならは、なんてどでかい音なの。(21)

ヴェスターンベーデフェルトの人びとは、夕べの鐘の音に合わせて、「仔牛を家に入れましょう」と歌う。またハーゼルベルクでは、「ガチョウさんたちを、家に入れましょう、ガチョウさんたちを、家に入れましょう」(22)と、エルペ（ヴェストファーレン）では「お粥ができた、さあ集まれ」、つまり夕食の場に来なさいという意味の言葉を口ずさむ。

日曜と祝日の礼拝のために人びとを呼び集める必要があるとき、鐘はひときわ雄弁になる。そこで「司祭どのが呼んでおられるよ」（トリアー郡、メーリング）とか、インデン（ユーリヒ郡）では新教の牧師の名前をそのまま挙げて、「ドゥルどののお呼びだ」などと語る。

土曜日の鐘舌打ちの際には、メクレンブルクの言い方を使えば、「寺男が日曜に向かって腕を

ふる」。オステンフェルデ（ヴェストファーレン）の鐘はこう響く。

キップ、カップ、帽子をかぶれ、
あしたは、日曜だ。

ヴェストキルヒェン（ヴェストファーレン）の例。

あしたは日曜、
だから眠りに負けず、目覚めておれ、
体をしっかりとさせ、
靴をはいて立っておれ、
あしたは日曜。(23)

ウンターヴァイデン（ラインラント、ケムペン郡）の例。

ビム、バム、かねを打て、バム、
あしたは日曜、
するとみなが教会へ行き、

仕事は何も、しなくともよい。

ハルテフェルト（ゲルダーン郡）では、「忘れるな、これは大いなる日なり」と鐘が言う。アッペルドルン（クレーヴェ郡）では、復活祭前夜の鐘舌打ちの音が、大きな期待にあふれる言葉を語る。

あともう一度だけ。そしておしまい。
するとわたしたちの愛する主が来られる。

日曜日の礼拝へと人びとを招くとき、ショーデン（ザールブルク郡）の鐘たちは一斉に声を合わせてこう語る。「たっぷりと鐘が鳴るぞ。歩いていけない者は、走ってゆけ」。この他の、ラインラントの多くの町でも、全く同じか、よく似た言い方をする。[24] ブリーデルやメルル（ツェル郡）では、「たっぷりと鐘が鳴るぞ。足のある者は、さあ走れ」、ダウン（ラインラント）では、「一斉に鐘が鳴るぞ。最後に着いたら、恥ずかしいぞ」。

ホイヒェルハイムの大鐘は、日曜日に、「さあ集まれ、さあ集まれ」と叫ぶ。[25] クレムリンゲン（ブラウンシュヴァイク）の大鐘も同様に、「さあ集まれ、さあ集まれ、さあ集まれぃ」と語り、それを受けて小鐘が、早くもこの合図の成果を伝えてくれる。すなわち「はい、参ります、はい、参ります」と。しかしブレッケンシュテットの鐘は、怒りのあまり、「だれも来ない」と嘆き声をあげる。[26] シュヴィンケンドルフ（メクレンブルク・シュヴェリーン）の三つの鐘が一斉に鳴ると、「よく聞け、みなよ、教会へ集まりたまえ」と語っているのだとみなが思う。イェーナの市教会の鐘も同様に、「教会へ集まれ、教会へ集まれ」と叫ぶ。ボッホルトの鐘は「みな、わが家に集まれ」と、ズンダーン（ヴェストファーレン）の鐘は「愛する民よ、教会へ集まれ。今さらに気おくれなどせずに」と語る。[27] ゾーストの聖パトロクリ教会の鐘たちは、「急いで集まれ、もう始まるぞ」と、ゾースト近郊のボルゲルンでは「みな教会に集まれぃ」と叫ぶ。[28] ビショーフスシュタイン（東プロイセン）の鐘は、「教会へ集まれ、みな集まれ、みな集まれ」、あるいは「お祈りに集まれ、お祈りに集まれ、おまえたち怠け者の、ペストのひきがえる野郎よ」という言葉を語りつつ響きわたる。オーバーホルツクラウ（ジーゲン郡）では、「みな集まれ、みなが祈れ」である。リーネンとレンゲリヒの教区（テクレンブルク郡）では、かつて教会の組み鐘の音に、「老いも若きも、すぐに集まれ」という言葉を聞きとっていた。[29] これとまったく同じ言葉を、ヴェストファーレンの北部と北東部にある多くの鐘たちも語る。アールハウゼンでは「森のブナも、白樺も、老いも若きも、教会へ集まれ」と叫ぶ。[30] デンスベルク（ヘッセン・カッセル）の組み鐘の音は、「男衆のみなさんよ、ご婦人衆を連れてきなさい」と聞こえるという。リースボルンで日曜午後に鳴らす鐘は、こう語っていた。

しっかり者の娘さんたちよ、教会へ集まれ、
怠け者の女どもは、そのままじっとしているがいいさ。[31]

クリンケン（メクレンブルク・シュヴェリーン）の鐘たちはこう叫ぶ。

小さな子たちよ、中へお入りなさい。

またオスターフィンゲン（シャフハウゼン郡）の鐘はこう語る。

みな揃ったかい、みな揃ったかい、男も女も、揃ったかい。[32]

これに対してスイスの別の村では、二つの鐘が声を合わせて、「悪たれどもはみんな揃った、一人たりとも欠けてはおらん」と話す。そして司祭の入場の後、小さいほうの鐘が、「司祭さまも中に来られた、司祭さまも中に来られた」と語って結ぶ。[33]ヴェルル（ヴェストファーレン）では、貴族の世襲製塩業者たちが寄進した盛式ミサが開かれ、年に一度もしくは数度、そのミサへの参集を呼びかける鐘を鳴らしたものである。その声は、「一家の主人のみなさま、いざ集まられたい、従者の方がた、従って来られたい」と語っていると考えられた。またヴェストファーレンでは、先の言葉の「主人」という箇所に、特別な言葉があてはめられる。例えばラムスドルフの鐘は、「バルンスフェルトの奥方さま、教会へお越しなされ」と語って人を招く。[34]マルルの鐘舌打ちでは、「レムベックの奥方さま、いざ来られたし」という一句がひねり出されている。

もっと詳細なのがヴルフェンの例である。

さあレムベックの奥方さま、お越しください。
レムベックから、こちらへ、
焼肉をお持ちになって。
それからザウアーの家の土地、
ポットハストの家の犬、
プラウトの家の犬、
犬、犬、犬。
それから、カラス麦のむぎわら。
これはレムベックの伯爵の持ち物、
持ち物、持ち物、持ち物。[35]

ラースフェルトではこう語る。

一ポンドのパン、一メンゲルのビール、
フェーレンの旦那は、ここで何をなさるのかね。[36]

ラーデではこうである。

　レムベックの伯爵が来られたら、
　鍋を、火にかけよ。

しばしば見られる例――少なくともヴェストファーレンにおいて――であるのが、鐘が、町や教区の住人の名前を出して、そのまま呼びかけるものである。ブアーでは、このような小唄が歌われていた。

　さあ来い、ヴィヴィクス（「ヴィップリングハウス」の方言形）よ、さあ来い、ネッテルブッシュよ、
　さあ来い、フォレンティンよ、さあ来い、さあ来い、

別の形もある。

　さあ来い、ヴィーベクスよ、さあ来い、フォレンティンよ、
　さあ来い、エンネケン・ファン・デ・シュプリンゲよ。[37]

きわめて遠く離れた農家に呼びかけるのが、ラースフェルトの例である。

さあ来たれ、ヒンゼルマンよ、さあ来たれ、ヒンゼルマンよ、
来たれ、ヒンゼルマン、来たれ、鐘を打つ音だよ。[38]

同様の例として、

シュティンケン・シュルテンよ、ヤン・カプローンよ、
さあ来たれ、教会へ行く気を起こしてくれ。[39]

人名だけが聞こえる町も多くある。ラムスベック近郊ベルラー（ヴェストファーレン、メシェデ郡）ではこうである。

クーレン家のアンドレアスよ、コール家のヨハン・フランツよ。

リンケローデ（ミュンスター郡）ではこうである。

グヒーゲンよ、ミルテよ、そしてパンコクよ、
クルルプよ、ドリエルントルプよ、コーバウムよ。

リューデンシャイト近郊ヒュールシャイトの鐘は、「トリムポプよ、ライネケよ、ピーペンシュトックよ」、と人名を呼ぶという。ヴェゼケ（ヴェストファーレン）の鐘は、少しおまけを付ける。

エンニングよ、ベンニングよ、ビューニングよ、ベーリングよ、
大鍋に豆を入れ、火にかけておけ(40)。

ビラーベックのヨハニス教会の鐘も同様である。

ブル・フラニンクよ、シュルテ・ボックホルトよ、シュルテ・エリングホフよ、
ビラーベックの教会墓地のまわりに、牛のえさ桶を運んでくれ(41)。

こうした小唄は、散発的にブラウンシュヴァイクでも見られる。クライン・ダールムはかつて鐘叩きの音を、「ひだり足――まひの足」というふうに聞いていた土地だが、後には住民一人ひとりを名前で呼んで教会に呼び集めている、と解釈するようになった。つまり「リントハウアーよ、メダーよ、ベーゲルザックよ、……」という具合にである。

フリーセム（ビットブルク郡）では日曜の最初の鐘において、「日曜のズボンの鐘が鳴っておる」と、すなわち身支度をする時間になったという意味の言葉で、鐘の音を聞いていた。教会への招きの

鐘は、実に多くの場合、衣装を着ることの促しと結びついている。ゾーストの聖パトロクリ教会の鐘は、こう鳴る。

　ビムリ、バムリ。ボイネンカンプよ、
　おまえの一張羅を着てこいや。

隣村のシュヴェーフェは、これと対照的である。

　ビム、バム、ボイネンカンプよ、
　おまえのでかいチョッキは壁に掛けとけ。[42]

マルスベルクでは、こう聞こえるという。

　しっかり急げ、しっかり身支度を。
　それが済んだら、さあ来たれ。[43]

イーザーローンでは、「衣装を着て、元気よく出てきなさい」と聞く。[44] ザウアーラント東部で最もよく流布している鐘の言葉は、「ビムバム、ビムバム、おまえたちよ、衣装を身につけて、

それから出てきなさい」、というものである。(45)
デルンハーゲン(パーダーボルン地方)の信者たちは、すばやく教会に出てゆかねばならない。

カーライネケンよ、さあ来たれ、
カーライネケンの家の者たちよ、さあ来たれ、
カーライネケンはみなそろった。

シェルフェーデの例はこうである。

さあみな来たれ、
そしてみなそろった。(46)

巡礼地クライネンベルク(ヴェストファーレン)の鐘たちは、こう歌う。

ホルトハイムのプロスヨウンが到着した、
これでみなが来た、みなが着いた。

もしくはこのような例もある。

これでみなが来た、みなが到着した、
撃て、フランツよ、祝砲を撃て。（人びとをにぎにぎしく迎える発砲のこと）(47)

テルクテの教区教会の鐘楼では、ミュンスターからの祝祭行列が到着すると、こんな言葉が聞こえてくる。

ミュンスターのお方がたが、さあ来られた、
水をさしあげよ、ビールをお出しせよ。(48)

ロモースの鐘は、エントレブーフ管区の巡礼行列が当地に着くと、「悪党どもが、お揃いでご到着、悪党どもが、お揃いでご到着」などとしゃべる。(49)
ヴィッパーフュルトでは、教会開基祭の前夜に、教会がもつきわめて多くの領地の小作料が支払期限となる。この時に鳴る鐘は、「菜園の小作料、牧草地の小作料、畑地の小作料」というふうに話す、というのがみなの思いである。ライン河畔ラウフェンブルク市の大鐘は、対岸に住むシュヴァルツヴァルトの住民たちに向かって、期限に遅れることなく町に利子を支払うようにと、こんなふうに叫ぶ。

カネをもってこい——用意があるんなら。[50]

またボルニヒの村鈴は、租税の取立ての時期になると、「カネをもってこい、カネをもってこい」と語って鳴る。[51]

お国自慢あれこれ

自分の所属する教区が豊かな富をもつこと、あるいは自分の家である鐘楼から、果てしなく広い国土が見渡せることなどを、鐘が誇らしげに物語ることも少なくない。モイシャイト（カッセル行政区）の村は、ライン川とヴェーザー川の分水嶺をなす峰筋に位置しているが、ここの鐘は、「この土地は、ライン川の畔までわたしのものなり」と言葉を話す。ヴェストファーレンのザウアーラント山地地方にある、ヴィンターベルクの人びともまた、これとまったく同じ言葉を鐘から聞きとっている。[52] さらにビッケンバッハ（ヘッセン）の鐘たちも、「この土はライン川の畔までわたしのものなり」と述べて、同じことを誇りにしている。これに対してアンネン近郊リューディングハウゼン（ヴェストファーレン）の鐘たちは、「すべてはロームベルクのものなり」と、宣言せざるをえない状況である（ブリュニングハウゼンに住むロームベルク男爵は、リューディングハウゼンの小作農民たちに多くの畑地を貸し付けていた）。

教会の鐘が、その教会に所属する村の名前を列挙していくという例も多い。ポンメルンのカミン郊外にある聖ニコラウス教会の教区は、カミン市の周囲にある合計五つの村から構成される。

教会の二つの鐘は、それゆえこのように語る。

グラボー、グリストー、ポルヒョー、ビュンヴィッツ、そしてゾルティン――
この五つの村が、わたしの村よ。[53]

ヴァンゲリン（メクレンブルク・シュヴェリーン）の鐘舌打ちはこう語る。

大ヴァンゲリン、リーペン、クラモン、これはわが村たち、
クラーツ、クラーツ、クラーツ。

最後に挙がるクラーツというのも村名であり、これは組み鐘が終わった後でさらに続く、単独の打撃音によって表現される。レヴィン（メクレンブルク・シュヴェリーン）では、鐘舌打ちの音がこのように物語るという。

レヴィン、ヴァルンツィン、そしてツァルネコー、
堤防に沿って、堤防に沿って、
ウポスト、ウポスト！
こんな短いソーセージ、こんなものは、わしは好かん、

長いの、長いの、長いのを。(54)

テテロー(メクレンブルク・シュヴェリーン)にある二つの大鐘を合わせて鳴らすと、こんな意味の言葉になるという。

ビム、イン、バム、イン、ビム、イン、バム、
七つの村が、わたしの村よ、
パムツォーに、グラムプツォー、
リュッテン・ロイツェルに、グローテン・ロイツェル(「小レーテル」と「大レーテル」のこと)、
リュッテン・ラウに、グローテン・ラウ(「小ローゲ」と「大ローゲ」のこと)、
そしてミコー、ミコー、ミコー。(55)

ランドーはリューゲン島で自分たちの教会をもつ最も小さな村であるが、そんな村の鐘であっても、当地の司祭の管轄下にある村々の名前を告げ知らせていく。

ランドー、ラロー、ルーゲンホーフ、
ブスヴィッツ、ドゥスヴィッツ、ビック、ビック、ビック。(56)

ヘンリッヒェンブルク（ヴェストファーレン）の古教会にある四つの鐘は、祝祭の鐘舌打ちをすると、「ビー・エクム、ベー・イクム、ブアルクハーゲン、ハーヴェ・クアスト、クアスト、クアスト」と叫んだという（すなわちベクム、ベクレム、ボルクハーゲン、ハービングホルストという農村名）。[57] 同様の章句は、ヴェストファーレン内のその他の地域でもよく観察される。[58]

レングヴェーテン（東プロイセン、ラグニト郡）の鐘の言葉は、「砂利に丸パン、砂利に丸パン」というが、これは当地の人びとが、小麦を育てる粘土質の土壌に住んでいることを示している。それとは様子が異なるのが、アーレ川を舟で旅する聖ヴェレナの話であり、小邑クリンゲナウに立ち寄ることなく、聖女が川を先へと進んでしまったとき、町の鐘はひとりでにこう鳴り始めた。

パンは乏しく、ワインは酸っぱい。
ああまったく、クリンゲナウなどに、だれがいったい住みたいだろう。[59]

ゼードルフ修道院教会では、一方の小鐘が「貧しさとみじめさ」と叫び、そしてもう片方の小鐘が「みじめさと貧しさ」と叫ぶことで、このつつましい修道院と、この土地との貧しさを表現している。[60] ラルスホーフェン（ユーリヒ郡）では、鐘が次のようにしゃべっていると、人びとは考えていた。

貧しい人びと、貧しい土地、

やせた仔豚、太った蚤。

コリッヒ（ラインラント、マイエン郡）では、隣りのアイニヒ村から「砂と泥」（スレートのこと）、メルトロッホの村からは「焼きものの土」、と語る鐘の音が聞こえてきたという。だがヘルケンラート（ラインラント）の鐘は、「湿った土地——不作法な人間ども」と言い、またハイデン（ヴェストファーレン）の鐘は、こう語る。

明るい土地——明るい人間たち、
ずっと先まで長いほど——ますます明るい。(61)

プロイセンのケーニヒスベルクにある城内教会の鐘は、「ビロードと絹、ビロードと絹」と、実に優雅な言葉をしゃべる。この都市のクナイプホーフ地区にある大聖堂も、同様に「金と銀、金と銀」と語る。しかし救貧院教会の鐘はきわめて慎ましく、「ぼろ布とがらくた、ぼろ布とがらくた」と言う。そしてハーバーベルク地区の教会の鐘はと言えば、これだけが低地ドイツ語をしゃべりつつ、「黄色ニンジンとパセリ」と言う。以上のような言葉によって、鐘の声は、一つには王宮の栄華を、またクナイプホーフを本拠地とする商人たちの豊かな富を、そして救貧院に住まう人びとの貧しさ、さらにハーバーベルクの町が所有していた、いわゆるナッサー・ガルテンの栽培野菜などを暗示的に表現するのである。(62) 同じような表現形で、メーメル川の低地帯におけるさまざまな町の裕福さ、もしくは貧困さを言い表したものもあり、それを列挙すれば以下のような長いリストになる。

ノイキルヒ「絹とダマスク織り」
カルニングケン「芦とタバコ」
カルケルン「キュウリウオにペルカ」〔どちらも食用の淡水魚〕、もしくは「芦とタバコ」
シャクーネン「山といくつもの谷間」、もしくは「ただ砂ばかり」
ゼッケンブルク「クヴァルクにバター」、もしくは「キュウリウオにペルカ」
スカイスギレン「羊毛みたいにやんわり」（羊毛のようにやわらかい音色だという意味）
フリードリヒスドルフ「火の通してない、きのこたち」
ラッピーネン「ぼろ布にぼろ服」
カウケーメン「金と銀」
ハインリヒスヴァルデ「絹とダマスク織り」

ときに会話体で、ひけらかしをするのが目をひく例もある。教区クローテン（チューリヒ州）では鐘同士でこうしゃべる。

大鐘　「あたしは、ほんとに大きな鐘じゃないかしら」

二番鐘「だけど、とんでもないおカネがかかったんですよ」
三番鐘「払うのはあたしたちよ、払うのはあたしたちよ」
小鐘　「おカネがあればね、おカネがあればね[63]」

ヘングラーン（パーダーボルン地方）の鐘は、こう自慢する。

ヘングラーンの方がたよ、破産したりはしないから！

アッテルンの鐘が、それに対してこう答える。

あんたにわかりっこないじゃないの！

するとヘングラーンの鐘がまた答えを返す。

あたしは、よぉくわかってるわよ！[64]

貧乏を嘆く

当然と言えば当然であるが、金銭の窮乏や借金をめぐる嘆きの声が、実によく聞かれる。ニーダー・ヒルバースハイム（ビンゲン郡）では、こう嘆き悲しむ。

三ペニヒを、三ペニヒを、蜜蠟がもうないのです。

ドルトムント近郊アンネンにある新教教会の鐘たちは、「借金はもうたくさん」と言う。それに対して同地のカトリック教会の鐘は、「借金なんて、一ペニヒもないわよ」と語る。マリアヴァイラー（デューレン郡）の鐘舌打ちでは、「借金まみれの足、借金まみれの足」と泣き声をあげる。リューベックのエギディエン教会の鐘は、こうしゃべる。

パンがない、靴もない、
ああ神さま、お助けを！(65)

ヴァイアー（プファルツ、ランダウ行政区）の鐘たちは、一緒に鳴りつつこうしゃべる。

小鐘「おカネを借りた、おカネを借りた」
中鐘「だれから、だれから」

大鐘「ドゥラスだ、ドゥラスだ」（シュパイアーの御料局参議官の名前）

食べもの・飲みもの

とはいえ鐘の音に耳を傾ける人びとの想像力を、おそらく何にもまして刺激し、そこから多くの実り豊かな例を生み出したのは、人びとが慣れ親しんだ好ましい食べもの・飲みものをめぐって、鐘もまたそうしたものへの愛着を抱いていると考えた場合である。鐘の口からは、火酒やビールといったものさえ飛び出してくる。ブラウンシュヴァイク大聖堂の小鐘は「キュンメルの〈命ノ水〉《アクア・ウィタエ》（キュンメル酒）」と、大鐘は「ラム酒」と口ばしる。[66] シュライ河畔のクラッデルプにある小鐘は「硬いじゃがいも」、大鐘は「キュンメルとビール」と語る。[67] メクレンブルクの鐘楼からは、「ポメランツェ、アニス、アニス、キュンメル、キュンメル」、あるいは「ポメランツェ、スペインのブランデー、キュンメルにアニス」などと響きわたる。[68] ビーレフェルト旧市街の組み鐘は、あるものを誉めたたえんとして、広くこう告げ知らせる。

この世でいちばんのキュンメルは、
アオフ・デア・ヴェレに住むポットホフが持っておる。[69]

ヴェストファーレンのヘルデにある新教小教会の鐘は、鐘舌打ちの際にこう叫ぶ。

ルンゲ、ランゲ（「長い」）、ビールジョッキ、
バター、白パン、パンケーキ。

先述したブレーメンの「熱燗ビールの鐘」と同じく、リューベックの聖霊施療院にある、同じ名前の鐘もまた、「熱燗ビールをもってこい、熱燗ビールをもってこい」などと注意を与える。[70]

ライン河畔の鐘は、ワインの豊作年に、「よきワインかな、よきワインかな」（vinum bonum, vinum bonum）、果物の豊作年には「林檎《アップル》—泥水《ペッペル》、林檎《アップル》—泥水《ペッペル》」と語って鳴る。[71] またケルン大聖堂の大鐘たちも、同じく「よきワインかな、よきワインかな」とうなり声をあげ、その一方、紐を引いて鳴らす鐘が、大鐘の音に混ざって「林檎《アップル》—泥水《ペッペル》、林檎《アップル》—泥水《ペッペル》」と叫んだ、とも言われている。ある人の語り伝えるところによれば——とある司祭が、上部ライン地方にある肥沃な任務地から、アイフェル地方の貧しい教区へ異動になった。そこで、新しい職場はどうですか、と印象を聞かれたところ、「ええ、それはもう」、と司祭は言った。「とてもよろしいです。ただ以前の教区では〈よきワインかな、よきワインかな〉と鐘が語っていたのに、ここでは〈林檎《アップル》のワイン、泥水《ペッペル》のワイン〉なんて言うのですな」。「よきワインかな」の音は、また酒好きの人たちに、楽しい晩酌のことを思い出させる。[72]

罪のない飲みものであるミルクも、確かな存在感を放っている。ラインラントのかなりの町では、礼拝堂の小さな鐘が叩かれるとき、「一ピンテのミルクを、一ピンテのミルクを」とか、「一ピンテのミルクを、ジョッキ一杯の水を」などと鐘が語る。リューベックのペトリ教会にある鐘

たちは、「ミルクにブレツェンのパンくずを入れよ、ミルクにブレツェンのパンくずを入れよ」と叫ぶ[73]。シュタート（グレンヒェン教区）の朝と夕べの鐘は、「ミルク、ミルク、ミルク！」と語って乳しぼりの合図を出す[74]。聖アンナ教会（ディトマルシェン）の鐘は、「ミルクに小麦団子、ミルクに小麦団子」、シュリヒティングの鐘は「ヨーグルトに小麦団子、ヨーグルトに小麦団子」と呼びかける[75]。ブレーメン近郊のある村では、「お隣り村の鐘」と「小ぶりの鐘」とが、それぞれ「バターミルクに——人参ソース」と話す[76]。概してこうした言葉の短い組み合わせが、非常に好まれる。ブリーロン近郊シャルフェンベルク（ヴェストファーレン）では「肉ゼリーのムースに、じゃがいも」、レールセン（ヴェストファーレン）では「ふっとい豆、ふっとい豆」（ソラマメの意）[77]、デッサウ（聖ヨハネの鐘）では、「団子とすもも」[78]、オルヴェンシュテット（マクデブルク沃野地方）では「団子と玉ねぎ」[79]、アールハウゼン（ヴェストファーレン）では「豆の鞘をむいて鍋に、豆の鞘をむいて鍋に」[80]などと言う。

　リーゼンベック（ヴェストファーレン）の鐘つき男は、ライ麦の収穫期になると、午前十一時に鐘を鳴らし、畑で働く人たちに昼食の時間が近づいたことを知らせる。かなり低い音程から始まる鐘の調べから、農夫たちは、こんな言葉を聞きとる。

ソラマメが煮えたぞう、
ソラマメが煮えたぞう。

そして鐘がだんだんと高い音になると、こう言われているのだと思う。

鍋が、煮える、
鍋が、煮える。(81)

「レンズマメを煮なさい、レンズマメを煮なさい」という指図が聞こえてくると、そう信じる町も少なくない。(82)これに対して、メルトロッホ近郊のフルートヴァイラー村（ラインラント）では、「パンケーキを焼け」であるし、ブーバッハでは「お粥をまぜよ、お粥をまぜよ」である。(83)クルム谷にあるゴンテンシュヴィールの鐘は、「小麦のお粥」としゃべる。世間のあちこちで朝食にコーヒーを飲むことが一般化した時代にも、その町ではなお伝統を守って小麦スープを飲んでいたからである。(84)しかしエルレ（ヴェストファーレン）の鐘は、こんなふうに嘆き悲しむ。

お粥が焦げとる、お粥が焦げとる、
ブラントの家で、ブラントの家で。

またエルペ（ヴェストファーレンのベーデフェルトから一時間半の場所）では、わめくような鐘の音をなぞりつつ、「ハイ・バイン・ブライ」（さあお粥ができたぞ）、つまり夕食の時間になったから集まりなさい、という意味のことを歌う。アルスバッハ（ヘッセン）の鐘は、「豆が煮えたぞ、豆が煮えたぞ」、アンレヒテ（ヴェストファーレン、リップシュタット郡）の鐘は、「ソーセージに、まだ火はとおっておらんか、ソーセージに、まだ火はとおっておらんか」と鳴りわたる。ヴェーヴェリングホーフェン（ラインラント）の鐘舌打ちには、「集まれ、集まれ、シェンク（熱燗で飲む安酒）がぬくもったぞ」という文句があてられ、またエルペン（ハインスベルク郡）には、こんな小唄がある。

ヴォーレ、ペット、シェーヴェンダールの三つの村よ、
さあ家に帰れ、シェンクがぬくもったぞ。[85]

これに対してニーダーカッセル（ライン左岸）では、

ゴォン、ゴォン、ゴォン、シェンクはぬくもった、
だが子どもたちは、家の祭壇のほうへ行け。

ボルクホルストの鐘は、まことに心地よさそうに歌う。

ザントカンプに上がれば、ザウアーブラーテン（牛肉料理）がある、
もしいらなきゃ、そのまま置いときな。[86]

エッビングハウゼン（パーダーボルン地方）の鐘は、「ごちそう皿の上に脂が、ごちそう皿の上に脂が」と語り、リヒテナウ（同上）の鐘は、「肉、じゃがいも、それにソラマメ」としゃべる。[87] またベッヒェン（ヴィッパーフュルト郡）では、鐘舌打ちに合わせてこんな歌をうたう。

仔豚の骨を煮こもうや、
馬鈴薯と、馬鈴薯と。

クリップ（ライン河畔リンツの対岸）の鐘舌打ちには、それに合わせて隣村の人びとがこんな文句を唱える。

タラとフェンテ（魚の一種）と、
臭くなっていねえか、においを嗅いでみな。

アルターン近郊ラインスドルフ（ザクセン州）で日曜の朝一番に鳴らす鐘は、「鍋のなかの肉」と語るという。ボーケ（ヴェストファーレン）の鐘たちは、「色のきれいなキャベツ、きれいな、きれいな、色のきれいなキャベツ」と叫ぶ。ダーゼブルク（ヴェストファーレン）ではこうである。

生のキャベツ、白いキャベツ、

それが最高の葉っぱだな。
葉っぱ――葉っぱ――葉っぱだな。(88)

美味なる食事の想像をかきたてるのは、とりわけ教会開基祭《キルメス》の鐘である。五月の第一日曜日に教会開基祭を祝うロイプスドルフ（ライン河畔リンツ近郊）の人びとは、鐘からこんな呼びかけを受けとる。

ほうれん草のムースに、仔羊の肉、
こいつは最高にうまい、
そりゃそうだ、そりゃそうだ。

またはこのようにも語りかけられる。

切り分けた食べものが、たっぷりの籠、
それでもまだ満腹にならず、
そりゃそうだ、そりゃそうだ。

フレーレンベルク（ガイレンキルヒェン郡）の鐘は、教会開基祭が来ると、「食べものの入った小皿」

という言葉を三度にわたって語る。

隣り合ういくつかの鐘同士が、食事についての対話を交わす例もあり、これは広い範囲の人びとに特に愛されて浸透している。そのなかでもとりわけヴェストファーレン各地の町に、そうした会話の花が咲いている。ドルトムントではこのように鐘が鳴る。

ライノルディ「ソラマメー、ソラマメー、ソラマメー」
マリア「ベーコン付けて、ベーコン付けて、ベーコン付けて」
ペテロ「わたしは欲しくない、欲しくない、欲しくない」
司教座教会「ぜんぶ、わしにくれ。ぜんぶ、わしにくれ。ぜんぶ、わしにくれ」

パーダーボルンでは、ソラマメよりもキャベツのほうが好まれるようである。すなわち大聖堂の鐘が言う。「鍋を火にかけろ、鍋を火にかけろ」

すると地域《ガウ》教会の鐘は問い返す。「何を料理するのさ、何を料理するのさ」

そこでブスドルフ教会の鐘が応える。「色のきれいなキャベツ、きれいな、きれいな……」

するとイエズス会教会の鐘が、質問を投げかける。「食べるのはどちらさんかね」

それに対してミヒャエル教会、またの名を修道女教会の鐘が答える。

「それはわたしたちにお任せを！……」[89]

パーダーボルン地方のダールは、キャベツに対して拒否的な様子である。

　鍋を火にかけろ、
　何を料理するんだい、
　塩漬けのキャベツだい、
　わたしはそれは好かんね、
　レンズマメを煮なさいよ。[90]

エムスビューレン（ヴェストファーレン）の鐘たちは、「鍋を火の上にかけな」と叫ぶ。

するとザルツベルゲンの鐘が言う。「何をそこに入れるかね」

ライネの鐘はこう言う。「そのなかで豆を煮よう」

エムスデッテンの鐘は言う。「ベーコンを加えなさいな」

するとメーズムの鐘も言う。「ないから困ってるんですが[91]」

ヴィーデンブリュック郡の鐘の音からは、次のような対話が聞き取れるという。

レーダの鐘が言う。「ねえ、パウラ、ねえ、パウラよ」

ヴィーデンブリュックの鐘が言う。「大きな鍋は火にかけました」

聖ヴィート教会の鐘が言う。「何も、なかに入れるものがない」

ヘルツェブロックの鐘が言う。「ボールラントには、木苺が生えてるわね」

このような楽しいやりとりは、ヴェストファーレンの北部と中部の随所で観察される。[92] 他の地域では、食事に関わるこうした会話を探しても、なかなか難しい。ただしミュンヘンの鐘に、次のような例はある。

南墓地のつつましい葬礼教会である、かの聖シュテファン教会が口火を切る。

「若鶏と鴨肉、若鶏と鴨肉を」

聖霊の鐘楼から問いが来る。「だれが持ってくるんだね、だれが持ってくるんだね」

聖ペーター教会の鐘が答える。「百姓たちさ、百姓たちさ」

アンガー地区の聖ヤーコプ修道院教会が、好奇心たっぷりに聞く。

「だれが食べるんだい。だれが食べるんだい」

すると聖母教会から深く豊かな音色が響いてくる。「教会参事会の御人さ、教会参事会の御人さ」

別の小さな教会からかわいらしい音がする。「あそこを見て。あそこを見て」[93]

縁結びの助言・婚礼でのつぶやき

食事と並んで、さらに色恋沙汰や夫婦関係のことにも鐘は関心をもっている。なかでも生涯の伴侶の選択に際して、鐘は決定打を与える。花婿となる男が決まってはいるが、本当にその人物と結婚すべきかどうか迷っている娘が、ある時、司祭に相談をした。司祭は言った。いいかね、日曜の朝に、「主の天使」の鐘が鳴る時に、鐘が何と言うか、気をつけて聞いておきなさい。婿に「とれ《ニム》、とれ《ニム》」なのか、それとも婿に「とるな《ニム・ニヒト》」なのか。娘の耳に、きっと正しい答えが届くことだろうと司祭は述べた、ということである。[94] 東プロイセンでは、鐘が婚礼に際して、「さあ花嫁よ、こちらへ。さあ花嫁よ、こちらへ」と、婦人の葬儀に際しては（その夫であった男性に向けて）「新しく妻をめとれ。新しく妻をめとれ」と、また男性の葬儀においては（その妻であった女性に向けて）「新しく夫をむかえよ。新しく夫をむかえよ」と叫ぶという。[95] 結婚式の鐘は、およそ幸いの未来を告げることがない。バイエルンのレヒ川、ドナウ川地方では、鐘がこう語る。

おお、悲惨なこと、おお、悲惨なこと。
いつまで。いったいいつまで。
一生のあいだずっとなのか。[96]

バーゼルの婚礼教会、聖ヤーコプ礼拝堂の鐘は、何度となく言葉を繰りかえしてゆく。「悲惨の道だ、悲惨の道だ」[97] と。スイスのこの他の町でも、鐘の言葉はおよそ人を元気づけるものではない。高音域の鐘が、「十字架、苦悶、悲惨の時よ」と告げ知らせると、中音域の鐘が、「いつまで。いつまで」と問うた。すると低音域の鐘が、「一生のあいだずっと」と答えたという。[98] パーダーボルンのアッテルンでは、婚礼のミサに際して、「悲惨の道をゆけ、悲惨の道をゆけ」と鐘が口ばしった。[99] アーメルスビューレン（ミュンスター郡）の鐘は、これよりもずっと気もちのよい言葉をかけてくれる。すなわち婚礼の前には、「娘はいよいよ花婿を手にするね」、婚礼の後には、「あの娘は、ついに花婿を手にしたね」、と話す。

嵐を避け、天気を読む

鐘はさらに、嵐を追いはらう力をとりわけ誇りとする。例えばフリックの鐘をめぐって、こんな歌がある。

ズザンネ、ズザンネよ、
なべての嵐を、追いはらって[100]。

鐘の響きは、暴風雨が差し迫っていることも教えてくれる。「鐘の音がよう聞こえてきたわ」(あちこちの隣村から、鐘の音がしっかりと聞こえてきたという意味)などと言われる(クロイツナッハ郡、ボース)。またジンメラートの町で鐘が鳴り、それがケスターニヒ(モンジョワ郡)までよく聞こえてくると、「排水ポンプが動き出したな」、と人びとは言う。つまりまもなく雨が降り出すという意味である。カッテンフェンネの鐘は、リーネン(ヴェストファーレン)において「大雨の鐘」と呼ばれている。それが南西の風の時にだけ聞こえてくるからである。鐘が澄んだ音をたてる時は、好天が見こまれるという。それに対して鈍重な音であれば、悪天候が予想される(東プロイセン、バルガ)[101]。

嘲りや皮肉

嘲笑やからかいは鐘のまことに得意とするところであり、粗野な言葉遣いも稀ではない。特定の個人が槍玉に挙げられることも多い。シュトッツハイム（ラインバッハ郡）の鐘舌打ちは、こんな意味の言葉を発するという。

ブランケンヘームのダイエは、
ズボンが、卵でいっぱいだ。
だから平らな石に腰を下ろすと、
卵はみんな、おじゃんだ。

ボンの参事会教会では、寺男が大鐘を鳴らすと、「ミンラート、ミンラート、ごろつき野郎」と叫んだものである。このミンラートという寺男は、がつがつした、あまり好感をもたれない人であったらしい。

さらに多く見られる例としては、ある町が、別のある町に対する鬱憤を晴らすタイプのものがある。アルテンビューレンの鐘の音を、ブリーロンの町の者たちはこう聞きなそうとする。

アルテンビューレンではな、
水車小屋に、悪魔が鎮座しておる。

ベーゼンゼル（ヴェストファーレン）の鐘は、こう聞こえる。

ベーゼンゼルではな、ベーゼンゼルではな、
シラミをつぶすばかりで、着るものもなく寒いこった。

ノイエン・ベーケンの鐘はこうである。

ベッケン、ベンゼン、メルイェンラウの三村では、
娘たちが、エンバクの麦わらで暖をとる。(102)

教区所有の近隣の森で起こる木材の盗伐は、みなルートという村の住人のせいにされていた。斧や鞭の柄をこの森から伐り出してくるようにと、村びとたちに強く求める当人は、それゆえルートが所有する小鐘そのものと考えられた。小鐘はこう言うのである。

ヴィルヘルムよ、鞭の柄を！(103)

レープシュッツの鐘は、「ここは百姓ばかり。これからも百姓のまんまさ」、といつも叫んでいる。

カーラの町の住民はそう言って嘲ったものである。(104)ファレンダー（コブレンツ郡）にあるカトリック教会の鐘は、祝祭日の前に鐘舌打ちを行い、長・短・短・短・短／長・短・短・短・短／長・長・長／短・短・短・短のリズムで音を奏でるが、この町に属さないよそ者は、それに合わせてこう歌った。

ファルのごろつき野郎、デールのごろつき野郎、
みんな大したごろつき野郎ばかりよ。(105)

この中傷に対してファレンダー側は、実際はこう鳴っているのだと述べて、言い返す。

どこの馬の骨とも、どこの馬の骨とも知れぬ奴ら、
みんな、どこの馬の骨とも知れぬ奴らよ。

ライン河畔ホネフでは、鐘舌打ちに合わせてこう歌う。

ホネフといやぁ、薔薇の花咲く谷、
ブライトバッハといやぁ、吝嗇のひしめく鶏の巣、
ウンケルといやぁ、豚小屋、
ホネフの者たちゃ、先刻承知のことよ、

そりゃそうだ、そりゃそうだ。

日曜日が来るたび、ディティス（ディトゲスの方言形）の村人たちに、鐘はこう語りかけたという。

タル・ディティス、タル・ディティス、オイ・ナルン。

すなわち「頭のおかしなディトゲス、頭のおかしなディトゲス、おまえたち阿呆らよ」という意味である。(106)

多くの鐘は、単に地名を発するだけでよしとしている。ヘルムシュテット近郊ヴァルベックの鐘は、「エスビュンネン」という音を発して鳴るが、これは荒廃して今は消滅した町の記憶をとどめるものである。またデリクセンの鐘は、「リンダウ、グローナウ」と鳴って、二つの町の名前を語るという。(107) バイエンブルクの鐘舌打ちでは、「バイエンブルクより、ヴィッパーフュルトへ、こぉん、こぉん、こぉん」と音が鳴り、ホーエン・シュプレンツ（メクレンブルク・シュヴェリーン）では、「リュッテン・シュプレンツより、グローテン・シュプレンツへ、ザーベル、カンケル、ドルゲンへ」と鳴る。聖ヨハネの日の昼、正午と午後一時のあいだに、ツェヒリンの町（プリーグニッツ）近郊のヴム湖のほとりを歩くと、湖から、「ヴムのみずうみ、ヴムのみずうみ」といって、鈍い鐘の音が聞こえてくる。(108)

ある教区が別の教区に対して、鐘を盗んだと非難することもままある。ロイトリンゲンの町が火災に遭ったとき、それに乗じてプフリンゲンの人びとは鐘を盗んでくるが、その鐘は「どろぼう、どろぼう」という音を出す。[109]ケーディンゲンの人びとが盗んできて、バルイェの鐘楼に懸けてある鐘は、もともとブルンスビュッテルのものであった。この鐘は、今も変わらず「ブルンスビュッテルへ、ブルンスビュッテルのほうへ」と叫んでいる。[110]ヴィルヒョー湖の水中にある鐘は、人間の声で哀歌をうたう。いわく、自分は深い水底にじっとしているほかなく、盗まれる前まで自分が置かれていた、あのヴェンド人の町に戻ることはできないのだと。[111]

　比較的小規模の教会では、鐘がいくらか薄っぺらい金属音を出すことが目を引く。ライン河畔では、このことで近隣から嘲笑を受けてしまう定めとなった。「あそこのやつはカタカタする音をたてて、コーヒーミルみたいだな」とか、「料理の鍋を叩いとるわぃ」、「連中、粥の鍋を叩いとるのぅ」、「カンカンってフライパンの音じゃねえのか」、「連中、フライパンを叩いとるのかと思ったぜ」などと言われる。モーゼル河畔メーリング（トリアー郡）では、リオル、レルシュ、もしくはロンゲンといった近隣の小邑の鐘が聞こえてくると、「みな聞けい、リオルの料理鍋の蓋の音がしよる」とか、「レルシュの、野草の突き棒だ」などと言う。ラーヴェンスボイレン（モーゼル、ツェル郡）では、第一の鐘が「料理スプーン、料理スプーン、料理スプーン」としゃべると、第二の鐘が「粥のなべ、粥のなべ、粥のなべ」と口ばしり、第三の鐘が、「三枚の皿、三枚の皿、三枚の皿」と叫ぶ（常に二つ目の名詞に強勢をおきながら）。ゼオン（スイス土着の呼び名では「セーン」）の村びとたちは、「乳桶」というあだ名を頂戴している。彼らの教会の鐘は、ミルクを入れた陶器がカタカタと音をたてるような響きをもつからである。それゆえ次のような嘲笑の小唄もある。

セーンの連中、桶を叩いて集める、
牝牛の乳よぉ、牝山羊の乳よぉ。[112]

ビースフェルト（ヴィッパーフェルト郡）にはかつて、きわめて小さな鐘が二つだけあり、どちらかと言えば鈴のような、とても高い音をたてていた。そこで近隣の村々は、「あの連中、やかんで鐘鳴らしをしとるわい」とか、「鈴でやっとるわい」などと言ったものだった。

頻繁に見られるわけではないが、ユダヤ人への当てこすりに鐘が悪用された例もある。ザンクト・ヨハン（ザールブリュッケン）の新市庁舎にある鐘楼は、鐘の合奏を次のような言葉で始める。

モーリッツ・ノイマンよ、
あんたの家はどこだい。
ザンクト・ヨハンさ、
じゃあ、あんたは何者だい。

すると重厚な時報の鐘が、「ユダヤ人さ！」と答えるのである。[113] リートベルク（ヴェストファーレン）のカトリック教会では、鐘舌打ちの音が、「ユダヤ人なんかに、ターラー銀貨、くれてやらねえ」という文章になる。[114] ケルンの聖セヴェリン教会の鐘舌打ちは、こう語る。

わしらが持っておるすべてのものは、
ユダヤ人、アブラハムのものなり。(115)

カトリックの信者も新教の信者も、鐘の言葉をさまざまな皮肉に用いることが多くあり、それはたいてい他愛のないものである。ケルン大聖堂の鐘たちは、「カトリックの信者となれぇい、カトリックの信者となれぇい」と語るが、同市の新教教会である聖アントニウス慈悲修道会教会からは、二つの小鐘がこう答えを返す。

わしらは、それはせん、
わしらは、それはせん。

ベラッハの鐘はまた少し異なっていて、こう語りながら鳴る。「ベラッハは望まん、ベラッハは望まん――（そして一斉の鐘鳴らしの結びに）――ルター派になれぇい」(116) カトリックであるルンクホーフェンの人びとは、近隣の村から大食い野郎だと揶揄されており、教会儀式である聖体行進の際にルンクホーフェンが鳴らす小鐘には、「パン屋を閉めろ」という二義的な言葉〔実際のパンと聖体のパンとにかけてある〕が聞き取れると言われた。(117) リートベルク（ヴェストファーレン）の人びとは、新教教会の小鐘が揺らされ始めると、「ほら聞きなされ、ルターの悔い改めが、嘶いておられるわ」

と言うのが常である。ボンでは、かつて新教教会（大学構内の選帝侯礼拝堂）のことを「シュペックメル」（ベーコン作りの小屋）と呼び、そこから鐘の音が聞こえてくると、「シュペックメルで鐘が鳴っとる」と言ったものである。ヒューディングホーフェンでは、上部カッセルの新教教会の鐘が鳴るときに、同じ表現を用いる。

からかい好きの心は、聖職者のお偉方の前でもとどまることを知らない。リューベックの大聖堂の鐘たちは、いつも変わらず、「でぶの、太っちょの、教会参事会員さんよ、でぶの、太っちょの、教会参事会員さんよ」と繰りかえしている。[118] クラーゲンフルトの司教座教会では、さらにいくらか辛辣に、鐘たちが次のような声を交わす。まず口火を切るのは、最小の鐘である。

ひとりの赤子が生まれたり、ひとりの赤子が生まれたり、ひとりの赤子が生まれたり！

すると他の鐘たちがすばやく割って入る。

父親はだれだね、父親はだれだね、父親はだれだね。

最大の鐘が答える。

教会のお偉方だよ、教会のお偉方だよ、教会のお偉方だよ！

そして結びに、はるか遠くから聖霊教会の小鐘が、くすくす笑いをしながらこう語るのである。

そうだと思った、そうだと思った、そうだと思ったわ。[119]

デュルメン（ヴェストファーレン）の鐘は、これよりも心楽しい言葉を語る。

ワインをグラスに一杯、そして焼いた鶏、
これはデュルメンの、教会執事さんのもの。

しかしスイスの各地では、集まり来た教区民と司祭との対話のなかに、またもや辛辣なあてこすりを感じとることができる。

司祭「わがごろつきどもよ、みなお揃いかね」
教区民「あんたもその一人、あんたもその一人さ」
結びの鐘舌の叩く音「やつが来る、やつが来るよ」[120]

かつてアンネンン（ヴェストファーレン）の町で、空席となった司祭の座をめぐり二人の聖職者が、すなわちコッケルケとボースという二人の男が対立したことがあった。選ばれたのは後者であった。教会の鐘は、すでにその前から、「コッケルケではない――ボース！」と歌うことで、結果を予言していたという。

聖人に呼びかける

ちなみに聖人や宗教的な事物そのものが、こうした言葉のなかで触れられることはめったにない。かつてはカトリックであったが今は新教となったヴィックラートベルクの教会の鐘（マリアの鐘）について、隣村のヴァンロとフェンラートの人びとは、「神の母上が大声を出しておられる」、と口にするのが常であった。同様にレーディンゲン（ユーリヒ郡）の一帯では、重たい鐘が単独で揺らし鳴らされると、「コルネーリウスどのが大声を出しておられる」と言う（聖コルネーリウスはレーディンゲンの教会の守護聖人）[121]。クリュッツ（メクレンブルク・シュヴェリーン）では、複数の大鐘たちが「マリアと幼子イエス」と、ヴェンデブルク（ブラウンシュヴァイク）では「イエス・キリスト」[122]、ビーレフェルトでは、ビュルガーヴェーク通りにある小修道院の鐘が「父なる神よ、息子なる神よ、聖霊なる神よ、われらのもとにあれ、われらのもとにあれ」と話す[123]。ヴァレンブリュックには、シュペンゲと聖アンナ、そしてホイエルという名をもつ三つのクリスマス用の鐘があり、順に次のような夜の歌をうたう。それは民衆のユーモアがいかに大胆なものであったかを証明している。

「夕がたから、あのマリアさまが産気づかれての」
「あのおばあさんがかい」
「それに結婚もしておったのだと」
「世の中いろいろあるもんだね[124]」

ライン河畔のリュスキルヒェンにある、船頭たちの教会である聖マリア教会の鐘たちは、「ニクラスはよい人、わたしたちに今、贈り物をしてくれる人」と叫んだ[125]。聖ニクラス（ニコラウス）の日の夕べには、子どもたちのための鐘舌打ちが行われるが、その音は、贈り物を積んでくる聖人のソリの音だと解されている（ヴィッパーフュルト）。

ノイスの司教座教会では、祝祭日の前夜に鐘舌打ちが行われ、それに合わせて子どもたちがこんな歌をうたったものである。

コン、コン、コン、
ゴン、ゴン、ゴォン、守護聖人、
塔の上の聖クヴィリヌスさま、
あたしは娘、あんたはおとこ、
一張羅のズボンは、あんたがもらっちゃいけない、
コン、コン、コン、

ゴン、ゴン、ゴォン、
聖クヴィリヌスさま、……。

ボルケン（ヴェストファーレン）では、四十時間の祈りの日（十月一日）に鐘舌打ちがなされ、このような言葉で鳴る。

レミギウスさまは、われらが教会の守護聖人なり、
グロース・レーケン村の者たちに、何の関わりがあろうや。(126)

ニーダーマルスベルクの鐘たちは、こんな願いを立てる。

おお、離れずにおれ、おお、離れずにおれ、
聖なる、聖なるマグヌスさまのおそばより。(127)

ビラーベックの鐘たちは、聖ルトゲリの日の行列が入ってくる際に声を合わせて、こう言って挨拶したという。

ルトゲリさま、その命日、ルトゲリさま、その命日よ。

ビラーベックのルトゲリ教会にあった小鐘は、かつてこうしゃべった。

われらは泉へと向かおう、
あのかたも共に来られる、きっと。(128)

クミルスコ（東プロイセン、ヨハニスブルク郡）の二つの鐘は、それらが捧げられた二人の聖人、聖ヨハネと聖ミカエルの名を呼ぶ。一方が「パン・ヤン、パン・ヤン」と響くと、それに割りこむように、もう片方が「パン・ミヒャル、パン・ミヒャル」と鳴る。

ボーフムにある小ぶりな改革派教会の鐘たちは、自分が懸かる鐘楼の形をいつも大声で叫んだ。すなわち「パイプ煙草の缶、パイプ煙草の缶」と。ダーレム（ビットブルク郡）では、隣村の鐘が聞こえてくると、その音を馬鹿にして、「……の大聖堂（よく知られた地名が入る）さえ、おびえるほどじゃ」と聞きなす。

家畜の世話を焼く

畑や家畜も一定の役割を果たしている。アルテン・リューテン（ヴェストファーレン）では鐘たちが歌う。

わしらは火を焚いた、火を焚いた、
一日じゅう、畑で火を焚いた。[129]

レリングハウゼン近郊シェレンベルクでは、聖アンナの日に鐘舌打ちがなされ、こうしゃべる。

聖アンナの日は、
山をどんどんと上がり、
一ポンドの亜麻が、
一ターラー銀貨、一ターラー銀貨。

「山をどんどんと上がり」というのは、昼の長さがますます短くなることを意味しているようである。七月の終わりごろには、収穫した亜麻のほぼすべてが加工されていて、なんとか「一ポンド」の量になる程度であり、せいぜいが「一ターラー」の値にしかならなかった。[130]
コースフェルトでは、ランベルトゥスの塔から行列のための鐘が鳴った。複数の鐘が相次いで叩かれ、「ブリンクヤンの汗」という名で呼ばれた。それを取り上げた小唄がある。

牝牛が来るよ、門を開けよ、
牝牛が来るよ、門を開けよ。[131]

フレーデブルクの鐘はこうしゃべった。

牝牛をつなげ。牝牛をつなげ。
牝牛の口をしばれい。[132]

ザストロップではこうであった。

白い牝牛、まだらの牝牛、
牝牛に目隠しをせい。[133]

ヴァーダースローでは粗野な言い方をする。

牝牛のあそこを縛ったれい。[134]

ローネではこのような言いまわしがある。

娘が、牝牛のあそこを（きっちり）縛ってやる。[135]

牧人が率いる家畜の群れの、先導の牛の首に付ける鐘は、よい夏をすごし、秋になって高山の放牧地《アルプ》を降りるとき、「よいアルプじゃった、よいアルプじゃった」と語るという。そしておよそ上出来の夏と言えなかった年には、「ごろつき、貧民、ごろつき、貧民」としゃべるのだった。アルプスの牧場へ向かう時には、「愛する牝牛っこよ、ほやほやの乳を。愛する牝牛っこよ、ほやほやの乳を」と、声をあげた(136)。

鐘の少なからぬ関心をひくものとして、さらにガチョウがいる。ラルスホーフェン（ユーリヒ郡）の鐘舌打ちでは、「ガチョウに、アヒルの脚は付いてない」という、ささやかなる知識が宣言される。

ゼンデンホルスト（ヴェストファーレン）の鐘舌打ちは、かつて次のような言葉を語ると言われた。

わしらのガチョウと、ヴェリングのガチョウと、
一団になって、空を飛ぶ、
「関所小屋」に向かって。
そして畑のまわりをめぐる。
ライ麦は伸びた、
五フィートにまで伸びた(137)。

アルバースローの鐘の言葉はこうであった。

わしらのガチョウと、ヴィエルラントのガチョウと、
一緒になって、〈関所〉屋へと飛んでいった。
そして〈関所〉屋からキュルスターの酒場へ、
そしてキュルスターの酒場から、〈関所〉屋へ。[138]

エーヴァースヴィンケルの鐘の響きは、次のような意味の言葉だという。

ベーアマンの庭には、ガチョウの巣がある、
寺男の庭にも、ガチョウの巣がある。[139]

東ヴェストファーレンの一部にも、次のような言葉が伝わっている。

キン、コォン、まだらの牝牛さん、
灰色ガチョウさん、そいつが卵をなくしたが、
白のガチョウさん、そいつがまたつかまえる。[140]

言葉遊び

最後に、およそ思いつきの域を出ない、またしばしば意味不明な（少なくとも部外者にとっては）冗談の類が、かなりの数にわたって見られる。ここには多種多様な発想が表現されている。その全体像を示すことも、その一部を選んで紹介することもここでは難しいが、わずかに二つの種類の実例を挙げるにとどめたい。

メクレンブルクとポンメルンでは、多くの町で、鐘の音から「堤防に沿って《デン・ダム・エントラング》」という音を聞きとる傾向があり、そこから何らかの文章を成立させるために、前か後ろかに言葉を加えようとする。例えばこのようなものがある。

トリヴァルクへの道は、どこをどう行ったらいいのだ。
堤防に沿って、堤防に沿って、リュボーのほうへ。

あるいは、

寺男が、堤防に沿って走っていく、
寺男が尋ねる、砂はどこにたまってるかね。

あるいは、

寺男が妻をとって夫婦になり、
堤防に沿って、妻と歩く。[141]

シュヴァーンではこのような小唄がよく知られている。

堤防に沿って、堤防に沿って、
小さなじょうろ、大きなじょうろ、
ザーベン、カンケル、ドルゲン。[142]

ズュルツの一帯にはこんな歌がある。「寺男は走るよ、堤防に沿って――、あいつは走って、尻まで、寄せ波の中に入るよ」――。フィルツではこう歌う。「堤防に沿って――フィルツの湿地に泥棒がおる」――。ラドゥーン（ポンメルン、グライフェンベルク近郊）の住民たちは、町の三大祭の幕開けを告げる鐘舌打ちの音に、次のような言葉を聞こうとする。

寺男が、堤防に沿って走る、
堤防に沿って――堤防に沿って、

そして結びに「堤防《ダム》、堤防《ダム》、堤防《ダム》」という音が来る。

鐘の音にまつわるすべての小唄のうち、おそらく最も人口に膾炙したもの――少なくとも低地ドイツにおいて――は、鐘の響き（たいていは鐘舌打ち）に、「わたしの親指《マイン・ダウメン》よ、わたしの指《マイン・フィンガー》よ、わた《マイ》しの肘《ン・エレンボーゲン》よ」という言葉を聞きとるものである（各方言によってもちろん異同はある）。[143] エルレ（ヴェストファーレン）では短く、「わたしの指を、わたしの肘を」と言うだけである。オスナブリュック大聖堂の小鐘（ソプラノ）は、「わたしの指、わたしの指、わたしの指よ」と鳴り、中鐘（バリトン）は「わたしの親指、わたしの親指、わたしの親指よ」、大鐘（バス）は「わたしの肘、わたしの肘、わたしの肘よ」としゃべる。ブラウンシュヴァイク大聖堂では、小鐘が「わたしの指よ」と言い、大鐘が「わたしの親指よ」と言う。レルム（ブラウンシュヴァイク）の大鐘は「わたしの親指よ」、中鐘が「わたしの肘よ」、そして小鐘が「わたしの膝よ」と語る。[144] レーレの町では小鐘が、「親指太郎さん、親指太郎さん」とだけしゃべる。[145] リューベックの聖ユルゲン礼拝堂では、「わたしの指、わたしの親指、わたしの肘、わたしの指、わたしの親指よ」と話している、鐘舌打ちの音がする。[146] そこへさらに短い詩句を付け加える町もある。例えばアールヴァイラー近郊のビレスドルフでは、こうである。

わたしの親指、わたしの指、わたしの肘よ、
最初に、わたしの姉いもうとたち、それから次に、わたしの義兄弟たち。

エンゼン（ライン河畔ミュールハイム郡）や、デューレン近郊のビルケスドルフも同様である。[147] ポ

ルスムの住人たちは、教会の鐘のリズムから次のような唄の言葉を聞きとる。

わが親指よ、わが指よ、わが肘よ、
これらはみんな、皮で覆われとる。[148]

ボルケンにも同じ例がある。[149] ビッペン（ベルゼンブリュック郡）には二つの鐘があり、片方がまず低音でこう話す。

リュロアルント、ヴェレンディーク、白のヴェントケス、シュトローハウト（家名の列挙）

するともう片方が、高音で割って入る。

わが親指、わが指よ、わが肘よ、
これらはみんな、皮で覆われとる。[150]

レースフェルトの宮廷礼拝堂にも同じ文句が伝わっており、その結びは、「……白い皮で覆われとる」となっている。[151] ニーダーカッセルでは鐘がこう話す。

わが親指よ、わが指、わが肘よ、
わたしに出会ったものらは、騙されておる。

ローマー（ケルン行政区）では、こうである。

わが親指、わが指、わが肘よ、
わたしは母さまの乳首を吸った。

リュッツェンキルヒェンでは、鐘の音をこう聞く。

わが親指、わが指、わが肘よ、
イェープの親方はあたまがおかしい、おかしい、おかしい。[152]

ボーケとデルブリュック（ヴェストファーレン）ではこうである。

わが指よ、わが肘よ、
わたし自身は、その骨折りはしなかった、
骨折りはしなかった。[153]

この種の小唄はかなり古いものであり、民謡か、または舞踏歌に起源をもつと思われる。グリムの『ドイツ伝説集』（第一巻、七六番）や、一六一〇年のクオドリベット（遊戯的な俗謡の一種）にも例が見える。(154) ハンデルマンの文献(155)には、シュレスヴィヒ・ホルシュタインに由来するもので、後追いで歌詞をうたっていく次のような歌がある。

カトゥルス、ティブルス、プロペルティウス、
修士ヨハネス・ポステリウス、
わが親指、わが指、わが肘は、
みんながみんな、皮で覆われとる。

このような歌詞をだれかが単独でうたった後で、続いて合唱が口まねをする。最後から二番目の音節にある「覆われ」（ta-gen）の箇所は、できるだけ長く伸ばさなくてはならない。というのも、うっかり黙りこんで最初に歌をとめてしまった人は、罰金を払わされるからである。

いくつかの伝説は、世間の語りべたちの手を経ることによって短い詩句に変形されてゆく。伝説の内容はそこで簡潔な定型句にまとめられ、鐘の音の言葉として語られることになる。すでに言及した、打ち殺された見習い職人の伝説はその一例である。この他の例については後に述べたいと思う。

第Ⅺ章

慣用句のなかの鐘

鐘鳴らしのイメージをもとにして、さまざまな概念や行為を示す、感覚性の豊かな言い換え表現が生み出される。ハンス・ザックスは、単純に「嘘をつく」とは言わずに、「嘘の鐘を鳴らす」(die Lügenglocken scheln) と表現する。[1] ミュンスター地方では、不潔なことを話す人間は、「豚の鐘を揺らす」(de lütt met de Swineklock) やつだと言われる。[2] チロルの人びとも、卑猥な冗談を言うことを「豚鐘を鳴らす」と表現する。[3]「主なる神さまとその教会のすぐそばに、悪魔はおのれの礼拝堂を建て、ガラスの鐘を揺らし鳴らす」、と言うのはドルトムント周辺の地方である。[4] メクレンブルクでも、酒場のことを「ガラスの鐘を鳴らす教会」と呼ぶ。[5]「ええ、あの女は修道院に入るのよ」、ゴッセンザスのある女性は、自宅の女中についてこう語った。「揺りかごの綱で鐘鳴らしをする修道院にね」。[6] また「あんたの選択は、木の鐘を叩くみたいだ」とは、実に愚かであるという意味である(ヴェストファーレン、イーザーローン郡)。ただし、「皮でできた鐘で、鐘舌も狐のしっぽであるなら、それを鳴らしたところで、大して遠くまでは聞こえない」という言いまわしもある。[7] チューリヒ州の人びとは、「おい待ちな、おれが鐘を鳴らして嵐を呼んでやろう」、と言うが、これはつまり、おまえの計画をだいなしにしてやろう、という意味である。[8] 行儀のわるい子どもが椅子に座っていて、足を絶えず前後にぶらぶらさせていると、その様子を表現して、「鐘を鳴らして犬を追っぱらう」、もしくは「呼び寄せる」と言われる。[9] ラインラントでは、泣きわめく子どもが鼻の穴からも涙を垂れ流しているると、「鐘舌を引っ張っておるな、鐘綱引きたちはみな災難だ」（ケンペン）、あるいは「まったくおまえはまた、なんていう鐘綱を鼻の穴からぶらさげてんだい」（ファレンダー）などと言われる。ヴェストファーレンでは、泣きわめく子どものことを、「花嫁の鐘を引っ張っておる」（Et trecket de Braudklocke）とも表現する（ルール河畔シュヴェルテ）。「あいつは、いい鐘を鳴らしてはおらんな」というのは、ひどい咳をしているという意味である。[10] 肘が当たってしびれたときには、「鐘が撞《つ》かれたみたいだ」とこぼす（メクレンブルク）。ヴェストファーレン人は、脱穀のからざおを「木の鐘」（hültene Klocken）と名づけている。男が一人だけでその脱穀のさおを振っていると、インデン（ラインラント、ユーリヒ郡）では「鐘叩きをしておる」と言う。そして二人かそれ以上の人数であれば、「組み鐘を鳴らしておる」と言う。「この食事はまったく粗末なもんだ。あご骨で鐘叩きをするぐらい、何も食べるものがねえ」、というレックリングハウゼンの言いまわしもまた、やはり片側だけの鐘叩きに関わりがある。[11] デュルケン（ケンペン郡）では、分娩の痛みに苦しむ女性の様子を、「古鐘を叩いておる」（Doo send si an ött klempe）と言い表わした。ハンス・ザックスの謝肉祭劇に登場する牝牛泥棒の男は、次のように懸念を表明する。

もしおれさまが麻縄の馬に乗ったなら（絞首台にぶらさがること）、
野の鐘の鐘舌として、役に立つだろうさ。[12]

同じ詩人がさらに職匠歌のなかで、かなり卑猥なことを語っている。

司祭どのはまるでご婦人のように、
衣服の裾をからげて拭き掃除をしていたさ、
それで司祭どのの鈴たちが、ゆらゆら揺れるのが見えた、
煙穴の手前で、行ったり来たり。[13]

鐘は、町と郊外に向けて音を響きわたらせ、すべての聴き手に知らせを送りとどける。それゆえ「鐘を打ちまくる」（Utpingeln）と言えば、何かを吹聴してまわることを意味するし、大口をたたく人間のことを「鐘打ち皿野郎」（Pingelpott）と呼ぶ。そういう人物については、「大鐘がはしゃいどる」とも言われる（ミンデン郡、アイディングハウゼン）。したがって何かの秘密が守られず、広く知られてしまったことが確かになると、「大鐘を鳴らしたみたいに知れわたってやがる」と言う[14]。また「いずれ鐘のもとに寄ってくる」とは、「桃李もの言わざれども……」に近い意味である。何かが周知のことになると、「大鐘のところに帳面を持ってきたな」と言う（ヴェストファーレン、テクレンブルク郡）。人に知られたくないことは、「鐘綱にぶらさげたりしてはいけない」（dat schall man nich an'n Klockenreep hangen）[15]。さらに、「たしかに鐘の音は聞こえたが、どこに鐘が懸かっているのかを知らない」という言いまわしも、随所で記録されている。これは、はっきりとわからない、理由までは知らない、という意味である。ボルゲルン（ゾースト郡）では、もしだれかに向けて、「おまえは鐘の音を聞いたはずだが、どこに鐘が懸かっているかは知らないね」と指摘す

ると、おそらく次のような答えが返ってくる。

鐘は居酒屋に懸かってるさ、
もし落っこちたら、ぜひともかっ攫っとけ。

バイエルンでは、「鐘が鳴るのは聞こえたが、一斉に鳴ったというわけではなかった」という言いまわしがある。[16] ラインラントにおいても、「あいつは鐘舌打ちの音を聞いたが、教会がどこにあるかは知りやしない」と言う。[17] これに対して「あいつは鐘の鳴るのを聞いた」とは、何か事情を知っているという意味であり、「あいつは、鐘がいつ鳴るかを心得ている」とは、その人が折よく機会をとらえることができる、という意味である（レース郡、ハルダーン）。オスナブリュックの一帯では、「町の人びとはいつも何か新しいことを知っている。というのも町では、常にどちらの地区でも鐘が鳴っているのだから」と言うことあるが、これはつまり、その土地でいつも多くの出来事が生じていて、いろいろなことが人びとの語り草になっているという意味である。[18] 知ったかぶりの質問を受けたヴェストファーレン人は、「そんなことは日曜日に、市門の前で鐘を鳴らして知らせてるさ」と答える。[19] 「いつもとは違う鐘の音が聞こえる」（Nu lüdden de klocken anners）とは、「ここはどうも勝手が違う」という意味である。[20] ラインラントには、性急さを戒める言いまわしとして、「教会開基祭《キルメス》が始まるまで、鐘舌打ちはしちゃいけない」というものがある。これをむしろ前向きなニュアンスで言えば、「鐘舌打ちを延々と続ければ、教会開基祭もついに来る」とか、「教会開基祭が来るまで、ずっと鐘舌打ちを続ける」といった表現になる。[21]「鐘のないところに音は立たぬ」(wo kine Klock is, da is auk kin Gelüd)、つまり原因があってこそ何かの作用が起きている、というのは当然の理である。[22]もし寺男が時間にだらしなく、鐘鳴らしの仕事を気ままに済ませていると、「寺男の腰を上げたときが鐘の鳴るとき」と言われた。[23]しかし特別に早起きをしなければならない時には、「きっとあんたは、寺男の鐘鳴らしの手伝いなんだね」と尋ねられることもあった(ドルトムント、マルテン)。そして鐘が長く鳴りやまずにいると、「寺男どのは、鐘綱に足を絡めてしまったんだろう」とも言われた。[24]

おしゃべり好きで、家から家をまわって歩いているような人間は、上部ナープガウでは「村の鐘」(村の鈴)と呼ばれた。そして声が大きくてうるさいと、「こいつは鐘みたいだ、姿は見えずとも、音は聞こえる」と言われる。[25]「鐘の音は何でも美しいと決まったもんじゃない」という言いまわしは、話というものは何でも快適かつ良きものというわけではない、という意味である。同様の趣旨で、「羊の鈴も鐘のひとつさ」、「牝牛だって鐘の音をたてるぜ」などと言う。[26]「同じ鐘のもとに属する人びと」、というのは同じ教区の仲間同士という意味であり、彼らはお互いのことをよく理解し、親密な仲である。それゆえ村外に結婚相手を求めることを、「鐘の響きのごとく外へ飛び出していく者は、残した恋びとのことでずっと悔やみつづける」、と表現する(デューレン郡、ヴィンデン)。「同じ鐘を引く」(An eene Klock trecken)とは、目的を共有し、共に追求しているという意味である(レース郡、ハルダーン)。これには、「連中は同じ綱を引いている」という言い方もある（ラインラント、ケンペン）。ただしイーザーローンでは、「あいつは鐘の綱を引いている」と言えば、仕事を怠けているという意味になる。

いくつかの謎なぞの文面では、人生の有為転変を味わった人に対して、鐘が「自らは無慈悲に、同情のかけらもなく」（シラー『鐘の歌』より）ふるまう。東フリースラントにこのような例がある。

その舌は鉄からできており、
その唇は鋼であり、
死者を悼むことなどせずに、
ただあちこちに、声をかけてまわる、これなあに。(27)

メクレンブルクでは、

あたしは舌がないのにしゃべる（「歌う」の例もあり）、
肺がないのに叫ぶ、
ひとの喜び、悲しみの儀式に出るけれど、
感じ入る心はもってない。あたしはだあれ。(28)

チロルでは、

あたしは嘆きの声をあげるけれど、嘆いていない、
あたしは叫ぶけれど、腹がへりはしない、
ひとの喜び、悲しみの儀式に出るけれど、
感じ入る心はもってない。あたしはだあれ。(29)

もしだれかが予期せぬことを達成したり、優秀な仕事をした場合、オイペンでは、「おやおや、それでは鐘をひと節、鳴らさせよう」(Nee, nou loet ech eel ene Pues luwe)と言って驚きを表現する。ヴァルデックでは、「あの重労働で死ぬほど働きとおしたやつには、ろばが鐘を鳴らしてくれる」、と太鼓判が押される。(30) ポンメルンでは下品な言葉で、「死ぬほど働いたやつには、屁をこいて鐘のおまけを付けてやらねば」と言い、(31) また関連した表現としてメクレンブルクでは、「脅されて死んだやつには、屁をこいて鐘のおまけを付けてやれ」と言う。(32)「そろそろの頃合いの鐘が鳴った」と言えば、暇乞いをする時間になったという意味である。しかし、「まもなく鐘の中に入る」と言えば、それは死が間近であることを暗示する(イーザーローン郡、エヴィングセン)。また「あの人はもうあまり先が長くない。すぐに十二時の鐘が鳴る」という言いまわしもある(ドルトムント、マルテン)。

「鐘を鋳る」(de Klock geten)とは、謀りごとをなすことを意味する。ハンス・ザックスは、「すると鐘が鋳られた」とか、あるいはこれに類似した表現を用いている。(33) また別の資料には、「わ

たしのことで、すでに鐘は鋳られた」、つまり自分は既に有罪宣告を受けたも同然である、という意味の表現が見える[34]。

アイスランドでは、飛びながら突然に方向転換をし、戯れるかのように地面に墜落していく鳥のことを、「鐘を鋳ている」鳥だと表現する[35]。

ヴェストファーレンのザウアーラント山地一帯では、受難週の水曜日に、「鐘を鳴らして断食の首をひねる」、「鐘を鳴らしてその首をひねる」といった表現がよく用いられるが[36]、これはおそらく死刑執行の鐘を念頭においたものと思われる。一方、自分の最期の時が来たなら、という意味で、「息の根をとめる鐘が鳴らされるとき」、という表現をハンス・ザックスが用いており、これはそのまま死者の鐘に起源がある[37]。生まれるやいなや、すぐに殺される定めの仔羊には、「祈りの鐘の音を、ついに聞かずに終わった」という表現があてられる[38]。ほどなく死ぬことが明らかな、哀れなる一頭の家畜について、メクレンブルクでは、「こいつのための鐘はないな」(「こいつのための学校と鐘は」の例も)と表現する[39]。

「この女は、鐘みたいに回る」(die dreht sich wie eine Glocke)とは、上部ナープガウにおいて、すばやく踊りをおどって旋回し、スカートが鐘の形に広がったままになる淑女の姿を表現したものである[40]。

クロムバッハ(ジーゲン郡)では、すばらしく晴れ渡った、心地よい好天を形容して、「鐘のように澄んだ」(glockegehel)と言う。「鐘のごとく澄み渡った正午に」という表現は、民衆のあいだでしばしば聞かれる[41]。「くすんだ青空に、天の鐘が懸かっていた」という表現を用いたのはP・

ローゼッガー（オーストリアの作家（一八四三―一九一八年）。シュタイアーマルクの風土に根ざした多くの作品を残す）であり[42]、彼はまた、「灼熱の光をはなつ、静かなる天の鐘」とも書き残している。[43]

第XII章

鐘の伝説をめぐって

1　地底と水底で鳴る鐘

民衆が語る鐘の伝説世界に、最もよく見られる特徴的なモチーフは、ある一定の時刻になると、地中や山中から、深い森から、あるいはまた湖沼の水底から、鐘の音が地上へと響いてくるというものである。鐘は、何らかの理由でそうした場所に埋められたり、沈められたりした[1]——例えば、鐘が洗礼の儀式を受けておらず、そのため最初の鐘鳴らしの際に空へ飛んで行ってしまったとか、悪魔に奪われたからであるとか、あるいは敵軍や盗賊に連れ去られることを鐘自身が拒んだから[2]、といった理由である。一般的にはこの後、鐘はもはや発見されることがない。そして愛すべき調べを、時おり、こちらの世界へと響かせる。静かな真夜中[3]、太陽のまだ昇らぬ早朝[4]、晴れ渡った真昼[5]、または晩ごとに[6]である。特定の日が指示されていることも多い。鐘はたいてい、重要な祝祭日の前夜、もしくはその当日に音を聞かせる[7]。とりわけ冬至近くのクリスマスの夜[8]、元日の夜[9]、夏至近くの聖ヨハネの日の前夜、もしくはその当日[10]などである。また枝の主日[11]、聖木曜日[12]、聖金曜日[13]、復活祭の朝[14]、昇天祭の日[15]、五月一日[16]、聖霊降臨祭の日[17]、聖体祭の日[18]、聖マルコの日[19]〔四月二十五日〕、聖スルピキウスの日[20]〔一月十七日〕、そして万霊節の前夜[21]にも鳴る。さらにはその鐘が沈められた日がまわりめぐってきた時[22]、重大な出来事が迫っていたり、大きな災いが接近していたりする時[23]にも、音が聞こえてくる。

地底や水中で鐘が鳴るというイメージは、自然界のいろいろな物音から作り出されることもある。ましてそのイメージがすでに巷に存在しているなら、物音によってさらに強化され、繰りかえし活性化させられる。足元の定まらない湿地帯を、ごぼごぼと音を立てて歩いていく、ただそれだけでも十分であろう。数々の伝説を読むと、実に多くの鐘がそうした土地に自ら沈んだり、沈められたりしている。暑い夏の昼、深い森のただなかに座って耳を澄ませていると、周囲から聞こえてくる静かで規則的なざわめきが、遥か遠くから響く鐘の音へと、たやすく変貌してしまう。夜の謎めいた物音、あるいはずっと遠くにある、不穏な気配の源のような場所から、ぼんやりと、規則的なリズムでこちらへと迫ってくる物音は、同じくそうした鐘のイメージへと変容するだろう。また安らぎに満ちた春の夜、池のほうからスズガエルたちの奏でる音楽が聞こえてくるときも同様である。繊細な感覚をもつ人にとって、そうした〈演奏〉が、遠くから聞こえてくる鐘の音を思わせ、いかに魔術的な作用をその耳に及ぼしてきたか――、その種の記録はこれまでまことに数多く存在する。アネッテ・フォン・ドロステ＝ヒュルスホフの抒情詩は、この種の鐘の比喩の宝庫といってよい[24]。ランゲンホルトハウゼン（ヴェストファーレン、アルンスベルク郡）の近郊にあるマリア礼拝堂の近くでは、暖かい夜に、何千匹というスズガエルたちが鳴き、魔法のフルートのごとき調べと、小さな鈴の清らかなる銀の響きであたりを満たす[25]。これは遥かなセイロン島においても特徴的な風物となっており、夜に鳴く何千匹もの蛙の叫びは、あたかもブリキ製の無数の鈴を、休むことなく振って音を立てつづけているかのような、そんな幻想を醸し出すという。[26] 鐘の伝説をめぐって三十年以上も前に書いた論文のなかで、わたしはこうした伝説の大部分が、暴風雨の出来事に起源をもつのではと考えていた。この見解の妥当性は、今では当然ながら、多くの細部について厳しく限定されなければならない。とはいえ落雷の複雑多様な音響は、しばしば、鐘が鳴っているという印象を容易に人びとに与えたことも確かである。スヴェン・ヘディンは、チベットで体験した暴風雨についてこう書いている。「たいていの落雷で、独特の金属的な音が響き渡った。それは遠くでゆっくりと消えてゆき、まるで教会の鐘の響きのようであった」[27]。メルデン（ベルギー）の鐘は、恐ろしい嵐が吹き荒れるなかを悪魔によって奪い去られ、シェルデ川に投げこまれた。そして今日でもなお、ひどく天候が荒れて雷が鳴ると、シェルデ川の水中から鐘を揺らし鳴らす音が聞こえてくるという。[28] そもそも鐘の強奪は、大嵐のなかで行われることが多い。[29] 雷を伴った嵐の日、コイレベルクの山中からは、絶えず鐘の音が聞こえてくるのだった。[30]

軽やかに風が吹いたり、また嵐の強風で轟音が聞こえたりすることでも、鐘の音の印象はたやすく作り出される。かつてボヘミアの森では、冬の夜にひどい嵐になり、風が吹きすさんだとき、「鐘のおっ母」が空を飛んでいる、あるいは唸っている、などと言ったものであった。[31] シェーンブルンの宿屋では、突然、夜に二つの鐘が鳴るのが聞こえる。その鐘たちはさめざめと泣いているのであった。[32]

しかし特筆すべきは、風の鈍い唸り声に、海の波のうつろなざわめきが一体化したときである。

これは人びとの心に有無を言わさず動揺を与え、しばしば恐怖を引き起こし、災いを予言するものとなる。深い水中に沈んだ鐘たちが、あたかも大嵐と危険の接近を知らせ、船乗りたちを戦慄させるかのようである[33]。

海や湖が、独特な音響をたてることも多い。海や大きな湖で知覚されることが多く、爆発音のような音をたてる、いわゆる「靄《もや》打ち」（海鳴り）というものがあるが[34]、これは鐘の伝説の形成にとって、何ら確証のある影響を与えていないと思われる。古典古代の時代には、コパイス湖のどよめきは海神ポセイドンが与える何らかの予言と見なされていた[35]。チロルのツィライン湖からは、特に春と秋の季節、湿度の高く温かい日で、かつ南西の風が吹くときに、ごろごろと何かが転がるような音が聞こえるという[36]。アルプスの山中では、同じようなことが起こるとされる湖が、このほかにも数多くある[37]。ただしもちろん、こうした物音からそのまま直接に鐘の音が想像されるわけではないようである。それに対して、もっと穏やかな水の音響から、しばしば鐘の音の印象が生まれる。H・ランスデルの報告によれば、モンゴル人たちは、セミパラチンスク行政区にあるサイサン湖に、クン・ブロティ湖、すなわち「鐘の湖」という名前を与えていたという。藻の生い茂る湖岸のいくつかの場所では、波が、まるで鐘が遠くから鳴りひびいてくるかのような物音を引き起こすからである[38]。スヴェン・ヘディンは、パミール高原のカラクリという凍結湖のことを、こう物語っている。「氷の層の隠れた張力は、どうやら［中略］、わたしたちが氷上を馬に乗ったまま通過し、それによって強い圧力が上からかかったことで弱められたようだった。馬を前に進めるごとに、何とも不可思議な音がずっと後をついてきたからである。それはある時にはオルガンの最も深い調べのようであり、ある時は、だれかがわたしたちの足の下で大太鼓を移動させながら、同時にそれを叩き続けているかのような物音がたち、またある時には、辻馬車の扉がバタンと閉まるような、しかしそれからまた、大きな丸い石が水中に投げこまれたかのような物音がした。呻くような音と、笛のような音とが交互に起こり、時には、遥かな水底で何かの爆発でも起きているのかと思う音がした」(39)。また別の著作では、ユマラク・ダリヤ川（タリム）の流氷のなかを進んでいった時のことをこう記している。「氷の塊は昨日よりも大きく、そして頑丈になっていた。それが互いにぶつかり合うと、磁器が割れたような軋んだ音がした。今思えば、遠くの教会から聞こえてくる組み鐘のような音が、この旅のあいだ、わたしたちを取り巻いてずっと鳴りひびいていた［後略］」(40)――。フェルデス（スロヴェニア）にある「望みの小鐘」は、時おり、凍結した湖の中から音を聞かせることがある(41)。

ちなみに水面を漂流する警報ブイ＊が、今は滅びて消えた村や、その村の教会の鐘をめぐる伝説を再び活性化させるということもあった。それは例えば一八九六年の始めに、ゾイデル海を舞台として生じたとおりである(42)。

山中の谷や森が、自ら歌うという物語もある。情緒あふれる描写がしばしば見られ(43)、とりわけ有名なのはフンスリュック山地のドローンエッケン付近にある谷である。森の愛らしい歌声がそこから聞こえてくるという。

神秘的な音をたてる水中に沈んだ鐘は、どこか近隣の村で教会の鐘が鳴り始めるのをうけて、同時に鳴動し始める。そういう内容の伝説はとても多い(44)。ただしこれは、水中の鐘が聞こえると言っても、実は、現実に鳴っている鐘の反響音を聞いているだけのことなのであるが。[45] 不可思議な鐘の音は、だからこそまた、すべての鐘がとりわけ快活に揺らされる大きな祝祭日に、あるいは鐘によって日曜日の到来を告げる土曜日に、とりわけよく聞こえてくるのである。[46]

以上のように、この種の伝説の発生や維持のためには、そもそも暗示的なものが大きく作用していることがわかる。水を満たした深い陥没地であるヴェレンボルンに、婚礼の客たちを乗せた一台の馬車が沈んだ。人びとの語るところでは、水辺に立ち、主の祈りを息継ぎなしに唱えることができた者は、今日もなお、水底から音楽が立ち昇ってくるのを感じとり、クラリネットと角笛の音をはっきり区別することができるという。[47] 指示された条件を満たすことと、それが人間の意志に与える影響とが、この幻想の感受を容易ならしめていることは確かである。鐘の音を呼び起こすために、何かを水中に投げこむという命令[48]が与えられることがあるが、この問題をどう説明すべきかについての考察は、別に譲ることにしたい。

ここで以下のことを指摘しておくべきかもしれない。沈んだ鐘の観念は、海や川の激しい流れ

＊ここに「警報ブイ」と訳したLäutebojeは、海面を浮遊する細長い大樽状の物体であり、上部に大きめの鐘が取り付けてある。波の振動を受けると、その鐘に複数の鐘舌が当たって大きな音を出し、船の近くに浅瀬と座礁の危険があることを船乗りや漁師たちに知らせる。係留してあるこのブイの碇がもし解けてしまうと、ブイは鐘の音を高らかに響かせながら、海上を漂流していくことになる。そしてその音を真夜中に耳にした、十九世紀末葉のゾイデル海の船乗りたちは、没落して今はない村の教会の鐘が、海から聞こえてくるのだと信じた。この鐘は後にフリースラント北部の海岸に接近し、その不可思議な音で人びとを不安に陥れたが、海岸で遊んでいた子どもたちがブイを発見したことから謎は解け、ブイも海上の元の場所に戻された。

によって生み出される渦が、まさに鐘の形状をしていることから、それを自身の眼で見た者の心に顕われることがある。[49] 水中の深い場所は「鐘ノ穴」(Glockenloch)と呼ばれ、数々の沈鐘伝説を発生させる機縁となった。[50] 廃村となった村がかつて利用していた池で、その畔には教会も聳え立っていたという、そんな沼地などであってみれば、それがひとの想像力を刺激して、消滅して今はない村の教会が、ここである時、その鐘もろともに水中に沈んでしまったのだ、という物語を生じさせるであろう。[51]

こうした伝説の形成には、「鐘」という言葉が含まれて繰りかえし用いられる、種々の実在の名称が関わっていることもある。「鐘ノ穴」、「鐘ノ泉」(Glockenborn)、「鐘池」(Glockenteich)、「鐘山」(Glockenberg)などといった地名があちこちにある。[52] これらはさまざまな起源をもつのであろう。「鐘ノ穴」と呼ばれるには、しばしば漏斗状の地形さえあれば十分である。この名称によって、かつてその場所で鐘の鋳造が行われたこと、あるいは鐘がここに据え置かれたことが明らかであるという町が多い。[53] そうでないとすれば、埋葬に向かう葬礼の行列を、鐘つき男が最初に目視で確認する場所という意味から、同様の名前がつくこともある。[54] そしてそのような名称が一旦できあってしまえば、その名は各所に伝播している伝説モチーフとすぐさま結合し、生命と歴史と魂が吹きこまれる。

結びとして想起しておきたいことがある。すなわち人間は鐘の音以外に、あるいは鐘の音と相伴って、森や山、湖や川のざわめきのなかにも、何か非日常的な音響を聞きとりたがる。[55] 繊細な感覚の持ち主であれば、それをオルガンの演奏[56]だと言ったり、ありとあらゆる種類の心地よい響きと音楽[57]、鎖の揺れる音[58]、子どもの叫び声[59]、人の呻き声や泣き叫ぶ声[60]、雄鶏の啼き声[61]、時計のチクタクという音[62]、紡ぎ車の動く音[63]などを聞きとったりするものである。

2　豚が掘り起こす鐘

ドイツの北部と中部、また散発的には南部においても、豚が地中から鐘を掘り起こし、伝説中に言及された特定の土地へと鐘がもたらされるという物語が見られる。話の展開は通常、以下の三つの段階をたどるようである。(1)鐘が地上に持ち出される。(2)定められた場所へ、特別な方法で運ばれる。(3)鐘が人間の言葉をしゃべり、自らの運命を語る[64]。

(1)一般的には、一匹の豚が偶然に鐘と遭遇し、それを掘り出す。豚は家畜の群れの一頭であることもあるし、野豚（猪）であることもある。詳細が加わることもある。例えば掘り起こしたのは、猟銃で撃たれて「死の苦しみに暴れ狂っている」猪[65]であったり、一匹の黒い牝豚[66]であったり、群れのなかで一番の猛者である「牡豚」[67]であったり、また「エーベル」の牝豚[68]であった、などと。豚飼いの男が発掘を手伝うこともあり[69]、その妻が鐘を運んでいったり[70]、乞食が鐘を見つけたり[71]、ある婦人が報告[72]したりする。豚飼いの男自らが発見者になることもある[73]。

シレジアの伝説では、牝豚が土を掘り返し、そして猪が鐘を発見する[74]。もしくはその逆である[75]。

ラインハルツヴァルトの古鐘は、猪が地面を掘ることで顔を出し、それを雌鶏がきれいにつついて顕わにし、森に来たハンネという名の女性が見つけた、と言われるものである。[76] こうした牝豚の鐘の物語はいろいろとある。ベルンガウにある牝豚の鐘は、猪の唸り声とよく似た響きで、今日でも鳴りわたっている。[77] それどころかチェンシュでは、幸いをもたらすこの牝豚が一生のあいだ手厚く飼育され、死後は、豚自身が掘り出した鐘の音の演奏のなかで葬られたという。[78] ウルビゲンの小鐘については、十二匹の仔豚によって森で掘り出されたという伝説がある。[79] マールドルフの古鐘は、牝豚が鐘の内部に子どもたちを産み落としていたことがきっかけとなって、開拓地の豚飼いが発見したものだという。[80] 行方不明になっていた牝豚が森で見つかり、その豚のそばに、五匹の生まれたばかりの仔豚が入った鐘が横たわっている。後にこの鐘は、ラーナの鐘楼に懸けられ、住民たちはそれを長年にわたってひたすら「子持ちの豚」と呼んでいた。[81] エトリングハウゼンの鐘は、狩猟に出ていた辺境伯が見つけたものであり、その鐘の内部に、追跡していた猪が七匹の子どもと一緒に入っていた。この発見の場所から、やがてメルツェンの泉が湧き出る。[82] ラインプファルツにノイシュタットという町があり、その近郊ヴォルスベルクの傍に、ノンネンタールという谷間がある。ここで一匹の猪が、カラス麦の詰めこまれた鐘を発見し、これが後にノイシュタットの教会の鐘楼に懸けられたという。[83]

　いくつかの資料によれば、さらに次のような記録もある。すなわちブラウ・ヴァイラー大修道院（ラインラント）ではかつて、一つの大鐘が、地中で逆さまになった姿で発見されたという。その場所に建設されたものである。そしてその鐘の内部に、やはり野生の牝豚《ザウ》が子どもを産んでいた。この大修道院の名は、元来はそれゆえザウ・ヴァイラーといった——。先のフランス支配下にあった時代（一七九四―一八一四年）にいくつもの鐘が略奪されたが、そのときツェンマー（トリアー郡）の住民たちは、二つあった彼らの小鐘のうち、一つを隠しておいたという。それも民家のパン焼き窯の後ろにであり、この家は今日、ニコラウス・ヘト＝シュミッツが所有している。小鐘は、頭頂に開口部を向けて置かれていた。すると雌鶏がここぞとばかり、その内部に卵を産み落とした。

通常、豚による鐘の発見という出来事は、かつて教会や村があった、もしくはあったと信じられている古い荒地を舞台として起こる。それは作り話でなく、実際に生じたことであったとしても不思議ではない。しかし場合によっては、単に、牝牛に掛けられる古びた鐘などが見つかっただけのことだったのかもしれない(84)。

ちなみに豚が、鐘とは別の貴重な品物を地中から掘り出す伝説も散見される。宝物(85)、カネの入った袋(86)、黄金の揺りかご(87)、ローマ軍団の鷲の軍章(88)、酒杯(89)、マリア像(90)、泉(91)などである。稀にではあるが、他の動物が鐘を地上にもたらすこともある。牡牛(92)、もしくは牝山羊(93)である。大地と密接な関係をもつ動物の仲介によって、地のふところから貴重な品物がもたらされる。こうした伝説の特徴は、これに劣らずしばしば観察される別の伝説型と対比することもできよう。つまり空を飛ぶ鳥たちによって、種々の思考、思いつきや決断などが、翼も軽やかに人間のもとにもたらされ、その心に吹きこまれるという物語群である。

⑵掘り起こして発見された鐘の回収作業は、しばしば大きな困難を伴う。ウーアスレーベン（ザ

クセン行政区、ノイハルデンスレーベン郡）では、「その場所にもう一度たどりつけるように」と、牧人の娘が鐘の竜頭《りゅうず》に、自分の靴下どめのリボンを結んでおいた。別の土地では、それが娘のスカーフ[94]であったり、ヘアバンド[95]であったり、さらには娘自身の髪の毛[96]であったりする。アドラースベルク山から掘り出された鐘には、まず牧人が上から何かをふりかけておき、後の作業で、ようやく完全に掘り起こすことができた[97]。山からの移送は、必ずしも円滑に進むわけではなく、争いを引き起こす。最終的には一頭の牡牛[98]、もしくは二頭の牡牛[99]、または目の見えない二頭の牡牛[100]、二頭のみすぼらしい牝牛[101]、一頭もしくは二頭の、目の見えない馬[102]が、鐘の運搬をやりとげる。キルヒベルク近郊では、地中から、牝の猪が二基の鐘を掘り返しているところを、二人の家畜守りが見つけた。二人は鐘を分け合い、一人は自分の鐘をルングヴィッツの教会に寄進したが、もう一人は鐘を使って何か自分の得にしようと考えた。結局、後者の鐘は再び地中に戻っていくのだった[103]。シュペッケンベルク（ヘッセン、フリートベルク郡）の近隣では、三十年戦争の終結後に、イルベンシュタットの町との境界地で、豚が一基の鐘を土中から掘り出したという。アッセンハイムとイルベンシュタットの双方の住民は、この発掘品の所有権をめぐって争いになった。アッセンハイム側は八頭の馬をつないで鐘を動かそうとしたが、ついに果たせない。ところがイルベンシュタット側は、わずか二頭の馬（別の記録では牡牛）だけで、大した苦労もなくイルベンシュタットに持ち帰ることができたという。クロムバッハ近郊のキンデルベルク山で掘り出された鐘は、牧人が「柳の群れ枝に載せて」持ち帰ったというが、こうした特徴が見られる地域は限定的である[104]。

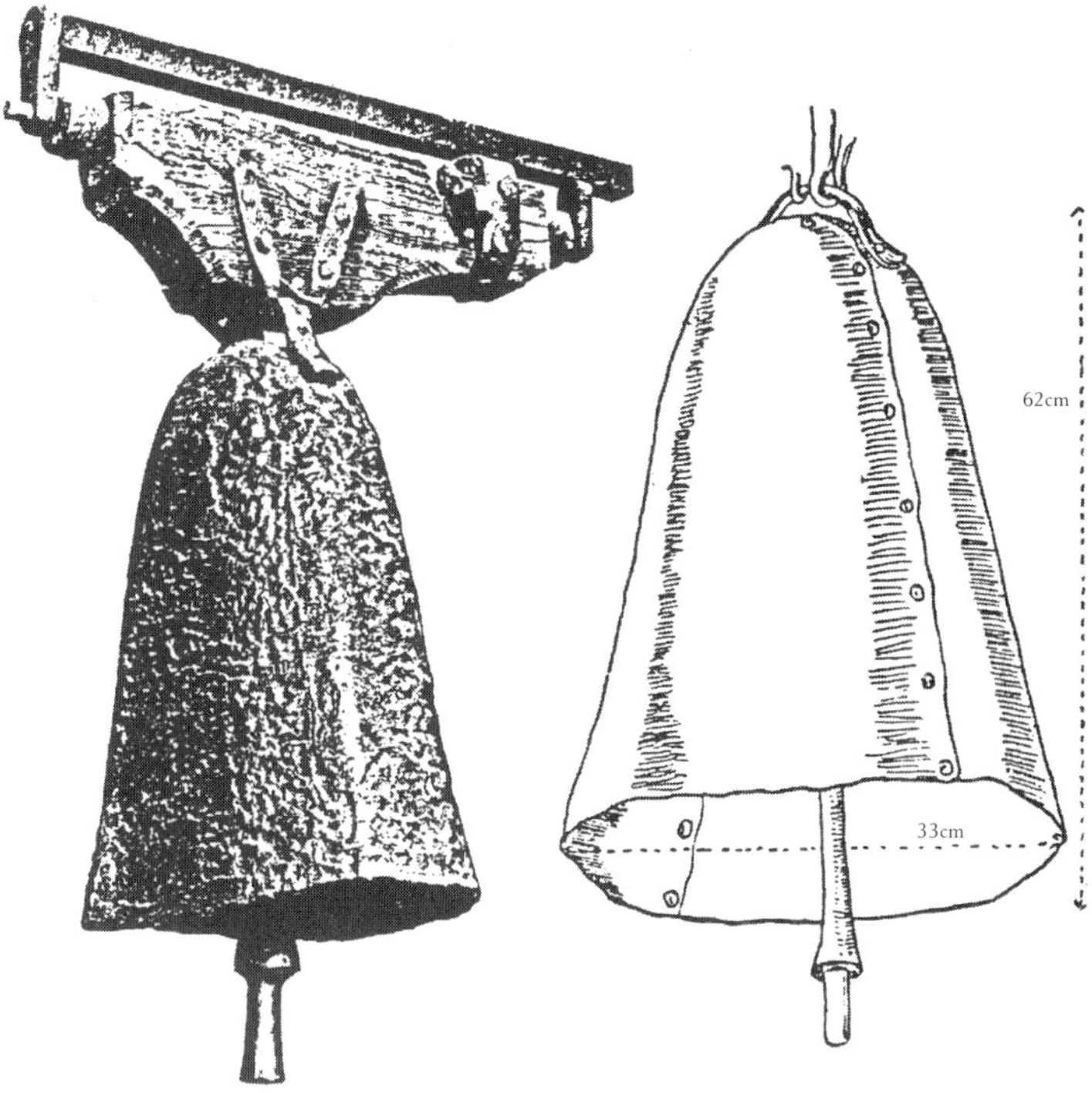

ケルンの「ザウファング」(Saufang)
ドイツの鐘として現存最古のものとされるが出自不明(7–9世紀頃か)
鋳造ではなく、3枚の鉄板をつなぎ合わせた鍛造の鐘
牝豚(ザウ)が沼から掘り出したもの(ファング)という伝説のほか、
もとは異教の鐘で、ケルン司教クニベルト(7世紀)が洗礼を施したとの言い伝えもある
ケルンの聖ツェツィーリエン教会旧在
ケルン市立博物館蔵

(3) 発掘された鐘は、後に鐘楼に懸けられ、そこから下界の人間たちに向かって、自らの不可思議な運命を鐘の音によって物語る。その語りの内容は多少なりとも詳しいものであるが、これ以上にない短さで物語られることも多い。オーバー・トーマスドルフの鐘は、「めすぶた、めすぶた」(Sau, Sau)[105]という言葉を語って鳴るようだという。「めすぶたが、砂のなかで見つけた」(Sau fand innen Sand)と口ずさむのは、ブランケンゼーの鐘である。[106]「めすぶた、外へ、めすぶた、外へ」(Sau aus, Sau aus)と、シュロイジンゲンの鐘は語る。[107] ニーブラとリューダースドルフでは「めすぶたよ、掘れ、めすぶたよ、掘れ」(Sau wühl, Sau wühl)と、[108]ゲルツドルフでは「めすぶたが掘り出した」(Song woillt us)と語って、[109]鐘が鳴る。これらの鐘は、総じてその響きに、悲しみや不快感、調子はずれな感じが強くあると言われる。「めすぶた、鐘を掘りだした」と鳴るのはチェンシュの鐘、[110]「おすぶたよ掘れ、めすぶたが見つけるさ」と言うのはタルナウの鐘[111]である。また逆にプロイセンのトロプロヴィッツの鐘は、「めすぶたよ掘れ、おすぶたは見つけたり」と鳴る。[112]

プライスヴィッツの教会の塔に懸かる鐘は、ポーランド語で、自分が猪の手で掘り出されたことを知らせる。

Swinia ryła Nie wyryła　　豚が掘った、でも掘り出さなかった、
Wieprz rył Wyrył　　猪が掘った、そして掘り出したよ。

パヴォンカウ（ポーランド、シレジア）では、もっと端的に言う。

Wieprz mię wyrot　　　おすぶたが、わたしを掘り出した[113]。

自らの発見された場所を話す鐘もある。メーリンゲンの鐘は、ブルクシュタル近郊のドル山で見つかったものであり、こう語る。

ドルの山中で、ドルの山から出た、
めすぶたたちが、掘り出した[114]。

ルッコーの鐘は「めすぶた、おすぶた――ダムゴーデン」と鳴る[115]。エルヒェラート（ラインラント）の鐘は、ボンツェンデルと呼ばれる、村近くの湿地帯から豚の群れが発見したので、

おお、ボンツェンデル、
めすぶたが、わたしを見つけた。

かつてラインハルツヴァルデの古鐘の音からは、このような言葉が聞こえると言われたものであった。

めすぶたよ、掘れ、めんどりよ、掻きあされ、おんどりがこれを見つけた[116]。

ローデの鐘も、昔日にはいつもこう鳴ったものであった。

めすぶたが、わたしを見つけた、それから人に、名づけられた[117]。

ジーベンビュルゲン（ルーマニア）の別の村にある鐘は、こう鳴った。

そうしてわたしを、一匹のめすぶたが、掘り出した[118]。

ノイヴィートト近郊ヘッデスドルフ（ラインラント）にある大鐘は、一匹の豚が掘りあて、アプマンという名の牧人が地上に取り出したものであることから、こう語る。

めすぶたが掘った、アプマンが取りあげた。

トロイエンの鐘は、常にこんな音で轟いている。

めすいのししが、わたしを掘り出した、
そしてひとりの乞食に、見つけられた[119]。

ビブラの鐘はこう語る。

めすいのししが、わたしを掘り出した、
目の見えぬ駄馬が、わたしを運んでいった[120]。

フリーセム（ラインラント、ビットブルク郡）の小さな鐘は、牝豚によって掘り出され、目の見えぬ馬によってフリーセムまで引いて行かれ、そして目の見えぬ男によって鐘楼に懸けられた。そこから次のような小唄が生まれた。

ゴォン、ゴォン、オトラングの野で、
めすぶたが、わたしを掘り出して、
目の見えん馬っこが、里まで運び、
目の見えん男が、塔に据えつけた[121]。

エーバーゲッツェンの鐘は、これよりも短くまとめている。

めすぶたが見つけ、娘が結えた[122]。

リュートホルストではこう語る。

めすぶたが見つけた、そして娘は、ヘアバンド[123]。

ウーアスレーベン（ザクセン行政区、ノイハルデンスレーベン郡）にはきわめて低い音程の鐘があり、そのためこの村そのものが、「ウーアスレーベン――ドォーン」と嘲笑的に呼ばれる。この鐘はオーヴェルギュンネ近郊の沼地で見つかったものと言われ、さらにかつてそこには「セラ」という名の町があったという伝説がある。この鐘が揺らし鳴らされると、自らの発見についてこう語る。

めすぶたが、わたしを見つけた、
むすめが、わたしに結えた、
靴下どめの帯を、靴下どめの帯を。

ゴンタースキルヒェンには、次のような言いまわしがある。

あたしの名はズザンネ。ぶたの鼻があたしを見つけた、
ぶたの鼻があたしを見つけてなけりゃ、
あたしはゴンタースキルヒェンに、いないはず。[124]

オーバー・ルングヴィッツの教会にある鐘は、今は水底に沈んで存在しない町、キルヒベルク（教会の丘）という名の小さな町に懸かっていたという。それゆえ今もなお、こんな響きをたてている。

ゴォン、ゴォーン、キルヒベルクは、
キルヒベルクは、わたしの父なる国、
そこでわたしを、めすいのししが、ひっくり返した。[125]

3―鐘の伝説と関わりの深いその他のモチーフ

鐘の伝説が特別に近い関係にある物語伝承は、宝物伝説である。[126] 地上に現われ出た鐘は、宝物のように「日向ぼっこをする」。[127] 鐘も宝物も、一匹の犬によって見張りされ、それを発掘しようとする試みは、時宜をわきまえぬおしゃべりによって破綻する。さらに鐘と宝物は、相伴って登

場することもある。[128] そして鐘は、宝物の場合と同様に、その発見者が何かの物体を上に載せることによって呪縛の支配下におかれ、獲得される。[129] ヌンキルヒェン（ライントラント、メルツィヒ郡）を舞台とする伝説には、宝物のありかを教える魔法の花のモチーフが見える。このヌンキルヒェンの鐘たちは、三十年戦争の当時に地中に埋められ、以後ずっと、行方不明になっていたものだった。ある冬の季節、一人の娘がハッケンバッハを通って歩いていると、花を咲かせている一本の薔薇を見つける。帰宅して、このことを家族に話すと、父親は言った。「おまえはその薔薇の花を持って帰るべきだったね。それは鐘のありかを教える鍵なのだよ」。そこで花を懸命に探したものの、ついにその場所は見つからなかった。

　鐘は宝物だけでなく、〈白の乙女〉という妖女〔一一七頁参照〕とも深い関係をもつ。[130] 鐘と同じように、この乙女も水底や山中、森の中から神秘的な歌声を聞かせる。[131] 漁師たちは、水中から網で鐘を引き上げるのと同様、この乙女を捕える。[132] そして沈んでいた鐘は、やはり乙女と同じく、しばしば宗教的な救済を必要としており、しかもそれが失敗する。[133] 何らかの韻文の文句を唱えながら、地上への帰還を諦めることが表明され、すでに引き上げられていた複数の鐘たちが、また湖の中へ沈んでいくという記録もある。例えば、「ハンネ・ズザンネは、二度と陸には戻らない」といった歌詞とともにである。もしくは一方の鐘が、「アンネ・ズザンネよ、ともに陸へ上がろうぞ」と願いの歌をうたう。それに対してもう一方の鐘は、「アンネ・マルグレーテよ、わたしたちはともに、水の底へ去ろうではないか」と答えるのである。[134] リュッツォー（ポンメルン、シーヴェルバイン郡）に伝わる記録によると、その町はそもそも二基の鐘を所有しているけれども、実はかつてさらにもう二基を持っていた。しかしそれらはリュッツォーの北にあるガンゲノー湖の入り江、「妖しのところ」と呼ばれる入り江の水底に沈んでいるという。あるとき一人の漁師が、聖ヨハネの日の正午、その二つの鐘を引き上げた。そして鐘同士がこんな言葉を交わしているのを聞いた。

マルガレート、時はまだだ。
さあ、もう一度、深みのなかへ。

そう語ると鐘たちは、ふたたび湖底へとすばやく沈んでいったという――。鐘は深みに姿を消す前に、もう一度音を鳴らすこともある。それは〈白の乙女〉が、自らの姿を消す際にかん高い声をあげたり、何らかの衝撃音を発するのと似ている[135]。

鐘の代わりに、犬と雄鶏が登場することもしばしばある。通常は鐘に割りあてられる役割が、いくつかの伝説では犬にあてられる[136]。魔女や種々の妖魔たちは、自分たちが忌み嫌う鐘のことを「吠える犬」と呼ぶ[137]。しかし逆に、アネッテ・フォン・ドロステ＝ヒュルスホフの詩「狩り」にあっては、犬のことを「生きた鐘」と表現し、次のような比喩を用いている。「そしてまた茂みのなかから／猟犬たちの鐘の音がひびきわたる」。

雄鶏と鐘が共通してもつ特徴は、何をおいても妖魔撃退の力である。それゆえ雄鶏は、「道案内の鐘」型の物語に、しばしば鐘の代わりとして出てくる[138]。福者エディグナの聖人伝においては、双方が現われる。[139] 鐘と歌をうたう乙女とに同じく、雄鶏もまた、沈んで消えた城や村の存在を音で知らせる。[140] 鐘の演奏中に一回転してひっくり返るというような、特別な石について物語るものもある。こうした石は「鐘鳴らし石」(Lüggesteine) と呼ばれる(ベルク地方)。[141] 雄鶏の啼き声にも、同様の作用があると考えられている。[142] 地中深くに沈んだシュタルケンバッハの鐘は、毎年、枝の主日が来るたびに自ら一回転する。[143]

原註

［略号］

Bader: K. Bader, Turm- und Glockenbüchlein. Eine Wanderung durch deutsche Wächter- und Glockenstuben. Gießen 1903.

Caminada: Chr. Caminada, Die Bündner Glocken. Eine kulturhistorische Studie aus Bünden. Zürich 1915.

Erdmann: E. Erdmann, Die Glockensagen. (Heft 6 der Beiträge zur rheinischen und westfälischen Volkskunde in Einzeldarstellungen.) Wuppertal-Elberfeld 1931.

Haas: A. Haas, Glockensagen im pommerschen Volksmunde. Stettin 1919.

Hwbch: Handwörterbuch des deutschen Aberglaubens. Berlin und Leipzig 1927ff.

Mecklenburg: Zeitschrift des Heimatbundes Mecklenburg (Landesverein des Bundes Heimatschutz).

Otte: H. Otte, Glockenkunde. 2. Aufl. Leipzig 1884.

ZrwV: Zeitschrift des Vereins für rheinische und westfälische Volkskunde. Elberfeld 1904ff.

ZVfV: Zeitschrift des Vereins für Volkskunde. Berlin 1891ff.

第一章

（1）Otte, Glockenkunde 68ff. Walter, Glockenkunde 42ff. 鋳鉄製の鐘については Ebda. 52f.; Köln. Zeitung v. 6. März 1930.

（2）Otte 79f.

（3）Ebda. 80f., 113f. Anm. Walter 672f.

（4）Niedersachsen 8, 47.

（5）Caminada, Die Bündner Glocken 36.

（6）Zaunert, Rheinlandsagen 2, 15f. (Honnef) を参照。

（7）Strackerjan, Aberglaube usw. aus dem Herzogtum Oldenburg^2 1, 356. 教区の村に鐘の贈り物がなされるような話もあるが、それはもしかしたら他でもない悪魔の仕業であったかもしれない。悪魔はそれによって、教会に詣でる人間たちが鐘の音を頼りにし、ようやくぎりぎりになって教会に来たり、あるいは遅刻さえすることで、神への祈りがかなり減らせるだろうと目論むのである。Lütolf, Sagen aus den fünf Orten Lucern usw. 189f. Niderberger, Sagen a. Unterwalden^2 275f. ——シュティルにおける伝説については Schell, Bergische Sagen 525 を参照。

（8）Strackerjan 1, 356.

（9）Heimat (Beilage z. Märkischen Volksblatt, Iserlohn) 2 (1919) Nr.6. 供え物への強い熱意が示されているその他の例については Bienemann, Livländisches Sagenbuch 114. Caminada 31. Schweizer. Archiv f. Volkskunde 3, 178.

（10）Strackerjan 2, 323. Schell, Bergische Sagen 403 (14). Zaunert, Westfäl. Sag. 182. Whitcombe, Bygone days in Devonshire and Cornwall 75. 諸記録によればアンダナッハ地方、グロースボッケドラ（ザクセン・アルテンブルク、騎士領の二人の娘）、レーアダ（カッセル行政区、エシュヴェーゲ郡、一八六一年におけるバウムバッハの女性）などの例がある。

（11）Siepmann, Uralte Freiheit Volmarstein 101f.

（12）鐘には次の銘文がある。「ヴィーデマーの者なるキリスト教徒ロスト・アグリコラ、そしてその妻ロジーナの利益のため、両名の支出によりて、その貨幣はあらためて溶解され、形づくられたり」（Beneficio et Sumptu Chrisitiani Rost Agricolae Wiedemariensis Conjugisque suae Rosinae Hoc Aes denuo liquefactum et formatum est）他の記録によれば、ヴィーデマーの土地所有者たちが何名もこの鋳造のために銀貨を寄付したり、寄進者ロストはドゥカーテン金貨を手放したりしたという。こうして財産を寄進した者には、家族に死者が出た場合に町のすべての鐘が鳴らされる、という特権が与えられた。ヴィーデマーでは、通常であれば小さな鐘を三度鳴らし、結びのところでのみ、すべての鐘を揺らし鳴らすようになっていた。教会墓地にあるロスト夫妻の墓碑には、その前面に枠の装飾を施して、吊り下げられた鐘と鐘舌、鐘綱の図が彫られている。（ヴィーデマーの司祭プラッセ氏談）

（13）Badische Heimat 5/6 (1918/19), 123.

（14）Alpenburg, Deutsche Sagen 279f.

（15）Kuhn, Sagen aus Westfalen 1, 164. 「溶湯」を意味するGôs（「ガチョウGans」に音が似る）という言葉がある。Woeste, Wörterbuch d. westfäl. Mundart, S. 83.

（16）Zingerle, Sitten usw. d. Tiroler Volkes 220.

（17）Kühnau, Schlesische Sagen 3, 370.

（18）Jahrb. d. Vereins f. evalgl. Kirchengeschichte Westfalens 7 (1905), 242. ――逆にフランス革命期には、鐘を溶かして通貨スーのコインが造られた。Otte, Glockenkunde 72 Anm. 1. そして一八〇三年にプロイセン軍がヒルデスハイム修道院に侵入したとき、ミヒャエル教会の銀の鐘を使って「靴脱ぎ台《シュティーフェル・クネヒテ》」（当時の銀貨の名）を鋳造したという。Schambach-Müller, Niedersächs. Sagen und Märchen 21.

（19）Bügener, Münsterländische Grenzland-Sagen 162.

（20）Grimm, Deutsche Sagen Nr. 127. この物語においても、息子が老母に、表面を黒く塗った黄金の板を送っており、それをうっかり老母が持ち出してしまう。

（21）Wossidlo in „Mecklenburg" (Zeitschr. d. Heimatbundes Mecklenburg) 13 (1918), 25.

（22）Haas, Glockensagen im pommerschen Volksmunde (1919), 29.

（23）Wossidlo a. a. O. 13, 25. Anm. 上註14、15、20を参照のこと。さらにKnoop, Sagen usw. a. d. Provinz Posen 251 (8). Wolf, Deutsche Märchen und Sagen 580f. も参照。

（24）Zeitschr. d. Ver. f. Volkskunde 17, 99 (6).

（25）Otte, Glockenkunde 70. わずかでも銀の痕跡を古鐘のなかに発見することは、もちろんだれも成功したことがないようである。Walter 47.

（26）その可能性についてはOtte 70 Anm. 最古の例はMon. Germ. hist. II, 284 (Gesta abbatum Fontanellensium) とDe gestis Karoli imperatoris I, cap. 29 にある。Otte 70, 79; Walter 30 を参

照のこと。詐欺の鐘職人をめぐる伝説はかなり多い。上註9、Bader, Turm- und Glockenbüchlein 82を参照。ラビウスでは今日でもなお、かつての鋳鐘師たちへの不満が聞かれる。村火事を理由とする先回の鋳直しで、その鋳鐘師たちが、溶解した金属の表面に滴り出た銀の泡をかすめ取り、そのせいで従来の鐘がもっていた銀の響きが失われてしまったのだと。Caminada, Die Bündner Glocken 32. 稀な例であるが、ダルグン近郊ブルーダースドルフ（メクレンブルク・シュヴェリーン）では、鐘の表面に怒りの念が直截に表現されている。この地の古くて小さいほうの鐘には、縁環のそばに次のような銘文が見える。「ジーベンバウムの詐欺と策略により、わが金属はあまりに粗末なものとなっていた。かくしてわたしは、いま改めてよき金属を加えられ、鉄の輪をめぐらされ、こうしてわたしは永く生きることができる。一七一四年の神無月、シュヴェリーンにてわれを作りしは（M. octobris me fecit）フランクフルト・アム・マインのカスパー・ヘンリヒ・カステルなり」——。ジーベンバウムという鋳鐘師についてはOtte 210, Walter 876を見よ。

（27）Haas, Glockensagen im pommerschen Volksmunde 5f. Schweiz. Archiv f. Volkskunde 3, 178, 180, 185, 187. Rochholz, Schweizersagen a. d. Aargau 2, 240. Messikommer, Aus alter Zeit 1, 37. Mein Heimatland (Badische Blätter f. Volkskunde) 9 (1922), 61 (Ihringen). 記録には、銀の鐘のさらなる例としてダルスハイム（ヴォルムス郡）、リスベルク（ヘッセン）、ビュディンゲン郡）、グライメンハイン（ヘッセン、アルスフェルト郡）、シュトイデン（ザクセン行政区、マンスフェルト湖水地方、一三三六年の記録）、シュヴェツィンゲン（バーデン）、アルテンハーゲン（シャウムブルク・リッペ）、フリーザウ（ロイス・グライツ侯）、バーレンバッハ、キルヒハイム（下部エルザス、モルスハイム郡）のものがある。すべての土地で、その美しく澄んだ響きが称揚されている。エレンベルク（ヘッセン・ナッサウ）のきわめて古い、銘文のない鐘は、民衆の口伝えによれば銀で鋳たものという。三十年戦争における村の破壊（一六三六年）で、かろうじて残った鐘である。マクデブルク近郊イルクスレーベンの古い鐘楼に懸かる小鐘は、その高い銀の含有量によって実にすばらしい、澄んだ響きをたてたと言われ、その音は町村の境界線をはるかに越えて、周辺の村々でもはっきりと、美しく聞こえたという。この鐘は一八七九年に、他の大きな鐘の改鋳のため供出された。メルレンバッハ（ヘッセン、ヘッペンハイム郡）には次のような報告がある。かつて鐘楼に数基の銀の鐘があったが、スウェーデン軍の接近により、塔の近くの土中に埋められた。今世紀の初めに、それを取り出そうと掘ってみることにし、「地中透視屋」を連れてきたという。この人物は、探しているもののありか、深さ、土壌の組成などを教えてくれたので、何でも指示通りのものが見つかった。金属の類も見つけられたが、ただし大量の水が湧き出てきたので、穴はまた塞がれた。

（28）Schöppner, Sagenbuch d. bayerischen Lande 1, 294. Bienemann, Livländisches Sagenbuch 114. Hessische Blätter f. Volksk. 11, 5. Bertsch, Weltanschauung, Volksglaube und Volksbrauch 274.

（29）さらにHaas, Glockensagen 5. Sébillot, Folklore de France 2, 361, 359. Heyl, Volkssagen a. Tirol 27を参照。

（30）Pröhle, Unterharzische Sagen 90 (214).

（31）Caminada, Die Bündner Glocken 32.

（32）例えばバターを早く完成させるために、バター桶の中へ銀貨や金貨、銀の匙、あるいは銀の鎖を入れることがある。Manz, Volksbrauch usw. des Sarganserlandes 117. 害悪を撃退する金・銀についてはSeligmann, Der böse Blick 2, 6ff. メクレンブルクの農民は、狂犬病の予防として、飼い犬に与えるバターパンに銀の削り粉をのせる。Bartsch, Sagen a. Mecklenburg 2, 138 (615).

（33）Ztschr. f. Ethnologie 30 (1898), 26, 45f. 鐘の表面に付されたコインについてはebda. 46 Anm. Otte, Glockenkunde 136 Anm. 3を見よ。奉納物としてはSchmidt, Volksleben der Neugriechen 73を見よ。いくつかの記録によれば、ビラーツハウゼン・アンゲンロート（ヘッセン、アルスフェルト郡）にある一五八八年製の大鐘は、年号の銘文の後に二枚のコインが貼り付けてあり、そのうちの片方は一五八八年のものという。オーベロート（アルスフェルト郡）の小鐘には直径二センチのコインが付いている。

（34）Turm- und Glockenbüchlein 126.

（35）これについてはOtte, Glockenkunde 137 Anm. を参照。

（36）Niedersachsen 18, 265. Schweizer. Archiv f. Volksk. 22 (1919), 179f. Badische Heimat 1 (1914), 106ff. Caminada 27.

（37）Caminada 11.

（38）Messikommer, A. alter Zeit 1, 37. またCaminada 66, 68を参照。鐘の守護聖人としてのテオドルスについてはCaminada 65ff.

（39）Stückelberg, Gesch. d. Reliquien in der Schweiz 1, LXXVII.

（40）Ebda. 1, XCI, 2, 57. ルツェルンの大鐘には、ツォーフィンゲンから提供された聖三王の黄金と、ジッテンから出されたテオドルスの聖遺物が溶かしこまれた。ebda. 1, 60 また70も参照のこと。五度の火災を経験したアインジーデルン修道院では、その鐘楼の擬宝珠のために、一六七一年、計五十点もの貴重な聖遺物や宝物が提供された。Ebda. 2, 104f. またOtte 174 Anm. も参照。

（41）Kuhn, Märk. Sag. 169 (162). Otte 174 Anm. を参照のこと。

（42）Kölnische Zeitung v. 4. Febr. 1929, Morgen-Ausgabe. ツヴィッカウのマリア教会にある大鐘は、鋳鐘師が金属のなかに薬草の粉を入れることでC音に調律された。Köhler, Volksbrauch im Voigtlande 542.

（43）Handwörterbuch des deutschen Aberglaubens 1, 16f. Walter 191ff. こうしたアルファベットの鐘はマールブルク近郊ヴェーアダにある。Hoffmann u. Zölffel, Beiträge z. Glockenkunde d. Hessenlandes (Kassel 1906) 22. 鐘には鍵十字（ハーケンクロイツ）も刻まれる。Ztschr. d. Ver. f. Lübeckische Gesch. u. Altertums-kunde 25 (1929), 541. アントニウスの十字架についてはWalter 304f. Anm. 5.

（44）Otte 123f., 131. Walter 160f.

（45）東プロイセンでは、十五世紀に由来するハインリカウの鐘が、この地域では鏡文字をもつ唯一の鐘である。伝承によれば、鋳鐘師は文字が読めない男であり、そのためにすべての文字が逆さまになったという。Poschmann, D. Kirche in Heinrikau (Braunsberg 1927) 11, 49f.

（46）Hoffmann u. Zölffel 21. Walter 153 Anm. 3. 銘文が崩れて原型から離れていくことも稀ではなく、これは民謡における「歌いくずし」とも比較されてきた。Mitteil. d. Schles. Gesellsch.

F. Volkskunde 31/32 (1931), 250f.

（47） R・ヴォシドロの一九一七年の報告による。

（48） Hessische Blätter f. Volksk. 17 (1918) 48. Caminada 28f.

（49） Danziger Zeitung v. 18. Juli 1926 (Arno Schmidt)

（50） Hager, D. Röbeler, Ludorfer u. Naetebower Kirchenglocken (Dresden 1918), 19. Walter 332 Anm. 1.

（51） 二つ目の鐘は、かつて処刑の際に鳴らされていた――。種々の記録を見るかぎり、鐘にほどこす装飾の例としてもう一つ挙げられるのは、ヒッツキルヒェン（ヘッセン、ビュディンゲン郡）の二つの鐘のみである。この片方は一四七八年の鋳造であり、もう片方はおそらくもっと古い。ただし詳細はよくわかっていない。その他の点についてはWalter 190 Anm. 3 を参照――。ローデンキルヒの祈りの鐘には、人の手のひらの刻印が見え、これは鋳造の際に、ある女性が押して付けたものという。Strackerjan, Abergl. a. d. Herzogt. Oldenburg [2] 2, 385.

（52） Otte 31 Anm.1, 2. ZVfV 20, 257.

（53） Rochholz, Schweizersag. 2, 239. また Eisel, Sagenbuch d. Voigtlandes 362 (915) を参照。

（54） Rochholz, Alemann. Kinderlied 62 (134), また 57 も参照のこと。Reiser, Sag. d. Allgäus 1, 522 (616). 皮革の鐘（エロティックな意味で）については Uhlands Schriften 3, 328. Jostes, Daniel v. Soest („Gemeine Beichte“ V. 2059ff.) ――アメリカでは最近、金属の鐘舌を付けたガラス製の鐘が製造されている。Walter 60f.

（55） Schöppner, Sagenbuch d. bayer. Lande 3, 40 (966).

（56） Zingerle, Sag. aus Tirol 431 (757).

（57） Vernaleken, Alpensagen 130.

（58） Reiser, Allgäu 1, 158 (161).

（59） Wolf, Deutsche Märchen u. Sagen 560 (450).

（60） Reiser 1, 407.

（61） Bayerischer Heimatschutz 16, 46.

（62） Rochholz, Schweizersagen 2, 276.

（63） ZVfVk. 13, 97 (3 : Jüterbogk).

（64） バンベルク大聖堂の大鐘に開く穴は、皇帝の妃クニグンデが投げた指輪でできたものだという。Panzer, Beitr. z. Deutschen Mythol. 2, 53.

（65） Bader 137f. とりわけ若者たちの常軌を逸した激しい鳴らし方に帰因するものについて Walter 423 を参照。

（66） Jahrb. d. Ver. f. d. evang. Kirchengesch. Westfalens 7 (1905), 249.

（67） v. Steinen, Westfäl. Gesch. 4, 312.

（68） 例えばメクレンブルク大公の家族の葬儀においては、場合によって短くても十四日間、長ければ六週間にわたって毎日、すべての鐘が、昼の十二時から一時まで鳴らされた。しかも（レーベルの町では）すべての市民は、事前の指示に従い、定められた日に鐘の間に集まって鐘を揺らす作業に自らあたるか、もしくは代理の男を自費で雇わなければならなかった。何ペニヒかのお金を節約しようとしたために、そこへ鐘の扱いをまったく知らない者たちが集まってしまい、多くの滑稽な出来事が生じることもあった。Hager, Die Röbeler, Ludorfer und Naetebower Kirchenglocken, Dresden 1918, 25.

（69） Mitteil. d. Ver. f. Lübeckische Gesch. u. Altertumskunde 1.Heft (1883/84), 95.

（70）Knoop, Sag. a. d. Provinz Posen 250f. (4, 5, 6).

（71）Ebda. 251 (8).

（72）Sartori in Ztschr. d. Ver. f. Volksk. 7 (1897) 278f. Hippe in Mitteil. d. schles. Gesellschaft f. Volksk. Heft 11 (1904)（この伝説の故郷は北ドイツにあり、もしかしたら現実の出来事が背景にあるかもしれないとヒッペは論文で述べている。Walter 215を参照）. Wossidlo in „Mecklenburg" 13 (1918), 25f.（一九一七年の時点で、論者ヴォシドロはこの伝説をメクレンブルクの十四か所で確認し、二十点のヴァリアントを集めた）. Mensing, Sch.-Holstein. Wbch. 3, 163. Haas, Glockensagen im pommerschen Volksmunde 7f. Niedersachsen 7, 308 (Dithmarschen), 14, 386, 387 (Osnabrück), 15, 431（そこではこの伝説が、鐘の形をした十字架の石像と結びつく）. Zaunert, Westfäl. Sagen 182；また374（ブラムシェ近郊）も参照。Schell, Bergische Sagen 440, 523f. Ders., Sagen d. Rheinlandes 159 (275), 160f. (277). 南ドイツでは、この伝説はアウクスブルクでのみ確認されるようである。Schöppner, Sagenbuch d. Bayerischen Lande 1, 440f. この伝説のいくつかの特徴、特に犯罪者の最期の道行きの途上で鐘が鳴ることは、ハル近郊の鐘屋敷の伝説にも見える。Zingerle, Sag. a. Tirol 434f. Alpenburg, Deutsche Alpensagen 98f. この伝説は、デュッセルドルフでは、マルクト広場に立つヨハン・ヴィルヘルム公の騎士像の鋳造に姿を変えて登場する。Schell, Bergische Sagen 115f.

（73）Kuhn, Westfäl. Sag. 1, 356.

（74）Jahrbb. f. d. Landeskunde d. Herzogtümer Schleswig-Holstein u. Lauenburg 4 (1861), 147.

第II章

（1）Wolf, Beiträge z. Deutschen Mythol. 2, 300. Otte 20. 重要な価値のある鐘に奉献の儀式をすることは、非キリスト教徒の民族にも見られる。ZVfV. 8, 29 Anm. 1. Bertholet, Religionsgesch. Lesebuch 61（中国の物語では、ある男が一頭の牡牛の血を用いて鐘の奉献を行う）. Dennys, Folklore of China 133f.（とある北京の鐘は、鋳造の際に人間の血を求めている）.

（2）Monum. Germ. Hist. 1, 64. Otte 16f. また Franz, D. kirchl. Benediktionen im Mittelalter 2, 41, Anm. 1 を参照のこと。

（3）種々の規則と習慣については Otte 17ff.; Bader 83ff.; Pesch, D. Glocke 36ff.; Witzschel, Sagen usw. a. Thüringen 2, 336; Niderberger, Sagen usw. a. Unterwalden 3, 519f.; Caminada 51f.

（4）Otte 18.

（5）Ebda. 19, Anm. 1.

（6）Alt-Recklinghausen 6 (1925), S. 15. 同じく一五一六年の日付けがある請求書において。

（7）Otte 22.

（8）この考え方はきわめて自然なものであり、非キリスト教徒の民族においても姿を現す。南京にある四つの大鐘は、それぞれ「ぶらさがる鐘」、「食べる鐘」、「眠る鐘」、「飛ぶ鐘」という名をもつ。Otte 20, Anm. 1.

（9）ZVfV. 10, 93.

（10）この衣装はスイスのフリックタールその他の場所では「嬰児洗礼服」と呼ばれる。Rochholz, Alemann. Kinderlied 58.

(11) Otte 23f.

(12) 一八六三年、ディジョンで三つの新しい鐘の奉献が行われたとき、聖堂の高廊から半時間にわたって、四〇〇ポンドのキャンディーが民衆たちに投げ与えられた。Otte 27, Anm. 4.

(13) Hessische Blätter f. Volksk. 10, 21. イングランドにも同様の例がある。Otte 27, Anm. 3.

(14) Caminada 52.

(15) Kuhn, Westfäl. Sag. 1, 275 (314).

(16) Caminada 53.

(17) Reusch, Sagen d. preuß. Samlandes 24.

(18) Wolf, Niederländ. Sagen 300f.

(19) Caminada 52f.

(20) F. Hoffmann u. B. Zölffel, Beiträge z. Glockenkunde des Hessenlandes (Kassel 1906) 19.

(21) Bader 88f. 一七八ポンドの重さがあるザンクト・ヴァールブルクの嵐除けの鐘は、ヒース・ランパッハーという強者が谷の麓まで運んで降ろした。Heyl, Volkssag. a. Tirol 448.

(22) Wiener Zeitschr. f. Volkskunde 33 (1928) 14.

第Ⅲ章

(1) Otte 20. Walter 198 Anm. 4.

(2) Bader 108.

(3) Walter 323, 399 Anm. 5.

(4) Bader 108.

(5) Schöppner, Sagenbuch d. bayer. Lande 2, 223.

(6) Bader 105.

(7) フランス人たちのあいだでは、そもそもBourdon（唸り屋）といえば大鐘に付ける名前となっている。Otte 22.

(8) Grässe, Preuß. Sagenbuch 1, Nr. 368. Otte 21によれば、これはClinsa（キンコンと響きをたてる女）と等しい言葉である。Walter 158も参照。

(9) Bader 109. Walter 280, 323, 485 Anm.

(10) ZVfV. 7, 286. Bartsch, Meckl. Sag. 1, 378f. アルト・ガールツの記録によれば、「黒いボル」（dei schwarte Boll）という名称は、今もなお大鐘を指すものとして一般的である。

(11) Haas 30.

(12) Otte 22.

(13) Ebda.

(14) Bader 109.「靴職人のハンマー」という呼び名は、Walter 323によれば、取り違えに基づいて生まれた。上註3も参照。

(15) Otte 22. Bader 109. Walter 258, 323 Anm. 2.

(16) ZrwV. 1, 17. ハーレムにある一五〇三年製の時報鐘の名も「ローラント」（Roeland）という。Walter 288.

(17) 銘帯には、「聖アンナさま、どうかわたしたちのための御とりなしを」と記されている――。中高ドイツ語のbôz, bozは「打撃」、「突き」といった意味である。鍵盤楽器ヴァージナルにおけるGlockebôz（＝「突進」）の名を参照。Golther, Handb. d. germ. Mythol. 184.

(18) Bayerischer Heimatschutz 16 (1918), 42.

(19) Pesch, D. Glocke 31.

(20) グラーツ近郊の城山にはトルコの大砲を材料にして鋳た「リーゼルばあさん」(alte Liesel) という鐘がある。Pesch

34.

（21）フスボレン（ジーク郡）の「聖歌隊の鈴」は、かつては「口げんかの小鐘」（Zänkglöckchen）とも呼ばれた。

（22）シュターペルホルム（ホルシュタイン）では、祈りの鐘が鳴ると、「聖歌隊長どのの犬が吠えておる」と人びとが口にする。Mensing, Schlesw.-Holst. Wörterbuch 1, 286.

（23）Zingerle, Sag. a. Tirol 252 (452), 326 (573), 328 (577), 329 (578). Alpenburg, Deutsche Alpensagen 354f. (377).

（24）Caminada 97.

（25）Ebda. 98. ちなみにスイスでは、「牝豚」（Sau）、「牝豚っこ」（Säuli）というのが、鐘の名前として特に広く浸透している。「犬」はグラウビュンデンに見られる。Schweiz. Archiv f. Volksk. 3, 178.

（26）Walter 261. 動詞 subsannare は「嘲る」の意である。ズザンナの名は、動詞 sûsen（轟音がする）と語呂合わせをされる場合もある。Birlinger, Volkst. a. Schwaben 1, 145f.

（27）Reusch, Sagen d. preuß. Samlandes 84f. この文献にはノイエンドルフを舞台とする同じ伝説も出ている。

（28）ブレーメン大聖堂にあるコスマスとダミアンの鐘は、レンナーの年代記によるかぎり、かつてズザンナの名で呼ばれていた。この鐘は一四三三年に改鋳されたようである。新しい鐘はマリアと名づけられ、ズザンナの名は後を譲った（一六四八年三月三日付、市参事会議事録）。一三九三年、「祝福されたる処女マリアの誉れのために」（in honorem beate virginis Marie）製造された、ブレーメンの聖マルティン教会の鐘は、民衆のあいだではズザンナの名で呼ばれていた（ブレーメン在住フォッケ博士のご教示による）。ジゴルスハイム（上部エルザス、ラッポルツヴァイラー郡）の最大の鐘は、本来は「ペテロとパウロ」という名であるが、民衆はズザンナと呼んでいる。ロースハイム（下部エルザス、モルスハイム郡）の一八四三年に改鋳された鐘は、奉献式ではユスティーネの名を与えられたが、民衆たちは従前どおりズザンネの名を使い続けた。他の名前においても同様のことが観察される。ゼーリゲンシュタット（ヘッセン、オッフェンバッハ郡）の一二九六年製の鐘は、「ペトルスとマルツェリヌス」という名であるが、民衆のあいだではヨハネスと呼ばれる。鐘の改鋳やその他の作り直しの後も、民衆たちがなじみの名前を使い続けることは、決して稀ではなかったと思われる。メクレンブルクには、数基に及ぶ「使徒の鐘」という名の鐘があるが（パルヒムの聖マリア教会と聖ゲオルク教会、またクリヴィッツにも）、その銘文に名前の由来は明示されていない。

（29）Alpenburg, Deutsche Alpensagen 42f.

（30）Rochholz, Schweizersagen a. d. Aargau 2, 215. マルス近郊の「タルチュの丘」にかなりの昔から続く教会があるが、そこにも二基の異教の鐘が懸かっている。Zingerle, Sagen 424 (747). また Hwbch. 3, 1643f. も参照。

（31）Alpenburg, Deutsche Alpensagen 260.

（32）ダムベックの教会は美しい二基の鐘もろとも、ノアの洪水の際にすでに沈んだという。Bartsch, Meckl. Sag. 1, 368f.

（33）Otte 22. ルーアンにも「バターの鐘」がある。Ebda.

（34）ミュンスター大聖堂では、十八世紀半ばにおいてなお、毎朝「熱燗ビールの小鐘」が鳴っており、これは通常、聖堂参事会員たちを朝食に呼び集めるためのものだった。

Münsterische Geschichten, Sagen u. Legenden (Münster 1825) 40 Anm.

（35）Lynker, Hess. Sag. 188 (262).「アッペル」(Appel) とは「聖女アポロニア」(Apollonia) のことであろうか。

（36）教会の小間使いであった老人の話として、司祭ティム氏からご教示いただいた。

（37）Witzschel, Sag. a. Thüringen 1, 155 (152). この鐘は一五五五年に製造され、一八四七年に葬儀の鐘を鳴らすなかで割れてしまい、一八八二年に新しく鋳られた。

（38）Baader, Neugesammelte Volkssagen a. d. Lande Baden 93.

（39）Deecke, Lübische Geschichten u. Sagen ² 296 (189a).

第Ⅳ章

（1）教会や祭壇と同じく、聖別された鐘も、悪魔の攻撃から守護する力をもつ。例えばゲルティングの鐘小屋内部において: Müllenhoff, Schl.-Holst. Sag. 277.

（2）Schweizer. Archiv f. Volksk. 22 (1919) 202f.

（3）Meyer, E. niedersächs. Dorf am Ende des 19. Jahrh. 115.

（4）Bindewald, Oberhess. Sagenbuch 174.

（5）ZVfV. 8, 30. Mensing, Schlesw.-Holst. Wbch. 3, 168. 三井寺（日本）の鐘は、虚栄心の強い貴婦人の姿がその面に映ったとき、金属を歪めて、細長い無数の皺をつくった。ZVfV. 8, 37.

（6）Bayerischer Heimatschutz 16 (1918), 46.

（7）Birlinger, Volkst. a. Schwaben 1, 152.

（8）Wiener Zeitschr. f. Volksk. 33 (1928), 14.

（9）Seifart, Sagen a. Hildesheim 2, 79f.

（10）Strackerjan, Abergl. usw. a. d. Herzogt. Oldenburg ² 2, 386. ある村が別の村に対して、鐘の強奪や非合法的な獲得を非難する例はしばしば見られる。Haas 31. Hessische Blätter f. Volksk. 10, 39.

（11）アイルランドのレンスターの鐘は、毎晩、鐘つき男が魔法で呼び出し、その上に固定しておかなくてはならなかった。さもないと、夜中のあいだに元の場所へ戻ってしまうからである。Meyer, D. Aberglaube des Mittelalters usw. 187.

（12）Otte 170f. ZVfV. 7, 270ff; 8, 32. Lüpkes, Ostfries. Volksk. 245. Haas 11f., 19f., 31. Lady Wild, Ancient legends etc. of Ireland 224. Eisen-Erkes, Estnische Mythol. 91. Erdmann 65ff.

（13）Lütolf, Sagen usw. a. d. fünf Orten usw. 534.

（14）Mecklenburg 13 (1918), 24.

（15）Haas 20.

（16）ZVfV. 8, 31. Kühnau, Schles. Sag. 3, 543.

（17）Bayerischer Heimatschutz 16 (1918), 45f. Strackerjan ² 2, 264. Haas 19f.

（18）ZVfV. 8, 32. 聖像についても同様の物語が知られている。Handwörterbuch d. d. A. 1, 1287.

（19）ZrwV. 4, 68.

（20）この物語のヴァリアントに、次のようなものがある。ツィルハルトの鐘が、今日ではロウヴェの製材所があるシュメルツまで運ばれた。するとそこに、鎌や熊手、殻竿で武装した農民たちが山のあちこちから現れ、荷馬車に向かってきた。そして御者に命じ、もう一度引き返して、鐘を元の場所に戻させた。

（21）Zingerle, Sagen usw. a. Tirol 117 (186), 382 (671). Alpenburg, Deutsche Alpensagen. 306f. (323), 355 (377).

（22）Jahrb. f. d. Landeskunde der Herzogtümer Schles.-Holst. u. Lauenburg 4 (1861), 146. 同様の特徴をもつ伝説はしばしば見られる。ZVfV. 8, 32. Engelien u. Lahn, Der Volksmund in der Mark Brandenburg 1, 58f., 60. Dähnhardt, Natursagen 2, IXf. 牡牛と牝牛は、馬よりも「浄い」ものと見なされている。メクレンブルク・シュヴェリーンからの報告では、ツェーナの大鐘は、十六頭の馬をもってしても村境を越えて行けなかったが、八頭の牡牛にすると、たやすく運んで行った。またガルヴィッツの鐘が敵軍によって奪い去られようとしたとき、馬では運ぶことができなかったが、牝牛で成功した――。牛が馬に優越するということは、現実にあった話にも語られている。一八七六年のこと、八頭の馬が、フェルトキルヒからルムブラインまで新しい鐘を運ぶことになったが、じっとして動かない。新たに十頭の馬を加えたが、それでも駄目である。そこでルムブラインの村びとたちは二十四頭の若くて強壮な、荷車用の牛を車につないだところ、うまくいったという。農夫たちは目を輝かせて言った。「いやまったく、このとおりだ。わしらの聖マルティンさまは、なじみのない馬などお望みにはならん。わしらの荷車用の牡牛をご所望なのだ。ほかでもない、わしらの畑に畝を掘ってくれる牡牛どもをな。こいつらこそ、誉れに値する」。Caminada 36ff.

（23）Bindewald, Oberhessisches Sagenbuch 211.

（24）Haas 17f. Engelien u. Lahn, Volksmund 1, 58f. これはメクレンブルクの伝説にもよく見られる。

（25）Jahn, Volkssag. a. Pommern u. Rügen 234 (295). またErdmann 70ff. も参照。

（26）Pfister, Sagen usw. a. Hessen u. Nassau 87f. 鐘はまた別の理由からも、音を出すことを拒む。ZVfV. 8, 31. ペチョーの鐘は、火酒を飲んだ男には音を出させない（Wossidlo）。

（27）Kühnau, Schles. Sagen 3, 545. また聖人の絵も、ひとりでに元の場所へ戻っていく例が多い。Schmidt, Kultübertragungen 97. Pfister, Schwäbische Volksbräuche 60ff.

（28）Lemke, Volkstüml. in Ostpreußen 2, 7. また3, 111f. も参照。泉も、自らの売り買いを拒む。Bertsch, Weltanschauung, Volkssage u. Volksbrauch 267.

（29）Wossidlo in „Mecklenburg" 13, 24f.

（30）Knoop, Volkssagen a. d. Östlichen Hinterpommern 92f. (194).

（31）ZVfV. 8, 33, Anm. 1. Schell, Neue bergische Sagen 84f. Schweiz. Archiv f. Volksk. 3, 186.

（32）Schweiz. Archiv 3, 107, 180f, 182, 184.

（33）Ebda. 3, 179

（34）Mecklenburg 13, 24.

（35）Snorris, Königsbuch 3 („Thule" 16), 48. Otte 49 Anm. 2 も参照。

（36）Schöppner, Sagenbuch d. bayer. Lande 3, 158.

（37）Baumgarten, Progr. d. Gymnas. zu Kremsmünster, 1860, 31 (Oberösterreich).

（38）Alpenburg, Deutsche Alpensagen 36.

（39）Sébillot, Folklore de France 4, 145.

（40）Ebda. 4, 145. またZVfV. 8, 30 も参照。

（41）一九二七年、ドルラー（メシェデ郡）の農夫メッテからの聞き取り。

(42) Schweiz. Archiv f. Vkde. 25 (1925), 285.

(43) Stoll, Zur Kenntinis des Zauberglaubens usw. 181f.

(44) Otte 175f. Meyer, Abergl. 187f. Pesch, D. Glocke 104ff., 144ff. Sébillot 4, 142f. Erdmann 82ff.

(45) Günter, D. christl. Legende des Abendlandes 47. Vita Bonifacii cap. 38 (Mon. Germ. Hist. II, 351ff). ZVfV. 8, 30f. Schweizer. Archiv f. Volksk. 22, 202f; Bahlmann, Volkssag. a. d. Kreisen Tecklenburg u. Iburg 33（聖ラインヒルディス）. Mecklenburg 13, 26（殺された無実の男の遺体が村にやってくるとき）. ZVfV. 18, 183（聖なる男の死に際して家の鐘が鳴る）. Bader 128（シュテファン大聖堂の鐘の鋳造師が死んだとき）. Thule 23, 255（野にあった少年インギャルドの遺骸が教会まで運ばれるとき）. Maurer, Isländ. Volkssag. 215（ホラールの教会において、司教の遺体が到着するとき）. Müllenhoff, Schlesw. Holst. Sag. 17（エーリヒ公の埋葬において）. Mailly, Sag. aus Friaul usw. 88（司教ガウデンティウスの棺が陸に漂着するとき）. Le Braz, La légende de la mort 1, 234, 235f. 聖なる職務を動物が遂行することもある。ザルネンでは、二羽の烏が口ばしで鐘をつつくことで、敬虔なる森の隠者の死を告げ知らせる。Niderberger, Sagen a. Unterwalden 2, 146. 鐘の響きが、時に亡霊の仕業とされることもある。「ヘルプトの教会には化け物が出るという。夜遅くになるといつも鳴り始めたが、最後には司祭が祓いの儀式をして、亡霊を追い出した」。Mecklenburg 13, 26.

(46) Mon. Germ. Hist. II, 417 (Altfridi vita sancti Liudgeri 3, 14)

(47) Zingerle, Sag. a. Tirol 121 (194).

(48) Bahlmann, Volkssag. a. d. Kreisen Tecklenburg u. Iburg 61.

(49) ZrwV. 13, 148.

(50) Sébillot 4, 342f.

(51) Baader, Neugesammelte Volkssagen a. d. Lande Baden 56f.

(52) Lemke 3, 112. Knoop, Sagen a. d. Provinz Posen 249f., 250f.

(53) Lütolf, Sagen 430. ロストックでは今日もなお、「漂白屋の娘」の誉れのために、毎週火曜日の夕べ、「人びとが祈りを一回だけ唱えるあいだに」、鐘を鳴らす。Bartsch, Mecklenb. Sag. 1, 381.

(54) Sébillot, Folklore 4, 174.

(55) Lütolf 306.

(56) ZVfV. 8, 31. Zingerle, Sagen a. Tirol 374.

(57) ZVfV. 8, 31.

(58) Sébillot, 4, 143.

(59) Ebda. 4. 380f.

(60) Pesch, D. Glocke 144ff.

(61) Zaunert, Westfäl. Sag. 289.

(62) Freiligrath u. Schücking, D. malerische u. romantische Westfalen 323.

(63) ZVfV. 8, 31. Mecklenburg 13, 26. Bechstein, Sagenschatz d. Frankenlandes 1, 248. Strackerjahn[2] 2, 398. ケーニヒスブルンの貧民たちのために、ヘルフェンシュタイン家の婦人は遺産を定めて死んだ。しかしこれが適切に果たされなかったとき、司祭の部屋のすぐ外で、夜中、激しく鐘が鳴り始めた。これは死んだ婦人の霊が引き起こしたものであった。Birlinger, A. Schwaben 1, 306.（亡霊が義務の不履行を阻止する。Panzer, Beitr. 1, 150. 寄進されていた森が枯れ果てる。Ebda.

2, 145) ——ブニョロ（ウガンダ）の民衆信仰では、怒った精霊カムラシスが人身御供を求めるたびに、大太鼓が、それを人が叩きもしないのに、連打を発する。CASATI, Zwei Jahre in Äquatoria usw., deutsch v. Reinhardstöttner 2, 29.

（64） MEYER, Badisches Volksleben 284.

第V章

（1） ZVfV. 7 (1897) 358f. BIRLINGER, D. german. Julfest: Progr. d. Eberhard-Ludwigs-Gymnasiums in Stuttgart 1901, 74ff., 79ff. GRUPPE, Griech. Mythol. (Handbuch d. Altertumswissensch. V, 2) 896f., 899f. Mélusine 9, 64ff. FRAZER, Folklore in the Old Testament 3, 446ff.

（2） 悪霊祓いの十二夜には、牡牛もしくは牡山羊の角笛を吹く。BAUMGARTEN im Progr. v. Kremsmünster 1860, 14. ヤップ島（カロリン諸島）では貝殻を笛とする。Anthropos 8 (1913) 1060. トゥアレグ族居住区の南部にいたフランス軍部隊の黒人狙撃兵たちは、ラッパの信号を発して、その地に住む悪霊を追いはらった。Globus 94, 187.

（3） ZVfV. 7, 362. SARTORI, Sitte u. Brauch 3, 153 Anm. 28. ZrwV. 1, 46.

（4） ZVfV. 7, 360ff. SAMTER, Geburt, Hochzeit u. Tod 63 Anm. 2. SELIGMANN, D. Böse Blick 2, 274ff. SCHEFTELOWITZ, Alt-Palästinensischer Bauernglaube 76ff. Badische Heimat 1 (1914), 176. Hwbch 2, 163, 3, 869. FRAZER, The scapegoat 204, 242f., 246, 277f. SÉBILLOT, Le Folklore de France 4, 144f.

（5） ZVfV. 7, 360. グラートベック（ヴェストファーレン）にある一五三五年鋳造の大鐘には、「われは悪霊を困惑させる」（Cacodaemona turbo）という銘文がある。デンマークのロスキルデにある鐘は、「わが声は、すべての魔物にとりて恐怖なり」（Est mea cunctorum vox terror demoniorum）という銘文をもつ。WALTER, Glockenkunde 240 Anm. 8. また 260 Anm. も参照。

（6） ZVfV. 7, 359f. GRADL, Sagenbuch d. Egergaues 30. ZrxV. 4, 123, 126ff. BERTSCH, Weltanschauung, Volkssage u. Volksbrauch 270.

（7） ZVfV., 360f. BAUMGARTEN, Progr. v. Kremsmünster 1860, 23（聖ゲオルクの日）. JÜRGENSEN, Martinslieder 33（聖マルティンの日）. LIEBRECHT, Gervas. v. Tilbury 232（154: フランスにおける聖アガタの夜）. Globus 94, 7（トーゴ、鐘と魔法の杖）.

（8） ZVfV. 7, 362. ルイスの大鐘（一七三〇年製）の銘文には、次のような願いが記されている。「嵐、害虫、狼、その他あらゆる災い多き獣より、われらを解放したまえ」（ut liberemur a ruina, vermibus, lupis et aliis pestiferis animalibus）CAMINADA 34. 一六六四年鋳造のメルスの鐘には、このような格言が記してある。「聖マングさまと、聖ヴェンデリンさまとが、憎き虫たちを追いはらってくださる」。MANZ, Volksbr. d. Sarganserlandes 93.

（9） FRANZ, Die kirchlichen Benediktionen im Mittelalter 2, 572.

（10） ZrwV. 25 (1928) 80.

（11） KUHN, Westfäl. Sag. 1, 123f. 娘を誘拐した水男にまつわる民謡では、しばしばこの展開をとる。ERLACH, D. Volkslieder d. Deutschen 3, 556f. ERK-BÖHME, Deutscher Liederhort 1, 2ff., 17. ROESE, Lebende Spinnstubenlieder 55f. WIRTH, Beiträge z. Volkskunde in Anhalt, H. 1 (1923) 2.

（12） LEMKE, Volkstüml. in Ostpreußen 2, 6.

（13）Schöppner, Bayerisches Sagenbuch 3, 273 (1276). 六一五年のこと、サンスの司教ルプスは、鐘を鳴らして外敵を退けることに成功したという。Meyer, D. Abergl. d. Mittelalters 187（Acta Sanctor. Sept. I, 258, 259 に基づく）. 皇帝ユスティニアヌス二世の使節団は、トルコのシャーマンらによって、その周囲に火炎を立ちのぼらせ、鐘を鳴らし、タンバリンを叩くなどすることで無力にされてしまう。Frazer, Taboo and the perils of the soul 102.

（14）ZVfV. 7, 360, Anm. 1. Walter 28. イスラエルの民のもとでは、「ショファー」（牡羊の角）の鋭い響きが敵を戦慄させる。ZVfV. 26 (1916), 118.

（15）ZVfV. 7, 363f. Sartori, Sitte u. Brauch, Register u. d. W. Glockenläuten.

（16）Blau, D. altjüdische Zauberwesen 160.

（17）Sartori a. a. O. 1, 109 Anm. 4.

（18）Blau a. a. O. 164. Jirku, D. Dämonen u. ihre Abwehr 82. Klemm, Allg. Culturgesch. 2, 254（エスキモー）. Pechuël-Loesche, Volkskunde von Loango 367. もしかするとその多くは単なる流行現象にすぎなかったのかもしれない。Otte 56. Mannhardt, German. Mythen 489 Anm. 1. Liebrecht, Gervas. v. Tilbury 122. 支配者の式典服に付いている鐘については Bayerischer Heimatschutz 1929, 50f.

（19）Scheftelowitz, D. altpersische Religion u. d. Judentum 131.

（20）Frazer, Taboo 235.

（21）Dennys, The folklore of China 55. また 37 も参照。

（22）Anzeiger der ethnographischen Abteilung des ungarischen National-Museums 4 (1905), 155f. また 5 (1910), 26 も参照。

（23）Hessische Blätter f. Volksk. 12 (1913), 1ff. und die ff. Bände. Heckscher, D. Volkskunde des german. Kulturkreises 527f. ZVfV. 7, 362. Gradl, Sagenbuch des Egergaues 24 (49). Alpenburg, Mythen usw. Tirols 123f. フランスでは、家畜用の鐘舌に先史時代の斧を用いていることがある。Sébillot, Folklore de France 4, 73. また 2, 393 も参照。

（24）Grimm, Dtsche Sagen Nr. 434（フランク族：名目上は、道に迷うことを防ぐためとして）. Wellhausen, Reste arabischen Heidentums (Skizzen u. Vorarbeiten III) 144, 2. Ausg. 165.

（25）ラウリスでは、山羊たちが身につけている小鐘（Glöckchen）のそばに、牧童が小袋を掛けておいた。その中には聖別されたバッコ柳の花序、ニワトコとハシバミの葉と塩を少々、また一枚の聖ベネディクトゥス・メダルが縫いこんであった。ZVfV. 8, 92. ノルウェーでは、群れの先導をする牝牛の首に鐘（Glocke）を掛けるとき、事前に塩を鐘に詰めておいて、それから牝牛に与える。Liebrecht, Zur Volkskunde 320 (57).

（26）Franz, Benediktionen 2, 131. また 132 も参照。聖アントニウスは自ら小さな鐘を一つ携えていた。Walter 21 Anm. 3（悪霊を遠ざけるためであろうか）. また Seligmann, D. böse Blick 2, 276 も参照。

（27）Schmidt, D. Volksleben der Neugriechen 1, 157.

（28）Boecler-Kreutzwald, Der Ehsten abergläubische Gebräuche usw. 117f., 136. Frazer, The golden bough 2, 332.

（29）Eisen-Erkes, Estnische Mythologie 127.

（30）Frischbier, Hexenspruch u. Zauberbann 143f. また Hessische Blätter f. Volksk. 12 (1913), 13f. も参照。

(31) ZINGERLE, Sitten usw. des Tiroler Volkes 158.
(32) POLLINGER, Aus Landshut u. Umgegend 116f., 220f. また LEO-PRECHTING, Aus dem Lechrain 20 も参照。
(33) GROHMANN, Sagen a. Böhmen 149. Abergl. aus Böhmen 12.
(34) KNOOP, Sagen usw. a. Posen 138.
(35) ZVfV. 7, 362.

第VI章

(1) SCHÖPPNER, Sagenbuch d. bayerischen Lande 2, 36.
(2) MAAK, Kultische Volksbräuche b. Ackerbau auf d. Gebiet der freien und Hansestadt Lübeck usw. Diss. Zürich 1915, 29. フィンランド人たちのあいだの取り決めごとは注目すべきである。春蒔きの種のために畑地を耕す男の馬は、鈴を一切付けてはならず、それは種が芽を出さなくなるからであるという。従来、こうした馬の鈴は埋葬の鐘と比較され、作用の類似性が指摘されてきた。しかし畑地の場合、鋤き返す作業が済んで人も馬も帰宅すると、馬の首にまた鈴を掛け、出入り口になっている柵から奥のほうへ後半身を向けて、頭のほうが出入り口の外にはみ出すように繋ぐ。そして馬の耳を叩き、鈴を鳴らすのであるが、これは苗がよく育つようにとの願いをこめてのことである。RANTASALO, D. Ackerbau im Volksglauben d. Finnen u. Esten 1, 94f.
(3) SARTORI, Sitte u. Brauch 2, 64.
(4) WITZSCHEL, Sagen a. Thüringen 2, 295 (169).
(5) BARTSCH, Mecklenb. Sag. 2, 164 (774c).
(6) BADER 102.
(7) Zrwk. 11 (1914), 13.
(8) BARTSCH 2, 269.
(9) HOFFMANN-KRAYER, Feste u. Bräuche d. Schweizervolkes 140.
(10) OTTE 174 Anm. 6.
(11) WOLF, Beitr. 1, 228.
(12) BARTSCH 2, 232 (1210).
(13) Mecklenburg 13 (1918), 28.
(14) SEIFART, Sagen usw. a. Hildesheim 2, 140.
(15) ANDREE, Braunschweig. Volkskunde 168.
(16) SARTORI, Sitte 3, 164, Anm. 73.
(17) MEIER, Schwäbische Sag. 400.
(18) Mitteil. d. schles. Gesellsch. f. Volkskunde 11, 176.
(19) ZVfV. 7, 363f. ANDREE-EYSN, Volkskundliches 180ff. FRAZER, The golden bough 9, 246ff., 250ff.
(20) MANZ, Volksbrauch usw. d. Sarganserlandes 34. 87f. MEYER, Badisches Volksleben 364.
(21) BACH, Hexenprozesse in d. Vogtei Ems 9.
(22) SCHMITZ, Eifelsag. 1, 35. Wrede, Eifeler Volksk. 94.
(23) FOX, Saarländ. Volkskunde 252.
(24) DE LA FONTAINE, Luxemb. Sitten 46.
(25) BADER 102. ローレヴィンクによれば、ドルトムントでは毎年五月四日に、すべての鐘を一斉に揺らし鳴らすという。そしてこれは聖ライノルドゥスのドルトムント来訪を記念するものだということになっている。ROLEVINCK, Beitr. z. Geschichte Dortmunds 31 (1924), 98.
(26) エルバーフェルトのO・シェル氏からの聞き取り。
(27) Hessische Blätter f. Volksk. 10 (1911), 27.

（28）Meise, Ravensberger Wanderbuch 148 も参照。
（29）Schauerte, Sauerländ. Volkskunde 57.
（30）Caminada 99.
（31）Reiser, Allgäu 2, 358. また Pfannenschmid, German. Erntefeste 91（パッサウ一帯で）も参照。
（32）Sartori, Sitte u. Brauch 2, 71f. Ztschr. f. deutsche Myth. 2, 419（セヴェンヌ山脈）. Sébillot, Folklore de France 4, 144. Birlinger, Aus Schwaben 2, 207, 208.
（33）Sartori 2, 74. Kück u. Sohnrey, Feste u. Spiele² 156. Wossidlo, Erntebräuche 15. シレジアのグリュンベルクでは、葡萄の実の熟す季節が来ると、摘み取りの合図として朝の六時から一時間にわたって鐘が鳴る。Engelien u. Lahn, D. Volksmund in d. Mark Brandenburg 236. また Reuschel, Deutsche Volkskunde 2, 34 も参照のこと。角笛を吹いて合図を出すこともあった。Wossidlo a.a.O. 15f. 最初の収穫が始まる前、またはその最中に、空砲を撃つこともある。Mitteldeutsche Blätter f. Volkskunde 4 (1929), 179（オルラミュンデ近郊ナシュハウゼン）.
（34）Sartori 2, 77, Anm. 9. Wirth, Anhalt. Volkskunde 276f.
（35）Pfannenschmid 90. この文献によれば、もし昼休みのあいだに鐘を鳴らせば、とりわけ真昼の刻に出現する魔物を無害化することができるという。Ebda. 398 も参照。
（36）Schweizer. Archiv f. Volksk. 25 (1925), 243.
（37）Sartori 3, 35, Anm. 52. オーバードルフ（上部エルザス、アルトキルヒ郡）、ツヴィンゲンベルク（ヘッセン、ベンスハイム郡）などで、クリスマス前日の鐘が鳴るあいだに樹木を藁で包むこと、ホーンドルフ（ロイス）やいくつかのヘッセンの町では、それを今日でもなお、大晦日の鐘のなかで慣習的に行っていることが報告されている。キルヒフェルス（マールブルク司教区、クライン・フロンハウゼン）では、年末の最後の土曜日に行う。イッベスハウゼン教区（ヘッセン、ラウターバッハ郡）に残る年代記には、こう記されている。「三月十九日から九月末日まで、この地では、恒例の午後五時の鐘が始まった。これは古い迷信に基づくものであり、このとき樹木を揺さぶらなければ、多くの実りを得ることはできないというのである」。
（38）Sartori 3, 146, Anm.1. Hoffman-Krayer, Feste u. Bräuche d. Schweizervolkes 149. Manz, Sarganserland 117.
（39）Wuttke, D. deutsche Volksabergl. 400（オーバー・プファルツ）.
（40）Manz a.a.O. 117.
（41）Bayerischer Heimatschutz 16 (1918), 46.
（42）Meyer, Badisches Volksleben 399.
（43）Handwörterbuch d. deutschen Abergl. 2, 1089.
（44）Mecklenburg 13 (1918), 27.
（45）Wolf, Beitr. 1, 219 (216). ランゲン（ヘッセン、オッフェンバッハ郡）では、これを若い山羊や幼い子どもに行うことが報告されている。
（46）ZrwV. 2, 292（上ナーエ地方）.
（47）Mecklenburg 13 (1918), 27.
（48）ヴァーレン（ヘッセン、アルスフェルト郡）からの報告。またガルベンタイヒ（ギーセン郡）においても、孵化の失敗を避けるため、通常、鐘が鳴っている最中に抱卵用の卵が置かれるという記録がある。
（49）Eberhardt, Sitte u. Brauch in d. Landwirtschaft (Mitteil. über

volkstümliche Überlieferungen in Württemberg Nr. 3) 20.

（50） Sébillot 4, 145. Liebrecht, Gervasius v. Tilbury 236 (201). Wolf, Beitr. 1, 248 (572). Franz, Die kirchlichen Benediktionen im M.A. 2, 206.

（51） Temesváry, Volksbr. in d. Geburtshilfe in Ungarn 55.

（52） アルスバッハ、ツヴィンゲンベルク（ヘッセン、ベンスハイム郡）において。

（53） Höhn, Sitte u. Brauch bei Geburt usw. (Mitteil. über volkstümliche Überlieferungen in Württemberg Nr. 4) 266.

（54） ケーニヒシュテッテン（グロース・ゲーラウ郡）、ドルンハイム（グロース・ゲーラウ郡）、リントハイム（ビュディンゲン郡）など――。メルゼブルク近郊ガイゼルタールの谷にあるブラウンスドルフには、ここで言及しておくべき習俗が残っている。すなわちクリスマス（降誕節）第三日の朝早くに、幼い子どもたちが司祭や親戚、知人のもとへ歩いていくのである。子どもたちはみな細い若枝を手にしており、もし可能であればその先端に小さな鐘（Klingel）を付ける。子どもたちは出会った大人をびっくりさせようと考え、大人たちの両脚のあいだで枝を振ってその鐘を鳴らす。そしてその際に、「今朝は、鐘鳴らしの日だよ」と叫ぶのである。このお返しに、子どもたちは小さな贈り物や胡椒クッキーなどをもらう。ZVfV. 14 (1904), 427.

（55） 民間医療と魔術における鐘については、A. Perkmann, Handwörterbuch d. deutschen Aberglaubens 3 u. d. W. „Glocke“ を見られたい。フランスの事情については、Sébillot 2, 240, 274, 380; 4, 146, 147 を参照。

（56） Seyfarth, Abergl. usw. in d. Volksmedizin Sachsens 91f. また117 も参照。Bartsch 2, 419, 422.

（57） D. westfäl. Anzeiger (Dortmund) 13 (1804), 153.

（58） Meise, Ravensberger Wanderbuch 130.

（59） Bader 130.

（60） Otte 123, Anm. 2. いわゆる「扁桃腺炎の鐘」も参照。Baader, Neuges, Volkssag. 93.

（61） Heimatgaue. Zeitschr. f. oberösterr. Gesch. Landes- und Volkskunde (Linz) 10 (1929), 282f.

（62） ZVfV. 8, 36.「聖なるサバトの日に鐘たちが激しく打たれるとき、歯に刃があてがわれる」（原文ラテン語）と述べるのはシエナの聖ベルナルディーノである。ボヘミアにおいても、歯痛の治療として、最初の雷鳴の際に同じことを行う。ZVfV. 22, 122.

（63） ZVfV. 8, 36.

（64） ユダヤ人たちにおけるトーラーの巻物の崇敬とその扱いを、かなりの関連性をもってこの点と比較することができる。ZfVk. 39 (1930), 289f.

（65） Hovorka-Kronfeld, Vergleichende Volksmedizin 2, 89f., 188.

（66） Zeitschr. f. deutsche Mythol. 1, 184f. 水は、その中に鐘を投げ入れることで治癒力をもつようになる。Sébillot 2, 462.

（67） Fischer, Progr. d. Realgymnas. zu Meiningen 1891, 32.

（68） Müllenhoff, Schlesw. Holst. Sag. 128.

（69） Ausland 49, 517（セルビア）。また Hwbch 3, 870 も参照。

（70） Wolf, Beitr. 2, 299. また Bohnenberger, Mitteil. 24 も参照。

（71） Seyfarth, Abergl. usw. 275. また Hwbch 3, 870 も参照。

（72） Drechsler, Schlesien 1, 214.

（73） Birlinger, Volkst. a. Schwaben 1, 151.

（74）Pollinger, Aus Landshut 287（エッセンバッハ）.
（75）Bayerischer Heimatschutz 16 (1918), 46（上部ナープガウ）.
（76）また Wolf, Beitr. 2, 299. Hovorka-Kronfeld 1, 187. Hwbch 3, 870 を参照のこと――。オーバー・リンタールでは、牝牛がより多くの乳を出し、病知らずでいられるようにと、鐘から鑢で削ったと称するものを餌として与える。Zingerle, Sitten usw. aus Tirol 220 (1754).
（77）Mecklenburg 13 (1918) 28.
（78）Sébillot 4, 145.
（79）Haltrich, Zur Volkskunde d. Siebenbürger Sachsen 262 (2).
（80）Zingerle, Sitten usw. a. Tirol 195 (1594).
（81）Wuttke, D. Deutsche Volksabergl.[4] 142 (195). Töppen, Abergl. a. Masuren 53f.
（82）Seyfarth, Abergl. 275.
（83）Frischbier, Hexenspruch u. Zauberbann 120.
（84）Kühnau, Schles. Sagen 1, 30.
（85）Heckscher, D. Volkskunde d. german. Kulturkreises 84, 116.
（86）Sébillot, 4, 145.
（87）Bulletin de folklore 2, 82（アントワープとリュティヒ）.
（88）Sébillot 4, 145. Otte 175, Anm. 4 も参照。
（89）Temesváry, Volksbr. in d. Geburtshilfe in Ungarn 38.
（90）Am Urds Brunnen 5, 191. Peuckert, Schlesische Volksk. 214.
（91）Sébillot 4, 145.
（92）Mecklenburg 13 (1918) 28. Hwbch 3, 871 も参照。
（93）Manz, Sarganserland 70. ZrwVk. 24 (1927) 185. Zaunert, Rheinlandsagen 2, 159. Lammert, Volksmedizin usw. in Bayern 231. Wiener Zeitschr. f. Volksk. 33 (1928) 14.
（94）Hovorka-Kronfeld 1, 187f.
（95）Andree, Braunschweig. Volksk. 423.
（96）Zahler, D. Krankheit im Volksglauben d. Simmentals 89.
（97）Strackerjan, Oldenburg 1, 79.
（98）Wuttke 142 (195). また以下の文献も参照。ZVfV. 8, 37. Otte 175, Anm. 3. Wlislocki, A. d. Volksleben d. Magyaren 74. Grohmann, Abergl. usw. a. Böhmen u. Mähren 26.
（99）Frischbier, Hexenspruch 143f. また Hwbch 3, 871 も参照。

第Ⅶ章

（1）Otte 36f. Walter 254（Beissel, Geschichte der Verehrung Marias im 16. und 17. Jahrh., S. 16-35 の参照指示あり）. Niderberger, Sagen Märchen u. Gebräuche a. Unterwalden 3, 521f. Handwörterb. d. deutschen Abergl. 3, 371.
（2）それゆえメクレンブルクでも「祈りの鐘が〈突かれる〉(stött)」と言う。
（3）Jahrb. d. Ver. Für d. evangel. Kirchengeschichte Westfalens 7 (1905), 244.
（4）Meyer, E. Niedersächs. Dorf 115.
（5）例えばスウェーデンのように、祈りの鐘として一日に二度だけ鳴らすことが普通である土地では、一般に午前中（十時）と午後（四時）に行われる。Otte 38.
（6）Handwörterbuch d. d. Abergl. 3, 371.
（7）Grimm, Deutsche Mythol.[4] 3, 423. しかし、同じくフィントラーの詩に依拠したニュルンベルクのアスムス・マイアーの小著には、こう記されている。「すると多くの人が見つけものにあずかり／口のなかには、少々のパンがいつもある／別れの鐘が鳴る時は」。ZVfV. 23, 9. また3も参照。

（8）Mecklenburg 13 (1918) 27f.

（9）Otte 40. Walter 182, Anm.

（10）ZVfV. 7, 361. Lütolf, Sagen usw. 140, 174, 560 (592). Caminada 87. Schweizer. Archiv f. Vlksk. 24 (1923), 178, Anm. 5. Pfister, Sag. usw. a. Hessen u. Nassau 81. Niederdeutsche Zeitschr. f. Volksk. 5 (1927) 227. モルスハイム郡（下部エルザス）のあちこちでも、朝の鐘は大空の悪霊を追いはらうものと言われた。夕べの鐘と朝の鐘のあいだに搾った家畜の乳は、腐敗するか、もしくはそれを飲むと病気になる（上部エルザス、アルトキルヒ郡）。Laistner, Rätsel d. Sphinx 1, 175; 2, 47, 229 によれば、苦しい悪夢を消し去る鐘の音のイメージが、朝の鐘の魔力への信仰の成立に作用しているかもしれないという。

（11）Otte 40. Riehl, Land u. Leute^{4} 315. Niderberger, Sag. a. Unterwalden 3, 521. ZrwV. 10, 117. Birlinger, Volkst. a. Schwaben 2, 298f. Heimatgaue, Ztschr. f. Oberösterr. Geschichte, Landes- u. Volkskunde (Linz) 10 (1929) 286.

（12）Hessische Blätter f. Volksk. 10, 127.

（13）Schweizer Idiot. 3, 27. ――単なる時報として利用されたにすぎない鐘が、人びとの暮らしにとって最終的に不可欠のものとなっていく過程は、オーバードルフ（上部エルザス、アルトキルヒ郡）の報告から知られる。そこでは夏の朝十時と、午後四時とに鐘が揺らし鳴らされ、畑の農夫たちに時間を伝えていた。この習俗が消滅したのは鉄道が敷かれた時である。規則通りに通過していく列車が、鐘の代用となった。

（14）ZrwV. 10, 117.

（15）Use läiwe Häime. Heimatblätter f. d. ehemalige Herrschaft Volmarstein 3 (1926), 6.

（16）ZrwV. 12, 92.

（17）Schönwerth, A. d. Oberpfalz 2, 416.

（18）Handwörterbuch d. d. Abergl. 1, 27, 29.

（19）Ebd. 1, 39.

（20）Ebd. 1, 39ff.

（21）Ebd. 1, 40.

（22）Rochholz, Sag. a. d. Aargau 1, 323, 326, 331, 388. Schweizer. Archiv f. Volksk. 6, 294ff. Manz, Sarganserland 89f. Caminada 84f. Handwörterbuch d. d. A. 1, 1182f. Sartori, Sitte u. Brauch 2, 150.

（23）Schöppner, Sagenbuch d. bayer. Lande 1, 250 (257).

（24）Niderberger, Sag. usw. a. Unterwalden 3, 521f. Zeitschr. f. rhein. u. westfäl. Volksk. 10, 118f.

（25）Schweizer. Archiv 7, 279. Schweizer Idiot. 2, 1697.

（26）ZrwV. 17 (1920) 52.

（27）Otte 38. Caminada 80f., 81f.

（28）Wüstefeld, Eichsfelder Volksleben 111. 同様の変形については、Rochholz, Tell u. Geßler 15.

（29）Heimatgaue, Zeitschr. f. oberösterr. Geschichte, Landes- und Volkskunde 10 (1929), S. 280.

（30）コンラーツ＝ボルケン博士の報告に基づく。

（31）Bartsch, Sagen usw. a. Mecklenburg 1, 380ff. これと同じ名称、そして同じ伝説は、リューベック（Deecke, Lübische Geschichten u. Sagen ^{2}95 (72)）とヴィスマールにも見える。

（32）ZVfV. 7, 366f. Pesch, D. Sage von der Irrglocke in westfälischen

Landen und in d. angrenzenden Gebieten: Heimatblätter d. roten Erde (Münster) 5 (1926), 492ff. Niedersachsen 34 (1929), 221f. Erdmann 88ff.

（33）Nordhoff, D. Kunst- u. Geschichtsdenkmäler des Kreises Warendorf (Münster 1886) 28.

（34）Rüter, Geschichtl. Heimatkunde d. Kreises Brilon 126. v. Detten, Westfäl. Wirtschaftsleben im Mittelalter (Paderborn 1902) 9. ただしそれにもかかわらず、一七九六年十二月七日のこと、三時から四時のあいだにシャルフェンベルクに向けて出発したクリュゾストムス・ヒルシュ神父は、雪嵐のなかで道に迷ってしまい、夜を路上ですごさざるをえなくなった。そしてこの一夜の後で、すっかり白髪頭になってしまった。Seibertz, Chronik d. Minoritenklosters in Brilon ² 57f.

（35）Predeek, Heimland 103, 105.

（36）Jahrb. f. d. Landeskunde d. Herzogtümer Schlesw.-Holstein u. Lauenburg 6, 302f.

（37）一四八〇年鋳造のシェーネンベルク（下部エルザス、モルスハイム郡）の鐘は、およそ一八七五年ごろまで毎晩、夏は十時、冬は九時に鳴らされ、道に迷った人を助け出す役割を担った。鐘鳴らしの仕事は交代制だった。晩ごとに異なる世帯が担当し、実際に鐘を揺らすのは父親か、もしくは気概のある息子だった。というのも、そのような遅い時刻に教会に足を踏み入れるのは、とても恐ろしいことだったからである――。ラッツェブルクの聖ペトリ教会で晩方（九時）に鐘を鳴らすのは、ファルヒャウの近くにいて、鐘楼の時報が鳴ったがゆえに道に迷わずに済んだ二人の婦人たちの寄進によるという。

（38）Bügener, Münsterländ. Grenzlandsagen 115f.（シュタットローンのいわゆる「走り鐘（Loffiüen）」）

（39）Heimatblätter (Dortmund) 1 (1919/20), 72（エールの「珈琲鐘」。寺男はさらに聖職者席から「サルヴェ・レジーナ」（元后あわれみの母）を歌わねばならない）――. 夏には四時、冬には三時に、鐘鳴らしが一回行なわれる。Panzer, Beitr. 1, 142 (163).

（40）Schöppner, Sagenbuch d. bayer. Lande 1, 48（ヴィティスリンゲンの居城で）.

（41）Bartsch, Mechl. Sag. 2, 462. ZrwV. 10, 121（フンスリュック）. また ebda.17, 28 も参照。

（42）Bügener, Münsterländ. Grenzlandsagen 113f.（アーハウスの「夜の歌」は、毎週日曜日の晩、午後六時に行われ、かつてはまるごと一時間かけたが、後に二十分間となる）. ヴァレンブリュック（ヘアフォルト郡）では、十一月十日以降の毎週土曜日に鐘舌打ちが行われ、二月二日（聖母マリアのお清めの祝日）前の最後の土曜日まで続く。またクリスマス・イヴにも鐘舌打ちがなされ、その後に「夜の歌」が来る。クリスマス前には、「クリストキントが来られます」という歌詞がうたわれ、クリスマス後のそれは、「わが主は神であり、ほかのだれでもありません」となる。イェレンベック（ビーレフェルト郡）では、聖マルティンの日と聖母マリアのお清めの祝日とのあいだ、毎週土曜日の六時から七時まで鐘が一斉に揺らし鳴らされる。ヴェストファーレンのハレ近郊ヘッセルンでは、聖マルティンの日から後の十二週間を「鐘叩き週」と呼んだ。ヘルステの町で、この期間の毎夕六時に鐘が鳴ったからである。

（43）Schöppner, Sagenbuch 2, 205（アウプでは、毎晩七時に十五分間）.

（44）ZrwV. 10, 121（フンスリュック）.

（45）Walter, Glockenkunde 380（ザンクト・ペルテン司教区、ザンクト・アンドレーエ）.

（46）オスナブリュック一帯における、いわゆるピヴィットの鐘（夜の歌）。これはピヴィットという名の司教に由来するか、もしくはピアエ・ヴィタエ（敬虔なる生）の歌（Strackerjan, Abergl. a. d. Herzogt. Oldenburg ²2, 335f. Handwörterbuch d. deutschen Abergl. 1, 37f.）に起源があるという。次の文献 Jellinghaus, Minden-Ravensberg unter der Herrschaft der Hohenzollern, 322 によれば、この鐘はいわゆるタゲリ鳥の歩みのリズムを模倣しているという。ノイエンキルヒェンでは土曜日の夜、「主の天使」の祈りの後に一時間にわたって鳴らされる。ヴェリングホルツハウゼンでは毎週、土曜日と日曜日の晩である。Strackerjan, a.a.O. この地でも「夜の歌」の名で呼ばれ、子どもたちが次のように歌いながら、家々をめぐって歩く。「夜の歌よ、夜の歌よ／年とった人たちは、寝床に入れ／若い人たちは、起きておれ」。Niedersachsen 13, 76. また 17, 245 も参照。

（47）ゾースト近郊の楽園修道院に籍を置く修道女たちは、かつて道に迷ったことがあり、オステンネン、シュヴェーフェ、ボルゲルンに、いわゆる「夜の歌」の寄進をしたという。すなわち毎週土曜の晩、午後八時ごろに鳴らす特別な鐘である。Niedersachsen 18, 112. Soester Heimatkalender 1923, 53ff. Zaunert, Westfäl. Sagen 292.

（48）ヴェストファーレンのヴァールブルクにおいて。Heimatblätter d. Roten Erde 5 (1926) 494. この営みは、「鐘を鳴らして、幼児キリストを眠りにつかせる」と呼ばれた。

（49）一種の民衆裁判である「鑢がけ」（Schruppen）と結びついた「カタリーナの鐘」は、ハノーファーのミュンデンで行われており、毎週土曜の夜、午後八時ごろに鳴らされる。Schambach-Müller, Niedersächs. Sagen, S. 24f., 331. Niedersachsen 4, 49. また 6, 98, 25, 187 も参照――。これとは趣を異にする「カタリーナの鐘」については、Zeitschr. f. deutsche Mythlogie 4, 22 (7).

（50）Herrlein, Sagen des Spessarts 10（ローアでは、毎晩八時に十五分間鳴らす）。「夜の鐘」はまたアシャッフェンブルクでも鳴る。Ebda. 9.

（51）ヒルデスハイムでは夜の八時から九時までである。Seifart, Sag. usw. a. Hildesheim 2, 5f., 149. Schambach-Müller, a.a.O. 20. ノイブランデンブルクのマリア教会における「夜警の鐘」については Bartsch 2, 462.

（52）Bartsch 1, 375 (513). カミンの市民がかつて鐘の時間を午後に移動させたとき、夜の九時きっかりに、鐘がひとりでに鳴り始めた。ヒルデスハイムの若い娘の遺志に反した行いは、化け物の出現と平手打ちによって罰せられる。Schambach-Müller, 20f. また 331 (32, 33) も参照。

（53）Schmitz, Eifelsagen 2, 87.

（54）Witzschel, Sagen a. Thüringen 1, 155 (152). Bader 133f.（ゆえに鐘の響きは「モストをもってこい、モストをもってこい」という言葉として聞かれた）.

（55）Schöppner, Sagenbuch 3, 179 (1151).

（56）Baader, Neugesammelte Volkssag. a. d. Lande Baden 47 (65).

（57）Zeitschr. f. deutsche Mythol. 4, 22.

（58）スウェーデンの人びとは、森の中にいるとしばしば目に見えない網に捕われたかのような感覚をもつ。この現象は「森につかまる」(skogtagen) と呼ばれ、森女 (skogsrå) という妖怪が引き起こすのである。しかし教会の鐘が鳴ると、この呪縛は解かれる。Mannhardt, Wald- u. Feldkulte 1, 130. Laistner, Rätsel d. Sphinx 1, 175; 2, 229. 迷いびとの鐘の合理的な説明としては、ある風習の次のような解釈に原型がある。すなわちクリスマスの夜に窓辺に明りを灯すという風習があり、これを西ユトラントでは、道に迷った人に宿の提供ができることを伝えるためだ、としているのである。Hessische Blätter f. Volkskunde 5, 28（しかし実際には、悪霊たちを追いはらうことも求められている）.

（59）ZVfV. 7, 367. 犬の吠え声や、あるいは鶏の啼き声だけが、森の聖霊によって惑わされた人を我が家に導くことができる。Eisen-Erkes, Estnische Mythol. 71. 霊界のものたちは、鐘の響きと鶏の啼き声だけは耐えられない。Alpenburg, Deutsche Alpensag. 50. また Scheftelowitz, D. stellvertretende Huhnopfer 51ff. も参照。プルデンティウス作の讃歌「雄鶏のうた声に」(ad galli cantum) 第一〇節はこう語る。

人びとは言う、さまよい歩く、
夜の闇を愛する妖魔たちは、
うた声をあげる雄鶏に驚愕し、
恐怖のあまり、あちこちへ逃げてゆくと。(原文ラテン語)

Grimm, Deutsche Mythol.^{4} 3, 192. またヴォルムスのブルカルドゥス（一〇二四年没）による勅令集にはこうある。「汝は世の人びとが一般に信じる習わしであるものを信じていたのか。つまり夜明け前に外に出る必要がないなら、わざわざそうする意欲は起きないはずのことを。そして人びとが言っているとおり、以下に述べるようなことがあって、雄鶏の啼き声の前に外出することは許されず、また危険であるのだと。つまり不浄な霊たちは、雄鶏の声の前には人に害をなす多大な力をもっている。しかしそれに対して雄鶏もまた、歌声によって、その霊たちを撃退し制圧することができると、そう信じられている。まさしくあの神の精神が、人間のうちに、人間の信仰のうちに、そして十字架の徴のうちに存在しているようにである」（原文ラテン語）。Grimm a.a.O. 3, 408f.

（60）例えば以下の文献を参照。Sartori, Sitte u. Brauch 1, 109, Anm. 4（新婚夫婦のベッドの下に雄鶏と鈴が置かれる）.

（61）Schöppner, Sagenbuch 1, 286 (295).

（62）Reiser, Sagen usw. des Allgäus 1, 406 (492).

（63）Otte 32. Bader 100. Birlinger, Aus Schwaben 2, 205, 209. Heimatgaue (Linz) 10 (1929), 280f. Niderberger, Unterwalden 3, 523.

（64）Otte 32. Caminada 103f. Walter 253f. Heimatgaue (Linz) 10, 280f. Niderberger a.a.O. また Handwörterbuch d. deutschen Abergl. 3, 73 も参照――。ハルディンガーラントのエーゼンにある一四八二年製の鐘には、「金曜日が来るたびに、われを鳴らすべし。その響きはわれらにとりて、復活を意味するものなり。神は金曜日に、死の教えを与えてくださるのだから」とある。Otte 130. きわめてよく似た内容のことが、東フリースラントのウットゥムにある一四六二年製の鐘にも記されている。Walter 253.

（65）Vrîdankes Bescheidenheit, herausg. von W. Grimm, 81, 21.

(66) Walter, Glockenkunde 21. Otte 8.
(67) Braunschweigisches Magazin 1927, 57. Hertz, Deutsche Sage im Elsaß 196.
(68) Otte 8f.
(69) Niedersachsen 24, 81.
(70) Schweizer Volkskunde 6 (1916) 86f.
(71) Otte 29.
(72) Volkskunde (Gent u. Deventer) 18, 42.
(73) Wiedemann, Geschichte Godesbergs 133, Anm. 18.
(74) Sébillot, Folklore de France 1, 328.
(75) Strackerjan, Abergl. a. Oldenburg^2 2, 381.
(76) ZrwV. 10, 118.
(77) v. Mailly, Sagen a. Friaul 72.
(78) シュヴァーベンでは、重要な祝祭日の前夜に「レッカーの鐘鳴らし」が行われる。Deutsche Gaue 26 (1925), 40, 139f.
(79) ZVfV. 15 (1905), 94 を参照。
(80) Otte 61.
(81) „bäuern"(げっぷする)にこの動詞の起源を見る説(Mitteldeutsche Blätter f. Volkskunde 2 (1927), 9)は正しくない。国名としての Bayern(バイエルン)に起源を求めることも同様である。Woeste, Wörterbuch d. westfäl. Mundart 18 においては、この起源を baide から導き、baierwand(羊毛の綾織り布)という単語と比較対照している。ヴェリングホーフェン(ヴェストファーレン、ヘルデ郡)からの報告によれば、動詞 beiern は be-eiern に由来するという。かつて寺男たちが、鐘を鳴らすに際して卵(Eier)を集めたからである。
(82) Woeste a. a. O. 18. ここでは英語の so long harped on(「いつまでもハープを奏でつづける」=くどくどと語る)という表現が参照されている。
(83) Schweizer Volkskunde 15 (1925), 79.
(84) Bartsch, Sag. a. Mecklenburg 2, 1174^a.
(85) Die Heimat (Recklinghausen) 2 (1925), 20, Anm. 1. 騎士ゴットシャイトは、ノインキルヒェン(ジーク郡)の教会に鐘楼を建てることを、そして毎年クリスマスの聖夜が来るたびに、竹馬に乗って深夜ミサに出向いてみせると誓ったという。いよいよその深夜ミサの日が来たとき、騎士は零時から午前一時までの鐘が鳴るあいだ、見事にそれをやってのけるのだが、その後で地面に落ちて死んでしまう。この出来事を記念して、今日でもノインキルヒェンでは、零時から午前一時まで教会の鐘を鳴らしてキリストの祝いの日を告げ知らせる。これは同じ伯領内でもここだけに見られる風習である。Bergischer Kalender 1925, 188f. ——沈んだ鐘がクリスマス前夜に鳴る、という伝承については A. de Cock, Volkssage, Volksgeloof en Volksgebruik (Antwerpen 1918) 140ff. を参照。
(86) Bartsch 1, 386 (530). レーナ近郊グラムボーの伝説では、二頭の牡牛が登場する。Ebda. 1, 378 (519). ヴォシドロの報告によれば、この伝説モチーフはメクレンブルクに広く浸透している。鐘を鳴らす動物として他に登場するのは、羊と驢馬、二頭の山羊、二羽の鳩、四頭の牡牛、一頭の蒼い種牛、一頭の牡牛、一頭の種牛などである。
(87) その他の大きな祝祭においても、鐘を鳴らす役目はしばしば若者たちが担った。とりわけ新年の鐘(次項参照)の場合がそうである——。一九一四年の戦争における最初の大きな戦果において、シュリアバッハ（ヘッセン・ナッサウ、ゲルンハウゼン郡）の若者たちは、ひどい興奮状態で鐘の綱を操り、そのため鐘が完全に一回転してしまった。それでだれかが鐘の上に昇り、軸に巻きついた綱をほどいてから、ようやくまた鐘を鳴らすことができたという――。ビーストー（メクレンブルク・シュヴェリーン）では、種々の祝祭日の前夜と祝祭の当日に、朝八時と午後一時半の二回、町の二つの鐘が下男たちによって鳴らされる。そして聖金曜日の午後にも、「おお悲しみよ、おお心の苦悩よ」の讃美歌がうたわれるあいだ、同じように鐘が鳴る。下男たちはこれによって、自らの埋葬の鐘を無料で鳴らしてもらえることになる。

（88）ZVfV. 16, 430.

（89）Bartsch 1, 388.

（90）Fronius, Bilder a. d. sächsischen Bauernleben in Siebenbürgen 61.

（91）Sartori, Sitte u. Brauch 3, 41 Anm. 91.

（92）Meier, Deutsche Sagen usw. a. Schwaben 1, 465. Meyer, Badiesches Volksleben 384. Birlinger, Volkst. a. Schwaben 2, 463. ツヴィンゲンベルク（ヘッセン、ベンスハイム郡）でも、聖夜の五時の鐘のあいだに果樹の幹を藁紐で巻く。オーバードルフ（上部エルザス、アルトキルヒ郡）では、これをクリスマスの前日、三時から四時までのいわゆる「聖週の鐘」のあいだに行う。

（93）Meier 2, 463. Meyer a.a.O. 487. Birlinger, Aus Schwaben 2, 382. ZVfV. 7 (1897) 360.

（94）ZVfV. 7, 354（パツナウンの谷）.

（95）Birlinger, Aus Schwaben 1, 382.

（96）Bohnenberger, Mitteil. über volkstüml. Überlieferungen in Württemberg Nr. 1 (Stuttgart 1904) 24.

（97）ZVfV. 7, 355（パツナウンの谷）.

（98）John, Abergl. usw. im sächsischen Erzgebirge 153. 聖夜の鐘が鳴るなかで鍵に油を塗ると、大きな富が手に入るという。
Ebda.

（99）Otte 33.

（100）Messikommer, Aus alter Zeit 1, 161. また Schweiz. Archiv f. Volksk. 19, 21 を参照。

（101）Schweiz. Archiv f. Volksk. 19, 20.

（102）例えば Messikommer a.a.O. 1, 161 を参照。

（103）John a.a.O. 182.

（104）G. v. Bodelschwingh, Friedrich v. Bodelschwingh. Ein Lebensbild 135.

（105）Ztschr. f. deutsche Mythol. 2, 109.

（106）Wossidlo nach Wilms Redelköst 31.

（107）Niederdeutsche Zeitschr. f. Volksk. 7, 27.

（108）窃盗行為に鐘が与える影響を同じく主題とする、ホーフハイム（ヘッセン、ベンスハイム郡）より送られてきた伝説記録を付記しておきたい。ホーフハイムとビュルシュタットの境界地が向き合っている場所に、岩が一つある。これは遠くから見ると、目一杯に詰めたじゃがいも袋に似ている。ある秋の日の日曜の朝、一人の男がじゃがいもを盗むために畑に入った。いそいそと袋を一杯にして、自分の家に戻ろうとしたその時、ミサへの参集を呼びかける教会の鐘が鳴り始めた。びっくりした男は荷物を放り出して、走り去る。すると袋は岩となり、今日もなおその場所に、戒めの徴として横たわっている（つまり日曜の朝、神の罰を受けることなく盗みをやり遂げようと思うなら、ミサが始まる前にそれを済ませなければならない、と信じられたのである）。

（109）Mecklenburg 13 (1918), 28（メクレンブルクのフィッペロー）.

（110）Bartsch 2, 232 (1210).

（111）John, Erzgeb. 182.

（112）Kuhn, Märkische Sagen 311.

（113）キャベツに付く青虫も、鐘を鳴らして追放する。土曜日には、庭に向かって「寺男さんが鐘を鳴らすよ、青虫たち、さあ仕事休みの時間だよ」と叫ぶ。Mecklenburg 13 (1918), 27. 祈りの鐘のあいだ、野菜の植えられた畑の周囲を歩いて三周し、「青虫よ、青虫よ、さっさと行け、さっさと行け、狩人の森の中へ」（ナーゴルト）という言葉を投げかける。Eberhardt, Sitte u. Brauch in d. Landwirtschaft (Mitteil. Über volkstüml. Überlieferungen in Württemberg Nr. 3) 4.

（114）Otte 30 によれば、鐘は早くも水曜日の晩課の時点から沈黙する。ザウアーラントのケルン寄りの地方（ジードリングハウゼン）では、受難週の水曜日に、すべての鐘の「のどが休みになる」。村の子どもたちは教会の前に集まり、これからシュタインクレーフ（耕牧地の名）を渡ってゆく赤い「ヒュオゼケン」（小さな靴下）を見ようとする。そして大人たちは一枚の赤い薄紙を鐘楼から下に投げ、風がそれを運んでいくのに任せることで、子どもたちの目を惑わそうとする。ZrwV. 18 (1921) 40. 四旬節に、鐘の「のどが終わりを告げる」、というヘリングハウゼンの言いまわしもある。Hüser, Beitr. z. Volksk. (Jahresber. über d. Gymnas. zu Warburg 1898) 34.

（115）ZVfV. 20, 251 (John, Westböhmen 59). 東プロイセンに多く見られる。

（116）ハイデルベルク郡、ヴァイプシュタットの例。ZVfV. 20, 398. ニーダーフィシュバッハでは「復活祭の柏」の林に行く。Holschbach, Volkskunde d. Kr. Altenkirchen 101.

（117）ビショフスハイム（下部エルザス、モルスハイム郡）の例。ズルツバート（モルスハイム郡）には、「連中はベーコンと一緒に飛んでいく」という言いまわしがある。

（118）エンゼン（ライン河畔ミュールハイム郡）、グレース（マイエン郡）、ズルツバート（モルスハイム郡）など。

（119）Holschbach a.a.O. 101.

（120）Knoop, Sagen u. Erzähl. a. d. Prov. Posen 248. この鐘との出会いは聖金曜日に起こる。ハルテフェルト（ゲルダーン郡）やノイヴィートにも、静寂の金曜日に鐘が旅立つという報告がある。

（121）ZVfV. 20, 252.

（122）Holschbach a.a.O. 101.

（123）Heimatblätter (Dortmund) 1 (1919/20), 72.

（124）ラインダーレン（メンヒェン・グラートバッハ郡）、ヴィアシェム（マイエン郡）など。ZrwV. 8, 43（ザール地方）. Schauerte, Sauerländ. Volksk. 42 を参照のこと。またバーデンのプランクシュタット、ヴォルムディット（東プロイセン）など。

（125）これはラインラントとロートリンゲンにおいておそらく最も多く見られる例である。

(126) ZVfV. 20, 252（ロートリンゲン).
(127) ボスラー（ユーリヒ郡)、カペレン（グレーヴェンブローホ郡）など。schluche とは、指を一本ひたして、それを舐めること。
(128) ラインラント各地、あるいはエルザス地方でも。ZVfV. 7, 274. Rochholz, Kinderlied 59. Zeitschr. f. deutsche Mythol. 3, 31.（ケルンテンのレザッハタール). ちなみにレザッハタールには、「産褥の床にある女は、前にローマへ行ってきたのだ」という言いまわしもある。
(129) ZrwV. 3, 149.
(130) Wrede, Rhein. Volksk.² 256.
(131) Otte 179.
(132) Wiener Zeitschr. f. Volksk. 33 (1928) 101.
(133) ZVfV. 20, 399（バーデン北部).
(134) Wiener Zeitschr. f. Volksk. 33 (1928) 14.
(135) Otte 30f. ZVfV. 20, 252ff., 257.
(136) 以下の文献を参照。Andree, Ratschen, Kalppern u. das Verstummen der Karfreitagsglocken: ZVfV. 20 (1910), 250ff. Ankenbrand, D. Klappern in Franken: Bayerischer Heimatschutz 24 (1928), 59ff. Baumgarten, Progr. d. Gymnas. zu Kremsmünster (Linz 1860) 22. Kück u. Sohnrey, Feste u. Spiele d. deutschen Landvolks² 95. John, Sitte usw. im deutschen Westböhmen 59f. Mitteil. d. Ver. f. schles. Volksk. 11 (1904) 73ff. 器具の名称についてはZVfV. 20, 258f. を参照。ザウアーラントのケルン寄りの地方では、がらがらを「タレン」と呼ぶ。Schauerte, Sauerländ. Volkskunde 42. ホッホヴァルト（トリアー行政区）ではかつて、板の鳴子を用いており、がらがらは後世の発案である。ZrwV. 7, 279（ここでは復活祭の朝にも、三時半に「復活」を告げる鳴子の音をたてた).
(137) ZVfV. 3, 148f.（ルーア河畔ケレンツィヒ).
(138) こうした呼び声のさらなる例は、以下の文献にある。ZVfV. 20, 254. ZrwV. 7, 279; 8, 43f; 10, 120; 12, 68; 14, 172. Wrede, Rhein. Volksk.² 256f. Ders. Eifeler Volksk.² 212f.
(139) 以下の文献を参照。ZrwV. 7, 279f.; 8, 44; 10, 120; 20, 399. de la Fontaine, Luxemburger Sitten 37. Baumgarten a. a. O. 22.
(140) Baumgarten a. a. O. 22. また ZrwV. 8, 44 も参照。
(141) ZVfV. 20, 253.
(142) グレース、エットリンゲン、ミーゼンハイム（ラインラント、マイエン郡)、ヒュルツヴァイラー（ザールルイ郡）に例がある。奇妙なことにビーネン（レース郡）では、鐘たちは聖木曜日から聖土曜日までローマに旅に出ていて、聖土曜日から復活祭日曜日まではミュンスターに行っていた、と語られる。
(143) Sartori, Sitte u. Brauch 3, 146f., 152 Anm. 21.
(144) Otte 30.
(145) 上掲書のポンメルンの例、また Haas 38 を参照。
(146) Haas 38.
(147) Niedersachsen 5, 239.
(148) Andree, Braunschw. Volkskunde 227.
(149) ズュルベック（シャウムブルク・リッペ）の三大祝祭日における「まだら」鐘については ZVfV. 15, 93f. を参照。
(150) Schauerte, Sauerl. Volksk. 48.
(151) Schulenberg, Wend. Volkstum 142. また Wuttke, Sächsische Volkskunde 359 も参照。

(152) Hessische Blätter f. Volksk. 8, 187ff. スイスにおいては、深夜を過ぎるとあちこちから少年たちが鐘楼に集まり、それからほぼ一日中鐘を鳴らした。その役目のあいだ、少年たちは卵投げに興じていた。Schweiz. Archiv f. Volksk. 19, 15.
(153) Heimatblätter der Roten Erde (Münster i. W.) 3, 123.「エマオへの徒歩行」については Handwörterb. d. deutschen Aberglaubens 2, 804f.
(154) ヴァメルの学校教師B・ライノルト氏の報告。
(155) Otte 33.
(156) Knoop, Sagen usw. a. d. Provinz Posen 237.
(157) Seifart, Sagen usw. a. Hildesheim 2, 140.
(158) Zingerle, Sitten usw. d. Tiroler Volkes 161 (1376).
(159) Caminada 92.
(160) Pfannenschmid, German. Erntefeste 90f., 394ff.（この習慣の痕跡は九世紀からある）. Franz, D. kirchl. Benediktionen 2, 42f. Otte 44ff. Walter 220f. ZVfV. 7, 364ff. Elsäss. Monatsschrift f. Geschichte u. Volkskunde 1 (1910) 522ff. Erdmann 72ff. Reiser, Sagen usw. d. Allgäus 2, 357ff. Manz, Volksbrauch usw. d. Sarganserlandes 88. Heimatgaue, Ztschr. f. oberösterreich. Geschichte, Landes- u. Volkskunde (Linz) 10 (1929) 283f. Mitteil. d. schles. Gesellsch. F. Volkskunde 31/32 (1931) 247f. Niedersachsen 4, 271（ハノーファーの例）, 25, 50（リッペの例）. R. v. Strele, Wetterläuten u. Wetterschießen, München 1898. Sébillot, Folklore de France 4, 143f.
(161) Otte 45f.
(162) 非キリスト教徒の民族にあっても、この用途で鐘が用いられる。ムザッファルナガル（インド）では、雹が降り始めるや、イスマイル・ヨギとノナ・チャマリンという二つの精霊に向けて祈る。そして悪霊を退散させるため、近隣の寺院で鐘を揺らし鳴らすのである。Crooke, Popular religion and folklore of Northern-India 47.
(163) ZVfV. 7, 366. John, Westböhmen 199. Reiser, Allgäu 2, 356. Meyer, Badisches Volksleben 364f., 610. „Indiculus superstitionum et paganiarum“（『迷信と異教の小索引』、八世紀）は、すでに「暴風雨と牡牛の角、かたつむりについて」という一章をもっている（第二十二章）。Saupe, Progr. d. städt. Realgymnas. zu Leipzig 1891, 26f.
(164) Trede, D. Heidentum in d. römischen Kirche 4, 371（アブルッツォ）. Hessische Blätter f. Volksk. 3 (1904) 64（ウンブリア）. Sébillot 1, 108. 教会の司祭でさえも、ある時、魔女を嵐雲のなかから銀の銃弾で撃ち落とす。John, Westb. 199 を参照。銃砲によって雹の雲が散らされることについては、Globus 71, 180. 78, 312. 91, 340. Gaea 33 (1897) 308f. を参照。
(165) Otte 18f.
(166) フンゲン（ギーセン郡）の一四五二年鋳造の鐘にある銘文。
(167) Alpenburg, Deutsche Alpensagen 260.
(168) Franz, D. kirchl. Benediktionen 2, 43. また Otte 174, Anm. も参照。
(169) Reiser, Allgäu 1, 406f., 407. Zingerle, Sitten usw. d. Tiroler Volkes 222 (1776). Vernaleken, Alpensagen 132. Niderberger, Sag. a. Unterwalden² 320, 335.
(170) Caminada 97, 98, 99. Lütolf, Sagen usw. a. d. fünf Orten 205. また Niderberger a. a. O. 319f. も参照。
(171) Alpenburg, Deutsche Alpensag. 91f. さらに Zingerle, Sagen

usw. a. Tirol 325 (571), 326, 328 (577). Hörmann, Tiroler Volksleben 125. ZVfV. 7, 364 も参照。

（172）John, Westböhmen 199. ZVfV. 7, 364.

（173）Alpenburg a. a. O. 43.

（174）Hörmann a. a. O. 126.

（175）ZVfV. 7, 366. 霧の鐘については Uhlands Schriften 8, 420, 425ff., 434ff. を参照。嵐の際に海辺で鐘を鳴らすことについては Sébillot, Légendes de la mer 2, 324. を参照。ラインダーレン（メンヒェン・グラートバッハ郡）ではかつて、特に冬のひどい嵐と雪の猛吹雪の際に、火事の鐘（Weärluä）を鳴らした。豚によって掘り出され、その後ニュートリンゲンの鐘楼に懸けられた鐘は、その音が鳴りわたるすべての場所で、冬の霜害も夏の嵐も生じない。Bechstein, Sagenschatz d. Frankenlandes 1, 247 を参照。

（176）Schweizer. Archiv f. Volksk. 25 (1925) 286.

（177）Niderberger, Sagen a. Unterwalden² 337. Caminada 97, 98.

（178）Schweiz. Archiv f. Volksk. 25 (1925) 286.

（179）Hessische Blätter f. Volksk. 7 (1908) 102.

（180）ZVfV. 7, 365. Zeitschr. f. österr. Volksk. 24 (1918) 36. Reiser, Allgäu 2, 358. Zingerle, Sagen usw. a. Tirol 381f. Schweizer. Archiv f. Volksk. 22 (1919), 182f. Trede, D. Heidentum in d. röm. Kirche 4, 371. バイエルンでは、教会の鐘に合わせて、さらにロレートの鈴を手に持ち、自宅の中を歩きまわりながら鳴らすか、もしくは窓から外に向かって鳴らした。Otte 46, Anm. 3 を参照。

（181）Franz, Benediktionen 2, 41.

（182）Birlinger, A. Schwaben 1, 412. Rosegger, Volksleben in Steiermark 42. Wiener Zeitschr. f. Volksk. 35 (1930) 39.

（183）Manz, Volksbrauch usw. des Sarganserlandes 88.

（184）Hörmann, Tiroler Volksleben 124.

（185）Reiser, Allgäu 2, 357.

（186）Hörmann, 124.

（187）ZVfV. 8, 31. Vernaleken, Alpensagen 132.

（188）ZVfV. 7, 365; 8, 328. Walter 221f. Hörmann 126. Köhler, Volksbrauch usw. im Voigtlande 431. ZrwV. 7 (1910) 64. また周辺の村々も、このために十分な報酬を支払わなければならなかった。ガイスポールスハイムとグラーフェンシュターデン（下部エルザス、モルスハイム郡）からの使節団は、毎年四〜五「シュトゥンペン」（およそ三〇〇キログラム）の小麦をアヴォルスハイムの教会に献上した。

（189）Heimatblätter (Castorp) 2 (1923) Nr. 1.

（190）クレッツの学校教師クライン氏の報告による。

（191）Jahb. f. Geschichte usw. Elsaß-Lothringens 10, 180f.

（192）ライン河畔アンダーナハのシュテファン・ヴァイデンバッハ氏の報告による。

（193）Uhlands Schriften z. Gesch. d. Dichtung u. Sage 8, 436.

（194）Schmidt, D. Jahr u. seine Tage in Meinung u. Brauch der Romänen Siebenbürgens 16.

（195）Vernaleken, Alpensagen 315.

（196）一七一八年の四月十四日から十五日にかけての夜、雷が発生して、ブルターニュの合計二十四の教会に落ちた。そして人びとはそれを追いはらうために鐘を鳴らした。Köln. Zeitung v. 20. 2. 1897, Morgen-Ausg. を参照。

（197）Manz, Sarganserland 88. また以下の文献を参照。Schwei-

zer Volkskunde 8 (1918) 69. Reiser, Allgäu 2, 356（巻貝）.
(198) Hess. Bl. f. Volksk. 3, 64. また 66 も参照。
(199) Niderberger, Sag. a. Unterwalden[2] 319f.
(200) Pollinger, A. Landshut u. Umgebung 162.
(201) Hörmann, Tiroler Volksleben 126. また Zingerle, Sitten usw. d. Tiroler Volkes 61（534：インスブルック）を参照。
(202) Kölnische Zeitung vom 13. Aug. 1902. Abend-Ausg.
(203) Otte 45, Anm. 5. Hessische Blätter f. Volksk. 3, 64（ウンブリア）.
(204) ベッヒェン（ラインラント、ヴィッパーフュルト郡）ではこう言われる。「鐘の名前がヨハネであり、嵐でこの鐘が鳴らされるなら、鐘の音が聞こえるところではどこでも、雷は落ちず、雹も降らぬ」。
(205) Handwörterb. d. deutschen Abergl. 2, 311. 供出されて今はないブリーデル（ツェル郡）の鐘には、「聖ドナトゥスさま、わたしたちのためにお祈りください、雷電と大嵐からわたしたちが解放されるようにと」（原文ラテン語）という銘文が記されていた。
(206) Otte 174.
(207) Meiche, Sagenbuch d. Königreichs Sachsen 643.
(208) Vernaleken, Alpensagen 314f. Caminada 65ff. Niderberger, Sag. a. Unterwalden 3, 525.
(209) ZVfV. 8, 327. Meyer, Badisches Volksleben 364.
(210) Meyer, a. a. O.
(211) Haltrich, Z. Volksk. d. Siebenbürger Sachsen 301.
(212) Schuller, Progr. v. Schäßburg 1863, 33, Anm. 79.
(213) Reiser, Allgäu 2, 357.
(214) Dennys, The folklore of China 50.
(215) Danziger Zeitung v. 18. Juli 1926. オーナハの鐘に描かれたイナゴの図像（Heyl, Volkssag. a. Tirol 565）は、この範疇に属するものだろうか。それとも鐘がイナゴを撃退するように、という意味だろうか。
(216) Hwbch 1, 213f. また Walter, Glockenkunde 158f. も参照。
(217) ブレーメンのフォッケ博士の報告による。
(218) Mitteldeutsche Blätter f. Volkskunde 1 (1926) 173.
(219) Cimbria, Festschrift der phil.-histor. Verbindung Cimbria-Heidelberg zu ihrem 50jährigen Bestehen. F. W. Ruhfus (Dortmund 1926) 100ff.
(220) Deutsche Gaue 27 (1926) 159, 28 (1927) 23.
(221) Sepp, Religion d. alten Deutschen 125.
(222) 新教地域の教会令については、Pfannenschmid, German. Erntefeste 91, 397 を参照。
(223) Hessische Blätter f. Volksk. 10, 27. 鐘が嵐を撃退するという効能を、あからさまに否定している銘文については Otte 128 を参照。
(224) ハノーファー近郊ハインハウゼン在住、ブラスハイム出身の学校教師M・デーアマン女史の報告による。
(225) Otte 45, 46f. Bader 98f. de la Fontaine, Luxemb. Sitten 98. Fox, Saarländ. Volksk. 309. Mitteil. der schles. Gesellschaft f. Volkskunde 21 (1919) 107. イーザーヴィンケルのガイスザッハで記録された、内容のいくらか不鮮明な伝説については ZVfV. 18, 183 を参照。
(226) Hörmann, Tiroler Volksleben 124.

第Ⅷ章

(1) Wirth, Beiträge z. Volkskunde in Anhalt, H.1, 31. ——アルバート湖の北西に住むレンドゥ族は、誕生直後の子どもが麻痺状態で一切泣き叫ばなかったなら、それを悪しき兆候と見なす。そして子どもを皮製の二枚の敷物のあいだに横たえ、泣き始めるまで鐘を鳴らしつづける。Stuhlmann, Mit Emin Pascha ins Herz von Afrika 539.

(2) Reiser, Sagen usw. des Allgäus 2, 227f. Spiess, Volkstüml. a. d. Fränk.- Hennebergischen 98.

(3) ZVfV. 6, 176.

(4) Reiser, 2, 228.

(5) Walter 477f.

(6) Meyer, Badisches Volksleben 23.

(7) Ebda. 27.

(8) Otte 29. Meyer 23. Höhn, Geburt 271. ZVfV. 8, 30. Le Braz, La légende de la mort 2, 12, Anm.(ブルターニュ).

(9) Sébillot 4, 147.

(10) Hoffmann-Krayer, Feste u. Bräuche d. Schweizervolkes 28.

(11) Meyer, Bad. Volksleb. 26.

(12) Otte 29, Anm. 2. John, Erzgebirge 62.

(13) ZVfV. 8, 36.

(14) Mitteil. d. schles. Gesellsch. f. Volksk. 17, 30.

(15) ZVfV. 8, 36.

(16) Sébillot 4, 147.

(17) Ebda.

(18) Ebda. 146.

(19) John, Erzgeb. 62.

(20) ZVfV. 8, 36.

(21) John, Erzgeb. 62.

(22) Lammert, Volksmedizin u. medizinischer Aberglaube in Bayern usw. 173.

(23) John, Erzgeb. 62.

(24) Rochholz, Aargausag. 1, 136.

(25) Globus 82, 237.

(26) Otte 29, Anm. 3.

(27) Mitteldeutsche Blätter f. Volkskunde 4 (1929), 162, 163.

(28) Ebda. 1 (1926), 167.

(29) Niedersachsen 16, 307.

(30) Hager, D. Röbeler, Ludorfer und Naetebower Kirchenglocken (Dresden 1918) 28. また Wossidlo, Von Hochtiden 19 を参照。

(31) Meyer, Ein niedersächsisches Dorf am Ende des 19. Jahrhunderts 49(ヴェーザー河畔のヴィントハイム).

(32) Otte 29.

(33) Hoffmann-Krayer, Feste u. Bräuche 36.

(34) Messikommer, Aus alter Zeit 1, 132.

(35) Reiser 2, 251.

(36) Spiess, Volkstümliches a. d. Fränkisch-Hennebergischen 123.

(37) Höhn. Hochzeitsgebräuche 2, 15. また Wossidlo, Von Hochtiden 19 を参照。

(38) Haas 38.

(39) Höhn, Hochzeitsgebräuche 2, 19.

(40) Meyer, Ein niedersächs. Dorf 50. また 49 も参照。

(41) ZVfV. 8, 30.
(42) Eberhardt, Landwirtschaft 20.
(43) 例えば、一五四七年の鋳造になるエルリングハウゼン（リッペ）の二番目に大きな鐘にこう記されている。
(44) Heimatgaue, Zeitschr. f. oberösterr. Geschichte, Landes- und Volkskunde (Linz) 10 (1929), 279.
(45) Höhn, Tod 314.
(46) Sartori, Sitte u. Brauch 1, 130f. Otte 40f.
(47) 重病人に死が間近である兆候が現われたら、「末期の息（Züg）になり」、「息を引きとり（ziehen）」始めると表現された。Reiser, Allgäu 2, 289.
(48) de la Fontaine, Luxemb. Sitten usw. 152.
(49) Heimatgaue (Linz) 10, 281f.（埋葬の鐘、もしくは末期の息の鐘を遺言として託したいくつかの例もここに紹介されている）。
(50) Caminada 92f. Am Ur-Quell 4, 281. Mitteil. d. schles. Gesellsch. f. Volksk. 21 (1919) 107. また 109 も参照。ザールルイにおいても、家族の希望があれば、臨終に際して「鐘が叩かれる」。
(51) Zelenin, Russische Volkskunde 321.
(52) Der Urquell N.F. 2, 202.
(53) Grabowsky, D. Tod, d. Begräbnis, d. Tiwah usw. bei den Dajaken 2.
(54) Samter, Geburt, Hochzeit, Tod 61f.
(55) ZVfV. 7, 368. Sartori, Sitte 1, 127. Samter 62.
(56) Bayerischer Heimatschutz 16 (1918) 44.
(57) Vernaleken, Mythen usw. in Österreich 311. これはボヘミアの森でも同様である。Rochholz, Deutscher Glaube u. Brauch 1, 179.
(58) Niedersachsen 12 (1907) 191.
(59) Sartori, Sitte 1, 130. Höhn, Tod 317.
(60) 「パウゼを鳴らす、贖いの鐘を叩く」とは、「パウゼ」の鐘を鳴らすという意味である。「パウゼ」（Pause）とは本来、ある行為の休止を意味するが、しかしここでは鐘を鳴らす行為そのものを意味する言葉になっている。「パウゼ」をとって鐘を鳴らす、とは、中断をおいて鳴らすことである。したがって三つの「パウゼ」を鳴らす、とは、鐘を三度にわたって鳴らすという意味になる。
(61) Diener, Hunsrücker Volkskunde 181. ボース（クロイツナハ郡）においても「敷き藁を燃やす」という表現が用いられる。棺に死体を納め、横たえているあいだ、昼夜を問わず、死者のそばで灯りの油が燃やされるからである。
(62) Hessische Blätter f. Volkskunde 10 (1911) 109.
(63) Schuller, Progr. d. evang. Gymnas. zu Schäßburg 1863, 50（多くの類例がある）。
(64) ZVfV. 6 (1896) 181.
(65) Meyer, Badisches Volksleben 582. また Reiser, Allgäu 2, 291 も参照。
(66) ZrwV. 10 (1913) 119.
(67) Niderberger, Sagen usw. a. Unterwalden 1, 522f. また 160 も参照。
(68) 例えば Reiser, Allgäu 2, 300 を参照のこと。マーロー（メクレンブルク・シュヴェリーン）では最小の鐘を「子ども鐘」と呼ぶが、それはこの鐘が、子どもを弔う鐘を鳴らす際に、最初に叩かれる鐘だからである。

(69) Mitteldeutsche Blätter f. Volksk. 4 (1929), 181.
(70) Der Ur-Quell N.F. 2, 172.
(71) Schuller im Progr. d. evangel. Gymnas. in Schäßburg 1865, 39.
(72) Rochholz, Deutscher Glaube u. Brauch 1, 178.
(73) アナムのタイ族では、棺に納めた死体の傍らで、悪霊を退散させるために魔術師が時おり鐘を鳴らす。Anthropos 8 (1913), 42.
(74) Jensen, D. nordfries. Inseln 336.
(75) Höhn, Tod, 329.
(76) Schullerus, Siebenbürg. Volkskunde 128.
(77) Schulenburg, Wendisches Volkstum 113.
(78) Hessische Blätter f. Volksk. 6 (1907) 102.
(79) Courtney, Cornish feasts and folklore 168.
(80) Hess. Bl. f. Volksk. 6, 102, Am Ur-Quell 1, 32(ディトマルシェンのデルヴェ). Hwbch 1, 981, Anm.33. またテッシン近郊のテルコー(メクレンブルク)においても。
(81) Hwbch 1, 997ff.「埋葬の鐘」(Begräbnisläuten)の項目を参照。
(82) 埋葬前に鳴らす鐘について、さらなる事例が以下の文献に紹介されている。Schuller, Progr. v. Schäßburg 1865 S.3, Anm. 6. Höhn, Tod 335. Deutsche Gaue (Kaufbeuren) 25 (1924) 102. また同文献の 40f. ならびに以下の文献も参照。Mitteilungen und Umfragen zur bayerischen Volkskunde 2 (1896) Nr. 2, 3, 4(「レックの鐘」(Reckläuten):この名称の起源は「人びとに永久の安らぎを(レクイエーム)与えたまえ」(requiem aeternam da eis)の言葉にある). Schweizer. Archiv f. Volkskunde 26 (1925) 106.
(83) Messikommer, Aus alter Zeit 1, 153. また Schweizer. Archiv f. Volksk. 24 (1923), 268 を参照のこと。
(84) Am Ur-Quell 1, 32. また Sartori, Sitte 1, 149 を参照。ブッフホルツ(エルツゲビルゲ山岳地方)では合唱隊の少年が高い場所に駆け上がり、帽子を振って、鐘楼の大人に合図を送っていた。John, Erzgeb. 126 も参照。
(85) かつてこの鐘は、特別な櫓を設えたうえで、その礼拝堂の前に立つ二本の大きな菩提樹の片方に懸けられていた。
(86) Ztschr. d. Vereins f. d. Geschichte von Soest u. der Börde 1909/10 (27. Heft) 99.
(87) Schuller, Progr. d. Gymnas. in Schäßburg 1865, 2f.
(88) Ebda. 16.
(89) ZVfV. 15 (1905) 93(シャウムブルク・リッペ). Hessische Blätter f. Volksk.10 (1911) 111. Hwbch 1, 997.
(90) Bayerischer Heimatschutz 16 (1918) 44. また Schönwerth, A. d. Oberpfalz 1, 256 も参照。
(91)「鐘舌打ち」(beiern)という表現も代わりに用いられることがある(そして一般の鐘鳴らし(läuten)には ringe の語を用いる)。デーツビュルとその周辺の地方では、逆に死者のための鐘を ringe で言い表し、「鐘舌打ち」の語を通常の鐘鳴らしに用いる。ZVfV. 19 (1909) 275f.
(92) Wirth, Beiträge zur Volkskunde in Anhalt, H.2/3, 63. ZVfV. 13, 190(テューリンゲン北部:三度の「蹴り」(Bolzen)という表現で).
(93) Imme in: Beiträge zur Geschichte von Stadt u. Stift Essen, H.39 (1921) 29.
(94) ZrwV. 7, 174.

（95）Ztschr. d. Vereins f. d. Geschichte von Soest 1909/10, 99.
（96）Niedersachsen 15, 248.
（97）Hager, Die Röbeler, Ludorfer und Naetebower Kirchenglocken (Dresden 1918) 23ff.
（98）ZVfV. 30/32 (1920-22) 159.
（99）Höhn, Tod 335.
（100）Schuller, Progr. v. Schäßburg 1865, 3.
（101）Neues Westfälisches Magazin, herausg. v. P. F. Weddingen 3 (1792) 38.
（102）Rochholz, Aargausagen 2, 378.
（103）ZrwV. 7 (1910), 194. 由緒ある七つの農家世帯を意味する。
（104）例えばシルトエッシェにおいて。Jahrb. d. Ver. f. d. evangel. Kirchengeschichte Westfalens 7 (1905) 250.
（105）レーヴァーン（ヴェストファーレン、リュッベケ郡）におけるシュテークマン第五番地の屋敷は、埋葬の際に司祭と第一歌手が、牧師館から物故者の家に向かって歩くあいだ、すべての鐘を用いて「道連れの鐘」を鳴らしてもらう特権をもっている。第IA番の農場主の屋敷は、死亡通知をした日に、丸ごと一時間、死者の鐘を鳴らしてもらう権利があると主張している。
（106）ヘンネン（イーザーローン郡）では、町の定住者のだれかが亡くなった場合、「市民の鐘」が死者のための専用の鐘として用いられる。かつてゾースト近郊バート・ザッセンドルフでは、教会への寄進者であった塩の財産所有者が亡くなったとき、朝の五時から晩の七時まで、休みを入れつつ一日中鐘を鳴らした——。ツィッタウと、ラウジッツ地方のその他の町では、いわゆる「鐘舌打ち弔い」が、名望ある市民の特権である。この葬儀では、他の鐘が一斉に揺らし鳴らされるなかで、一番大きな鐘を叩く音が時おり割って入る。Otte 43.
（107）Korrespondenzblatt d. Ver. f. niederd. Sprachforschung 13 (1888) 58. ザントフォス（Sandvoss）は、「プレッセ／プラース」の語をpreces（取り成しの願い：ラテン語）に由来すると説明する。Ebda. 91. シュプレンガー（Sprenger）によれば、これは大きな物音を意味するBrassもしくはPrassに由来する。Ebda. 14, 26.
（108）Otte 43. ザクセンのある伝説では、自殺者の葬儀に際して、鐘をどんなに叩いても全く音が出ず、ようやく司祭が魔術を用いることによって鳴らすことができる。Meiche, Sagenbuch d. Königreichs Sachsen 524 (670).
（109）Andree, Braunschw. Volksk. 293f.
（110）以下の文献を参照。Otte 41f. Samter, Geburt, Hochzeit und Tod 62f. 仏教徒のあいだでも同様である。鐘を打つことは、彼らにとって苦しみを分かちあうことの表現である。鐘の反響は地獄にあっても聞こえ、そこに涼しい風をもたらし、輪廻転生を促し、地獄を戦慄させ、拷問の器具を破壊する。総じて言えば、葬儀の開始を告げる鐘においては、互いに異なる三つの音を、それぞれ独立した形で鳴らさねばならない。そしてそれぞれの部分で三十六回の打撃をし、その最初の十八回はゆっくりと、後半の十八回は素早く叩く（中国、甘粛省）。Anthropos 10/11 (1915/16) 740.
（111）Hwbch 1, 998. ZVfV. 7, 368f. Wilken, Über das Haaropfer 234f. Anm. 36a. 鐘は死者を呼び寄せる。ロガーゼンでは、当地の湖で二人が溺れ死んだことがあり、しかし死体が見つからなかった。三日経って、司祭は町のすべての鐘を鳴らすよう命じる。するとその響きによって目を覚ましたかのように、溺死した二人が水面から現れてきた。そして岸辺まで来ると、地面に倒れて死んだ。Rogasener Familienblatt 2 (1898) 3. ビショフシュタイン（東プロイセン）では、「鐘が鳴るあいだ、魂は天国へ行くことができない」と言われることはたしかに事実である。

（112）ヴァインガルテン（ヴュルテンベルク）の大修道院にある一四八〇年鋳造の大鐘には、「わたしはオザンナという。死者たちのため、わたしは笛を吹く」という帯の銘文がある。Rochholz, Drei Gaugöttinnen 181. この文献は、上記の事例を、ネズミ（すなわち人間の魂）をおびき寄せる笛のイメージと関連付けている。

（113）Globus 67, 357. このような場合、バルガ（東プロイセン）では、死者が鐘にふさわしくなかったのだと説明する。

（114）Schuller, Progr. d. evang. Gymnas. in Schäßburg 1865, 41. Haltrich, Zur Volkskunde d. Siebenbürger Sachsen 301. またGrimm, Deutsche Myth.^{4} 3, 489 (36: エストニア人) を参照。ヴュルテンベルクにおいても、村境を越えて自殺者の遺体を運ぶ際に同様の例がある。Höhn, Tod 356. ちなみにザンクト・ペーター（ラインラント、ケンペン郡・教区）在住のK婦人は、次のように報告している。「ひとから聞いただけで、自分で経験したことはないのですが、鉄道ができる前は、遺体が郷里の家に運ばれるとき、通過する村ごとに鐘が鳴らされたということです」

（115）Mecklenburg 13 (1918) 27.

（116）Driemaandelijksche Bladen 16 (1916) 29. ちなみに同様の差別化は葬式後の会食の内容においても見られる。Sartori, D. Speisung d. Toten: Progr. d. Gymnas. zu Dortmund 1903, 28.

（117）Schullerus, Siebenbürgisch-sächsische Volkskunde 126.

（118）Progr. d. evang. Gymnas. in Schäßburg 1865, 3, Anm. 7.

（119）タルトラウでは弔いの鐘の始めに、時計塔のハンマーを使って大鐘を三度叩く。Ebda.

（120）ZVfV. 15, 93f., 16, 430. 非ヨーロッパ系の民族では、死亡の通知は太鼓で行われることが多い。例えばトーゴがそうである。Globus 89, 11. ニュー・ヘブリディーズ諸島では、中をくり抜いた木の幹を、不規則な休止をおきつつ叩くことで、国の全体に葬儀の知らせを送る。Anthropos 9 (1914) 770.

（121）Hwbch 1, 998f.

（122）Wirth, Beitr. z. Volkskunde in Anhalt, 2/3, 63.

（123）Hwbch 1, 1000. ZVfV. 30/32 (1920/22) 159 (アンハルトの例). グロース・フェルダ（ヘッセン、アルスフェルト郡）にも同様の例がある。

（124）Höhn, Tod 345.

（125）Caminada 96. 同様の例はグローセン・ブゼック（ヘッセン、ギーセン郡）にもある。ツェービッツでは、鐘が鳴って教会へと向かう途中、何かを食べた者は、死んだときに口が開いたままになる、と一般に言われる。ZVfV. 30/32, 159.

（126）John, Erzgeb. 128.

（127）Grimm, D. Myth.^{4} 3, 463 (地域は不明). しかしこの箇所では、葬送の鐘のことが言われているのではないと思われる。

（128）Ravensberger Blätter 3, 92.

（129）Rochholz, Alemann. Kinderlied 64 (141).

（130）ZVfV. 16, 310 (115).

(131) Bayerischer Heimatschutz 16 (1918) 44.
(132) Lemke, Volkstüml. in Ostpreußen 2, 291.
(133) Heimatblätter d. Roten Erde 3, 334.
(134) Ebda. 335.
(135) Niedersachsen 23, 199.
(136) Heimatbl. d. Roten Erde 5, 84, 85.
(137) Bader 96.
(138) Rochholz, Alemann. Kinderlied 64 (142).
(139) Ravensberger Blätter 12 (1912) 5. 別の報告に基づくなら、同じ鐘を用いた死者の鐘の鳴るなかで、子どもたちが、「年寄りは死ぬ、若い者は遺産をもらう」と歌ったという。
(140) 文字どおりには、「さあ来たれ、花をしまっておけ」となる。後半の表現は、地域の慣用的なもので、「丁重に保管しておけ」というほどの意味である。したがってここで鐘は、「さあ来たれ、花よ、きみが手厚く葬られるように」という意味で叫んでいる。
(141) Schuller, Progr. v. Schäßburg 1865, 4.
(142) Soester Anzeiger v. 5. Novbr. 1921.
(143) Heimatblätter d. Roten Erde 3, 335.
(144) Wossidlo, Mecklenb. Volksüberlieferungen 3, 80f. しかし別の地域でも同じ例がある。Ebda. 338. ブラウンシュヴァイクの例については、次の文献を参照。ZVfV. 9, 440.
(145) ZrwV. 8 (1911) 123.
(146) ZrwV. 6, 105. また同文献の 8, 122f. および Diener, Hunsrücker Volkskunde 124 も参照のこと。ローマイアー（Lohmeyer）の見解に基づくなら、「病んだ鐘」という表現は、死刑の鐘がいよいよ刑の執行を告げて鳴る、しくしくと泣く、というほどの意味である。「長持」に入った死者の男とは、処刑されて棺に入った死者のことである。
(147) Wrede, Eifeler Volkskunde² 122.
(148) John, Sitte usw. im deutschen Westböhmen 419.
(149) Mitteil. d. Ver. f. sächs. Volkskunde 3, 137.
(150) Walter 433f.
(151) Pesch, D. Glocke 109ff. ZVfV. 8, 33f.
(152) Progr. d. evang. Gymnas. in Schäßburg 1865, 4.
(153) ZVfV. 19 (1909) 276.
(154) Erk-Böhme, Deutscher Liederhort 1, 402 (110f.).「薔薇のように赤い」とは、血が流れている、悲しい、という意味である。
(155) Caminada 94. また Sébillot, Folklore de France 4, 146 を参照。
(156) Le Braz, La légende de la mort 2, 4.
(157) ヘルステ（ハレ郡）の例。Niederdtsche Zeitschr. f. Volkskunde 7 (1929) 31（東フリースラント）.
(158) ZrwV. 15 (1918), 112（150：ラインラント、キルヒベルク）.
(159) Niederdtsche Zeitschr. f. Volksk. 7, 32.
(160) Schweizer Volkskunde 7, 11.
(161) Ztschr. d. Ver. f. d. Gesch. von Soest 1909/10, H.27, 101.
(162) Höhn, Tod 311, 345. Pfister, Sagen usw. a. Hessen und Nassau 165. Strackerjan, Abergl. a. Oldenburg 1, 33.
(163) ZVfV. 8 (1898) 33f. Höhn, Tod 345.
(164) ZVfV. 14, 448.
(165) Hessische Blätter f. Volksk. 6 (1907) 99, Anm. 1. ZrwV. 2 (1905) 198f.（上ナーエ地方）. Meyer, Badisches Volksleben 579. Schweizer Volkskunde 19 (1929) 64. Progr. d. Gymnas. in Schäßburg 1863, 33 (89). Sébillot, Folklore de France 4, 146. Le Braz, La légende de

la mort 1, 9. ヘッセン、ヴェストファーレン、ラインラント、エルザスからの報告もある。アルターン近郊ラインスドルフ（エッカーツベルガ郡）では、日曜の鐘が長く後を引いて響きつづけていると、それは教区内でまもなく死人が出ることの知らせだ、と言われる。

(166) ZrwV. 2, 198f.（上ナーエ地方）．ジュラ山地のバーゼル・ラント準州にあたる地域では、例えば正午の鐘で、鐘が「歌っている」、つまり嘆くような調子を帯びていると、それは村のだれかがまもなく亡くなることを意味すると信じている。Schweizer Volkskunde 5 (1915) 1.

(167) Jensen, D. nordfries. Inseln 350. また ZVfV. 19, 275f. を参照。

(168) Rochholz, Deutscher Glaube u. Brauch 1, 178. 上註112を参照。笛を吹くような響きは、そこでは誘いの音である。

(169) John, Erzgeb. 117. また同書116. および Drechsler, Sitte usw. in Schlesien 1, 287 を参照。さらに以下の文献も参照。ZVfV. 8, 34. Engelien u. Lahn, Volksmund in d. Mark Brandenburg 1, 249 (117). 同様のことは、他のいくつもの地域より報告されている。

(170) ZVfV. 30/32 (1920/22), 151.

(171) ZrwV. 2 (1905) 198. 同様のことがアルテンシュリルフ（ヘッセン、ラウターバッハ郡）からも報告されている。

(172) ZrwV. 4, 271（ミンデン郡、ハイムセン）. Bartsch, Sag. a. Mecklenburg 2, 95. クリュッツ（メクレンブルク・シュヴェリーン）では、鐘がきわめて高い音で響きわたるとき、やがて火事が起きると言われる。それに対して鈍い音であれば、まもなく死人が出ると言う。これは特に、埋葬に用いる鐘の場合に見られる事例である。この信仰の表現として、「鐘がひとに呼びかけている」、という言い方がある。

(173) クッパーティン（メクレンブルク・シュヴェリーン）に例がある。

(174) マルニッツ、メストリン（以上メクレンブルク・シュヴェリーン）、アイヒェンベルク近郊ベルゲ（ヘッセン）に例がある。

(175) プリッツァー（メクレンブルク・シュヴェリーン）に例がある。

(176) ZVfV. 8, 34. Pfister, Sagen usw. a. Hessen u. Nassau 165. Zingerle, Sitten usw. d. Tiroler Volkes 44. Schweizer. Archiv f. Volksk. 1917, 32. Schweizer Volkskunde 8, 68. Strackerjan, Abergl. a. Oldenburg 1, 33. ZrwV. 15, 112. Höhn, Tod 310, 345. Frontius, Bilder a. d. sächsischen Bauernleben in Siebenbürgen 246.（ヘッセンとヴェストファーレンの多くの町で、この信仰は今もなお息づいていることが報告されている。ヴィントハウゼン（ヘッセン、アルスフェルト郡）では、鐘が鳴っているときに教会の時報が重なると、「この鐘で、だれかが靴を脱ぐことになる」、「だれかが首を吊ったんだ」などと言う。アイヒシュテッテン（バーデン、フライブルク郡）では「今この時刻に、だれかが死につつある」と言う。

(177) Zingerle a.a.O. 44 (377). Höhn, Tod, 310. Stoll, Zur Kenntnis des Zauberglaubens usw. in der Schweiz 198f. Schweiz. Archiv f. Volksk. 2, 281. ZrwV. 4, 271; 15, 112 (146). Strackerjan, Oldenburg 1, 33. Le Braz, La légende de la mort 1, 9.

(178) Manz, Volksbrauch usw. des Sarganserlandes 122. Stoll, Zauberglaube 198. Strackerjan, Oldenburg 1, 33. Schuller, Progr. v. Schäßburg 1863, 33 (90). ZrwV. 2, 199. Schweizer. Archiv f. Volksk. 2,

217. Vernaleken, Alpensag. 345 (11). Wolf, Beiträge z. Deutschen Mythol. 1, 213. Höhn, Tod 310. リントホルスト（シャウムブルク・リッペ）では、鐘楼の下部で綱を引きながら、前の音が完全に消えた後で初めて、新しく鐘を打つことができる。

(179) ZrwV. 4, 271（ミンデン郡、ハイムセン：その週のうちに一組の夫婦が相次いで死ぬ）. ZVfV. 30/32 (1920/22) 151（アンハルト）. Höhn, Tod 310. またヘッセンの各地から報告がある。

(180) ZrwV. 15, 112（148：フンスリュック）. Mein Heimatland (Freiburg i. Br.) 14 (1927) 339.

(181) ZVfV. 30/32 (1920/22) 151（アンハルト）. Höhn, Tod 310.

(182) ZVfV. 22, 163.

(183) Progr. v. Schäßburg 1863, 33. ――ホーンドルフ（ロイス・グライツ侯国）からの報告。

(184) ZVfV. 30/32, 151（アンハルト）. John, Erzgeb. 62.

(185) Am Urds-Brunnen 5, 190.

(186) メッツの一帯では、死者の鐘が鳴っているあいだに雄鶏が啼くと、それは家族に新たな弔いごとが出ることの徴と見なされる。Sébillot, Folklore de France 3, 222. トゥームでは鐘が鳴っている最中に犬が吠えると、その教区に死者が舞い戻ってくることの徴とされる。John, Erzgeb. 232.

(187) ZrwV. 15 (1918) 112 (144).

(188) ZVfV. 8, 33. Nork, Sitten u. Gebräuche d. Deutschen 1, 378f. Grimm, Deutsche Sag.[2] 1, 312f. Bader, Neuges. Volkssagen a. d. Lande Baden 85f.

(189) ZVfV. 8, 291.

(190) Schücking u. Freiligrath, D. malerische u. romantische Westfalen[4] 322. この鈴は今、パーダーボルンにある。

(191) Deecke, Lübische Geschichten u. Sagen 304.

(192) ZVfV. 8, 34.

(193) Sébillot, Folklore 4, 192.

(194) ZVfV. 8, 34f. John, Erzgeb. 128.

(195) ZrwV. 15, 110 (106).

(196) Wiener Zeitschr. f. Volksk. 33 (1928) 14.

(197) ZVfV. 8, 286.

(198) Le Braz, La légende de la mort 1, 17. また86も参照。

(199) ZrwV. 15, 108 (86). また Feldmann, Okkulte Philosophie 136, 138f.（ヴェストファーレンにおける前史）を参照。

(200) Sartori, Sitte u. Brauch 3, 260. Hwbch 1, 267ff. ZVfV. 6, 308（ゴッセンザスの例）.

(201) de la Fontaine, Luxemburger Sitten 75.

(202) Bulletin de folklore 3, 26 (194).

(203) v. Mailly, Sag. a. Friaul u. d. julischen Alpen 8.

(204) Mansikka, D. Relig. d. Ostslaven 370.

(205) de la Fontaine a. a. O. 75f.

(206) Bulletin de folklore 3, 26 (195).

(207) Niderberger, Sagen usw. aus Unterwalden 3, 523.

(208) Heimatgaue, Zeitschr. f. oberösterreich. Geschichte, Landes- u. Volkskunde 10 (1929) 280. また本書「夕べの鐘」の記述も参照。

第IX章

(1) Walter, Glockenkunde 178.

(2) Ebda. 217.

(3) Ebda. 180.

(4) Bayerischer Heimatschutz 16 (1918) 44 (上部ナープガウで).
(5) Niedersachen, 25, 51.
(6) Otte 130.
(7) Pesch, D. Glocke 35.
(8) Schöppner, Sagenbuch d. bayer. Lande 1, 183f.
(9) Gladbecker Blätter 5 (1916) 96.
(10) Messikommer, A. Alter Zeit 1, 150.
(11) Niedersachsen 13, 284.
(12) Ebda. 13, 437.
(13) Globus 83, 52 (西プロイセン). Heckscher, D. Volkskunde des german. Kulturkreises 490 (シュトルプ郡). 使い古して用済みになった犂の刃も火事の鐘の代用になった。Schnippel, Volkskunde von Ost- und Westpreußen 1, 45.
(14) Otte 48f. を参照。鐘の音は、とりわけ落雷によって生じる火災を防ぐことが求められた (ベルク地方)。ZVfV. 21 (1911) 391.
(15) Walter 158.
(16) Sauerländ. Gebirgsbote 23 (1915) 31.
(17) Zingerle, Sagen usw. a. Tirol 382.
(18) ZVfV. 8, 35.
(19) Bartsch, Sag. a. Mecklenburg 2, 130 (549).
(20) Drechsler, Sitten a. Schlesien 2, 145.
(21) John, Erzgeb. 27.
(22) Bartsch, 1, 292 (388).
(23) ZVfV. 21, 391, Anm. 2.
(24) Otte 49ff. Walter 288f.
(25) ユダヤ人は、牡羊の角笛 (ショファー) を鳴らして、法律、条令その他の通達の合図とする。ZVfV. 26, 115ff., 118. ヴァルデックにおける一六六四年の条例文には以下のように記されている。「鐘を一切所有せぬ村においては、裁判官もしくは村長が板を叩いて知らせるべし。この板は、通常、教区民を集合させるため、あるいは隣人たちを自宅に帰らせて、そして (トルコへの災いを求める) 祈りを唱えるように促すものである。」Curtze, Volksüberl. a. Waldeck 445. 下註40も参照。
(26) さらに以下の文献を参照。ZrwV. 10, 122. Seifart, Hildesheim 2, 142. Niedersachsen 4, 45 (ヴォルプスヴェーデの村鐘).
(27) Niedersachsen 13, 210; 26, 607. Jahrb. d. Ver. f. niederdeutsche Sprachforschung 29 (1903) 36. H. Pöhls, Über Bauernglocken im Kirchspiel Süderstapel: Die Heimat (Kiel) 40 (1930), 164f. (何らかの業務を請け負わせようと思う者は、だれでも鐘を引いてよい).
(28) ZrwV. 10, 117.
(29) Otte 39. Walter 364. Bader 109.
(30) Heyne, Fünf Bücher deutscher Hausaltertümer 1, 302f., 304. Niedersachsen 23, 243. Deecke, Lübische Geschichten u. Sagen² 162.
(31) 例えばロストック、パルヒム、ヴィスマールにおいて。
(32) Otte 130. Walter 323.
(33) Beitr. z. Gesch. Dortmunds u. der Grafschaft Mark 7 (1896) 77.
(34) Ztschr. d. Ver. f. d. Geschichte v. Soest 1908/9, 26. Heft, 62.
(35) Walter 347.
(36) Zingerle, Sitten usw. a. Tirol 172 (1445).
(37) Rochholz, Tell 15. また Schöppner, Sagenbuch d. bayer. Lande

3, 211を参照――。一四二〇年頃、上部オーストリアのおよそすべての地域で、フス教徒に災いがふりかかることを願う祈りを唱えるようにと、毎晩、特別な鐘が鳴らされた。そしてこれはフス追放の鐘と呼ばれた。この鐘は聖ミカエルの日から（リートでは聖マルティンの日から）聖ゲオルクの日まで、晩の八時に鳴った。Heimatgaue, Zeitschr. f. oberösterreich. Geschichte, Landes- und Volkskunde 10 (1929) 285f. しかしランプレヒト＝ラングは、この「フス追放の鐘」(Hus-Ausläuten) という名称を、「家の外へ」（出ていく）という意味のHoß-ausから導き出している。一四二七年に発布されたミュンヘンの教区条例には、「教区の朝ミサの前に、すべてのパン職人はかまどに火を起こしてはならず、また家を出た（Hoßaus）後も同様である」という要求が書かれている。さらに「火事の鐘が鳴らされたとき――つまり〈家の外へ〉(Hoß aus) と呼ばれている時間の後は」、とも記されている（Ebda. 286）。またSchmeller, Bayer. Wbch. 2, 251f.; 2. Ausg. 1, 1182. も参照。

（38）Otte 52.

（39）K. Bücher, Lebenserinnerungen 1, 47.

（40）ザルツブルクの山岳農民は、「クレーバーン」(Klebern) と呼ばれる道具を用いた（この名は、「弱い」、「脆い」といった意味）。これは一枚の板に一本の柄が付いており、そこに球体がぶらさがっているもので、この板が上下に振り回されることで、数キロ先まで聞こえるほどの音を発することができる。屋外で働いている家の者たちに、これを使って食事の合図を送ったり、必要な時に帰宅を促したりする。ZVfV. 12 (1902), 214f. 鐘舌で板を打ち、信号を出す器具としてこれを用いた例については、Andree, Die Hillebille: ZVfV. 5 (1895) 103ff. また以下の文献も参照。Korrespondenzblatt d. Ver. f. niederdeutsche Sprachforschung 19, 94ff. Globus 83, 52, 196, 291, 323f.; 84, 52. Heckscher, D. Volkskunde des german. Kulturkreises 489f.

（41）Jahrbücher f. d. Landeskunde der Herzogtümer Schleswig-Holstein u. Lauenburg 1, 137.

（42）Ebda. 4, 146.

（43）Wossidlo, Oewer den Humor in de meckelbörger Volkssprak 9f.

（44）Grimm, Deutsche Rechtsaltertümer^3 840f. ZVfV. 8, 37f.

（45）Otte 53.

（46）Grimm, Deutsche Sag.^{2} 2, 119f. (459).

（47）Haas, 23.

（48）Liebrecht, Zur Volkskunde 84. Otte 54.

（49）Otte 54f. 恥辱の鐘が「チーズ狩り（ごろつき）連中の鐘」(Kasbeerenglocke) と呼ばれていたリューベックの例については、以下を参照。Deecke, Lübische Gesch. u. Sagen 296.

（50）Walter 20.

（51）Otte 54. Walter 215, 501.

（52）Hwbch 2, 226.

（53）Sébillot, Folklore de France 4, 143.

（54）Töppen, Abergl. a. Masuren 60.

（55）Mecklenburg 13 (1918) 28. 泥棒に対する鐘の魔術のさらなる例については ZVfV. 8, 37f. を参照。

（56）Hwbch 3, 875.

（57）Strackerjan, Abergl. a. Oldenburg 2, 362.

(58) Otte 51, 66f. Walter 8ff. Bader 139f. Kronfeld, D. Krieg im Aberglauben 172. Wutke in d. Ztschr. d. Ver. f. Gesch. Schlesiens 49, 41.

(59) Rochholz, Sag. a. d. Aargau 2, 378. Mein Heimatland (Badische Blätter f. Volkskunde) 9 (1922) 12.

(60) ヴァイアー（バイエルン、ランダウ管区、プファルツ行政区）在住の学校長フォルラー氏の報告による。

(61) Otte 67f.

(62) 例えば以下の文献を参照。Die Dorfkirche 10, 381ff.; 386f., 11, 65f. Mecklenburg 12 (1917) 75ff., 14 (1919) 73f., 76. Mein Heimatland (Baden) 4 (1917), 85ff. Nachrichten aus d. rheinischen Denkmalpflege 1 (1919) 5ff.

(63) Bayerischer Heimgarten, herausg. v. bayer. Landesverein f. Heimatschutz, München 1918/19, 134.

(64) その他の手荒い扱いについては Nachrichten aus d. Rheinischen Denkmalpflege 1 (1919) 5ff. を参照――。フランス革命期には、大鐘の破壊のために特殊な機械が用いられた。またパリのノートル・ダム大聖堂にあった総重量二万五千ポンド、一四七二年鋳造の第二の鐘は、八名の男たちが六週間をかけて粉砕した。Otte 67.

(65) Bartsch 1, 384.

第X章

(1) 例えば以下の文献を参照。Schumann, Volks- u. Kinderreime a. Lübeck u. Umgegend 69f. Schweizer Volkskunde 11 (1921) 8f. Haltrich, Z. Volkskunde der Siebenbürger Sachsen 151f. Böhme, Deutsches Kinderlied u. Kinderspiel Nr. 1153ff. Niedersachsen 19, 19. Hessische Blätter f. Volkskunde 8 (1909) 9ff. ZVfV. 15, 343f., 16, 81ff., 40, 83ff. Schnippel, Volkskunde von Ost- u. Westpreußen 2, 82f.

(2) 以下の文献を参照。Wehrhan, Kinderlied u. Kinderspiel 27. ZVfV. 15, 342. Schweizer Volkskunde 2, 29ff. Rochholz, Alemann. Kinderlied u. Kinderspiel 57ff. ZrwV. 27 (1930) 47ff. Heimatblätter der Roten Erde (Münster i. W.) 3 (1922) 14ff. 332ff.; 5, 84f. Mitteil. d. Ver. f. sächs. Volksk. 3 (1904) 136ff.

(3) Uhlands Schriften z. Gesch. d. Dichtung u. Sage 3, 328 Anm. 219.「シュパイアーの鐘の音」が言語化されたものは、ヴァルフガング・シュメルツェルのドイツ語歌謡集（ニュルンベルク、一五四四年、第二四詩節）に、六声部の音楽を付した形で収められている。

(4) ZVfV. 9, 440.

(5) Heimatblätter d. Roten Erde 3, 334.

(6) Gladbecker Blätter f. Orts- u. Heimatkunde 5 (1916) 96.

(7) Bayerischer Heimatschutz 16 (1918) 44.

(8) Schweizer Volkskunde 3, 45.

(9) Müllenhoff, Schlesw. -Holst. Sagen 116f.

(10) ZVfV. 15, 342, 343; 9, 440.

(11) Otte 155.

(12)「ビムバム」音を用いた民謡については Wossidlo, Mecklenb. Volksüberlieferungen 3, 80ff. を参照。

(13) Niedersachsen 23, 49 (10).

(14) Heimatkaldener Lembeck 1925, 39.

(15) Bochum, Heimatbuch 1925, 36.

（16）Niedersachsen 7, 292.
（17）Heimatbl. d. Roten Erde 3, 334.
（18）Heimatkalender Lembeck 1925, 39.
（19）Niedersachsen 7, 258. また 292 も参照。
（20）Heimatbl. d. Roten Erde 5, 84.
（21）標準語に訳して掲げた。
（22）John, Westböhmen 419.
（23）Heimatbl. d. Roten Erde 3, 334.
（24）鐘叩き役の若者たちも、聖週間の最後の三日間にはこの小唄をうたった（ビットブルク郡、メッテンドルフ）。ツェンマー（トリアー郡）の若者たちは、鐘叩きの三度目のところで、「教会でカンカンと鐘が鳴っております。皆みなさま、さあ走ってきてください」と叫ぶ。
（25）Hessische Blätter f. Volkskunde 8, 14.
（26）ZVfV. 15, 342.
（27）Niedersachsen 23, 49 (35).
（28）Soester Anzeiger v. 5. Novbr. 1921.
（29）Ravensberger Blätter 2 (1902) 58.
（30）Niedersachsen 23, 49 (31). パーダーボルン地方でも同様である。Heimatblätter d. Roten Erde 5, 84 を参照。クレベックでは復活祭前になると、鐘叩きの若者たちが、「やまならし、ぶな、しらかばの木よ、みなみなさま、教会へ、卵、卵、卵たち」と歌う。Wüstefeld, Eichsfelder Volksleben 64.
（31）Heimatblätter d. Roten Erde 3, 335. また同文献の 3, 16（リップシュタット近郊ヘンクハウゼン）、Soester Anzeiger v. 5. 11. 1921（ゾースト近郊ボルゲルン）を参照。
（32）Schweizer Volkskunde 8, 69.
（33）Ebda. 9, 9（旋律付き）.
（34）Heimatblätter d. Roten Erde 3, 334.
（35）Heimatkalender Lembeck 1925, 39. ザウアーとポットハストは共に教会の隣りに住む人である。Heimatblätter d. Roten Erde 3, 18.
（36）Ebda. 3, 18.
（37）Gladbecker Blätter 5 (1916) 95.
（38）Heimatbl. d. Roten Erde 3, 334.
（39）Heimatkalender Lembeck 1925, 39.
（40）Heimatblätter d. Roten Erde 3, 334.
（41）Ebda. 3, 17.
（42）Soester Anzeiger v. 5. 11. 1921.
（43）Niedersachsen 23, 49 (24).
（44）Woeste, Volksüberlieferungen 8.
（45）ホレの女神たちの助けを求めようと決心した人は、グレーヴェンブリュック近郊にあるホレの岩の裂け目に行き、「ホレよ、ホレよ、人助けだ／衣装を着て出てきておくれ」と叫んだ。Groeteken, Sagen d. Sauerlandes 51.
（46）Heimatbl. d. Roten Erde 5, 85.
（47）Ebda. 84.
（48）Ebda. 3, 333.
（49）Schweizer Volkskunde 2, 30.
（50）Rochholz, Alemann. Kinderlied 62 (136).
（51）Hessische Blätter f. Volksk. 8, 16.
（52）Hüser, Progr. v. Warburg 1898, 8.
（53）Haas 25 には少々異なる例が出ている。
（54）Niedersachsen 7, 292. 文字資料では、鐘はこう語る。「レ

ヴィン、ツァルネコー、ウポスト、堤防に沿って、堤防に沿って――」(Levin, Zarnekow, Upost, den Damm entlang, den Damm entlang!)

(55) Niedersachsen 7, 292 には異なる例がある。メクレンブルクの例として、以下の文献にさらなる同種の歌が挙がっている。Mecklenburg 13, 27. Niedersachsen 7, 258; 13, 322.

(56) Haas 24f.

(57) Heimatblätter f. Castorp u. Umgegend 3, 156. わずかに異なる例が Gladbecker Blätter 5, 111 にある。「ビエケムとベッケルンとボルクハーゲン／ハーヴェクホルストに教会の墓地」。

(58) Niedersachsen 23, 49 (3). Heimatblätter d. Roten Erde 5 (1926) 84, 85.

(59) Rochholz, Alemann. Kinderlied 62 (135).

(60) Schweizer Volkskunde 14 (1924) 4.

(61) Heimatbl. d. Roten Erde 3, 125.

(62) Reusch, Sagen des preuß. Samlandes 126. デッサウの城内教会とその他の教会における鐘鳴らしを参照。Wirth, Anhaltische Volkskunde 88.

(63) Schweizer Volkskunde 8, 68.

(64) Heimatbl. d. Roten Erde 5, 84.

(65) Schumann, Volks- u. Kinderreime a. Lübeck 70.

(66) ZVfV. 15, 343.

(67) Mensing, Schlesw. -Holst. Wbch. 3, 164.

(68) Mecklenburg 13, 27. ハインリヒ・フォン・クライストが、よく似た内容のものを逸話的小品のなかで取り上げている。また他の作家たちも、これを笑話風に加工している。Niedersachsen 17, 227.

(69) Ravensberger Blätter 2, 68.

(70) Schumann, Volks- u. Kinderreime a. Lübeck 70.

(71) レートゲン（モンシャウ郡）の例。E・リッターハウス作の詩「ラインガウの鐘」も参照。Hess. Blätter f. Volksk. 8, 15.

(72) Rochholz, Alemann. Kinderlied 60.

(73) Schumann a. a. O. 70.

(74) Schweizer Volkskunde 3, 45.

(75) Niedersachsen 7, 308.

(76) Ebda. 17, 457.

(77) Ebda. 23, 49 (30).

(78) Reusch, Sag. d. preuß. Samlandes 127.

(79) Nieders. 17, 227. また同文献 294f. も参照。同様の例はロンドンにもある。Otte 155.

(80) Niedersachsen 23, 49 (31).

(81) Heimatbl. d. Roten Erde 3, 332.

(82) 例えば以下の文献を参照。Hessische Bl. f. Volksk. 8, 15. Niedersachsen 23, 49 (24: マルスベルク). フリーセム（ビットブルク郡）やヘルデ（ドルトムント）からの報告もある。Schambach-Müller, Niedersächs. Sagen u. Märchen 239 (249) 所収の伝説によれば、ドランスフェルトのあたりで、ある男に向かって白い小びとが「レンズマメを煮よ、レンズマメを煮よ、小麦はだめになる」と語り、飢饉が迫っていることを告げる。

(83) Diener, Hunsrücker Volksk. 123.

(84) Rochholz, Alemann. Kinderlied 64 (143).

（85）ヴァルデンラート、ピュット、シュライフェンダールという三つの村のこと。

（86）Heimatbl. d. Roten Erde 3, 333. もっと長い例はノルトヴァルデにある。Ebda. 3, 18.

（87）Heimatbl. d. Roten Erde 5, 84.

（88）Niedersachsen 23, 49 (6, 14).

（89）より詳細に物語る異文は Niedersachsen 23, 49 (1) にある。

（90）Heimatblätter d. Roten Erde 5, 85.

（91）Niedersachsen 23, 136. これより短い異文は Heimatbl. d. Roten Erde 3, 332.

（92）以下の文献を参照。Niedersachsen 13, 286; 17, 187, 245; 19, 308; 23, 49, 136. Woeste, Volksüberlief. a. d. Grafsch. Mark 8. Heimatblätter d. Roten Erde 3, 15f., 18, 332, 333; 5, 84, 85. Gladbecker Blätter 5, 95, 96. Soester Anzeiger v. 5. 11. 1921. Die Heimat, Zeitschr. d. westfäl. Heimatbundes (Dortmund) 7, 134.

（93）„Propyläen“, Beil. d. Münchner Zeitung 1917 による。酒を飲む、という形の対話は Zingerle, Sitten d. Tiroler Volkes 267 (189) にある。

（94）ドルラー（ヴェストファーレン、メシェデ郡）の農夫メッテ氏からの聞き取り。同様の例は Volkskunde 12, 186 にもある。また Bader 96（ウィーン）. Schweizer Volkskunde 7, 11 も参照。ライン地方各地の町では、求婚した男の印象がよければ、朝の鐘が「あの男を婿にとれ、婿にとれ」と言い、印象がよろしくなければ「婿にとるな」と叫ぶ。

（95）Lemke, Volkstüml. in Ostpreußen 2, 291.

（96）Rochholz, Alemann. Kinderlied 65 (145).

（97）Schweizer Volkskunde 2, 30（多くの例が挙がる）.

（98）Ebda. 7, 11. クラリネットによる同様の例がある。Ebda. 11, 9 (7).

（99）Heimatbl. d. Roten Erde 5, 84.

（100）Rochholz, Alemann. Kinderlied 63 (139). Ders., Aargausag. 2, 378. 民衆の言葉遣いのなかで育まれた、嵐の鐘をめぐる種々のことわざ、慣用句については Schweizer Volkskunde 8, 69 を参照。

（101）ファレンダー（コブレンツ郡）では、「また雨になるぞ、またノーバーの鐘が聞こえてきた」（つまり風向は西風）と言う。もしランク（クレフェルト郡）の鐘が、その町の東方に住む人たちに聞こえてきたら、「シュテファンが鳴っておる。雨をもってくるぞ」（聖ステファヌスはランクの教区教会の守護聖人）と言うのが常である。「湿りの鐘が聞こえてくる」と言えば、それは雨のことである。「さむ鐘」は寒波を告げる（ゲルダーン郡、ポント）。上部ナープガウでは、常軌を逸した東の彼方から鐘の音が聞こえてくると（ボヘミアからの風）、これから空気が乾燥して寒くなると考える。それに対して南からは、暖かく湿気の高い天候が接近してくる。もし西風が吹き、いつもは聞こえてこないような、西方のどこかの鐘の音が聞こえたら、それはやがて雨模様だという徴である。そして北からの鐘は「極寒」と響いて聞こえる。Bayerischer Heimatschutz 16, 44. オーバー・ヒルバースハイムの鐘は、ユーゲンハイムでは「汚れ鐘」と呼ばれている。その理由はおそらく、音が聞こえてくることは雨の接近を意味したからであろう。聴覚に基づくこの他の天気の予知については、Hessische Blätter f. Volks-kunde 10, 39. Kück, Wetterglaube in d. Lüneburger

Heide 119を参照。

(102) Niedersachen 23, 49 (34). アルテン・ベーケン、ベンハウゼン、マリーエンローという三つの村のこと。

(103) Rochholz, Alemann. Kinderlied 63 (140).

(104) Mitteil d. Ver. f. Geschichts- u. Altertumskunde zu Kahla und Roda VI, H.2 (Kahla 1904).

(105) 「ファル」とはファレンダーの住人、「デール」とはエーレンブライトシュタインの住人の意。

(106) Bechstein, Sagenschatz d. Frankenlandes 1, 87; また89も参照。

(107) ZVfV. 15, 342, 343.

(108) Am Ur-Quell 3, 318.

(109) Bader 96.

(110) Müllenhoff, Schlesw.-Holst. Sagen 117.

(111) Haas 24.

(112) Rochholz a.a.O. 63 (138).

(113) ZrwV. 8, 56.

(114) そしてさらにこう付け加えられる。「たとえやつがズボンに垂れ流しても」。

(115) Wrede, Rhein. Volkskunde² 108.

(116) Schweizer Volkskunde 3, 45.

(117) Rochholz, Alemann. Kinderlied 62 (132).

(118) Schumann, Volks- u. Kinderreime a. Lübeck 70.

(119) Das deutsche Volkslied 21, 61.

(120) Rochholz, Alemann. Kinderlied 61f. また Schweizer Volkskunde 2, 30を参照。

(121) 「ルンデンの鐘みてえに、あの女はがなり立てる」という言いまわしがディトマルシェンにある。ZVfV. 16, 310 (117).

(122) ZVfV. 15, 342.

(123) Ravensberger Blätter 12 (1912) 5.

(124) Ebda.

(125) Wrede, Rhein. Volksk.² 108.

(126) Heimatbl. d. Roten Erde 1, 28.

(127) Niedersachsen 23, 49 (8). 「カール大帝——マグヌスさま」という異文もある。Heimatbl. d. Roten Erde 5, 85.

(128) Ebda. 3, 333.

(129) Soester Anzeiger v. 5. Novbr. 1921.

(130) Heimatblätter f. d. Industriegebiet (Dortmund) 2 (1920) 188f.

(131) Heimatbl. d. Roten Erde 3, 332.

(132) Niedersachsen 23, 49 (27).

(133) Soester Anzeiger v. 5. 11. 1921.

(134) Heimatbl. d. Roten Erde 3, 15.

(135) Ebda. 3, 18.

(136) Schweizer Volksk. 4, 31 (ウーリ州). アルトドルフで記録された異文は Ebda. 10, 47にある。

(137) Heimatbl. d. Roten Erde 3, 333. (ヴェリングとは、教区内にある農家の屋敷の名。「〈関所〉屋」(Tollhues, Zollhaus) とは、隣村アルバースローにかつてあった居酒屋のこと。後にリンケローデとアルバースローの境に位置するヘルマンの農場となる)

(138) Ebda.

(139) Ebda. 同じエーヴァースヴィンケルには、「ベームの庭に、ガチョウの巣があり、レルムの家が、それを持っていく」という異文もある。Niedersachen 23, 49 (18) を参照。リースボルンで日曜日に鳴る鐘は、「寺男の庭に、ガチョウの巣がある、わたしらの庭にも、また巣がある」と語った。Heimatbl. d. Roten Erde 3, 335も参照。またヴィーデンブリュックでは「わたしらの庭に、ガチョウの巣がある、わたしらの庭に、二つある」と語る（三つ、など別の例も）。Ebda. 3, 15を参照。

（140）Niedersachsen 19, 181. ノイエンヘールゼ、ヴィレバートエッセン、デルブリュックでは、「白い母ガチョウが卵をなくしたが、大きな父ガチョウが、それをまた見つけた」と言われる。Heimatbl. d. Roten Erde 5, 84. また Niedersachsen 23, 49も参照。

（141）Mecklenburg 13, 27. また上註54も参照。

（142）Niedersachsen 7, 258.

（143）ラインラントでは、デリヒスヴァイラー（デューレン郡）、フィーアゼン、インデン（ユーリヒ郡）、シュトッツハイム（ラインバッハ郡）、ベヒェン（ヴィッパーフュルト郡）からの報告がある。ヴェストファーレンについては以下の文献を参照。Gladbecker Blätter 5, 95（ホルネブルク）. Heimatbl. d. Roten Erde 5, 85. Soester Anzeiger v. 5. 11. 21. ルンデン（ディトマルシェン）の例は ZVfV. 16, 310 (115). ヴァイダの例は ZVfV. 18, 24（旋律と文献資料あり）. メクレンブルクでは、「小さな、大きな指たち、わたしの親指、わたしの肘よ」という記録が各地にある（Wossidlo）。

（144）ZVfV. 9, 440.

（145）Ebda. 15, 343.

（146）Schumann, Volks- u. Kinderreime aus Lübeck 70.

（147）Wrede, Rhein. Volkskunde² 107.

（148）Gladbecker Blätter 5, 95.

（149）Heimatbl. d. Roten Erde 3, 334.

（150）Niedersachsen 8, 48.

（151）Heimatbl. d. Roten Erde 1, 28.

（152）ZrwV. 2, 24.

（153）Heimatbl. d. Roten Erde 5, 84.

（154）ZVfV. 18, 24.

（155）Volks- u. Kinderspiele a. Schleswig-Holstein 39.

第XI章

（1）„Schwank von dem Lügenburg“ v. 267. Sämtl. Fabeln und Schwänke, herausg. v. E. Goetze 1, 104.

（2）Niedersachsen 18, 209.

（3）Alpenburg, Deutsche Alpensag. 339.

（4）ZrwV. 6, 281.

（5）Mecklenburg 13 (1918) 28.

（6）ZVfV. 8, 127.

（7）Mensing, Schlesw.-Holst. Wörterbuch 3, 162f.

（8）Vernaleken, Alpensagen 415.

（9）Schönwerth, A. d. Oberpfalz 3, 273. また Heyl, Volkssag. a. Tirol 787 (136) も参照。

（10）Mensing 3, 163.

（11）Heimatblätter, Monatsschrift f. d. niederrhein.-westfäl. Land (Dortmund) 1 (1919/20), 71.

（12）Dreizehn Fastnachtspiele herausg. v. E. Goetze. またグリムのメルヘン集第一〇七番（Reclam 2, 93）、第一二九番（ebda.

2, 178）も参照。エルザス地方では、「野の鐘の鐘舌」と言えばおよそ、ろくでなしの人間という意味である。

（13）Sämtl. Fabalen u. Schwänke 3, herausg. v. E. Goetze und C. Drescher, Nr. 88. 卑猥な表現は Daniel v. Soest, Gemeine Beichte にもあり、「そこでわしは鐘から、鐘舌を取り出した」（V. 2061）、「皮つきの鐘で鐘撞きをするのが、わしは大の趣味で」（V. 2064）などとある。

（14）Mecklenburg 13, 28.「ある人のため、あることを鐘の間にぶらさげる」とは、人に秘密を知らせることを意味する。ロストックの説教師だったグリーゼは、いわゆる「平信徒の聖書」において、「そのようなことまで自らの手で鐘の綱に結わえつけ、鐘を鳴らしてあちこちに広めてはならぬ」と語る（Wossidlo）。また Mensing 3, 163 を参照のこと。「大鐘にぶらさげる」という言いまわしはクラカウ起源だという説があるが、いかがなものだろうか。Walter 370 も参照。

（15）Mensing 3, 164.

（16）Bayerischer Heimatschutz 16 (1918) 46.

（17）ZrwV. 2, 24.

（18）Lyra, Plattdeutsche Briefe (Osnabrück 1856) 113.

（19）Heimatbl. d. Roten Erde (Münster) 3, 336.

（20）Mecklenburg 13, 28.

（21）ZrwV. 2, 24.

（22）Heimatbl. d. Roten Erde 3, 19. また 336 も参照。

（23）Ebda. 3, 19.

（24）Mensing 3, 164.

（25）Bayerischer Heimatschutz 16, 46.

（26）Ebda.

（27）Lüpkes, Ostfriesische Volkskunde 220.

（28）Wossidlo, Meckl. Volksüberlief. 1, 51 (91). また 140 (489) も参照。

（29）Zingerle, Sitten usw. d. Tiroler Volkes 274 (42).

（30）Heimatbl. d. Roten Erde 3, 19.

（31）Pomm. Bl. 10, 46.

（32）一六五六年の記録。シュヴェリーン文書館の資料、ゴルトベルク管区（Wossidlo による）。

（33）H. Sachs, Sämtliche Fabeln u. Schwänke, herausg. v. E. Goetze 1, 295, 563; 3, Nr. 17, 36, Nr. 21, 33, Nr. 90, 36.

（34）Meister Johann Dietz, des Großen Kurfürsten Feldscher und Königlicher Hofbarbier, herausg. von E. Consentius, 258. また 288（「みながｰ［中略］わたしの頭上に鐘を作った」という表現）も参照。

（35）P. Herrmann im Programm von Torgau 1913, 85.

（36）ZrwV. 18 (1921) 40.

（37）Sämtl. Fabeln u. Schwänke 1, 50. ただし Schmeller, Bayer. Wbch. 2, 60; 2. Ausg. 1, 929 を見よ。

（38）Hannoverland 1916, 179.

（39）Mecklenburg 13 (1918) 28.

（40）Bayerischer Heimatschutz 16 (1918) 46.

（41）ZVfV. 7, 284.

（42）Waldheimat 1, 87.

（43）Mein Himmelreich 127.

（1）ZVfV. 7, 270ff. Erdmann 14ff.

（2）第IV章註12を見よ。【一】鐘を埋めたり、水中に沈めたりするのが、その合法的な所有者である場合。ZVfV. 7, 272. Reiser, Sagen d. Allgäus 1, 407f. Rochholz, Schweizersag. 2, 382. Voges, Sagen usw. aus d. Lande Braunschweig 224ff. Kühnau, Schles. Sag. 3, 550ff. Hessische Blätter f. Volksk. 11, 5. エルザス地方からの諸報告によれば、次のような伝説群が存在する。ユングヴァイラー（下部エルザス、ツァバーン郡）の修道士たちが、彼らの銀の鐘を修道院のそばに埋めた。その場所はもはや何びとも知らないが、今でも静かな夜には、鐘の音がどこからか聞こえてくるという——。ロットグラーベンの濠のそばの川「グロッケンバッハ」（「鐘の小川」の意）には、三十年戦争のころに鐘が一つ沈められたという（下部エルザス、シュトラスブルク郡、ゴイダートハイム）——。オルティンゲン（上部エルザス、アルトキルヒ郡）では、スウェーデン戦争の当時に、「ふるがね」（古鐘）と呼ばれる鐘がほかのいくつかの鐘とともに、古教会そばの草原の谷に埋められた（その土地は後に「鐘ノ穴」と名づけられる）。そして後にこの「ふるがね」は掘り返されたが、ほかの鐘はまだ見つかっていないという——。アヴォルスハイム（下部エルザス、モルスハイム郡）がスウェーデン軍に侵攻されたとき、「ペーターの聖堂」（Dompeter）の前を通りかかった市民が、鐘楼に鐘は懸かっているかと兵士から尋ねられた。市民は答えた。「ええ、鐘は上にあると思いますよ。でもあんたたちをからかうために、皮で作った鐘たちがぶらさがっておりますんで」。スウェーデン軍はそれを聞いてどこかへ去った。とはいえ今後の大事のために、その町で最も大きく、最も美しい鐘は「庭ノ原」（Gartenfeld）という場所に埋めることにした。鐘は今もそこにあるはずだが、肝心の「庭ノ原」がどこにあるのか、だれも知らない——。フランス革命のころ、ブレン（下部エルザス、モルスハイム郡）の鐘たちを革命軍のバイイが、運び出すために塔から下へ放り投げた。しかし住民たちはそれを土中に埋めて隠す。その場所は今でも「鐘ノ穴」（le trou des cloches）と呼ばれている。平和が戻ったあと、鐘は新たに鋳造された——。プファルツ地方の記録であるが、三十年戦争のころ、タールアイシュヴァイラー村（ピルマゼンス行政区）にあった数基の鐘が、村の北にあるリューベンベルクの山中の「沼」に沈められたという——。

【二】鐘を埋めたり、水中に沈めたりするのが、盗賊である場合。ZVfV. 7, 272; 14, 426. Meiche, Sagenbuch d. Königreichs Sachsen 677. Lüpkes, Ostfriesische Volksk. 245. Haas 31. エルヒェラート（ラインラント）にある鐘は、戦時中、村近くにある低湿地帯の「ボンツェンデル」という場所で、敗走中の敵軍によって沈められたが、後に、そこを豚の群れが掘り返していて、発見されたという。またリンテルン近郊グローセンヴィーディンにある鐘は、敵軍の兵士たちによって、とある水溜まりに沈められた。そしてそこは「鐘池」（Glockenteich）と呼ばれることになったという——。

【三】略奪され運ばれる途中で鐘が沈む例。ZVfV. 7, 270f. Lüpkes, Ostfries. Volksk. 245. Schöppner, Sagenbuch d. bayer.

Lande 1, 294; 2, 134; 3, 286. 三十年戦争のころ、シュレスヴィヒ近郊トルクの鐘は、敵軍兵士によって奪われ、シュトルクスドルフの町で売られることになった。しかしその道の途中で、ラーヴェンホルツ湖の氷が割れ、鐘は水中に沈んだ。その響きは今もなお聞こえることがあるという。ガルヴィッツ（メクレンブルク・シュヴェリーン）の鐘が、敵軍によって今まさに持ち去られようとしていた。ところが馬ではどうにも動かず、牝牛数頭を車に繋げることにした。ようやく動き出したが、凍結していたエルデ川の上で氷が割れ、車ごと水中に没する。その鐘たちは、ガルヴィッツの町で昇天祭を告げる鐘が鳴ると、今もなお声を合わせて鳴ることがある。羊飼いの少年たちは、そんなとき耳を地面に付けて、確かに音が聞こえてくると思うのだった。またあの事件以来、ヒューナーベルクの丘では、町の人間がこれまで見たことのない、鐘の形をした青い花が生えるようになった（「牝牛の鈴」Küchenschelle と呼ばれている花。キンポウゲの一種）。

（3）ZVfV. 7, 117f., 17, 99 (6). Schönwerth, A. d. Oberpfalz 2, 177. クミルスコ（東プロイセン、ヨハニスブルク郡）では、一八四九年に鐘楼で火災があり、その時に溶けてしまった鐘の金属が、塔のすぐそばにある湖に流れこんだ。そこでは今もなお、静かな夏の夜に、鐘の音が聞こえてくるという。

（4）Knoop, Sag. a. Posen 43 (7).

（5）Zingerle, Sag. a. Tirol 260. Voges, Braunschweig 211, 212. ZVfV. 7, 117.

（6）Knoop, Sag. a. Posen 251 (7).

（7）ZVfV. 7, 117. Bechstein, Fränkischer Sagenschatz 1, 220f. Nork, Sitten 1, 371. ZrwV. 3, 291. Afzelius, Volkssag. a. Schweden 3, 210. Bienemann, Livländ. Sagenbuch Nr.152. Mailly, Sag. a. Friaul 71. Sébillot 1, 245, 311; 2, 212, 359f., 449ff.

（8）ZVfV. 7, 117f. Voges 212f. Schell, Bergische Sagen 357. ZrwV. 12, 192（三聖王の日にも）. Zaunert, Rheinlandsagen 1, 118. Strackerjan, Abergl. a. Oldenburg 2, 330 ,401. Bahlmann, Sag. a. Tecklenburg 61. Ravensberger Blätter 6, 37. Bertsch, Weltanschauung, Volkssage u. Volksbrauch 272, 274. Nork, Sitten 1, 362, 373, 375. Sepp, D. Relig. alten Deutschen 123. Knoop, Sag. a. Posen 27 (11), 257. Zingerle, Sag. a. Tirol 100 (157). Sébillot 1, 428; 2, 359f., 449ff. De Cock, Volkssage, Volksgeloof usw. 140ff. 諸記録によれば、以下のような例がある。ホムペシュ（ラインラント、ユーリヒ郡）の谷の低地には、住人の悪徳への罰として、一つの村がまるごと、鐘とともに沈んでいるという。クリスマスには、今もその場所の沼底から、「ゴォン、ドォンと鐘が鳴る」という言葉が聞こえてくる——。ズュヒテルン（ケンペン郡）には、「ヨハネス・ダール」という名の、水中に沈んだ鐘の伝説がある。その響きは今でもクリスマスの夜に聞こえてくるという——。クリスマスのミサのあいだ、沼地のそばでは水中から鐘の音が聞こえてくる（ヴィッパーフュルト郡、ベヒェン）。またヴェルナースエック城（マイエン郡、プライト）の井戸の底からは、イヴの夜に銀の鈴の音が聞こえてくる。これはかつて敵軍がそこに放りこんだものだという。

（9）ZVfV. 7, 127. Nork, Sitten 1, 362. Mecklenburg 13 (1918) 17. Müllenhoff, Schlesw.-Holst. Sagen 118. Knoop, Sagen a. Posen 136.

（10）ZVfV. 7, 118. Bertsch 275. Heckscher, Volkskunde d. german.

Kulturkreises 361 (185). Sepp, Religion 123. Haas 14. Mecklenburg 13 (1918) 17. Graffunder, Beilage z. 22. Jahresber. Des kgl. Prinz Heinrichs-Gymnasiums, Berlin 1912, 23（シャールミュッツェル湖の例）. Kühnau, Schles. Sag. 3, 539f. Knoop, Sag. a. Posen 30 (2), 31 (4). Roganser Familienblatt 3, 59, 84; 4, 33. Freudenthal, Heidefahrten 4, 116（リューネブルガー・ハイデのハンシュテットの例）. Sébillot 2, 451. 聖ヨハネの日の夜には、ダンネボルト（メクレンブルク・シュヴェリーン）のドナースベルクの丘にある木で、銀の鐘が鳴る（Wossidlo）。

（11）Kühnau, Schles. Sag. 3, 553.

（12）Curtze, Waldeck 234.

（13）ZVfV, 7, 127. Knoop, Posen 259. Mecklenburg 13 (1916) 17. ギュストロー近郊シュヴァルツ湖では、静かな金曜日の正午に、水底から鐘の音が立ち昇ってくる。

（14）ZVfV. 7, 118; 20, 256. Müller, Siebenbürgische Sagen 77. Revue des tradit. pop. 10 (1895) 311（ウクライナの例）. グレッセニヒでは、復活祭の朝にある特定の場所に横たわって、地面に耳を付けると、ローマのヴァチカンの鐘の音を聞くことができた。Zaunert, Rheinlandsagen 1, 118.

（15）Curtze, Waldeck 234. ガルヴィッツ（メクレンブルク・シュヴェリーン）については、上註2を見よ。

（16）Curtze 234 (4). Bertsch 274. Schambach-Müller, Niedersächs. Volkssag. 16.

（17）ZVfV. 7, 118. Nork, Sitten 1, 369. Knoop, Posen 24 (5). Rogasener Familienblatt 4, 11. ——エーゲルゼーの境界地（カールスルーエ郡、トイチュノイロイト）では、そこにかつて沈められた鐘が、毎年の聖霊降臨祭の日曜早朝に水面まで上がってきて、黄金のように輝く。

（18）かつて羊飼いたちは、聖体行列のあいだ、ヌンキルヒェン（メルツィヒ郡）の鐘が地中で鳴るのを聞いた。

（19）Lady Wild, Ancient cures etc. of Ireland 55（七年ごとに鳴る）.

（20）Strackerjan 1, 133.

（21）Sébillot 2, 396, 451.

（22）ZvfV. 7, 117. Sébillot 2, 360f.

（23）ZVfV. 7, 127（火事の危険）. Mailly, Sag. a. Friaul 73. Sébillot 2, 451f.

（24）Ges. Schriften, herausg. v. Levin Schücking 1, 63. (Die Verbannten), 84 (Die Jagd), 128 (Das öde Haus).

（25）Sauerländischer Gebirgsbote 24 (1916) 102. また Mein Haimatland (Karlsruhe) 4, 33f. を参照。

（26）Günther, Einführung in die Tropenwelt in die Tropenwelt 108. パラグアイのアカライ河畔に生息するアマガエルも同様である。Globus 86, 315. テーブルマウンテン（南アフリカ共和国）の例についてはebda. 90, 43を参照。リグヴェーダの讃歌では、森で啼くオウムの声が小鐘の響きに喩えられる〔巻一〇—一四二：アラニアーニー（森の女神）の歌（岩波文庫八二頁）のこと〕。Meyer, Mythol. d. Germanen 192.「啼き鴨」（Anas clangula）という鳥の名は、弱い風のなかで聞こえてくるその声が、グロッケンシュピールの鐘打ちを見事に思わせるところに由来する。ZVfV. 7, 181, Anm. 2.

（27）Im Herzen von Asien 2, 292.

（28）Wolf, Niederl. Sagen 666. ボークシュッツの鐘楼の鐘もまた、ひどい荒天の日に、暴風によって地中に連れ去られる。Kühnau, Schles. Sag. 3, 541. また以下の文献を参照。Bertsch,

Weltanschauung usw. 263f., 272. Laistner, Nebelsagen 173.

(29) ZVfV. 7, 272f. Freudenthal, Heidefahrten 4, 116（リューネブルガー・ハイデ、ハンシュテット）.

(30) Müller, Siebenbürg. Sagen 76 (111).

(31) Schramek, D. Böhmerwaldbauer 250, 259.

(32) Pollinger, A. Landshut 130.

(33) ZVfV. 7, 114. Whitcombe, Bygone days etc. 200. Courtney, Cornish feasts and folklore 107. Sébillot 2, 67. アルコナ、ヴィネタ、ユーリンの鐘の音はたびたび歌にうたわれてきた。Haas 9. クラウス・グロート（Klaus Grot）は、その詩「わが祖国」(„Quickhorn", Ges. Werke 1, 214) でこう述べる。「それは鐘のごとく、あの深き底から、鐘のごとく、あの底から響いてくる。耳を澄ませよ、潟湖はごうごうと荒れている」。

(34) Kölnische Zeitung 1897, Nr. 1012. Niedersachsen 33, 249f., 305f., 333. Globus 71, 296. また333f. を参照。Gaea 33 (1897), 215ff., 279ff., 332ff., 464ff.

(35) Gruppe, Griech. Mythologie (Handbuch d. Altertumswiss. V, 2), 75, Anm. 1.

(36) Bayerische Hefte f. Volkskunde 6 (1919) 118.

(37) Schweizer Volkskunde 8 (1928) 36. ピラー湖の名称はそこに起源がある。Alpenburg, Mythen usw. Tirols 231f. また211を参照。

(38) Russisch-Central-Asien, deutsch v. Wobeser, 68.

(39) Durch Asiens Wüsten 1, 62. ――タロバの湖のほとりでは、静かな夜に、太鼓や喇叭を奏でる微かな音が聞こえてくると地元の人びとは言う。また老人たちの話では、ある干ばつの年に湖の水量がひどく減り、湖底に、妖精の神殿の黄金の部屋が現われ、きらきらと輝く姿が見えたという。Crooke, Popular religion and folklore of Northern India 32.

(40) Im Herzen von Asien 1, 166.

(41) Mailly, Sagen a. Friaul 73.

(42) Lübecker General-Anzeiger v. 15. 1. 96.

(43) ZVfV. 7, 126f. Kölnische Zeitung v. 8. 6. 1902.

(44) ZVfV. 7, 114f. Knoop, Sag. a. Posen 34, 47, 242. Engelien u. Lahn, Volksmund in d. Mark Brandenburg 16, Anm. 6. Sébillot 2, 359, 449ff.

(45) 岩にあたって返ってくる鐘の音の作用については Camenada, D. Bündner Glocken 42 に叙述されている。ルグネッツの谷にあるフリン村の向かい、「フリンを流れるライン川の対岸には、巨大な広がりをもつ、ほとんどむき出しの岩壁が、天空を覆って聳え立つ――。これはピッツァウルト山（標高三一二六メートル）のどっしりとした土台部分である。耳に心地よい鐘の音は、この岩に当たって反響するのだが、その響きは実に不可思議で心を動かすものであり、とりわけ夕暮れにそれを聞くと、思わず山のほうを眺めてしまう。岩の塊が今や口を開け、そこから、妖精の国が奏でる魅惑の和音が響いてくるように感じられるのだ」。

(46) Bienemann, Livländ. Sagenbuch 17, 114. また上註2を参照（昇天祭を告げる鐘の音）。ヴェストファーレンでも、ブルッフハウゼン（ブリロン郡）の上部にあるメーデバッハの谷には、土曜日の午後にそこで横たわって地面に耳を付けると、鐘の揺らし鳴らされる音が聞こえてくる場所がある。Rüther, Geschichtl. Heimatkunde des Kreises Brilon 265.

(47) Voges, Sagen a. d. Lande Braunschweig 215. ドライアーヴァ

ルデ近郊の沼に呪縛された亡霊の呻き声は、深夜零時に、息を殺してその場所を歩いていけば聞くことができる。BAHLMANN, Volkssag. a. d. Kreisen Tecklenburg und Iburg 36.

（48）ZVfV. 7, 115f. BERTSCH, Weltanschauung 273. SÉBILLOT 2, 454.

（49）ZVfV. 7, 113f. SÉBILLOT 2, 359. ビットブルク郡（ラインラント）のいくつかの町では、フランス革命軍の兵士たちが、それぞれの町の近くにある、渦なす水の中へ鐘を沈めていったと言われている。

（50）SCHELL, Bergische Sagen 538. 日本の伝説によれば、盗賊たちが奪い去った大釜が川に沈み、それによって「釜ヶ淵」(Kesselpfuhl) が生まれたという。BRAUNS, Japanische Märchen u. Sagen 350f.

（51）Niedersachsen 19, 432. MENSING, Schlesw.-Holst. Wbch. 3, 164. トリッタウ（シュトルマルン郡）の教会脇にかつてあった池は、「鐘ヶ淵」(Klockenpohl) という名をもつ。

（52）ZVfV. 7, 115, Anm. 2. VOGES, Sag. a. Braunschweig 207f., 209f., 224, 226.

（53）Mecklenburg 13 (1918) 16. ZrwV. 10, 116.

（54）Mecklenburg 10, 28f., 13, 16.

（55）ZVfV. 7, 120 に多くの例が挙がる。またこれ以後の注にもそれを補うものがある。

（56）LÜTOLF, Sagen usw. a. d. fünf Orten Lucern usw. 287. KNOOP, Posen 258, 259. SCHÖPPNER, Sagenbuch d. bayer. Lande 3, 29. EISEN-ERKES, Estnische Mythol. 79.

（57）Blätter f. pommersche Volksk. 2, 69（聖ヨハネの日におけるフルートの調べ）. LADY WILDE, Ancient legends etc. of Ireland 237, 248（笑い声も聞こえる）.

（58）KNOOP, Posen, 26 (10), 260 (6). v. ANDRIAN, D. Höhencultus 315（エルブルス山にて）.

（59）Hessische Blätter f. Volksk. 16 (1917) 24. BINDEWALD, Oberhess. Sagenbuch 28, 29. Blätter f. pommersche Volksk. 2, 68.

（60）KNOOP, Posen 27. Jahrb. f. d. Landeskunde d. Herzogtümer Schlesw.-Holst. u. Lauenburg 4 (1861) 150.

（61）PFISTER, Sag. a. Hessen u. Nassau 88. SÉBILLOT 2, 452.

（62）BÜGENER, Münsterländ. Grenzlandsagen 85.

（63）BIENEMANN, Livländ. Sagenbuch 65. Kuhn, Westfäl. Sag. 1, 186.

（64）ZVfV. 7, 275ff. ERDMANN 56ff. SCHÖPPNER, Sagenbuch d. bayer. Lande 2, 273, 409; 3, 157, 179. ROCHHOLZ, Alemann. Kinderlied 61. また 65 を参照。Hessische Blätter f. Volksk. 8, 14f. BECHSTEIN, Sagenschatz d. Frankenlandes 1, 50, 102, 149, 224, 247, 288. VOGES, Sag. a. d. Lande Braunschweig 230. ENGELIEN U. LAHN, Volksmund in d. Mark Brandenburg 16. PFISTER, Sag. a. Hessen 87. SEPP, Relig. d. alten Deutschen 122ff. KÜHNAU, Schles. Sagen 3, 534, 536ff., 542ff., 551. MEICHE, Sagenbuch d. Königreichs Sachsen 677, 679, 680, 681. MÜLLER, Siebenbürg. Sagen 77ff., 96f. HAAS 24. メクレンブルクの記録は一例にとどまるようである。BARTSCH, Meckl. Sag. 1, 374.

（65）MEICHE 679 (842).

（66）Ebda. 681 (845).

（67）KÜHNAU 3, 542f.

（68）ENGELIEN U. LAHN 16（「エーベル」とは、伝説の舞台であるブランケンゼーの一住民の名）.

（69）LYNKER, Hess. Sag. 145. ――ヘッデスドルフとニーダービーバー（ラインラント）の境界地で大豚が掘り当てた鐘は、アプマンという名の豚飼いが地上に取りあげた。

（70）Schöppner, 3, 158.

（71）Köhler, Voigtland 605. また Meiche 678f. を参照。

（72）Bechstein 1, 288.

（73）Kühnau 3, 548. Müller, Siebenb. Sagen 79. インケルスベルク（ヘッセン・ナッサウ）では豚飼いの男が小さな鐘を発見したという。

（74）Kühnau 3, 544, 546, 547.

（75）Ebda. 3, 537, 538.

（76）Meiche 680. また Schulenburg, Wendisches Volkstum 7 を参照のこと。

（77）Schöppner 3, 158.

（78）Schulenburg, Wendische Volkssagen 291.

（79）Müller, Siebenbürg. Sagen 78.

（80）Ebda. 79. また 77 を参照。Wolf, Beitr. z. Deutschen Mythol 2, 294.

（81）Zingerle, Sagen a. Tirol 119 (189).

（82）Mein Heimatland (Badische Blätter f. Volkskunde) 9 (1922) 11. さらなる記録は ZVfV. 7, 277 にある。

（83）Panzer, Beitr. z. deutschen Mythol. 2, 418.

（84）Otte 171.

（85）Bartsch 1, 360. Müller, Siebenbürg. Sag. 96（釜に宝物が入っている）.

（86）Schulenburg, Wendisches Volkstum 3.

（87）Kuhn, Westf. Sag. 1, 302. Ranke, D. deutschen Volkssagen 125（ブラウンシュヴァイクの例）.

（88）ZrwV. 6, 26.

（89）Groeteken, D. Sagen d. Sauerlandes² 83f.

（90）Bechstein, Sagenschatz d. Frankenlandes 1, 76 (26).

（91）ZVfV. 7, 276. Bertsch, Weltanschauung usw. 265f.

（92）Zingerle, Sagen a. Tirol 117. Alpenburg, Deutsche Alpensagen 354f. Wolf, Beitr. 2, 295（二頭の牡牛）. Eisel, Sagenbuch d. Voigtlandes 303（牡牛と牝豚）.

（93）Vernaleken, Alpensagen 76, 315f. Herzog, Schweizersagen 2, 58. Schweiz. Archiv f. Volkskunde 3, 180. ZVfV. 7, 278. Rochholz, Alemann. Kinderlied 64. Sepp, Relig. d. alten Deutschen 123.

（94）Wolf, Beitr. 2, 295.

（95）ZVfV. 7, 277.

（96）Waldmann, Progr. v. Heiligenstadt 1864, 22f.

（97）Grässe, Sagenbuch d. preuß. Staates 1, 457.

（98）ヘッデスドルフとニーダービーバー（ラインラント、ノイヴィート郡）の境界地で発掘された鐘をめぐり、争いが起こる。それを仲裁するために一頭の牡牛が車の前に繋がれると、ヘッデスドルフに向かって歩いていった。

（99）Jahn, Pommersche Volkssag. 209f.

（100）Bechstein, Sagenschatz d. Frankenlandes 1, 50.

（101）Bindewald, Oberhessisches Sagenbuch 211f.

（102）ZVfV. 7, 277f. Bechstein 1, 288. ハルレ（フリッツラー・メルズンゲン司教区）とレンダ（カッセル郡）にある鐘も、その所有権をめぐって意見の対立が起こったことから、目の見えない馬が現在の場所に運んできたものである。

（103）Meiche 678.

（104）ZVfV. 7, 277.

（105）Kühnau 3, 547.

(106) Kuhn, Märk. Sag. 108. Engelien u. Lahn 16.
(107) Witzschel, Sag. a. Thüringen 2, 59.
(108) Eisel, Sagenbuch d. Voigtlandes 303.
(109) Tettau u. Temme, Volkssag. Ostpreußens 227.
(110) Schulenburg, Wend. Volkssag. 291.
(111) Kühnau 3, 537.「おすぶたが掘った、めすぶたが見っけた」という異文もある。Ebda. 3, 538.
(112) Ebda. 3, 546. 別の伝説では、鐘が「ザウ・ヴューデル・ブルク」（「めすぶた・こぶたの城」くらいの意）という音を発して鳴り、それが鐘の見つかった地名であると語られる。Ebda. 3, 547.
(113) Ebda. 3, 543f.
(114) Kuhn, Märk. Sag. 12.
(115) Jahn, Volkssag. a. Pommern 210.
(116) Meiche 680 (844).
(117) Müller, Siebenbürg. Sag. 78 (114).
(118) Ebda. 97 (152).
(119) Köhler, Sagenb. d. Voigtlandes 605. Meiche 677 (837). ヤーンスグリュンには、以下のような歌がある。「ヤーンスグリュンは通りすぎた／ヤーンスグリュンは消えちまった／野のめすぶたが、鐘を掘り出した／ほんで乞食が、そいつを見つけた」。Meiche 679.
(120) Bechstein, Sagenschatz d. Frankenlandes 1, 289.
(121) フリーセム近郊オトラングには、かつて古代ローマ時代の狩り小屋があった。今もなお当地に残る鐘は、そこで発見されたものだという。鐘には一切、銘文がない。これはおそらくプリューム大修道院の教会が所有していたものと考えられる。この教会は、かつてキュル川沿いの、フリーセムからおよそ二〇分の距離のところにあり、一七七〇―一七八〇年頃に解体された。この教会に属していた、なおも使用可能な備品類はみな、フリーセムの教区教会に移され、かくしてこの伝説の鐘もそこに所蔵されることになった（フリーセムの司祭ユルゲンス氏談）。
(122) Panzer, Beitr. 2, 419.
(123) Schambach-Müller, Niedersächs. Volkssag. 56.
(124) Bindewald, Oberhessisches Sagenbuch 212. この歌はヘッセンの他のあちこちにも伝わる。オーバー・ウルゼルの鐘はこう話す。「めすぶたの鼻があたしを掘りあてていなけりゃ／あたしはこうして、ウルゼルの塔で鳴りはしなかったろう」。エルペンロート（アルスフェルト郡）近郊にかつて存在した村、フェルトクルッケンから、野生のめすぶたによって一基の鐘が掘り出され、その鐘は、「野のめすぶたがあたしを見つけていなけりゃ／あたしがオーバー・オーメンに来ることはなかったはずだ」と語る。イルベンシュタット（フリートベルク郡）の鐘は、こう叫ぶ。「めすぶたの鼻があたしを見っけた／あたしをめすぶたの鼻が見っけてなけりゃ／あたしが修道院に来ることたぁなかった」他の記録によれば、アッセンハイムの住民たちは、その鐘の所有権を主張したけれども叶わず、次のような歌で意趣返しをしたという。「ズザンネ、めすぶたの鼻よ／めすぶたの鼻が見つけてなけりゃ／イルベンシュテット修道院に、あたしが来るはずはなかったさ」。
(125) Meiche 678 (839). ニーダー・ルングヴィッツの教会にある鐘の一つには、「わが生国はロットリヒなり、いのししがわれを引き倒したり」という銘文がある。そのことからこの鐘は、かつてロプスドルフ近郊のロットリヒ村（ロットロフ、ロッテルスドルフとも）の所有物であったと言われているが、それは伝説にすぎない。森の奥に「キルヒベルク」という名の丘陵地があり、そこに、今は荒廃して存在しない村の教会が、かつて建っていたとも考えられる。G. Dost: Schönburg. Geschichtsblätter 1 (1914/15) 203.

（126）ZVfV. 7, 279f.

（127）Ebda. 7, 121.

（128）Ebda. 7, 280. Hess. Blätter f. Volksk. 21 (1922) 55. Kühnau, Schles. Sag. 3, 552f. Zingerle, Sag. a. Tirol 250 (447).

（129）ZVfV. 7, 123 f., 271f., 277. この点については、さらに以下の文献を参照。Haas, Rügensche Sag. u. Märchen³ 137, 139, 141. Ders., Glockensagen 15, 16, 17, 22. Mecklenburg 13 (1918) 19f. Engelien u. Lahn, Volksmund d. Mark Brandenburg 1, 59f. Wolf, Beitr. 2, 296f. いくつかの例がこれらの記録にある。ウーアスレーベンの鐘については、すでに前節の終わりで触れた。リヒテンハーゲン（メクレンブルク・シュヴェリーン）の鐘は、聖ヨハネの日の正午に池の底から姿を現してきたという。そしてその現場でガチョウの守りをしていた娘が、もののはずみで編み物の道具を鐘の上に置くと、鐘は呪縛された（Anders Bartsch, Meckl. Sag. 1, 383 (525)）。シュレンミンの森にある「黒池」からは、太古の昔、一基の鐘が水底から昇ってきて、岸辺に鎮座した。農夫が、自分の足に巻いたぼろ布を鐘の上に載せると、それはじっと動かなくなり、後にモイザル（メクレンブルク・シュヴェリーン）の教会へ運ばれたという。このほか、鐘が神秘的な出現をしたところで、ひとりの乙女がリボンを、もしくは自分の髪の毛を用いてそれを呪縛したり、また動かしたりする、という例も多い。ZVfV. 8, 32f. チロルのシュヴァーツの大鐘は、教会での奉献の後、もはや聖処女その人だけにしか従わず、薔薇色のリボンを彼女の手で結ばれることで、鐘楼の上に昇っていくことができた。Alpenburg, Deutsche Alpensag. 92. これとはまた別の存在が鐘の獲得を果たす伝説もある。所有者が鐘の売却を拒否しているところで、魔女かだれかが一本の糸を鐘に巻きつけるのである。すると鐘は、通常、ひびが入ってしまう。Schell, Neue bergische Sagen 85. Rochholz, Schweizersag. a. d. Aargau 2, 275f. Müller, Siebenbürg. Sagen 80 (121). また Zingerle, Sag. a. Tirol 339 (588) を参照。グルーベンハーゲン（メクレンブルク・シュヴェリーン）の次のような伝説がある。当地に置かれる数基の鐘は、すでに古き時代より、いとも妙なる響きをたてた。風向きがよければ、その音色はロストックのペトリダムまで聞こえた。このうわさを聞きつけたシュヴェリーンの公爵は、その音色に耳を傾けるためにグルーベンハーゲンを訪問する、と知らせてくる。しかし人びとは、もし殿様が鐘を気に入ったなら、シュヴェリーンへ持ち去ってしまうつもりだろうと予想した。しかしグルーベンハーゲンの住人たちは、自慢の美しい鐘を他人に奪われたくはなかった。そこで公爵が到着すると、湿った亜麻の布で鐘を包んでしまう。これによって鐘は、なんとも鈍重な音をたてた。公爵はこの鈍い音を聞いて、これならシュヴェリーンの鐘のほうがましだと言った。こうしてグルーベンハーゲンの人びとは、自慢の美しい鐘を守ったのであった（グルーベンハーゲンの牧師ホイヤー氏談)。

(130) ZVfV. 7, 118ff., 275, 283, 284. Wolf, Beitr. 2, 294ff. Haas 21f.

(131) ZVfV. 7, 129, Anm. 1. Knoop, Posen 248f.

(132) ZVfV. 7, 125. Knoop, Posen 26, 42. Blätter f. pommersche Volkskunde 2, 119 (57).

(133) Knoop, Posen 249. 〈白の乙女〉の泉、もしくは鐘の泉の伝説については、Schönwerth, A. d. Oberpfalz 2, 229 を参照。

(134) ZVfV. 7, 122. Engelien u. Lahn, Volksmund 16. また74を参照。Knoop, Volkssag. a. d. östl. Hinterpommern 136. Wolf, Beitr. 2, 295. Haas 30.

(135) ZVfV. 7, 122, 125. Witzschel, Sag. a. Thüringen 2, 62.

(136) ZVfV. 7, 285.

(137) Ebda. 7, 285f. この文献には、鐘の音を動物たちの啼き声に喩える例が見える。シャブリの鐘は、「聖ファリエの犬たち」(les chiens de Saint Phalier)と呼ばれた。Sébillot 4, 144.

(138) ZVfV. 7, 367. 第Ⅶ章2節、註59、60も参照。

(139) Hwbch 2, 558.

(140) ZVfV. 7, 120. Anm. 1; 129, Anm. 2.

(141) Schell, Berg. Sagen 443, 470, 543, 552. Bergischer Kalender 1925, 130, 187.

(142) Schweizer Volkskunde 16 (1926), 25ff.

(143) Kühnau, Schles. Sagen 3, 553 (1960).

西欧における鐘の文化略史——あとがきに代えて

本書は、Paul Sartori: Das Buch von deutschen Glocken. Berlin/Leipzig 1932 の全訳である。

著者はパウル・ザルトーリという、二十世紀前半のドイツ民俗学を代表する顕学である。一八五七年、北ドイツのハンザ都市リューベックに生を享け、その後ボン、ライプチヒ、ゲッティンゲンの各大学で古典文献学とドイツ文学を学んだ。二十代後半の一八八五年、ドイツ中西部ヴェストファーレン地方にあるドルトムント市のギムナジウム教師となり、以後、一九三二年の退任まで職責を全うする。このわずか数年後である一九三六年、同じドルトムントに没した。

二十世紀初頭から民俗学の分野で頭角を表し、一九〇三年には、勤務地のドルトムントを拠点として、この町が属するヴェストファーレン地方と、隣接するラインラント地方との二つを視野に置いた、地域習俗の調査・研究団体を組織している。本書のあちこちで紹介される豊富な習俗の事例からも、彼のこうしたドイツ北中西部の地域研究の実りが感じ取られる。十九世紀後半に確立した学問領域であるドイツの民俗学は、一八九〇年の「ベルリン民俗学協会」を端緒として、シュレージエン（シレジア）、バイエルン、スイス、ザクセンなど、地域単位での研究を推進する団体を陸続と生み出していった。多くの熱心な会員の収集・記録活動によって、この時期のドイツ民俗学は巨大な資料の山を築き上げることになるが、ザルトーリが中核的に関わったドイツ北中西部の研究組織も、この潮流の中で成立したものである。本書と並ぶザルトーリのもう一つの主著として『儀礼と慣わし』(Sitte und Brauch)があるが、これは「人間存在の主要段階」、「自宅と自宅外における生活と労働」、「一年の時節と祝祭」と題する全三巻(一九一〇、一九一一、一九一四年)の大著であり、往時の民俗資料の宝庫として今日もなおその有用性を失っていない。

「ドイツの鐘についての本」という端的な原題をもつこの著作が、いかなる切実な理由から書かれることになったのか。それは本書の冒頭に、ザルトーリ自身が明かすとおりである。鐘の金属は、古来より、大砲をはじめとする軍事力のための素材となってきた。第一次大戦のさなか、一九一七年のドイツにおいても、この歴史が繰り返される。人間と鐘、村と鐘との精神的な結びつきを慈しみ、この別れに心を痛める人びとがそこに立ち上がった。ドイツ各地にある種々の民俗学研究団体と、大学・市井の研究者たちの協力のもと、一九二〇年代にかけてドイツ語圏の広範な調査が行われ、ザルトーリはその作業の中心に立って、二十世紀前半のドイツ語圏における鐘の文化の総体を、ここにまとめ上げたのである。

刊行されたのは一九三二年、すなわちその翌年には、ヒトラーの首相就任と政権獲得によるナチス・ドイツの時代が始まる。第一次大戦の後、世界はつまりもう一度、大きな戦火に包まれ、本書成立の直後に、ドイツの鐘はふたたび甚大な危機にさらされるわけである。第一次大戦では七万基の鐘が供出され、そのうちふたたび郷里の町に戻ったのはわずか二百五十点ほどであったという。そして第二次大戦では、ドイツの約五万基の鐘と、占領地域からの約三万基の鐘が供出されたまま元に戻らず、一九四五年までの三十年間でまとめれば、十五万基の鐘が破壊された。「鐘の墓場」と呼ばれた、当時の鐘の集積場の写真なども数多く残されている。

この未曾有の破壊行為のさなか、第二次大戦の始まる直前に、ドイツ語圏の鐘をめぐるこのような包括的労作が書かれたことの意義は、きわめて大きい。ドイツ中世史家の阿部謹也も、著書『中世の星の下で』に収められた一章のなかで、このザルトーリの著書に言及しており、「中・近世社会における鐘の社会史的な役割」を明らかにした良書だと称賛している。阿部謹也の表現で言えば、「都市や農村あるいは領主の支配圏に生きるすべての人びとを結ぶ絆」、それこそが鐘の音の機能である。ザルトーリの著作において、その精神的なつながりの種々相が、広い目配りのもとに的確に分類・整理され、具体的に叙述されていることは、本書の目次からもわかるところである。そもそもの鐘の材料と鋳造に関わる第Ⅰ章に始まり、続いて鐘に名づけや洗礼が施されるという、一種の人格的存在としての鐘の相貌が明らかにされた後、魔除けと豊饒儀礼に関わる民俗学上の基本的性格の叙述が続く。そして第Ⅶ章・第Ⅷ章・第Ⅸ章では、教会・家庭・市民生活という主要な三つの生活領域ごとに、人間と鐘との生きた関係を、実に詳細なデータを挙げつつ教えてくれる。習俗の記録は文字どおりドイツ語圏の全領域――

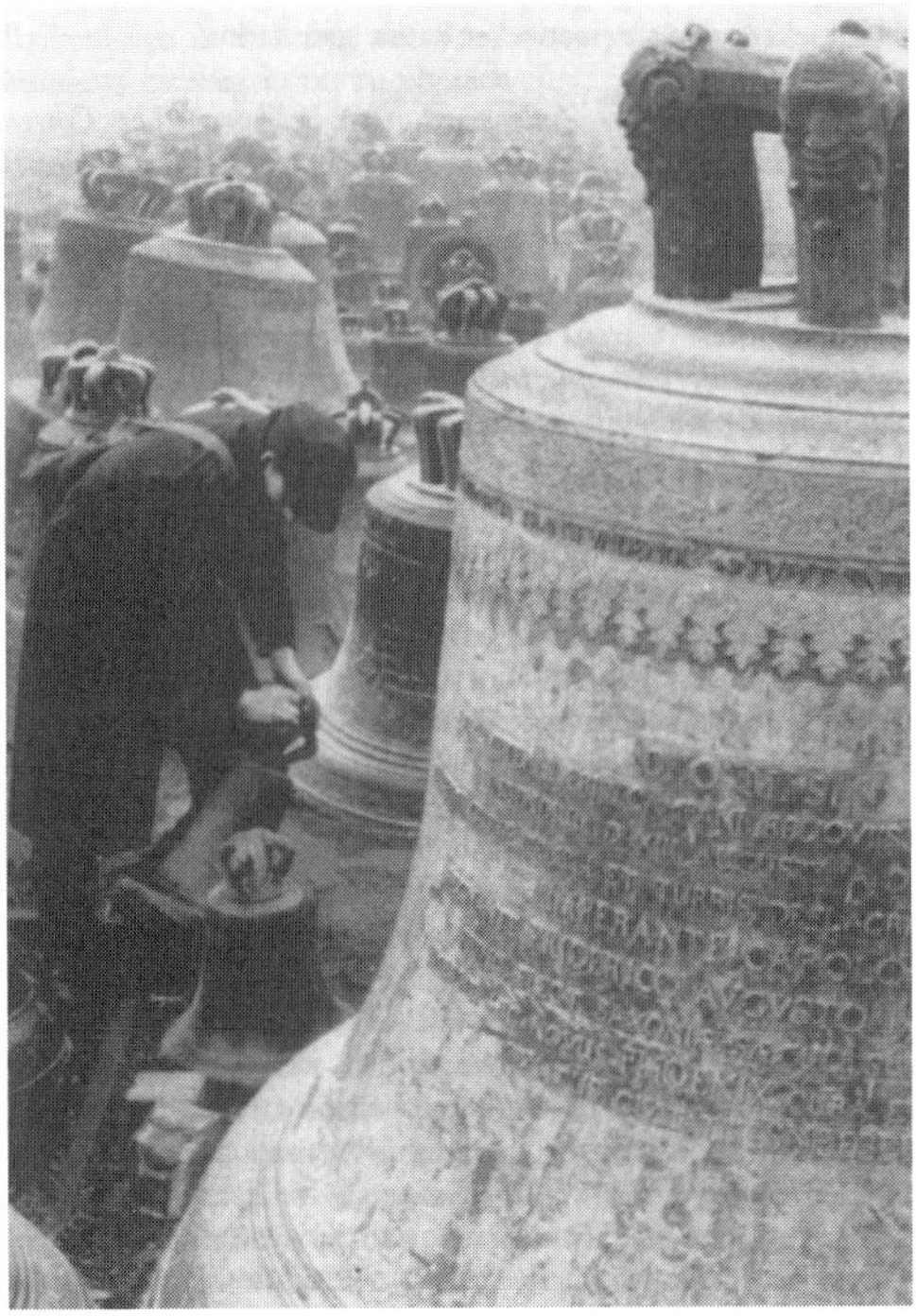
ハンブルク港の「鐘の墓場」、1945年頃

二十一世紀初頭におけるドイツ連邦共和国の領土とは異なる——から採取され、時に南米やチベットからの興味深い事例も挿入される。それは鐘と人間をめぐる、ドイツ語圏を越えた、より普遍的な形での考察へと読者を誘うものである。

本書の締めくくりを成す第Ⅹ章・第Ⅺ章・第Ⅻ章は、鐘研究の類書にはあまり見られない、貴重な記録と言える。鐘の音の「聞きなし」、つまり土地の住民が、鐘の音響をいかなる言語的な意味で聞きとっているかということ、鐘をめぐるさまざまな慣用句・言いまわしの実例、そして鐘をめぐる種々の民間伝説が集成された、実に有用なる記述である。水底や地中に隠れた鐘をめぐる物語、いわゆる沈鐘伝説などは、もちろん日本にも各地で見られるものであり、この点でも日独の伝承の比較対照へと好奇心をくすぐられる。

鐘の概念と歴史

ザルトーリの本書の結びは、ある意味ではひどく呆気ない印象を与える。充実した資料の提示を第一の使命と考える彼にとって、それはむしろ自然なことであり、感傷に媚びる修辞的装飾などは、およそ不要と考えたのかもしれない。とはいえここでは、あえて蛇足となることも承知のうえで、ドイツの鐘をめぐるいささかの前提的・周辺的な事柄を述べ、ザルトーリの貴重な記録と叙述のために、いささかの補いをしたためておきたい。

まず本書の表題にある「鐘」の語は、ドイツ語でGlockeというが、叙述に挙がる諸例のなかではSchelleという、つまり一般的には「鈴」と日本語訳されることの多い言葉も少なからず見える。日本語ではこうして区別がなされる以上、訳文ではどちらをとるか思案した箇所もあるが、文脈に即して違和感のないよう配慮したつもりである。いずれにせよ本書の表題にあるGlockeの語においては、その形状の大小にかかわらず、何らかの打撃を加えられることで金属音を発する、筒状の形をした楽器の総体が指示されていると考えておきたい。ちなみにドイツ語のGlockeとSchelleには、単に大小だけでなく、基本的には形状の違いもあり、後者は球体にひと筋の裂け目が入ったものを意味する。またこの器具の歴史を説く論者によっては、例えば旧約聖書詩篇一五〇番などに見えるもの、新共同訳聖書では「シンバル」(cymbalis)と訳される楽器も、複数の小ぶりな鐘(ないし鈴)が取り付けられた古代の演奏器具として、この鐘・鈴に似たものだと判断されている。

またもう一点、日本の鐘の一般的な印象と異なる点として留意すべきは、ヨーロッパの鐘は、その内側の空洞に取り付けられた「舌」によって、内側から打撃を加えることが多いということである。一種の撞木を用いて外側から叩く例もないではないが、本書の叙述から明らかであるように、むしろ一般的であるのは「舌」(Klöppel)が内側にある形であり、それを揺らすか、もしくは鐘本体を揺らすことによって、鐘舌との衝突を起こすようにする。

そもそも鐘(ないし鈴)と人間との関係は、約五〇〇〇年前の中国文明から確か

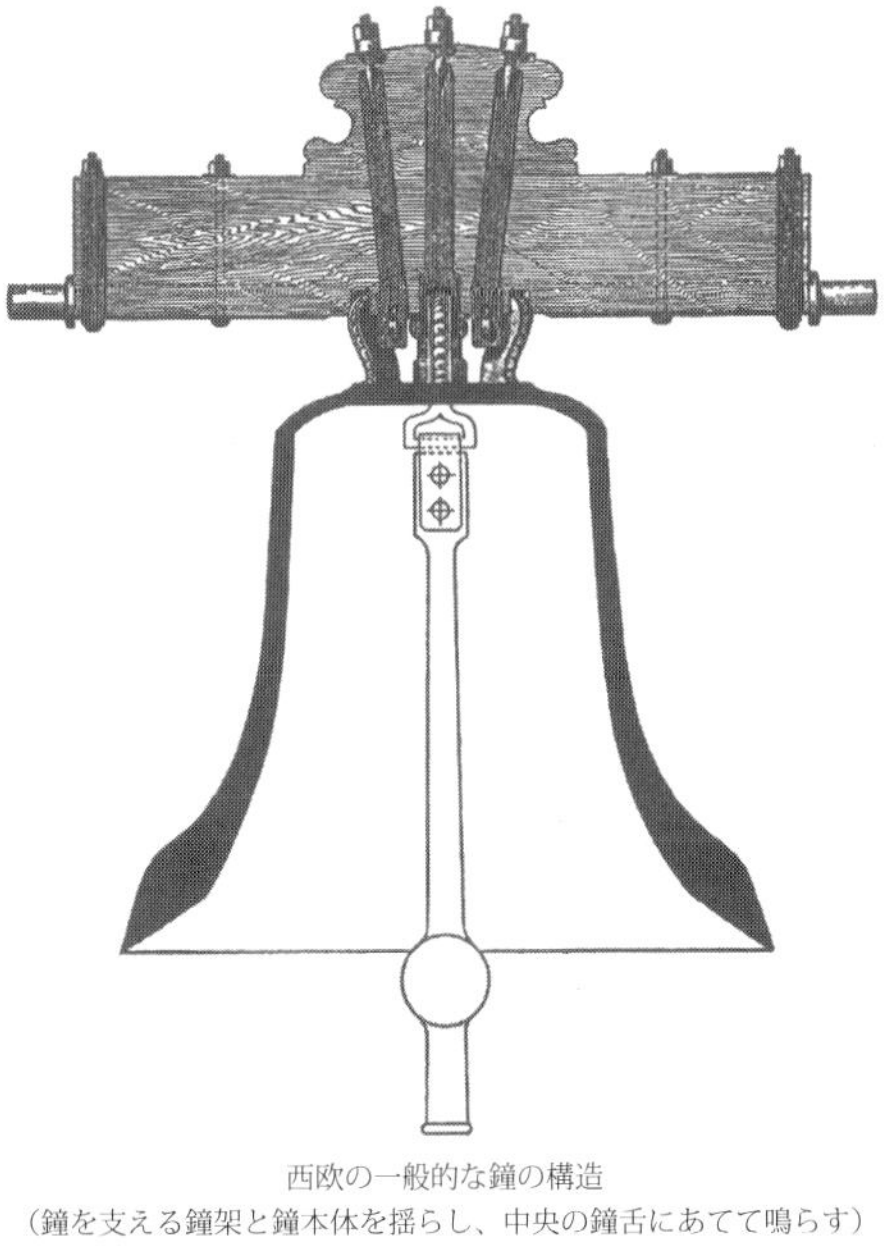

西欧の一般的な鐘の構造
(鐘を支える鐘架と鐘本体を揺らし、中央の鐘舌にあてて鳴らす)

められるという。その後、東南アジアやインド、あるいはオリエント、エジプトにも考古学的な鐘は見出されるが、ヨーロッパとの関係ではスキタイ人の存在が重要であろう。金属加工に秀でた彼らが、紀元前八ないし七世紀ごろにヨーロッパ圏に接触し、ギリシア世界に鐘を伝えることになる（陶製であれば、すでに前二〇〇〇年ごろに記録がある）。馬の首に付けるという日常的な用途のほか、当然ながら鐘は神的な次元と結び付けられ、種々の儀礼に用いられた。

ユダヤ・キリスト教と鐘・鈴との関わりに目を移せば、早くも旧約聖書の祭司服の描写に、その言及の端緒がある。神がモーセに向けて指示する、最初の祭司アロンの式服の描写である。「上着の裾の回り」に、「青、紫、および緋色の毛糸で作ったざくろの飾りを付け、その間に金の鈴を付ける」（出エジプト記二八、新共同訳）という。この箇所を踏まえて書かれているのが、シラ書四五に見える以下の美しい記述である。

神はアロンをモーセに等しい聖なる者に高められた。／彼はレビ族の生まれ、モーセの兄であった。／神は彼と永遠の契約を結び、／民の祭司としての権限を彼に与えられた。／神は彼を美しく装わせて、祝福し、／輝かしい衣をまとわせられた。／神は華麗な衣装を身に着けさせ、／権威の象徴として冠をかぶらせ、／亜麻布のズボン、長い服、エフォドをまとわせられた。／衣の裾の回りにはざくろの飾りと／たくさんの金の鈴が付けられた。／彼が歩くたびに鈴が鳴り響き、／聖所にこだました。／それは、神が民を思い起こすためであった。

やがてキリスト教は、この鈴ないし鐘の音響を日々の修行と儀礼のなかへと、豊かに取りこんでいくことになるが、その嚆矢となる人物は、エジプトの荒野で修行に身をささげた聖アントニウス

（二五一―三五六）である。鐘の音は魔除けとしての機能をもち、修行を妨げる悪霊を撃退する。この聖者を描く宗教画では、小さな鐘が持物として添えられるのが常である。やがて個人の隠遁から集団的な修行へと修道僧の生活形態が変化するとき、鐘の役割も、儀礼の開始を告げる時報的なものに変わっていく。そして鐘は、日々の生活時間を、神の秩序のもとに構造づける道具となる。

この古代エジプトの修行僧は、後にアルプス以北のヨーロッパのキリスト教化に重要な役割を果たしたアイルランドの放浪僧たちから、敬虔性の大いなる模範と見なされた。アイルランドに残る多くの十字架碑には、聖書に登場する重要な人物たちと肩を並べて、先述の聖アントニウスやテーベのパウルスといった古代エジプトの隠棲者の姿が共に刻まれている。そもそもキリスト教化以前から、当地のケルト人は鉱山開発と金属製品の製作に秀で、多くの刀剣のほか、ドルイド僧の儀式に用いる鉄の薄板による独特な形状の鐘を作っていた。こうした文化的伝統のゆえもあるのだろう。

聖アントニウス
17世紀前半、ロストック、聖母教会

アイルランドを代表する聖人パトリック（三八五ごろ―四六一ごろ）は、巡礼の杖と鐘とを、アイルランドの放浪僧を象徴する表徴とし、この鐘を携えて布教の旅に出てゆく。いわゆる「パトリックの鐘」（五ないし六世紀）は、後に多くの巡礼者をひきつける聖遺物となった（現在はダブリンのアイルランド国立博物館蔵）。またパトリックの巡礼の同朋のなかには、鋳鐘師でもある修道僧の聖フォルケルヌスがいる。彼は今日もなお、シチリアの聖アガタ（二二五―二五〇）とともに、鋳鐘師の守護聖人である。

鐘が修行の場所、ひいては修道院内の敷地を越えて世間一般の人びとの生活のなかに入りこみ、広く公共の空間にメッセージと節目を与えるようになるのは、教皇サビニアヌス（在六〇四―六〇六年）の頃からである。夕暮れから翌朝までの夜の時間は、世の人びとにとって悪魔の跳梁跋扈する恐怖の時であったが、修道僧たちの夜を刻む鐘の音によって、これを無害化しようと試みたので

上：「聖パトリックの鐘」 5–6 世紀
下：聖遺物箱としての「聖パトリックの鐘」 1100年頃

ある。つまり晩禱、終課、深夜のミサ、徹夜課、早朝の祈禱といった儀式のたびに、夜の恐ろしい沈黙は破られ、神の力が鐘の音によって示される。修道院内では七度の鐘によって生活を区切るのが基本であるが、一般の民衆にとっては、朝・正午・夕べの三度が節目となる。それぞれの時刻に鳴る鐘が、祈りを唱えることを促す合図となり、象徴的に言えば、朝の鐘はイエスの復活を、正午の鐘はイエスの受肉を、そして夕べの鐘はイエスの受難と死を想起させるべきものであった。

　鐘とキリスト教の歴史的な流れを今一度ふりかえれば、ゲルマン民族の大移動で荒廃する中欧地域を避けるように、その周辺部において、キリスト教の器具としての位置を確立してゆく。具体的には五世紀初頭からの時代、エジプト、小アジア、スペインのレリン、南フランス、アイルランド・スコットランドの海岸地帯などにおいてのことである。やがて、現在のドイツ語圏で鐘が用いられる最初期の記録は、七世紀のボーデン湖、すなわちドイツ・スイス・オーストリアの三国にまたがる大きな湖水地帯を舞台としている。大陸のキリスト教化を進めたアイルランドの放浪僧たちのなかで、その代表格である聖コルンバヌスと聖ガルスが、六一〇年ごろに現在のブレゲンツ近郊に到達している。そこにひとつの逸話が残っており、ある日、聖ガルスは舟で湖上にあって、突然の暴風雨に見舞われたという。同志の危機を察知した

聖コルンバヌス
1350年頃、ブルニャートの教会

聖コルンバヌスは、アイルランドより持ち来たった鐘を、鉄の槌で打ち鳴らし、他の修道僧たちとともに聖ガルスの無事を祈るのだった。聖ガルスは無事に嵐を切り抜け、やがて六一三年に、今も重要な巡礼地であるザンクト・ガレンの修道院を築くことになる。ここには有名な古鐘が残っており、七四七年にフランク王ピピン三世が修道院に寄進したものと推測されている。

「ドイツの使徒」の異名をもつ、ドイツのキリスト教化に最大の役割を果たした聖ボニファティウスは、七―八世紀の人である。このころにはすでに鐘楼なるものが築かれ、また死者のための祈りを捧げる合図となっていたことが知られている。そして西暦八〇〇年にローマ皇帝としての戴冠を受けたカール大帝の時代には、教会がいくつの鐘を所持すべきか、鐘を鳴らす役割はどの僧侶が担うべきか、といった細部にまで指示を与え、修道院や都市の教会だけでなく、小規模な村落の教会にも鐘を置くように求めることで、鐘の普及に大きく貢献した。カール大帝にはそのためか、鐘にまつわるひとつの伝説が伝わっている。「蛇の指輪」と呼ばれる物語であるが――。彼の住まいの入口に懸けられた鐘の綱を、ある日、一匹の蛇が口にくわえ、引っ張って鳴らした。この鐘は、困りごとを抱えたすべての市民が陳情のために鳴らす鐘であった。蛇はさらに宝石を残していっており、皇帝はこれを指輪にはめて身に着けていた。この石には、その所有者のもとに皇帝をひきつけるという不思議な力があった。皇帝は最初に、自分の妻にこの指輪を与えるが、その妻が世を去

「聖ガルスの鐘」
ザンクト・ガレン修道院、6世紀頃

ると司教に与えた。司教は指輪を、温泉の湧く泉に投げ入れる。すると皇帝は、その土地がいたく気に入ってしまい、そこに皇帝の居城と大聖堂を建てることにした。すなわち今日においても湯治場として名高いアーヘン市の誕生である。

教会の堂内で使用が許される楽器は、十二世紀ごろまでオルガンと鐘のみであった。そして鐘は、自由七学芸（septem artes liberales）のなかで音楽がもつ意味、すなわち世界を構成する音と数の調和を、象徴的に表現する楽器であった。例えばドイツ南西部フライブルクの大聖堂にも、この七つの学問を表現する彫塑群像（十三世紀末）があり、そのなかで「音楽」（Musica）を体現する女性像が、ひとふりの槌を手に、小さな鐘を打つ姿をしている。七つの学問を主導し、魂と身体の調和を生み出すために、「音楽」の女は正しい音を発する、という図である。同じフライブルク大聖堂の聖堂内陣には、Glockenrad（鐘の車輪）と呼ばれる中世の楽器（十四―十五世紀）も残されている。七つの小ぶりな鐘を取り付けた車輪状の器具で、これを回すと独特の音響が生じる。今日用いられるミサ

上：「鐘の車輪」　フライブルク大聖堂
下：「音楽」の擬人像　シャルトル大聖堂

用の鐘と同じ機能を、この車輪状の鐘は中世ヨーロッパで広く果たしていたらしく、十七世紀の普遍学者A・キルヒャーも、ドイツの代表的なカトリック都市フルダでこれに接している。

鐘の鋳造は、先述のアイルランドの修道士フォルケルヌスを始祖として、長く聖職者の仕事であった。六世紀の修道士ダッゲウスは、多くの鉄製品、ブロンズ製品を作ったほか、三百基の鐘を完成させたと言われる。中世初期のドイツ語圏では、ブリテン島の深い影響下にあったフルダを筆頭に、エアフルト、ザンクト・ガレン、テーガーンゼー、ライヒェナウといった修道院が鋳造の中心地となった。これが修道院の壁を越えて、一般の都市の職業に変わっていくのが十二世紀末葉頃――ザルトーリの見解では十三世紀――のことである。教会に座すべき鐘を、聖職者でない者が造るとは何ごとか、といった修道士たちの不満の声が今も記録に残っている。初期の市民

鋳鐘師の工房　銅版画、1774年

出の鋳鐘師として特筆すべきは、ユトレヒトのヨハン、アーヘンのハイデンライヒ親方などであるが、こんにち一般にイメージする「大鐘」は、この時代以降に見られるようになる。十三世紀中葉にフリデリクスという名の職人が完成させたレーゲンスブルクの鐘や、また誰によるものかは判明していないが、ユネスコ世界文化遺産になっているライヒェナウ修道院の鐘はつとに名高い。十四世紀以降では、ケルンのフェーゲル（もしくはフェヒェル）家、フランスのクロワジユ家（アーヘンに鐘を提供した）、北ドイツに有名な作品が残るクリンゲ家などが重要である。

十五世紀ごろには、大砲に代表される重火器が世に一般化することから、ブロンズの専門家と言うべき鋳鐘師にとっては、大きく活躍の場が広がった。当然ながら職人の社会的な地位は上がり、王侯や都市からの愛顧を受けるようになる。十七世紀にかけて重要な仕事を残した鋳鐘師トリアー家の紋章には、鐘と大砲の双方の図が描かれている。中世で最も重要な鋳鐘師はオランダ・カンペンのヴァウ家であり、十五世紀後半、オスナブリュック、エアフルトなどに鐘の名作を提供した。中世末からは、ロートリンゲンの放浪の職人たちがフランス風の鐘の設計をもたらしたほか、ドイツ語圏では、コンスタンツのローゼンレッヒャー家、フィリンゲンのグリューニンガー家といった南西部ドイツの鋳鐘師も重要である。現代にまで続く工房としては、十五世紀末創業のリンカー兄弟社、十七世紀創業のパッサウのペルナー社などがある。

大砲によって鋳鐘師の社会的地位が向上したのと

シャフハウゼンの鋳鐘師、トビアス・シャルヒの刻印、1725年

は対照的に、中世以後、その鐘を撞《つ》いていたのは「聖堂世話人、夜警、塔守、捕吏、裁判所吏員、フロンボーテ、刑吏」などであったという。阿部謹也いわく、「最下層の賤民」がそれを担っていたわけである。阿部のしばしば主張するマクロコスモス／ミクロコスモスの理論に基づくなら、都市共同体を外から取り囲む、神聖にして非日常的な大世界の力に接する職業は、日常の世界に住まう市民から畏怖の念をもって差別化されたということであろうか。

中世・近世の伝統的な鐘の製造法では、鋳込みの前にまず三つの粘土の型をつくる。単純化して言えば、大きさの異なる三つの植木鉢を逆さまにして上から重ねることをイメージするとわかりやすい。中間の大きさの型は「ニセ鐘」もしくは「モデル鐘」と呼ばれ、これが最後に取り外されることによって、内側の型（「核」という）と外側の大きな型（「マント」という）とのあいだに、空間が生まれる。溶湯はここに流しこまれるわけである。鋳込みに際して、型はすっぽりと土の中に埋めて固められる。わずかに上部の穴だけが顔を出しており、そこに溶湯――ドイツ語でGlockenspeise（鐘のごちそう）という――を流しこむ。この鋳造のハイライトとなる作業は、金曜日の午後三時、すなわちイエスの死の刻とされる日時に行うのが通常である。うす暗い工房のなかに、煌々たる炎が立ちのぼり、どろどろの液体に変わり果てた鉱石が火花を飛ばしつつ流れる。見る者を圧倒する、いわば鉱石の破壊と変容の情景であるが、このステップを経たうえでこそ、鐘という新しい命が生まれる。そしてキリスト教的な感覚では、この製

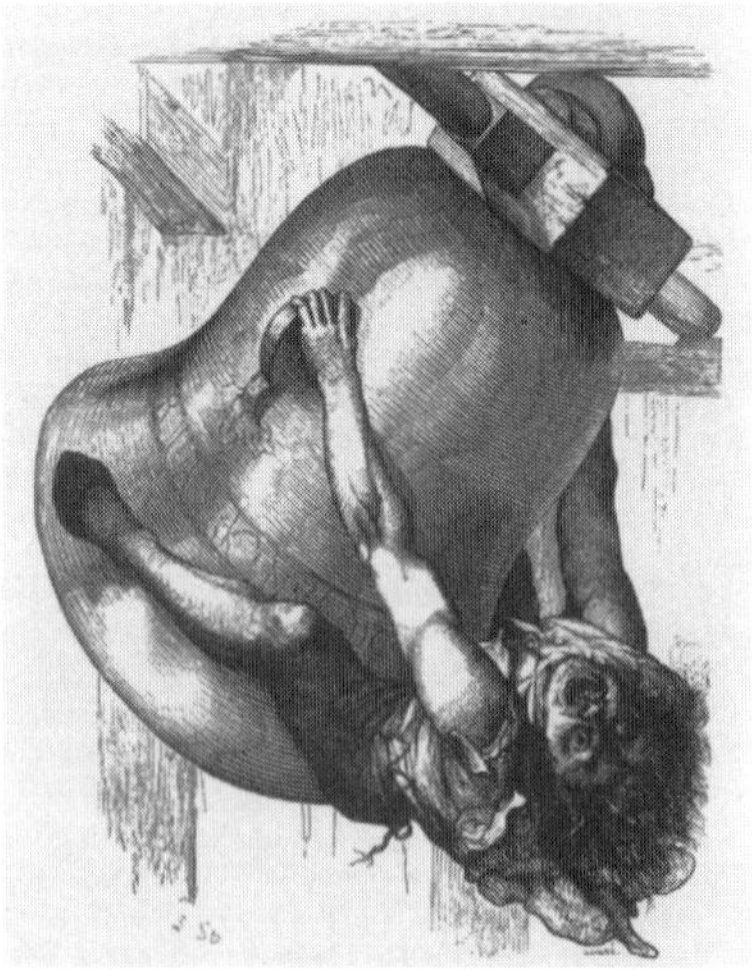
パリ、ノートルダム聖堂の鐘「マリー」と塔守のクァジモド

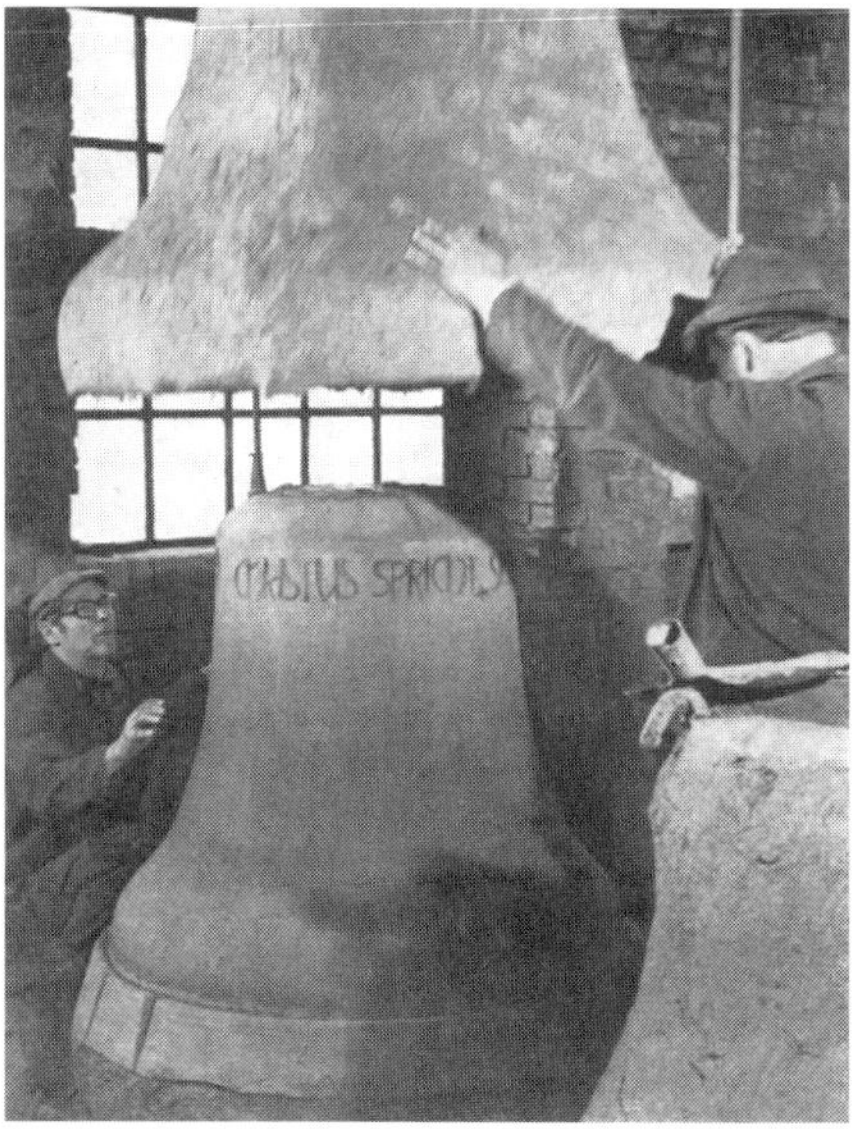

鐘の鋳造工程より
上：まず外側の「マント」をはずし、
下：ついで「ニセ鐘」をはがしてゆく

造過程がイエスの死と復活になぞらえられる。

中世末の鐘の名品の一例として、オランダのヘールト・ヴァウ（一四四〇頃―一五二七）が製作したエアフルトの鐘「グロリオーザ」のことを、少しばかり述べておきたい。この鐘は往時より、その感動的な音響によって「鐘の女王」の異名をとり、高い名声を博した。これを揺り動かすには「二十四名の強壮な男たち」が必要であり、遥か「四ドイツマイル」の彼方まで音を響かせる、と十七世紀の著述家アブラハム・ア・サンクタ・クララが興奮気味に記している。一五〇七年、このエアフルトの鐘の音のなかで司祭の叙品を受けたのがマルティン・ルターであった。そしてこの同じ鐘が、後年、ルターがこの地に拘留された際にも、哀しげな音を響かせたものだと、友人のシュパラティンが記している。ルターの人生の転変に、同じ鐘の音が寄り添ってきたわけである。ちなみにこの「グロリオーザ」の音を脳裏に思いながら書かれたのかどうか、有名な『九五箇条の論題』には、鐘をめぐる叙述がある。第五五の論題であるが、「（最も小さなものである）贖宥が、一つの鐘によって、一つの聖列によって、また一つの儀式の中で語られるというのなら、（最も大いなるものである）福音は、一〇〇の鐘によって、一〇〇の聖列によって、また一〇〇の儀式の中で語られねばならない」（深井智朗訳）と言われる。教皇レオ十世の見解として、福音の貴さと、鐘の音の数とを対応させて述べたものである。

鐘の伝承

古代から中世へと育まれたキリスト教の聖人伝には、当然のことながら、鐘の言及が無数にある。本書にも聖テオドルスの物語への言及があるが（三三頁参照）、かなり圧縮した書き方になっているので、ここに全体を示しておきたい。ただし多くの伝説の例に漏れず、この物語も多くのヴァリア

エアフルトの大鐘「グロリオーザ」 1497年鋳造

ントをもつため、以下に記すのは典型的な物語の一例である。

ある日の夕ぐれ、スイス・アルプスにあるヴァリス地方の町、ジッテンの司教ヨーダー（テオドルスのスイス土着の呼称）は、三人の悪魔がいとも楽しげに踊っているのを見た。なぜそんなに喜んでいるのかと尋ねると、今晩にもローマの教皇が恥ずべき罪を犯すことがわかっているからだと言う。驚愕した司教ヨーダーは、おまえたちのなかで最も足の速い者はだれだと、悪魔の三人組に問うた。すると一人目の悪魔は、風のように速いと言い、二人目は大砲の弾のように速いと言い、三人目は女のもの思いのようにめまぐるしく速いと答えた。司教はこの三人目の悪魔の力を借りて即刻ローマへ飛ぶ。道中で司教は知恵をめぐらせ、もし祈りの鐘の時刻までにまた町に戻って来れたなら、という奇妙な条件付きで、自分の魂とこのヴァリスの土地を悪魔に与えようと約束する。

さてローマに到着すると、司教は大急ぎで教皇に面会し、悪魔の話を伝えて警告した。教皇の危機はめでたく回避される。そしてヨーダーは褒美の品として、ローマ人たちが地中に埋めたというローマ史上最大のキリスト教の鐘を与えようと言われる。しかしそれはある事情から、どこかの地底に埋められて行方知れずになっている、いわくつきの鐘であった。するとヨーダーは、Dona lit! と叫んだ（「ドーナよ、お願いだ」の意か。鐘は文法上の女性名詞であることから、しばしば女性の名前を付けられた）。その途端に、地中から鐘の音が鳴り始め、その姿を地上に現す。教皇はそれを司教に与えたうえ、さらに悪魔には、それを抱えてスイスのアルプス山中まで運ぶよう命じた。ヨーダーは鐘のなかに座り、快適な旅を楽しむ。やがてヴァリス地方のジッテンに着くと、ちょうど祈りの鐘が鳴りだす時刻であった。こうして悪魔は、厭わしい鐘の音を聞かされたうえに、魂の賭けにも敗れる。怒り心頭の悪魔は、鐘をつかむと地面にたたきつけた。鐘は九エレ（約十メートル）の深さまで地中に沈み、そして割れた。しかし司教ヨーダーはここでまたあの Dona lit! という言葉を叫んだ。鐘はそれに応えて、鳴りひびきながら地上に戻ってきた。人びとはこれを聖ヨーダーの鐘、もしくはローマの鐘と呼ぶ。以後、この鐘は暴風雨をたびたび遠ざけて町を救ったという——。

鐘が、ひとえに神と教会の大いなる力を象徴するものであるとすれば、それに敵対する悪魔と、鐘とのやり取りが物語伝承にたびたび登場することも自然である。教皇大グレゴリウスが記した聖ベネディクトス（四八〇頃—五四七）の伝記には、悪魔が鐘を破壊する物語がある。ひとり孤独に山奥で修行を続けるベネディクトスのもとに、その身を案じた同志である修道僧ロマヌスが、こっそりパンを持っていくことにする。しかしベネディクトスが暮らすのは、断崖絶壁を隔てた洞穴の中であり、到底そこに自力でたどり着くことはできない。そこでロマヌスは、岩の上から長い綱を下ろし、そこ

聖テオドルスと悪魔　ヴォルフェンシーセン（スイス）、ヨーダー礼拝堂壁画

にパンを結わえつけて、友人に手渡そうと考えた。綱の先には、小さな鐘が取り付けてあり、それが鳴ることで、ベネディクトスにパンの到着を知らせることにした。そうしてことはうまく運んだ。このキリスト教的隣人愛の行いに気分を害した悪魔は、ある日、綱の先に向かって石を投げつけ、鐘は割れてしまった。しかしロマヌスは、こうした悪魔の妨害に屈することなく、信仰の友への援助を貫いたという。

悪魔と鐘をめぐる、また別の伝説もある。ドイツのケルン市は、ライン河畔に屹立する大聖堂で有名であるが、まさにこの教会を舞台とした、中世の出来事とされる物語である。広く名声を享受していた鐘造りの名工が、ある時、ケルン大聖堂の鐘の鋳造を任された。彼曰く「神の名のもとに」、順調に作業は行われ、いよいよ完成に近づいた。ところが最後に型枠から外してみると、鐘の表面に、深く大きな裂け目が走っているのが見つかる。鋳鐘師はつらい思いをこらえて、この鐘をつぶし、あらためて作り直すことにした。ところが二度目の鋳造でも、同じ場所に裂け目が入っている。「またかい、こんちくしょう」（ドイツ語の直訳では「悪魔のところへ行け」）と毒づいた鋳鐘師は、この鐘もまた自らの手でつぶし、「神の名のもとに、ってんで、うまく行かねえんなら、三度目は、悪魔の名のもとに、っていう仕儀で作ってみるさ」。弟子たちはこの言葉に心底から怯えたが、ともかくも親方の指示に従って作業を進め、三度目の鐘が完成した。そしてそこに、裂け目は入っていなかった。

やがて鐘は鐘楼に据えつけられ、その最初の音色に耳を傾けようと、教会前の広場に多くの紳士貴顕と市民たちが集まってきた。ところがである。いよいよ響いてきたその音は、耳のちぎれるような、おぞましい音であった。しかも鐘を見れば、前の二つの失敗作とまったく同じ場所に、同じく大きな裂け目が入っていた。鋳鐘師の親方は絶望し、鐘楼から身を投げて死んだ。そしてこの時以来、鐘は「神の名のもとに」鳴らされはしたものの、常に悲痛で沈鬱な音色を響かせつづける。もはや教会の儀式には使われず、もっぱら嵐や災害の警鐘としてのみ用いられたという説もある――。

鐘の研究家クルト・クラーマーによれば、この「悪魔の鐘」がそのまま現在のケルン大聖堂で鳴っているとはおよそ考えられず、またそもそもこの鐘が実在したかどうかも疑わしいとか。しかしこの物語は、現在のケルン大聖堂を代表する鐘、すなわち「太っちょピッター」(=ペーター)と呼ばれる鐘が誕生するまでの顚末と、非常に興味深い類似点をもっているらしい。この大鐘はそもそも、普仏戦争における勝利の歓喜のさなか、皇帝ヴィルヘルム一世より寄進された二十二基の大砲を材料として、華々しく造られたものであった。「皇帝鐘」と名づけられたこの鐘は、しかし当初からひどい音を出して評判が悪く、やむなく破壊されることになる。そしてすぐにもう一度作り直されたのだが、これはやがて第一次世界大戦の武器製造の必要から、軍に供出される定めとなった。研究家クラーマーは、こうした権力者・戦争と鐘の結びつきをまさに「悪魔」の関与する歴史だと感じたわけである。

ケルンの「皇帝鐘」、銅版画、1875年

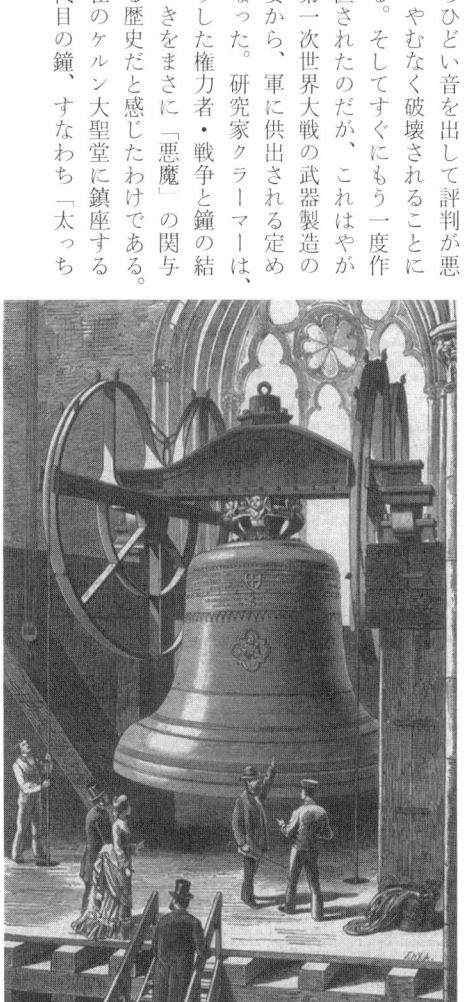

現在のケルン大聖堂に鎮座する三代目の鐘、すなわち「太っち

ょピッター」の愛称で呼ばれる鐘は、一九二三年、鋳鐘師のハインリヒ・ウルリヒがアポルダの工房で完成させたものである。総重量は二十四トン、梁に吊られて自ら揺れる形式の鐘としては世界最大のものという。

ここであらためて聖テオドルスの伝説に立ち戻れば、そこにはもう一つ、鐘が地中に隠れており、さらにそこから生きもののように声を上げ、地上に姿を現すという要素が見いだされる。地中や水中に沈んで姿を消していたり、またそこから再び出現したりするという鐘の物語は、中世から近現代に至るまで非常に好まれるモチーフとなった。それが文学的に活用された例としては、邦訳もあるゲルハルト・ハウプトマンの『沈鐘』（一八九六年）が有名であり、シレジアの奥深い山岳地帯に、湖中の鐘が神秘的な音を鳴りひびかせる。これを日本において受容し、妖しい魅力を湛えた名作として作りかえたのが、泉鏡花の『夜叉ケ池』（一九一三年）である。

「歩く鐘」 W. v. カウルバッハ画、1852年

ザルトーリの叙述からもわかることであるが、鐘は一種の生きもののような存在である。そうした民衆的・民俗的な感覚は、ゲーテの書いた『歩く鐘』（一八一三年）という、一篇の愉しい物語詩《バラード》にも見える。せっかくの日曜日に教会なんかへ行くのは、絶対にいやだと言う子どもを、母親がたしなめる。鐘が鳴ったら、ミサに行かなくちゃいけない、さもないと、鐘さんのほうがおまえを迎えに来るんだからね、と。いやまさか、教会の鐘は高い塔の上に懸かっているんだし、そんなはずはないさ。母親の言葉など馬耳東風の息子は、さっさと野原へ駆け出していった。「ところがびっくり仰天！」ゆっさゆっさと、左右にからだを揺らしながら、鐘は子どもを追いかけてきたのである。鐘は追いつき、その大きな空洞で、子どもの頭から覆いかぶさろうとする、その寸前に、子どもは身をかわして引き返した。そして野原を駆け抜け、礼拝堂へと急ぐのだった。「そしてそれからは、日曜と祝日が来るたびに」、子どもは最初の鐘が聞こえると、鐘直々《じきじき》のお招きを待たずに、教会に座るようになったという。

最後にもう一例、今度はアウグスティヌスやヒエロニムスの友人であったという、南伊ノラの聖パウリヌス（三五三ごろ—四三一）にまつわる話を見てみよう。ここではGlockenblume（鐘の花）とドイツ語に呼ばれる、美しい青色をしたキキョウ科の花が登場する。

今まさに太陽が沈もうとしている、ある日の夕暮れ時、ノラの司教パウリヌスは物思いにふけりながら、静かな野を歩いていた。かすかにざわめく木々が、夕方の黄金と深紅の光をうけて、その生きいきと茂る緑の葉をきらめかせた。あたりは言いようのない幸せと安らぎにつつまれる。敬虔なるパウリヌスは思わず手を組み合わせ、祈りの言葉を唱えてこう叫んだ。「現世にこのような天国があらわれるとは。世界の主よ、あなたは高く誉め讃えられてあれ。ああ、どうか、あなたが今、わたしのすぐそばにおられること、そしてわが命の終わりの日までずっとそばにいてくださること、そのしるしをお授けください」。するとパウリヌスのまわりで、かすかに、ごくかすかに鈴の鳴るような音がし始めた。それは青い「鐘の花」が、夕暮れの風をうけて頭を揺らす音なのであった。聖者はその花たちから、彼が求める神のしるしを聞きとった。そして神を深く敬うこの男は、至福のひと時の思い出に、ひとつの大きな「鐘の花」を、つまり鋼でできた鐘を、ノラの大聖堂のために鋳造させ、教区の信心深い人びとが祈りをささげるたびに、いつもその音を鳴りひびかせたという——。

花の名をめぐる一篇の美しい由来譚である。こうした身近な草花にも、鐘をめぐる想像力がはたらき、鐘にちなんだ名前が付けられる。その丸みを帯びた独特なる形状と、神秘的な音響とにおいて、鐘は民衆の暮らしのなかに深く根ざし、決して欠けてはならぬ隣人となっていたのだった。

鐘とドイツ文学

ところでドイツと鐘と言えば、まずもってシラーの詩である。ドイツ文学の領域にとどまらず、そもそもドイツ人が鐘について何かを述べたり、書いたりすれば、ほぼ必ずフリードリヒ・シラーの詩『鐘の歌』（一七九九年）が引用される。ザルトーリの本書にも当然のごとく数度の言及がある。

ワイマールという小都市を舞台に、シラーとゲーテが相互に影響を与え合いながら、多くの文学的実りを生み出したのが、ちょうどこの『鐘の歌』が完成する十八世紀末年からの数年間であった。両名の詩人に象徴されるこのドイツ文学の黄金時代は、十九世紀のドイツ市民社会で高く理想化され、そのおかげもあってか、シラーの代表作『鐘の歌』は、後の二十世紀の中葉に至るまで、学校の国語の授業で必ず取り上げられる教材となる。優れた批評家であるライヒ＝ラニツキなどは、この詩の思想はドイツ市民階級の「生活信条」になっていると言ったが、この詩を諳んじていることがドイツ人にとっての教養の証であったことはたしかに間違いない。やがて広く人口に膾炙した『鐘の歌』は、あちこちでパロディの素材となったり、あるいは多くの警句的な文言がテキストの随所から抜き取って用いられたりした。「しかしながら至福は、上方から訪れる」、「思い違いは短く、後悔は長い」といった格言的な表現は、シラーに由来することが意識されているかどうかはともかく、今もなおドイツ語の言説のなかに、格調高い言いまわしとして生きている。

十九詩節、全体で四〇〇行を超える長大な詩である。鐘作りの作業過程が一つひとつ順番に――すなわち鋳型に溶湯を流しこむ段階から、完成した鐘を鐘楼に引き上げるまで――語られる。そしてこの鐘をめぐる叙述のなかに、誕生から結婚、家庭生活、そして死に至るまでの人間の生と、市民共同体のたどる運命とをめぐって、語り手による省察が織りこまれる。とりわけ「親方《マイスター》」が身に具える「勤勉」(Fleiß)が、同時に「市民」のエートスとしても、きわめて強調されていることは目を引く。鐘は洗礼式を受けて、「一致団結」(Concordia)と名づけられ、鐘の音響のもとに共同体の平和が祈念される。

前近代のヨーロッパ、すなわち中世・近世のヨーロッパ社会

シラー『鐘の歌』絵入り刊本の一葉
ミュンヘン、1884年頃

における鐘の伝統的な位置価値をここに確認することができると思うが、それはすでに詩の冒頭に置かれたラテン語の題辞にも示されている。Vivos voco, mortuos plango, fulgura frango という、本書一九三頁においてザルトーリも引くこのモットーは、ドイツとスイスの国境近くの町シャフハウゼンの大聖堂にある、一四八六年鋳造の鐘からシラーが採ってきたものであるらしい。

　ザルトーリも本文で書いているとおり、シラーの詩では、主として市民共同体における人間の生をめぐって思索が展開されており、キリスト教的な観点からの鐘の意味はおよそ強調されていない（わずかに、鐘の型枠の破壊／死と、そこからの鐘の誕生・復活というくだりはあるけれども）。そこでザルトーリが引くのは、スイスの国民的作家ゴットフリート・ケラーが十九世紀中葉に著した長編小説『緑のハインリヒ』の一節である。一人の若者の波乱の人生行程を、社会や周囲の人物たちとの相互関係のなかに描く典型的な教養小説の一つであるが、その第二巻十二章「堅信礼の式典」で、キリスト教の重要な祭日である聖霊降臨祭の日に、主人公の若者が聞いた鐘の音の思い出を長く引用している。また短いものではあるが、同じくザルトーリが二度ほど言及しているのが、十九世紀前半の優れた詩人アネッテ・フォン・ドロステ＝ヒュルスホフの詩句である。グリム兄弟に土着の伝承を伝えた貴族の女性としても知られ

シラー『鐘の歌』の一節を刻した
シャフハウゼンの新鐘、1898 年

るドロステは、ザルトーリが民俗調査のフィールドとした、まさにヴェストファーレン地方出身の詩人であり、その風土をみごとに文学として結実させた人である。

シラー、ケラー、ドロステと、十九世紀のドイツ文学を代表する人びとが、このザルトーリの著書に引用されているわけだが、そもそもドイツ文学における鐘の描写は、枚挙にいとまがない。それはキリスト教国の文学として、ある意味では当然のことながら、このザルトーリの著書に描かれた人と鐘との関わりを踏まえて、種々の作品にあらためて向かい合ってみる甲斐はあるだろう。ここで無数の例を列挙してみても仕方のないことではあるが、例えば同じケラーの名作短編『村のロメオとユリア』にも、よく晴れた九月の日曜の朝、村と森を包みこんで鳴りわたる鐘の音が描かれる。二人の若い恋人たちの悲恋を描くこの作品で、鐘の場面は、村の束縛から離れた束の間の幸福の瞬間を表現しており、「愛とは、すなわち鐘なのです」という端的な一文がある。

重要な例を、あと二つだけ挙げておこう。まずシラーが述べられた以上は、その文学的同志であるゲーテにも触れないわけにいかない。彼の代表作『ファウスト』の第一部では、自らの目的を達せられず絶望した初老の男が、今にも毒薬をあおって死のうとする瞬間に、「復活祭」の鐘が鳴る。「天使の合唱」とともに鳴りわたる「深い鐘のひびき」は、主人公ファウストを生の舞台に今一度呼び戻し、悪魔メフィストフェレスとの契約から、さまざまな活動と思索の道へと物語をつなげてゆく。つまり物語全体を動かし始める重い役割を、この鐘の音が担っているわけである。今にも自殺しようとする瞬間に鐘が鳴ることは、神（ないし悪魔）が背後に控えていることを思わせる。そもそも作品冒頭における「天上の序曲」の場面で、すでに神と悪魔とは仲睦まじく、この人間ファウストの人生航路について対話していたのであるから。

もう一例としてはニーチェの『ツァラトゥストラかく語りき』（一八八五年）がある。第四部「酔歌」の章、すなわち作品の結び直前にある数頁は、まさに鐘の章と呼んでいい箇所であり、ここに思想の核心が語られる。氷上英廣の言葉を借りれば、「死と無常を告げる深夜の鐘の音の底に、永遠回帰の陶酔が聞きとれる」。深夜という、言わば時の静止するかのような時刻に、鐘の反復音を聞きながら、時間の反復そのもの、歴史の堆積のなかに生きる人間にとっての、一瞬間の貴さが反転的に確認される。後にグスタフ・マーラーは、彼の交響曲第三番（一八九五―一八九六年）に、ニーチェのこの一章からの詩句を織りこんだ。ドイツ・ロマン派が生み出した重要な民謡集『少年の魔法の角笛』（一八〇八／一八〇八年）所収の一曲とともに、自然と宇宙とが人間に語りかけてくるメッセージを幻想的に表現する。

ちなみにニーチェは、と言うよりニーチェもまた、プロテスタントの牧師の息子であった。ドイツ文学の作家に、この出自をもつ者が顕著に多いこと、そして彼らの言語表現が、ルター聖書に基づく宗教性、超越者への深い意識を湛えたものになっていることは、つとに指摘されるところである。ニーチェは、幼少期をすごしたプロテスタントの町、東独ナウムブルクの大聖堂で鳴らされる古鐘を、深い郷愁とともに記憶にとどめており、そのことがこの『ツァラトゥストラかく語りき』の鐘の描写に反映しているという。この教会の組み鐘を構成する一基は、すでに述べた著名な鋳鐘師ヘールト・ヴァウが、一五〇二年に鋳造したものである。

消えゆく鐘

鐘と戦争とは、古くより因縁の関係にあるようである。鐘が戦争に供出され、大砲に改鋳される最初期の例は、すでに十五世紀前半のブランデンブルク選帝侯フリードリヒ一世に見える。戦費の不足により、ベルリンのマリア教会にあるすべての鐘が持ちだされたという。めまぐるしい変身の例としては、十六世紀から十七世紀にかけてのマクデブルクの鐘がある。一五四六年、シュマルカルデン戦争により、市参事会は町のすべての鐘を使って大砲を造った。この失われた鐘の再調達は、記録に何も残されていないようだが、やがて一六三一年には、三十年戦争のため、またもや二四ツェントナーもの大量の鐘が徴発され、大砲となったという。ところがこの武器はカトリックの敵軍の将ティリーの手中に入り、その一部がやがてケルンにあるマリア昇天教会に寄進された。こうして金属はまた、鐘の姿に戻ったのであった。

　鐘と戦争という主題においては、隣国フランスの二人の君主に触れないわけにはいかない。まず十七世紀のルイ十四世は、パリのノートル・ダム大聖堂のために、「エマニュエル」という名の巨大な鐘を造らせている。「太陽王」と呼ばれ、フランスの黄金時代を築いたこの君主は、一六七〇年代にドイツ上部ライン地方の諸都市を占領し、そこから無数の鐘を集めて、自国の鐘の原材料としたのだった。約百年後に到来するフランス革命期は、鐘の受難の時代である。権力者としての教会と聖職者が攻撃を受けることになった今、世の時間と空間をキリスト教的に神聖化する機能を担ってきた鐘も、削減と排除の対象とな

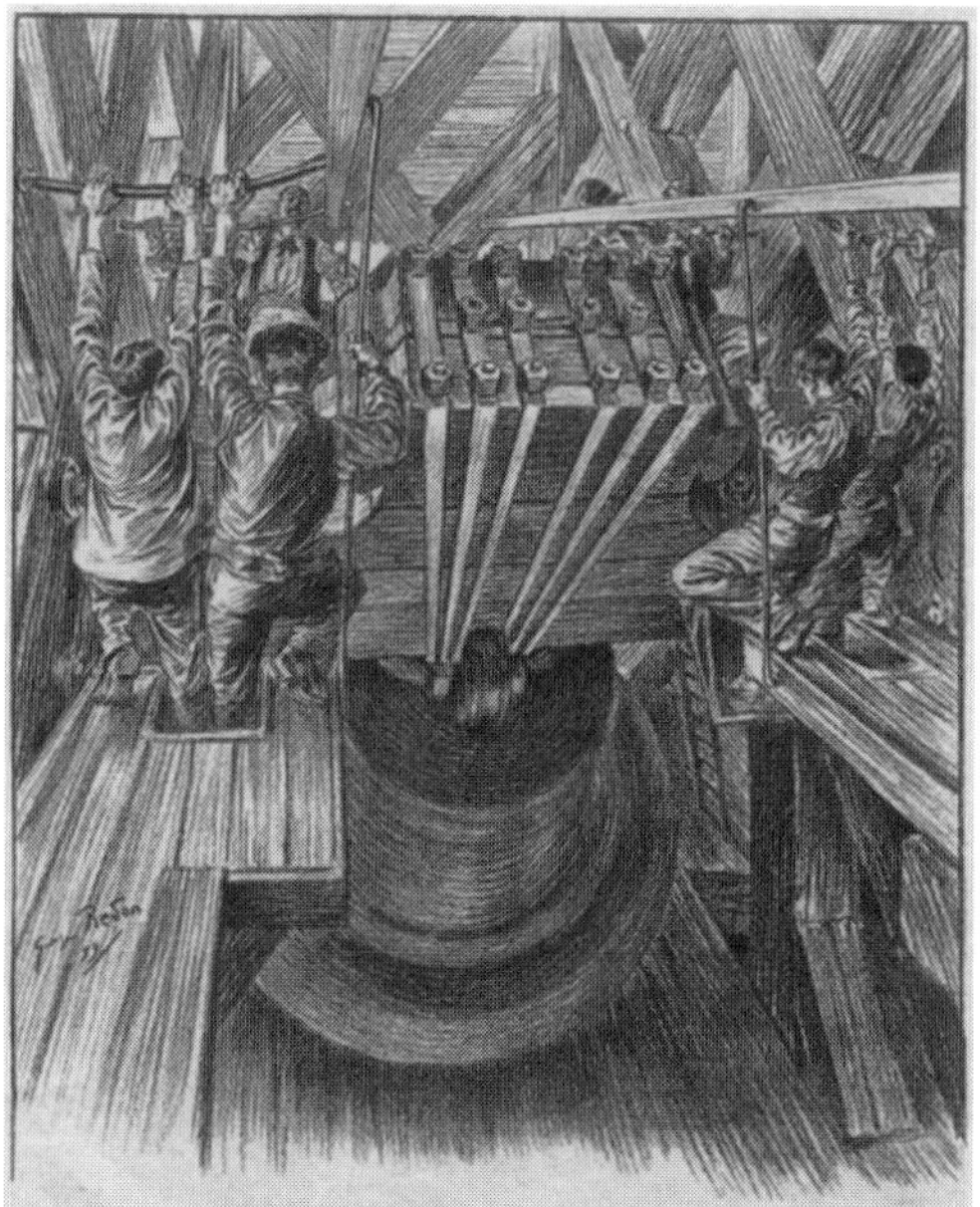
LA MANŒUVRE DU BOURDON DE NOTRE-DAME DE PARIS.

「エマニュエル」の鐘つき風景
1899 年

る。フランス国内の大量の鐘が徴用されて消滅し、大砲に改鋳される。一教会に鐘は一基のみ、といった布令が出されるなか、ただし太陽王の「エマニュエル」は、一三九六年鋳造の「マリー」とともに、教会内に生きのびることができた。二つの鐘は、いわゆる「国の鐘」であったからである。

しかし本書Ⅸ章の註64にも記されているように、革命軍はやがて、この「マリー」を破砕するための特殊な機械を考案し、大砲に変えてしまう。このフランスの新勢力たちは、あのドイツの詩人シラーの『鐘の歌』を人間の自由の讃歌として評価し、一七九三年にシラーを名誉市民として称揚していたはずであったのだが、その彼らが、鐘を無慈悲に破壊していくという歴史の逆説である。一八〇四年、「エマニュエル」は、もう一人の強大な支配者ナポレオンのために、その皇帝戴冠式で鳴りひびいた。鐘の逆説は続く。おそらく世界史上最大の鐘の破壊者がこのナポレオンであると言われ、十万基以上の鐘が消滅し、大砲に姿を変えたと伝えられるが、同時に彼は、セント・ヘレナ島の流刑時代に、幼年時代に聞いたアンゲルスの鐘の音を思い出して郷愁に苛まれている。つまりは鐘の音の深い礼讃者でもあった。

さて十九世紀には、ドイツが逆にフランスの鐘を奪う。普仏戦争の勝利で獲得した二十二基のフランスの鐘を用いて、一八七四年、ケルン大聖堂に据える巨大な「皇帝鐘」が造られた。総重量は二七トン、碑文には皇帝ヴィルヘルム一世を讃える言葉が彫られた。フランケンタールの鋳鐘師アンドレアス・ハムの製作であり、その鐘と共に撮影した一家の家族写真が残っている。フランス軍が、この鐘の金属をもはや取り戻すことはなかったが、結局は第一次大戦末期に、ドイツ軍が戦争目的で供出を命ずることになる。ドイツの帝国主義時代を飾るには、「皇帝鐘」よりも大砲のほうがふさわしかろう。現在のケルン大聖堂にある大鐘、「太っちょピッター」についてはすでに述べた。

広大な空き地に、各地から徴集された鐘が無秩序に置かれているハンブルク港の「鐘の墓場」、あるいは破砕された鐘が積み上げられたイルゼンブルク収容所の図は、それを眺める者を何とも空しい思いにさせる。戦争のたびに、このように鐘の金属をかき集めてゆく歴史は、この二十一世紀、すなわち希土類を求めて、古い携帯電話をかき集めているこの世紀にも繰り返されていくのだろうか。しかしそもそも、鐘の数も往時に比べて減少し、また鐘を手放すことそれ自体への精神的な抵抗も、次第に小さくなっているのかもしれない。ドイツでは、鐘の音を遮断して音量を制限するために、鐘楼の開口部に木製ないし金属製の板を張る町が増えているという。またスイスのドイツ語圏でも、例えば二〇一〇年のベルン市で、伝統的な習慣に従って鳴らされた鐘の音が、近隣住民の睡眠を妨げる騒音になっているとして、訴訟案件になる事態が起きている。夜の十時から朝の六時ないし七時までのあいだは、健康被害を避けるため、鐘鳴らしを取りやめてもらいたいという要望であった。総じて言えば、なおも伝統を守る方向での判決が下されているようだが、ともかくも共同体の慣習の重みが次第に相対化され、個々の人間や家庭の事情が優先される時代が来ていることは、このドイツ

ケルンの「皇帝鐘」と
鋳鐘師ハムの一家、1875年

やスイスの鐘の状況からもわかる。除夜の鐘が騒音扱いされ始めているこの日本と、よく似た状況にあるとも言えよう。

日常生活のなかでの宗教的かつ世俗的な鐘の役割が縮減されていく時代に、それでもヨーロッパでふつうに暮らしていれば、鐘の音に接する機会は今なお少なくなかろう。それどころか時期を限って、市民と観光客で鐘の音響を盛大に楽しむ町もある。一例を挙げれば、ヨーロッパ経済の看板都市フランクフルト・アム・マインがそうで、年四回（待降節の始まる日曜の前夜、クリスマス・イヴ、聖土曜日、聖霊降臨祭の前夜）のみ、教会の儀礼とは切り離して、町の所有する五十基のすべての鐘を鳴らす。十九世紀半ばから現在まで続くお祭り的な行事であり、技師の手で互いに音の調整を受けた鐘たちが、一斉に三十分間にわたって鳴りつづける。そのなかでも中心的な役割を担うのは、町の中心レーマー広場にほど近い聖バルトロメウス教会である。中世初期からの長い歴史をもち、十四世紀からは神聖ローマ皇帝の戴冠式の舞台となった、この帝国自由都市フランクフルトの象徴的な教会は、九つの声をもつ一八七七年製の美しい組み鐘（最上部にある一基の警鐘を除く、九基の鐘）できわめて有名である（六〇頁の図版参照）。

ドイツと世界の鐘をめぐる種々の啓蒙的著作を数多く出版している、一九四三年生まれのクルト・クラーマーという在野の研究者がいる。ドイツ南西部の美しい町フライブルクを拠点に、教会の鐘にまつわる事象を丹念に収集しており、彼の著作は、汗牛充棟というべきドイツ語圏の鐘関連文献の迷宮において、まことに信頼に値する導き手である。著作のなかには、ドイツ各地の名鐘の音を収録したCDが付されたものもあり、それを流しつつクラーマーの本を読むのも心地よいものである。中国の鐘や、京都の知恩院の鐘の音さえも、その音源には登場する。とはいえ、こうした書物が出版され、クラーマーが精力的に鐘の文化の保存に邁進しなければならないのは、それがまさに消滅の危機にさらされているからでもあるだろう。本訳書の著者ザルトーリと、およそ同じ動機から書かれているわけである。

「鐘の音響の空間とは、故郷そのものである」、そうクラーマーは言う。シラーの詩に描かれているとおり、鐘は、ひとの人生のそれぞれの段階に寄り添っていく。そして人びとが住まう、その町ならではの空気をつくる。鐘の音を媒介に、ひとの絆が生まれる。それはもはや時代遅れの、ひとを無意味に縛るだけの旧習にすぎないのかどうか。鐘との精神的な深い結びつきを思い、その行方と可能性を問いながら、クラーマーは古希を過ぎてなお、鐘のための活動を続けている。

ナチス・ドイツの時代、「白い薔薇」と呼ばれる有名な抵抗運動があった。結果的には失敗に終わり、一九四三年二月二二日、ミュンヘン大学の学生であった首謀者五名が、みなギロチンで処刑されることになる。そのなかにハンスとゾフィーというショル家の兄妹がいた。「ゲシュヴィスター・ショル・プラッツ」――ミュンヘン大学の大学本部がある広場は、今もこの「ショル兄妹広場」の名で呼ばれ、地面に埋め込まれたプレートは、彼らが配布していたビラを再現して、当時の抵抗の思いを想起させている。そしてこのショル兄妹たちの姉に、インゲ・ショルという女性がいた。弟ハンスと妹ゾフィーがミュンヘンで処刑された後、姉のインゲは、家族の連帯責任（Sippenhaft）を問われて、シュヴァーベン地方の町ウルムに拘留されたのであった。ここには世界で最も高い鐘楼があり、そして戦争のために鐘が奪いとられることなく、その音を発しつづけていたのであった。ウルムの監獄から、インゲが父に宛てて書いた次の言葉は、先の鐘の専門家クラーマーも複数の著書で引用している。極限状況下にある人間に鐘の音響が与えた、個人を超えた何かあるものとの出会いの証である。

「愛するお父さん、監獄のなかでは音に敏感になるようです。目よりも耳のほうが、ずっと多くをつかみとります。ウルムの大聖堂の鐘楼は、そのすがたを見ることはできませんでした。でもそれだけいっそう、わたしたちは鐘の音に、より印象深く聞き入ることができたのです。わたしたちのもとへ鐘が何を運んできたのか、それはその響きによってしか再現することはできません。そしてそれを言葉におきかえることはできません。大聖堂の鐘は、監獄にとって一つの彼岸です。ものを結びあわせ、決して引き裂かず、慰めをあたえ、決してひとを傷つけない。鐘は、大気を揺り動かし、その音の波は、わたしたちを載せて、鉄格子の向こうへと運んでくれました。外の広い世界へと」。

いくつかの鐘の本

本書はドイツ語圏の鐘を論じているわけであるが、例えば日本の梵鐘については、坪井良治による一連の徹底した研究が今も重要でありつづけている。一九三九年に刊行された『慶長末年以前の古梵鐘』などは、ザルトーリと同じく、現在進行形のかたちで戦争の犠牲となりつつあった無数の古鐘への哀惜の念から書かれたものである。第二次大戦では日本の九割以上の梵鐘が消滅したというが、坪井の著書によって、その流れがわずかにくい止められ、一部の鐘が救出されることになった。鐘の構造とその変遷、関連する伝承や地名、そして各時代の歴史との関わりを論じ、さらに朝鮮半島と中国の鐘にも目配りをすることで、日本の鐘の特徴をわかりやすく説き明かしている。

阿部謹也による西洋史の知見の影響下に書かれた笹本正治の本は、歴史資料と物語伝承から多くの興味深い事例を提供するものである。秀吉による北条征伐で、静岡の寺の鐘が徴発された例も挙がっている。またザルトーリの本書では、暴風雨を遠ざける役割が顕著であるのに対し、日本の民俗ではそれが非常に稀であって、むしろ雨乞いの機能が鐘に認められていることが印象的である。

ドイツの隣国フランスの鐘を取り上げた類書としては、フランス人歴史学者のアラン・コルバンによる一九九四年の著作『大地の鐘』(Alain Corbin: Les cloches de la terre. 邦訳:『音の風景』、小倉孝誠訳、藤原書店、一九九七年)がある。サブタイトルに「十九世紀の田園地帯における音の風景と感性の文化」とあるように、コルバンの一連の「感性の歴史学」のなかに重要な一角を占める著作である。コルバンによれば、鐘は「共同体のハビトゥス」あるいは「感性の文化」を形成する媒体であり、その音響を共有する者たちの閉じられた文化的空間を、「故郷」という形で生み出す。ただし同書の特徴は、フランス革命から後の一世紀間に分析の焦点をあてていることにあり、すなわち十九世紀の近代化過程を進むフランス社会と鐘との関わりを、鐘の聖性の減退・消滅と市民的・世俗的時間の自律化という流れにおいて描いている。行政・司法関係の文書が基礎資料として用いられることからしても、ザルトーリにおいて、迷信的なものを含む種々の古来の習俗が列挙されるのとは、大きく叙述のスタイルを異にする。

興味深いのは、人間と鐘との調和を核心におく「ロマン主義時代の鐘」という一節をコルバンが設け、そこでシラーの『鐘の歌』にも言及しつつ、この感性の起源が「ゲルマン的なもの」だと言っていることである。シラーの詩が「鐘と大地の結びつき」を讃えていることは、同時期のドイツ・ロマン派が地底と鉱山の表象にひきつけられていたことを想起させる。鐘の音響のなかに遠望される、ロマン主義的な個人と世界との調和的関係は、やがてフランスやイギリスの作家たちにも波及していくことになるが、「村の鐘楼を描いたもっとも美しいページ」は、プルースト『失われた時を求めて』第一巻、コンブレーの描写冒頭にあるという。ただしすでに述べたように、コルバンが叙述するのは、そうしたロマン主義的な聖性の消え衰えてゆく過程であり、その象徴的な表現として、ボードレールの詩『ひび割れた鐘』が生まれ来るのである。

＊

この小文を記すにあたって参照した文献は、以下のとおりである。

Karl Bader: Turm- und Glockenbüchlein. Gießen 1903.
Konrad Bund (Hrsg.): Frankfurter Glockenbuch. Frankfurt a. M. 1986.
Winfred Ellerhorst: Handbuch der Glockenkunde. Bearb. und hrsg. von Gregor Klaus. Weingarten 1957.
Kurt Kramer: Klänge zwischen Zeit und Ewigkeit. Faszination Glocken. Kevelaer 2006.
Kurt Kramer: Klänge der Unendlichkeit. Eine Reise durch die Kulturgeschichte der Glocke. Kevelaer 2015.
Kurt Kramer: Die Glocke. Eine Kulturgeschichte. 3. Aufl. Kevelaer 2016.
Josef Guntern: Legenden über den hl. Theodul. In: Wir Walser, 1/1981, 19. Jg. S. 5-10.
Margarete Schilling: Glocken und Glockenspiele. Rudolstadt 1982.
Margarete Schilling: Glocken. Gestalt, Klang und Zier. Dresden 1988.
Ingeborg Weber-Kellermann/Andreas C. Bimmer/Siegfried Becker: Einführung in die Volkskunde/Europäische Ethnologie. 3. Aufl. Stuttgart 2003. (Sammlung Metzler 79)
Susan Misicka: Für wen schlägt die Glocke? Kirchenglocken verzaubern und nerven.（https://www.swissinfo.ch/ger/fuer-wen-schlaegt-die-glocke-_kirchenglocken-verzaubern-und-nerven/40929560　二〇一九年一月二十日検索）
阿部謹也『中世の星の下で』、ちくま学芸文庫、一九八六年。
阿部謹也『甦える中世ヨーロッパ』、日本エディタースクール出版部、一九八七年。

河野眞『ドイツ民俗学とナチズム』、創土社、二〇〇五年。

河野眞『民俗学のかたち　ドイツ語圏の学史にさぐる』、創土社、二〇一四年。

笹本正治『中世の音・近世の音　鐘の音の結ぶ世界』、講談社学術文庫、二〇〇八年。

坪井良治『新訂　梵鐘と古文化　つりがねのすべて』、青燈書房、一九九三年。

ゲーテ『ファウスト　悲劇第一部』、手塚富雄訳、中公文庫、一九七四年。

アラン・コルバン『音の風景』、小倉孝誠訳、藤原書店、一九九七年。

ニーチェ『ツァラトゥストラ　下』、ニーチェ全集第十巻、吉沢伝三郎訳、ちくま学芸文庫、一九九三年。

ニーチェ『ツァラトゥストラはこう言った　下』、氷上英廣訳、岩波文庫、一九七〇年。

アルフレート・ハーファーカンプ「「大鐘を鳴らして知らしめる」――中世の公共性について」、同『中世共同体論　ヨーロッパ社会の都市・共同体・ユダヤ人』、大貫俊夫ほか編訳、柏書房、二〇一八年、一五一―二〇四頁所収。

マルティン・ルター『宗教改革三大文書　付「九五箇条の提題」』、深井智朗訳、講談社学術文庫、二〇一七年。

＊

ザルトーリの原著にある註の文献表記は、二十世紀初頭の特徴的な省略形のもとに記されており、その上さらに著者自身が、統一的な書き方をしていない。本訳書においては、やむをえず原著のまま手を加えることなく記しておいた。本書の作業において何よりも頭を悩ませられたのは、ドイツ語の方言である。各地方の個性的な風土を特徴とするドイツにおいて、鐘にまつわる種々の言語的記録も、本来ならばそれぞれの方言色のもとに味わいたいところだ。しかし本訳書においては、何をおいてもまず語句の意味を正確に記述するということを念頭に置いて作業した。そしてそれすらも、いいな、まさにそのことこそが、この訳書において最も慎重さを強いられる、神経をすりへらす作業になった。方言箇所の訳出にあたっては、Albrecht Decke-Cornill, Thomas Hackner, Markus Siegel 各氏に多くの示唆と助力を与えられた。この場を借りて、心より御礼を申し上げたい。当然ながら、訳文の責任はすべてわたし自身にある。

八坂書房の八尾睦巳氏には、このたびもまた多くの貴重な助言と支援をいただいた。読者の方がたに、この本がいくらかでも有意義な読書の時間を提供できているとすれば、それはひとえに八尾氏のお力のおかげである。

ドイツ中部テューリンゲン地方にあるアポルダ（Apolda）は、十八世紀より鐘の鋳造で名を成した小さな町である。一九八八年には、この産業もついに終焉の時を迎えたということであるが、その代わりに現在ここには、「鐘の博物館」がある。ザルトーリの本書を片手に、一度訪れる機会があればと思う。

二〇一九年早春

興福寺南円堂の鐘の音に、ドイツの復活祭の鐘を思いつつ

奈良　吉田孝夫

索引

＊関連図版のある頁には★印を付す。

【タ】

【マ】

図版出典一覧

【p.17】
上：Margarete Schilling: Glocken und Glockenspiele. Rudolstadt 1982
下：Konrad Bund (Hrsg.): Frankfurter Glockenbuch. Frankfurt a. M. 1986
【p.18】Bund 1986
【p.20】
Kurt Kramer: Klänge der Unendlichkeit. Eine Reise durch die Kulturgeschichte der Glocke. Kevelaer 2015 の図をもとに作成
【p.24】
上：Margarete Schilling: Glocken. Gestalt, Klang und Zier. Dresden 1988
下：Winfred Ellerhorst: Handbuch der Glockenkunde. Bearb. und hrsg. von Gregor Klaus. Weingarten 1957
【p.27】
Kurt Kramer (Bearb.): Glocken in Geschichte und Gegenwart. Karlsruhe 1986
【p.32】上：Kramer 2015 ／下：Schilling 1988
【p.35】
Alissa Theiss: Eine Glockengussanlage vom Gelände der Elisabethkirche in Marburg. Bamberg 2015
【p.39】Schilling 1982
【p.47】Kramer 2015
【p.51】
Schlatt, Eisenbibliothek, Mss 13, 27r.
https://www.e-codices.unifr.ch/en/searchresult/list/one/ebs/0013
【p.60】Wikipedia Commons
【p.65】
上：Bund 1986 ／下：Karl Bader: Turm- und Glockenbüchlein. Gießen 1903
【p.73】Kramer 2015
【p.77】Kramer 2015
【p.87】Kramer (Bearb.) 1986
【p.88】Schilling 1988
【p.95】『図説 ヨーロッパ歳時記』(八坂書房 2016)
【p.112】Schilling 1988
【p.118】
Wolfgang Brückner: Populäre Druckgraphik Europas. Deutschland. München 1969.
【p.122】Kramer (Bearb.) 1986
【p.130】Kramer (Bearb.) 1986
【p.138】上下とも：Kramer 2015
【p.152】『図説 ヨーロッパ歳時記』
【p.157】
上下とも：Notker Curti: Volksbrauch und Volksfrömmigkeit im katholischen Kirchenjahr. Basel 1947
【p.163】Kramer 2015
【p.177】Schilling 1982
【p.178】上下とも：Schilling 1988
【p.181】上中下とも：Schilling 1988
【p.186】『図説 西洋護符大全』(八坂書房 2014)
【p.192】Schilling 1988
【p.196】Schilling 1988
【p.209】
G. Riemann/K. A. Schröder (Hrsg.): Von C.D. Friedlich bis A. Mendel. Aquarelle und Zeichnungen der Romantik. Wien 1990.
【p.231】Kramer 2015
【p.239】Bund 1986
【p.249】Kramer (Bearb.) 1986
【p.257】上下とも：Schilling 1982
【p.262】Schilling 1988
【p.353】Bund 1986

【p.419】
Kurt Kramer: Die Glocke. Eine Kulturgeschichte. 3. Aufl. Kevelaer 2016.
【p.421】Ellerhorst 1957
【p.423】Schilling 1988
【p.424】上下とも：Kramer 2015
【p.425】Kramer 2015
【p.426】Kramer 2015
【p.427】上：Kramer 2015 ／下：Bund 1986
【p.428】Schilling 1988
【p.429】Bund 1986
【p.430】Kramer 2015
【p.431】上下とも：Schilling 1982
【p.433】Ellerhorst 1957
【p.435】左右とも：Kramer 2015
【p.437】Kramer 2015
【p.438】Kramer 2015
【p.441】Kramer 2015
【p.442】Bader 1903
【p.445】Kramer 2015
【p.447】Wikipedia Commons